"Hiçbir şey
göründüğü gibi değildir."

Truva Yayınları®

Truva Yayınları: 534

Tarih: 93

Yayıncı Sertifika No: 12373

Genel Yayın Yönetmeni: Sami Çelik

Editör: Sema Satan

Düzelti: Füsun Tahaoğlu Kara

Sayfa Düzeni: Truva Ajans

Kapak Tasarımı: Mehmet Emre Çelik

Baskı - Cilt: Step Ajans Reklamcılık Matbaacılık Tan. ve Org. Ltd. Şti.

Göztepe Mah. Bosna Cad. No: 11

Mahmutbey - Bağcılar / İSTANBUL

Tel. : 0212 446 88 46

Matbaa Sertifika No.: 12266

1. Baskı Ocak 2019

2. Baskı Şubat 2019

ISBN: 978-605-9850-81-0

Truva Yayınları® 2019

Kavacık Mahallesi Övünç Sokak Kıbrıs Apartmanı No: 19/2

Beykoz / İstanbul

Tel: 0216 537 70 20

www. truvayayinlari. com

info@truvayayinlari. com

facebook. com/truvayayinlari

instagram. com/truvayayinlari

twitter. com/truvayayinevi

Kazım Karabekir

Paşaların Kavgası

"İnkılap Hareketlerimiz"

Yayına Hazırlayan
Prof. Faruk Özerengin

KAZIM KARABEKİR

1882'de İstanbul'da doğdu. Babası Mehmed Emin Paşa'dır. Fatih Askerî Rüştiyesi'ni, Kuleli Askerî İdadisi'ni ve Erkan-ı Harbiye Mektebi'ni bitirerek yüzbaşı rütbesi ile orduda göreve başladı. İttihat ve Terakki Cemiyetinin Manastır Örgütünde görev aldı. Harekât Ordusu'nda bulundu. 1910'daki Arnavutluk Ayaklanmasının bastırılmasında etkili oldu. 1911'de Erzincan ve Erzurum'un, Ermeni ve Ruslardan geri alınmasını sağladı. Sarıkamış ve Gümrü kalelerini kurtardı.

Kurtuluş Savaşı'nda Doğu Cephesi Komutanlığı yaptı. Milli Mücadele'nin başlamasında ve kazanılmasında büyük katkısı oldu. Terakkiperver Cumhuriyet Fırkası'nı kurdu. Bir yıl aradan sonra da Şeyh Said İsyanı bahane edilerek Terakkiperver Cumhuriyet Fırkası kapatıldı.

Uzun yıllar yalnızlığa bırakıldı ve ömrünün son günlerinde İstanbul Milletvekili olarak Meclis'e alındı. 1946 yılında Meclis Başkanı oldu. 1948'de vefat etti.

İçindekiler

YAYINCININ ÖNSÖZÜ

Dün korkudan bu kitapların adını dahi ağızlarına alamayanlar bugün "tarihçiyim" diye etrafta dolaşıyorlar...

Karabekir Paşa'nın eserleriyle 1991 yılında tanışmıştım. Hiç unutmam o günü; rahmetli İsmet Bozdağ elindeki kağıt tomarını havaya kaldırmış ve (kendisinin o dönem kitaplarını yayınlıyordum.) "Evladım bunu basalım. Bir kaç kitabını daha alacağız nasıl olsa Karabekir Paşa'nın," demişti heyecanla...

Genç bir yayıncı olarak böylesine önemli bir eseri yayınlayacağım için hem gururlu hem de mutluydum. O dönemde Karabekir Paşa'nın bilinen birkaç yayınevinden çıkan, İSTİKLAL HARBİMİZ ile İSTİKLAL HARBİMİZİN ESASLARI ve şahsi basım yapılmış olan "İTTİHAT VE TERAKKİ CEMİYETİ" isimli eserleri piyasadaydı...

İsmet Bozdağ'ın bana getirdiği İNKILAP HAREKETLERİMİZ isimli eseriydi...

Zihnimi kurcalayan bir soru vardı, "Hocam, bu kitap Karabekir Paşa'nın 'İSTİKLAL HARBİMİZ' isimli eserinin içinden çıkartılmış bir bölüm mü?" diye sordum.

Yanıtı netti:

"Hayır, bu bugüne kadar basılmadı. Paşa'nın diğer notlarından hazırlanmış bir kitap"...

Heyecanlanmıştım, Karabekir Paşa'nın bu muhteşem eserini hızla hazırlayıp o zaman faaliyette olan tek firmamız

EMRE YAYINLARI markasıyla baskıya hazır hale getirdik. İsmet Bozdağ'ın bir önerisi daha vardı:

"PAŞALARIN KAVGASI ismiyle basalım bu kitabı. Çok ses getirecek."

Daha yolun başında, 23 yaşında genç bir yayıncı olmama rağmen itirazım vardı:

"Tamam İsmet Bey ama, müsaadeniz olursa Karabekir Paşa'nın koyduğu isim olan 'İNKILAP HAREKETLERİMİZ'i de en azından yan başlık olarak verelim," dedim.

Karabekir Paşa'nın koyduğu isme sadık kalmak istiyordum. Kabul etti ve 1991 yılında Kazım Karabekir Paşa'nın eserleriyle yürüyecek bir yayıncılık serüveninin ilk adımını attık...

Kitabımızı basıp, piyasaya çıkmıştı. Büyük bir heyecanla verdiğim reklamlara slogan olarak kitabın içerisinden bir cümle alıntılamıştım:

"DİNİ VE NAMUSU OLANLAR AÇ KALMAYA MAH-KUMDUR"...

Bu cümleyi ATATÜRK özel bir görüşme sırasında, Karabekir Paşa'ya söylemiş, o da bunu yer ve tarih bildirerek eserine yazmıştı.

İsmet Bozdağ bu reklamlardaki sözü görünce kızdı, haklıydı...

Yıl 1991'di; şartlar ağır ve hemen mahkeme yolu gözüküveriyordu biz yayıncılar için... Kitapların toplatılma riski de cabasıydı...

"Evladım, benim gözümden kaçanı, sen nasıl olur da hemen bu şekilde ortaya serersin? Bitirirler bizi. 'Atatürk'ü Koruma Kanununu,' Menderes döneminde biz çıkarttık. Biliyor musun ikimizi de içeriye atarlar," demişti.

Haklıydı İsmet bey ve ben gençliğimin de verdiği heyecanla bu sözü slogan olarak çıkarıvermiştim hemen...

Bu sloganı reklamlardan kaldırmış olsam da o sözü eserden asla çıkarmadım.

Yakın çevrem ve yayıncı büyüklerimden büyük eleştiriler almaya başlamıştım. "Sami, sen intihar mı ediyorsun? Hayatını bitirirler, büyük riske girdin. Atatürk'e hakaretten atarlar içeriye, yıllarca yatarsın," sözleri havalarda uçuşuyordu.

Aldırış etmedim ve (tabiri caizse) onlar konuştukça ben gözümü kararttım ve Karabekir Paşa'nın diğer eserini de basıp, duyurusu için de gücüm neye yetiyorsa onu yaptım.

Paşaların Kavgası kitabı Karabekir Paşa'nın yayınladığım ilk kitabıydı. Kitap yayınlanmış aradan çok zaman geçmemişti, İsmet Bozdağ aradı ve 10-15 adet kitabı, Karabekir Paşa'nın damadı Faruk Özerengin Beyin, Erenköy'deki evine bırakmamı istedi. "Tamam" demiştim...

Ve "Tamam" dediğim gün başladı tüm hayatımı etkileyen süreç:

1991 yılı Mayıs'ında Faruk Özerengin'in Erenköy'deki evine gittiğimde misafirleri de vardı ve çok güzel bir görüşme oldu.

Gerek hoş sohbeti ve gerekse hiç bir yerde okumadığım ve duymadığım yakın tarihimiz hakkında söyledikleri beni çok etkiledi. Kitabı kendisine takdim ettiğimde de çok mutlu olmuştu. Karabekir Paşa'nın yayına hazırladığı başka eserleri de olduğunu, yayınlandığı takdirde tarihimize büyük bir hizmet vermiş olacağımı söyledi.

Bu görüşme sonrası ardı ardına Karabekir Paşa'nın eserlerini yayınlamaya başladım.

O güne kadar hiç yayınlanmamış ve varlığı dahi bilinmeyen eserleri, Paşa'nın arşivinden çıkarıp, Faruk Özerengin ile 13 yıl boyunca geceli, gündüzlü çalışıp yayına hazırladık. Ve yine o dönem içerisinde kitap çalışmaları dışında yaptığımız sohbetler müthişti.

Cumhuriyet tarihimiz hakkında Karabekir Paşa'nın kitaplarından yola çıkarak, kitaplarda dahi yazılamayacak çok önemli olayları anlattı bana. Her seferinde de "anlattıklarımı sakın şuan yayınlama ama ben öldükten sonra yayınla" demeyi hiç ihmal etmiyordu... Çünkü o dönemlerde verdiği bir röportajında Atatürk'e yapılan İzmir Suikastı ile ilgili açıklamalarından dolayı hakkında dava açılmış ve mahkum olmuştu. 5 yıl boyunca aynı suçu işlememesi kaydıyla mahkumiyeti ertelenmişti.

"Bu yaşta bir de hapse düşersem çıkamam" der, bazen hüzünlenir, bazen de espri yapardı. Sonra da eklerdi:

"Ben ne yaptım ki beni mahkum ettiler. İnsanımıza tarihimizi yanlış öğrettiler. Cahil bıraktılar. Ben memleketime hizmet ediyorum, Karabekir Paşa'nın arşivini sakladım, korudum ve aileden miras olarak ben bu görevi devraldım. Şimdi de bunların gün yüzüne çıkmasını istemekten başka ne suçum var" ...

Kitapları 37 ayrı kitap halinde yayınlamıştık. Bir gün bana, "Sami, evladım. Karabekir Paşa'nın kitaplarının yayınlanması için bir deli lazımdı, o deli de sensin," dedikten sonra eklemişti:

"Geriye sadece günlük notları kaldı. Onlar, yayınlansa da olur, yayınlanmasa da.. Önemli olan, duyurulması gereken eserleri tamamladık, artık gönlüm rahat" demişti.

Yine Karabekir Paşa'nın üç kızından en küçüğü olan Timsal hanımın da yanımızda olduğu bir gün bana, "Evladım, Karabekir Paşa'nın 3 çocuğu vardı şimdi 4 çocuğu oldu. O da sensin dedi. Ama çocukları içinde, Sami en hayırlısı çıktı," demişti.

Bu sözüne bire bir tanık olan Karabekir Paşa'nın en küçük kızı Timsal Hanımdı. Çalışmaları yaptığımız süre içerisinde bana destek olan ve bazı görüşmelerimizde de yanımızda olan çok değerli bir hanımefendiydi.

Onun dışında Paşa'nın birinci dereceden hiç bir akrabasını ne gördüm ve ne de görüştüm.

Zaman zaman Faruk beyin yanında bazen Erol Şadi, Faruk Ilıkan gibi tarihçileri görürdüm ve onlarla da bu süreçte hukukumuz devam etti.

Ayrıca ben bazı günler Faruk Beyin iznini alıp bir, iki tele-vizyoncuyu röportaj için yanına götürmüştüm, aynı günlerde tarih hocası olan Süleyman Bağlan hocayı ve çevremden bazı dostlarımı da götürüp tanıştırmıştım.

Zaman çok hızlı akıp gitmişti.

1997-98 yıllarında askerliğimi yaptım. Ve Karabekir Pa-şa'nın yayıncısı olduğum için özellikle acemi birliğinde az da olsa sıkıntı çektim ve Güneydoğu'ya gönderildim.

Bana o dönem acemi birliğinde bölüklere ayrılırken Akın Binbaşı'nın söylediği o sözleri asla unutmayacağım.

"Demek Karabekir'in kitaplarını sen yayınladın. Peki, o kitaplarında der ki, 'İstiklal harbini ben yaptım'... Sen ne di-yorsun bu konuda?..."

Bir asker olarak geldiğin acemi birliğinde ne diyebilirsin ki komutanın sorduğu bu soruya...

"Yok efendim, hiç bir kitabında ve hatta satırında dahi böyle bir söz söylemiyor. O süreci ve yaşananları anlatıyor sadece" desen, alenen adama "cahil" demiş olacaksın. "Evet" desen, sıkıntı...

"Komutanım, ben yayıncıyım, yazar değilim. Ben yakın tarihimizdeki önemli bir Paşamızın hatıralarını yayınladım. Bunun dışında bir şey diyemem."

Bu cevabım, 5 arkadaşımın şehadetine tanıklık ettiğim bir yerde ve çok zor şartlarda, hem de 30 yaşına gelmiş, o güne kadar eline silah dahi almamış bir adamın en zor bölgeye operasyonlara gönderilmesine neden oldu.

"Git, o zaman çok sevdiğin Karabekir'in doğuda yarım bıraktığı işleri tamamla" demesiyle soluğu güneydoğuda al-mıştım.

Yine askerden dönmeme yakın 1998 yılında Karabekir Paşa'nın yayınladığım bir eseri bahane edilerek dönemin kudretli Paşası ve Milli Savunma Bakanı'nın baskısıyla mah-kemeye verildim. Bu baskıyı da basın savcısı bana yanımda şahitlerim varken söyledi.

Askerlik dönüşü çıktığım mahkemede, Faruk bey gibi ben de mahkum oldum. Ancak o dönem çıkan bir aftan yararlanarak hapis cezasına çarptırılmayarak 3 yıl aynı suçu işlememem kaydıyla cezam ertelendi.

Karabekir Paşa'nın eserlerini yayınladığımda müsbet ve menfi çok olaylar yaşadım.

Faruk bey bana yine bir gün "Tarihçi Murat Bardakçı ziyaretime geldi. Ona senin yayınladığın "Paşaların Hesaplaşması," isimli eserdeki belgelerin fotokopilerini verdim. O da yayınlasın. Dağılsın bu belgeler, bilgiler. Sana bir zararı olmaz. Biz zaten yayınladık o belgeleri bilgin olsun" dedi.

Ben yayınlamıştım o belgeleri ve kendisi bu şekilde uygun gördükten sonra benim söz söyleme hakkım dahi olamazdı.

Bu belgeleri verdikten sonra benden bir sözleşme hazırlamamı istedi. Karabekir Paşa'nın belgelerini, kitaplarını ve her ne varsa tamamını süresiz olarak Sami Çelik olarak yayınlama hakkı veren bir sözleşmeydi. Kendi isteğiyle bu sözleşmeyi hazırladım ve imzaladık.

Ama Murat Bardakçı canlı yayınlarda belgeleri ilk yayınlayan kişinin kendisi olduğunu ve bu belgeleri yayınladıktan sonra okul kitaplarında öğretilen tarihin değiştiğini gerine gerine anlatıp dururken bir gün canlı yayına mail attım.

Maili canlı yayında ismimi ve kitabın ismini de ukalaca okuyup neredeyse hakarete varan sözler sarf etti. Her söylediği sözü canlı yayında mail yoluyla ve belgeleriyle çürütmem üzerine mailleri okumayıp beni küçük göstermeye çalıştı. Yayınladığım eserleri küçülterek kendini haklı ve doğrucu olarak gösterme ahlaksızlığında bulundu.

Bunun üzerine ben de bir gazeteciye bu konuda röportaj verdim ve "Murat Bardakçı Yalancıdır" başlığıyla tüm süreci o röportajda anlattım.

Halen bu röportajım medyada ve internet üzerinde mevcut olmasına rağmen bana bir cevap, yalanlama ya da mahkeme kağıdı gelmedi.

Mahkemeye vermem istendi yakın çevrem ve bu mücadelemi bilenler tarafından. Çok düşündüm ama sonra bunu yapmama kararı aldım.

2001 yılında Faruk Bey vefat etti. Aradan bir yıl geçmişti ki ailenin bilgilendirmesi ile bana bir avukat geldi. Eserleri vakıf olarak basmak istediklerini ve benden Faruk beyin verdiği haklardan feragat etmem istendi. Hemen kabul ettim. Aileye "olmaz" demem zaten doğru olmazdı.

Sonra beni Erenköy'e Timsal hanımın evine davet ettiler. Akrabalar birinci derece olanlar ve bir torun, bir avukat ve bir kişi daha vardı. Yazılı olarak ben de eserlerin basımını yapmayacağıma dair yazı verdim.

Özellikle Timsal hanım ve rahmetli Faruk Beyin kızı Gülten hanım hem çok ilgi gösterdiler bana ve hem de bu eserleri yayınladığım için memnuniyetlerini ifade ettiler.

Ancak...

O güne kadar yüz yüze gelmediğimiz ve Faruk bey ile süren 13 yıllık görüşmelerimizde hiç karşılaşmadığımız aileden bir kişi fena çıkışmıştı bana...

"Kime sordun da yayınladın kitapları. Özellikle 'Karabekir'den Nutuk'a cevapları' yayınladın. Kimden izin aldın bunu yayınlamak için. Ben sabahlara kadar uyku uyumadım o yüzden."

Bu kısmını çok açmak istemiyorum ama bunca süre içerisinde beni çok üzen bu konuşma oldu.

Timsal hanım ve Gülten Hanım dışındaki yine hiç görmediğim torunu beni firma olarak eleştirdi. Yayınladığım diğer kitaplarıma göndermeler yapıp haddi aşınca dayanamadım ve "Yayıncı benim, kişileri mutlu etmek için kitap yayınlamam ve hatta kimsenin de bana eserlerimle ilgili talimat vermeye kalkışmasına müsaade etmem" dedim.

Gerilen ortamı yine o tatlı üslubuyla ve bir hanımefendi kişiliğiyle Timsal hanım yumuşatmıştı.

Karabekir vakfı kitapları yayınlayacak diye benden yayınlamayı durduracağım yazısını aldıktan sonra eserlerinin başka bir yayınevine verildiğini duyar duymaz telefon ederek neden böyle bir şeye gerek duyduklarını sordum.

Timsal hanım üzgün olduğunu ama yönetimin bu şekilde karar verdiğini, diğer büyüklerini kıramadıklarını söyledi.

Saygı duydum ve konuyu kapattık.

Ancak, 16 yılı geçen zaman içerisinde yayınlananlar Faruk bey'in bana yayınlanmasa da olur dediği notlar ve Karabekir Paşa'nın bilinen bir iki kitabı.

Benim en önemli eserleri diye gördüğüm ve noktasına dahi dokunmadan yayınladığım Paşaların Hesaplaşması – İstiklal Harbine Neden Girdik, Nasıl Girdik, Nasıl İdare Ettik – ve Paşaların Kavgası – İnkılap Hareketlerimiz – ismiyle yayınladığım bu iki eseri yayınlanmadı.

Ayrıca beni Faruk beyin vasıtasıyla tanıyan özellikle rahmetli Erol Şadi bey bazı televizyon kanallarında "Karabekir Paşa'nın kitapları sansüre uğruyor. Aslına sadık kalarak o eserleri yayınlayan Sami Çelik'tir ve onun yayınladıkları doğrusudur" türünde sözler söyledi.

Çevremden de bana gelenler Erol Şadi beyin söyledikleriyle örtüşüyordu. Timsal hanımı aradım ve bunu sordum kendisine.

"Böyle birşey olmadı, müsaade de etmem" sözü benim için yeterliydi.

Özellikle ben de şahsen bunu araştırmadım çünkü 2018 yılı Ocak ayı itibariyle yayınlanmamış olan ama benim 2001 yılına kadar yayınını yapıp, tarihe önemli bir kaynak olan bu eserleri tekrar yayınlama hazırlığım vardı.

Faruk Özerengin Beyin yayına hazırladığı bu eserleri tekrar yayınlamaya başlıyoruz ve bu benim için hepsinden de öte, benim baskıyı durdurmam sonrası adı hiç anılmayan ama bu eserlerin günümüze gelmesinde büyük emek sahibi rahmetli Faruk Özerengin beyefendiye vefa borcum.

Biz bu eserleri yayınlarken de başta olduğu gibi Karabekir arşivini ezbere bilen, araştırmalarını ve bilgileri en detayına kadar veren, aslına asla müdahale etmeden yayına hazırlayan Faruk Özerengin beyefendinin hazırladığı metni aynen yayınlama şeklinde karar aldık ve kesinlikle de orijinaline sadık kalarak yayınlıyoruz.

Umarız ki tarihe büyük bir hizmet olan bu eserleri 1991 yılında yayınladığımızda nasıl zor şartlarda ve sıkıntılı bir ortamda yayınlama konusunda mücadele verdiysek, bundan sonra da eserler daha fazla bir ilgi görür ve o dönem anlaşılamayan pek çok olay da aydınlığa kavuşmuş olur.

Yayıncı olarak herhangi bir taraf olmak için değil, tarihimizin bilinmeyenlerini gelecek kuşaklara aktarabilmekte bir nebze de olsa katkımız olmasını istiyoruz.

Doğru ya da yanlışın, verilen mücadelelerin ne şartlarda verildiği ve yayıncı olarak yaşadığımız sıkıntıların da bilinmesi ve bu sıkıntıları yaşadığımız dönemde yanımıza dahi uğramayanların bu dönemde bizim emeklerimizi görmeyerek yer edinen ve bunu kendilerinin bir başarısıymış gibi o döneme ait eserleri kullanarak etrafta nutuk çektiklerini okuyucularımız bilsin istedik.

Ben şahsım adına, bu kitaplar için 13 yıl birlikte emek verdiğimiz Prof. Faruk Özerengin'e söz verdiğim gibi bu eserleri onun teslim ettiği şekliyle yayınlıyorum. O güzel insanı, Karabekir Paşa'nın damadı rahmetli Prof. Faruk Özerengin beyefendiyi ve rahmetli İsmet Bozdağ'ı rahmetle anıyorum.

Dün olduğu gibi bugün de bize tarihimize yaptığımız bu katkının gururu yetecektir.

Saygılarımla
Sami Çelik
Ocak/2019

TAKDİM

BAŞLARKEN

Savaş, devrim, ihtilal gibi olağanüstü zamanlarda liderler, çevrelerinde kendileri ile ideallerini paylaşan güçlü, vefakâr insanlar isterler ve çoğu zaman da bulurlar!

Savaş ise kazanılınca; devrim ise yapılınca; ihtilal ise başarılınca, çevredeki insanlar yavaş yavaş yavanlaşırlar; lideri sıkmaya başlarlar...

Lider, önce bunlarla hoş geçinmenin çarelerini arar. Fakat her halleri o kadar sıkıcıdır ki, lider yavaş yavaş bunlardan kurtulmanın yollarını aramaya başlar!.

Oysa bunlar, kendisi ile birlikte halkın içinde bir şöhret olmuşlardır. Lider kadar değilse de, liderlerden sonra, bunların çevresinde de birer halka oluşmuştur! Liderin işlerine karışırlar; fikir söylerler; bazı işleri sahiplenirler... Oysa bütün bunlar, liderin canını biraz daha sıkmaktan başka bir şeye yaramaz. Sonunda lider, bunlardan kurtulmanın çarelerini aramaya başlar! Çünkü hiç bir ülkede, iki tane kral yoktur!

Kurtuluş savaşımızda Atatürk ve arkadaşları arasında da böyle bir kopuşma, böyle bir çekişme oldu. Çünki, bağımsız bir devlet kurmakta anlaşmışlardı ama bu devlete verecekleri biçimde anlaşamamışlardı! Devleti kimin yöneteceğinde; kimin baş, kimin göz-kulak, kimin ayak olacağında kimsenin fikri yoktu. Herkes, nasıl savaşta her şeyi yapmak için var gücü ile çalışıyorsa, savaştan sonra da var gücü ile her şeye karışacak, daha doğrusu, devletin akıl hocası olacaktı!

İşte, *"Paşaların Kavgası"* böyle bir kişisel dramı ve dramın dalgaları arasına gömülen idealistlerden birinin, toplumun hafızasında hala yaşayan haksızlıklar, vefasızlıklar, kalleş yumruklarla desteklenen pusuların ortasında nasıl direndiğini; acı ile yumruğunu ısırırken nasıl gülmeye çalıştığını okuyacağız!

Kendi anlattıklarına bakılırsa Kazım Karabekir, çoğu Türk aydınının ümitsizlik çukuruna düştüğü ve çareyi, Amerikan mandasında gördüğü hazin günlerde, millete ve orduya güvenmekten başka çare olmadığını ilk fark eden paşalarımızdan biridir, belki de ilkidir. Çünkü yine kendi ifadesine göre Cafer Tayyar Paşa'yı uyaran da, Ali Fuat Cebesoy'u Batı Anadolu'ya tayin ettiren de, Mustafa Kemal Paşa'yı, İstanbul'da kalıp, kabineye girerek çareler aramak yerine Anadolu'ya geçip silahlı bir mukavemet kurmanın en çıkar yol olduğuna inandıran da kendisidir.

Fakat yine kendisi, bu yaptıklarından hiç bir böbürlenme payı çıkarmamakta, sadece doğru gibi görünen yanlışlarla oyalanmadan, kendisini Doğu Ordusu'na tayin ettirmesini şans olarak yorumlamak alçak gönüllülüğünü göstermektedir.

Mustafa Kemal Paşa'nın Anadolu'ya geçtikten sonra, Amasya'da, Ali Fuat Paşa, Rafet Paşa ve Rauf Bey'le birlikte üç gün, üç gece süren görüşmelerden sonra vardıkları, *gerekirse Bolşevik olmak* kararının yayınlanmasını engelleyen, Karabekir Paşa'dır.

Erzurum Kongresinde Mustafa Kemal Paşa'yı başkan seçtirmemek için yaratılan akımın karşısına çıkan ve onun Kongre Başkanı olmasını sağlayan, Karabekir Paşa'dır.

Mustafa Kemal Paşa'nın, İstanbul'a dönmesinin istenmesi üzerine paşa'nın askerlikten istifa ettikten sonra, en yakın arkadaşları kendisini terk ederken ve bu saatlerde Karabekir'in gelip kendisini tutuklayabileceğini düşünürken; Ordusunun ileri gelenleriyle gelip önünde tekmil veren ve "Hepimiz, emrinizdeyiz Paşa hazretleri" diyen, Karabekir Paşa'dır.

Sakarya Savaşı sırasında, savaşın kaderi ortada ve düşmandan yana ağırlıklı sallanırken, elindeki en değerli askerlerini bu ölüm kalım savaşına gönderip, zaferin sağlanmasına destek olan, Karabekir Paşa'dır...

Bunlar, tarihin resmi beyanlarıdır. Elbette bunun dışında da birbirlerine birçok hizmetler yapmışlardır. Özellikle Ankara Hükûmetini, Bolşevik Mustafa Suphi ve arkadaşlarının verecekleri zarardan koruması başlı başına anılmaya değer bir hizmettir.

Mustafa Kemal Paşa, bu hizmetleri büyük bir adaletle değerlendirmiştir. Bu yüzden Kurtuluş Savaşına katılmış bütün paşaların üstünde bir yakınlıkla kendisini hoş tutmaya çalışmış; ileri sürdüğü fikirleri dikkatle dinlemiş, çoğunu benimsemiş ya da benimser görünmüş, kendisini kırmamak, onu darıltmamak için büyük bir özen göstermiştir. Hatıraları okudukça, bu söylediklerimin örneklerini okuyucularımız göreceklerdir.

Mustafa Kemal Paşa da, Kazım Karabekir Paşa da, Batı uygarlığı yanlısıdır. Hatta her iki Paşa, Türk kültürünün korunması, Batı'dan sadece teknoloji ve bilgi transferleri yapılmasını istemektedirler. İkisi de, hilafetin gerektiği noktasında birleşmişlerdir. Aralarında tek bir fark vardır: Karabekir Paşa, keskin çizgilerle düşüncesine yapışmıştır; Gazi Paşa, daha yumuşak, daha supleslidir. İkisi de, biri doğuda Ermenilere karşı; biri Büyük Taarruzda, Yunanlılara karşı '*Ters cephe*' oyununu oynamışlardır.

Daha pek çok benzerlik sıralayabiliriz. Fakat '*İktidar iki kişilik değildi!*' Öyleyse, birinden birinin ortadan kalkması zorunluydu! Bu yüzden bu iki candan arkadaş, bir yerde ayrıldılar, birbirlerinin karşısına geçtiler ve sonunda biri tepede kaldı, biri tepelendi!

Bir Amerikan hikâyesi vardır; adı: *"Bulivar, iki kişiyi çekemez"* (¹) Tıpkı O hikâyedeki gibi iki arkadaş, birbirlerini canları kadar sevmişler, birbirlerini ölüm-kalım meydanlarında desteklemişler, ama Bulivar iki kişiyi çekemediği için, birinin namlusu, diğerinin alnına dayanmıştır.

Devrimlerin, ihtilallerin tarihine bakınız; bu örneklerle doludur. Stalin, Troçki'yi ortadan kaldırmasaydı, Troçki Stalin'i ortadan kaldıracaktı. Granma gemisiyle Küba'ya çıkan Fidel Kastro iktidardadır ama aynı gemi ile Küba'ya çıkan Che Guevera nerede? Çin'de Komünist ihtilalin birinci adamı *Mao* ise, ikinci adamı *Lio Şao-Şi*'dir. Biraz da bu *'ikinci adam'*ın ortadan kalkması için, *'Kültür ihtilali cehennemi'* Mao tarafından yakılmadı mı?

1 Hikâyeyi elli yıl önce okuduğum için, kahramanlarının adlarını tam olarak hatırlayamıyorum. Tutalım John ile Tom, sıcak iki arkadaştır. İkisi de gangesterdir. Bütün vurgunlarını birlikte yapmışlar, bir gün bile birbirlerine dargın kalmamışlardır.

Derken, günün birinde bir trende altın taşınacağını haber alırlar. Planlarını yaparlar: Treni soyacaklardır. Nitekim tasarladıklarını bir bir gerçekleştirirler, herşey saat gibi işler; fakat hiç umulmayan bir şey olur ve trende altınları koruyan muhafızlardan biri, altınları alıp kaçan Tom'a ateş eder, Tom vurulmaz ama atı vurulur. John, hemen yetişip arkadaşını atının terkisine alır ve bildiği bazı sapa yollardan geçirerek kaybolurlar.

Bir düzlükte, ateş yakıp yemeklerini yerler. Yemekten sonra altınları atının terkisinde taşıyan John, Tom'a dönüp:

-Niçin altınları bölüşmüyoruz? diye sorar- Olmaz ama, ya trendeki terslik gibi bir terslikle karşılaşır ve birbirimizden ayrılmak zorunda kalırsak, niçin hakkımız kaybolsun! Bölüşelim. İkimiz de kendi paramızın sorumluluğunu yaşayalım.

İyi yürekli John'un bu fikri, Tom'un gözlerini yaşartır. Bu ne vefakar arkadaşlıktır! Altını ortaya dökerler; John Tom'a: "Sen say ve paylarımızı ayır" der. Tom saymaya başlar... Bir sana, bir bana; bir sana bir bana... Altın yığını küçüle küçüle yok olacağı sırada, Tom, alnına soğuk bir şeyin dayandığını hisseder: Bir de bakar ki John, silahını alnına dayamıştır!

Önce şaşırır, şaka sanır, güler, "bu nasıl şaka?" der gibi bakar... Fakat John'un yüzünde acımalı bir katılık vardır. Ağır bir sesle konuşur:

-Biliyorsun, -der- seninle bunca yıllık arkadaşız. Bugüne kadar birbirimizi incitmedik. Seni çok severim. Senden daha iyisi şöyle dursun, senin gibi bir arkadaşı ömrümün sonuna kadar bulamayacağımı çok iyi biliyorum. Ama ne yapayım? Kör talih! Görüyorsun, buraya gelinceye kadar atım Bulivar, ne hale geldi! Yine yola birlikte çıkmak isterdim ama görüyorsun: BULİVAR İKİ KİŞİYİ ÇEKEMEZ."

Olmasaydı, çok iyi olurdu! Doğru; ama oluyor! Yağmur yağacak derken, tufanla karşılaştığımız olmuyor mu? Günümüzde yaşayan aydınların görevi, olaylara çeşitli açılardan bakmak ve gerçeği yakalamaktır. Olayların tarihe girebilmeleri için, günlük yargılardan kurtulmaları gerekir. Atatürk NUTUK'da söyleyecek, Karabekir anılarında anlatacak; biz, ikisini de okuyup dinleyerek, gerçeği yakalayacağız.

Bugüne kadar Türkiye Büyük Millet Meclisinin açık ve gizli bütün zabıtları yayınlandı. Fakat Türkiye Büyük Millet Meclisinde yapılan görüşmelerin mutfağı sayılan CHP Grubunda yapılan konuşmalardan hemen hiç bir şey elimize geçmiş değildir. Yakın tarihimizde ilk defa bu kitapta Karabekir Paşa'nın el yazıları ile Cumhuriyet Halk Partisinin *Grup konuşmalarının* bir bölümünü yayınlamaktayız!

Okunduğu zaman görülecektir ki, bazı konularda küçük bir gerçeği bile açıklamaya kalkmak, bir dönemde, cinayet mertebesinde suçlamalarla karşı karşıya kalmak demekti! Buna rağmen Karabekir Paşa İbrahim Tali Öngören, Salih Bozok, Hikmet Bayur, Dr. Sadi Konuk, Süreyya Orgeevren, Rasih Kaplan, Aka Gündüz, Dr. Mezher Germen, Asım Us, Dr. Hilmi Oytaç, Emin Sazak, gibi; Halk Partisinin hem fikirde, hem polemikte, hem hitabette en ağır toplarına tek başına cevap veriyor, savaşır gibi ters cepheler kurarak konuşuyor ve Başvekil Refik Saydam'ın barışçı konuşmasının, satırbaşlarını veriyor...

Türkiye'de -o gün bu toplantıda bulunanlardan başkakimsenin bilmediği bu dehşet verici, dramatik tartışmayı, bütün ayrıntıları ile nokta virgül okuyacaksınız. Tarihimize hizmet etmiş olmanın iftiharı bize yetecektir.

İsmet Bozdağ

BİRİNCİ BÖLÜM

CHP OKLARI KAZIM KARABEKİR PAŞAYI HEDEF ALIYORDU

"Öğleden sonra Gümüşhane milletvekili Zeki Bey geldi, bana çok üzgün bir tavırla":

-Paşam, -dedi- ben de dâhil olduğum halde, bugün bir dostunuz çıkmayacağını size açık yürekle söylüyorum.

Sordum:

-Ne var?.. Bu üzüntünüz neden?... Bir dostluk imtihanı mı var ki, yokluğunu gördünüz?..

Şu karşılığı aldım:

-Tekrar ediyorum, ben de dahil olduğum halde, bugün bir tek dostunuzun çıkmayacağını esefle söylüyorum. Bugünkü parti grup görüşmelerinde bulunmayacak mısınız?... Size, dehşetli hücumlar hazırladılar. Bunu önlemek şöyle dursun, size haber veren de yok! Hücumların karşısında tek başınıza kalacaksınız!..

-Tek başıma kaldığım dehşet verici hadiselerle mücadeleden zevk almaya alışmışımdır. Bugün de tek başıma kalırsam, daha büyük zevk duyarım dedim ve benim: "Türk Yılmaz" marşımın şu mısraını terennüm ederek, telefonla parti grubundan müzakere saatini sordum:

Düşmana salsa,

Tek bile kalsa,

Türk hiç yılar mı,

Türk hiç yılar mı,

Türk yılmaz,

Türk yılmaz,

Cihan yılsa,

Türk yılmaz.

"Hemen bir otomobile atlayıp parti müzakeresine yetiştim. Dışişleri Bakanı'nın beyanatından sonra, bizim mücadele şöyle bir seyir izleyerek, mukadder olan akıbetine kavuştu."

CHP GRUBU'NDA ÇOK SERT MÜZAKERE

İbrahim Tali Öngören: Arkadaşlarım!.. Bir, iki ay önce içimize tekrar gelen General Kazım Karabekir, bir müddetten beri İstanbul gazetelerinde, kendi hizmetlerine, gördüğü büyük işlere dair yazılar yazdırmakta ve yazmaktadır. Son zamanlarda bunlar, bazen tatlı tatlı okunuyor. Dün İstanbul'daki TAN gazetesi, kendisine bir muhabir gönderir, bazı sorular sorar. Bu sorulara verdiği karşılıklarda, ebedi şef Atatürk'e temas eder yanları, bendeniz saygısızlık olarak karşıladım.

Generalin, askerlik değerine hiç diyeceğim yoktur, takdirkârıyım. Askeri terbiyesine de hürmetkârım; pek terbiyeli, fazilet sahibi bir zattır. Bu gayretle yazı yazmasındaki sebebi anlayamadım. İstanbul'da, daha beş yaşındaki çocukların acısını unutmadığı Atatürk'ün, tatlı hatırası, tatlı ismiyle yaşayan İstanbul gençliğinin bu yazıları nasıl karşıladığını, tabii öğrendiniz.([2]) (Alkışlar) Matbaaya giderek idarehaneye bazı ihtarlarda bulunmuşlardır. Bunu burada söylemeyi bir vazife bilirim. Dünkü yazılar, belki sürecekti de... Anlaşıldığına

---

2 İbrahim Tali Öngörenin: "İstanbul gençliği bu yazıları nasıl karşıladı tabii öğrendiniz." sözü ile anlatmak istediği: Karabekir'in TAN gazetesinde yayınlanan beyanatın ilk bölümü üstüne, İstanbul Üniversitesi'nden bir grup öğrenci, TAN gazetesine giderek, Atatürk'ün aleyhinde olduğu anlaşılan bu beyanatın durdurulmasını istemiş, gazetede ertesi günü, beyanatın yayınlanmaya başladığı birinci sayfanın aynı sütununda bu ziyaretten söz edilerek; yayının durdurulduğu bildirilmiştir.

göre bazı kusurları merhuma (Atatürk) atfediyor; bu bir tasarlanmış kasıt mıdır, yoksa gazetecinin yanlış yazması mıdır? "Kendi kanaatim değil" derse, hepimizi memnun eder.

Salih Bozok (Bilecik):

Ben de aynı şeyden bahsedecektim; arkadaşım konuştular, gerek kalmadı.

Hikmet Bayur (Manisa):

Herkes gibi ben de bu sabah hayretle ve kederle bu yazıyı gördüm.

General Kazım Karabekir, bizim partimize girmiştir, milletvekili olmuştur. Atatürk'ün, bu partinin "Ebedi Şefi" olduğunu bile bile bu son hareketi pek münasebetsizdir. Bunu bile bile; ikinci defa bu partiden milletvekili seçilmiştir. Doğru olan şu olabilirdi: Herkesin bir kanaati olabilir ve bir kimse bir adamı sevmeyebilir. Halbuki Ebedi Şefin kurduğu bu partinin Ebedi Şefi olarak kalacak olan muhterem şahsiyet aleyhine, özellikle bu partinin içine girip aleyhinde bulunmak doğru değildir. (Bravo sesleri, alkışlar) Mert ise milletvekilliğinden istifa etmelidir ve tekrar namzetliğini koymalıdır. Mert ise, kendisinden bunu bekleriz!

İkinci bir özellik daha var: Biz üç arkadaşız, İnkılâp Tarihi dersleri veriyoruz. Öbür arkadaşımı görüp sormadan, ben cevap vermek istiyorum. Diyor ki: "İnkılâp dersleri dahi yanlış verilmektedir." Bunu böyle bize taş atar gibi söylemek doğru değildir. Benim yayınlanmış kitaplarım var. Talebinin çokluğu sebebi ile bugüne kadar 19.000 nüsha basılmıştır. Kendisi de görmüştür. Atatürk'ün sağlığında bana yazabilirdi. Haydi, o vakit yazmadı, sonradan pekâlâ yazabilirdi. "İnkılâp tarihinde şu noktalar yanlıştır" diyebilirdi. Doğru olan, kendisine güvenen böyle yapar!.. Yoksa söz dokundurarak yazmak, hiçbir zaman doğru ve dürüst bir iş değildir. Bu iki noktadan generalin hareketini doğru bulmuyorum. (Bravo sesleri, alkış).

Dr. Sadi Konuk (Bursa)

Arkadaşlar!

General Kazım Karabekir'in gazete muhabirine beyanat vermek sureti ile yaptığı neşriyatı, hepiniz gibi ben de bu sabah okudum. Atatürk adına, memleket birliğinin tek sembolü olarak, bütün nesillere verdiğimiz yüksek kıymete, herhangi bir şekilde hücuma değil, imasına bile tahammül edemeyiz. (Bravo sesleri) Biz, Atatürk'ün adını, bu devleti yaşatacak olan gelecek nesle en büyük ideali, en büyük istek halinde tecelli ettirmek istedik. Bu yüksek varlığı bugün huzurla, saadetle seyrediyorsak, bunu bütün varlığımızı, ancak o kudrete borçluyuz. Bunu inkâr edip çok yakışıksız bir taarruzun, bir isteğin hiçbir zaman yer bulmasını istemeyiz, buna tahammül edemeyiz. General Kazım Karabekir, bu büyük varlığın altına sığınarak böyle bir tezvir ile memleketin birliğini bozmak cür'etinde bulunamayacaktır. Biz, buna müsaade etmeyeceğiz! (Alkışlar)

Süreyya Orgeevren (Bitlis)

Arkadaşlar!

Biz, yüksek huzurunuzda Halk Partili bir fert, fakat ondan evvel, tabii durum itibarıyla büyüğünü seven, sevdiğini gerçekten seven, inanışında derin bir bağlılık taşıyan bir insan olarak öfkeli bir heyecan içinde olduğumu itiraf etmeliyim. Fakat insan ve insanlık karşısında bulunduğumu hesaba katarak küstahlığa düşmeden, öfke ile dolu olduğum halde, mümkün olduğu kadar sakin olmaya çalışarak düşüncelerimi arzedeceğim. Sözlerim içinde tenkit ve yanlışlar, o yanlışı yapandan daha az olabileceğini bilmekle beraber, affınıza layık göreceğinizden eminim.

Arkadaşlar!

Benden önce söz alan ve çok yerinde olduğuna şahsen inandığım, tamamen kendi kanaat ve arzularını ifade eden arkadaşlarımın sözlerine katıldığımı belirttikten sonra, bu sözlerden onların niçin haklı ve bu hakkı, niçin yerinde bulduğumuzu anlatabilmek için, müsaadenizle, sözkonusu olan makaleyi okuyacağım. Uzundur... Uzundur ama tahammüllerimiz ondan daha uzundur, daha büyüktür, çünkü kutsal esaslara dayanmaktadır. (Okuma sesleri),

Bir ses: Bu makaleyi dinlemeye tahammülümüz yoktur!... (Yoktur, sesleri).

Orgeevren: (devamla)

Müsaade buyurunuz, okuyacağım! Çünkü o makalede sözkonusu olduğu gibi, bir kişinin sözü, mutlak ve mücerret sözü ile yola çıkmış durumuna düşmeyelim ki, o makalenin sahibi Sayın General...

Rasih Kaplan (Antalya)

Mecliste general yoktur, vatandaş vardır!..

Süreyya Orgeevren (devamla)

Kusura bakma, benim konuşma biçimim böyledir. Böyle konuşmaya mecburum. Kendi tavsiye ettikleri şeyi, o yazılarda kendileri benimsememişlerdir. Bu anlayış benimdir, görüş benimdir; fakat delillerimin çok çok kuvvetli, çok yerinde olacağını söylemek isterim. Onun için, onları herhalde okumalıyım! Belki kendileri kabul edeceklerdir; ondan sonra konuşmaya gerek kalmayacaktır. Makaleyi, bir kez daha okumadan, tahlilini yapmadan, hadiseleri, zıtlıkların öncülüğünde anlam ve üslubun billûrlaştırdığı ruhu ortaya koymadan konuşmak, doğru olmaz inancındayım.

Mülakat, -hepimizin bildiği gibi- tertip edilmiş, gazete muhabiri kendileri ile görüşmüş... Bunların nasıl düzenlendiğini hepimiz çok iyi biliriz. Muhabir ya da yazar, sormuştur; Sayın General de cevap vermişlerdir. Sorular ve cevaplar arasındaki oturmuşluk, kast ve anlam karşı karşıya getirilirse, mantıkla tahlil ve mukayese edilirse, iş, bütün çıplaklığı ile meydana gelir.

BASIN MODERN HURAFEYE DİKKAT ETMELİ

Süreyya Orgeevren, CHP grubunda konuşmakta ve Kazım Karabekir'in bir gazeteye verdiği mülakatı bölüm bölüm okumakta ve şiddetle eleştirmektedir:

Süreyya Orgeevren: Yazar, gazetedeki mülakatta anlatıyor: "Uzun bir ayrılıktan sonra tekrar siyasi hayata dönen İstanbul milletvekili General Kazım Karabekir... Ankara'da, Yenişehir'deki evinde kendisini ziyaret ettiğim zaman, söze şöyle başladı:

"Memlekette menfi propaganda ile olduğu kadar; 'modern hurafe' ile de mücadele, şerefli bir vazifedir. Bu mücadelede başlıca vazifenin, basına düştüğü kanaatindeyim."

Arkadaşlar! Şurasını özellikle dikkat gözünüze arz etmek istiyorum:

"Sayın General, mihnetli geçen uzun yılların yıpratamadığı dinç, zinde ve sağlıklı görünüyor. Fakat saçlarındaki aklar, siyah telleri gizleyecek kadar çoğalmış... Çok aydınlık bir ifade ile dinleyenleri peşinden sürükleyen bir hatip kudreti ile konuşuyor" dedikten sonra, Yazar, soruyor: "İstiklal Harbi'ndeki büyük hizmetlerinizi, milletin önemli bir çoğunluğu öğrenmek fırsatı bulamadı. Okuyucularımızın da, basınımızın da bu konuda aydınlanmaya ihtiyaçları olduğunu kabul buyurursunuz değil mi?.."

CAHİL SUÇLAMASI

Arkadaşlar!..

Şu küçük bölüm üzerinde küçük bir tahlil yapmama müsaade buyurun; İstiklal Harbi'ndeki "büyük hizmet" denilen şey, biraz aşağıda Sayın General'in ifade ettikleri, altı yıl önce Türk basınının da uzun uzadıya yazılmış bir sürü dedikodulardan başka, memleket tesanüdü ve İstiklal Harbi kutsallığı üzerinde bozgun ruhu yaratan etkilere yol açmış bilinen olaydır! Bunu, "Milletin büyük bir çoğunluğu öğrenmek fırsatı bulamamış." Fakat bu, Yazar'ın sözüdür. Yazar, burada bulunmadığı için, karşılık verecek durumda olmayan insanlar hakkında söylenmesi gerekli olmayan sözleri söylemeyeceğim. Ancak, şunu söylemekten kendimi alamıyorum: Sayın Yazar bilmiyorsa, yani büyük harpte General Kazım Karabekir Paşa hazretlerinin ne olduğunu, ne ölçüde var olduğunu bilmiyorsa, biz biliyoruz!., İnkılap tarihini bilen, onun içinde doğan, onun içinde yaşayan ve onun oluşmasında zerre kadar hizmeti geçen herkes, çok iyi biliyor ve Türk milleti biliyor!.. Ne yapalım ki, onun içinden böyle bir cahil de çıkmış olabilir!

(Yazarın bu sözüne) generalin cevabı: *"Evet, -dedi- bütün bunlar, sırası geldikçe ortaya konacaktır."* Bir zaman konduğu gibi... (devam ediyor)

MODERN HURAFELER

"Fakat muhakkak ki, bu gerçeklerin içinde kamuoyuna sunulması çok gecikmiş olanlar da vardır ve bu gecikmeler, kafalarda bir çeşit hurafe yaratmıştır."

Bu "hurafe"lerden ne kast edildiğini, modem hurafelerle eski hurafelerin hangi noktalarda ayrıldığını belirlemekte ben acizim. Ancak burada, şu küçük açıklamayı arz etmeye ihtiyaç duyuyorum: İstiklal Savaşı'nda gerçekleşmiş hizmetler, olaylar ve gerçekleşmiş hakikatler vardır da onların bir kısmı söylenmiş, bir kısmı söylenmemiş... Söylenmekteki lüzumun gecikmesi, hurafeler yaratmaya yol açmıyor. İstiklal Harbi, cihanın hayretle seyrettiği kutsal bir olaydır. Tarih demek, aşağı yukarı geçmiş zamanlara ait olayların, çeşitli yanlarından incelenmesi bilgisi demektir. Üzerinden 15-16 yıl geçmiş olan kısa bir zamanda Türk İstiklal Savaşı'nın hemen sıcağı sıcağına söylenmiş olması, tarih hakkındaki fikrin ve tarihe karşı duyulan güvenin bir belirtisidir.

General söylüyor: "Şahsen benim de 15 yıl menkubiyet durumunda kaldığımı (bir köşeye itildiğimi) biliyorsunuz. Bu süre, özellikle çoluğum, çocuğum için pek acı geçti." Menkubiyet!... Bu kelimenin yerini bilmiyorum. Bizim bildiğimiz menkubiyet, büyük bir devlet adamının işinden çıkarılması gibidir. Sayın General, Türk ordusunun generalleri arasında hizmetleri görülmüş ve zaman zaman kendilerine -gerektikçe- takdir duyguları gösterilmiştir. Bizim gibi, milletin içinde, millete hizmet etmeye çalışmış kimselerin bunu unutması, hayal ve hatırdan geçmez. Ama buradaki "menkubiyet" generalin askerlik görevinden istifa ederek siyasi hayata atılması olmuştur. Birçok generaller, bugünkü 'Milli Şefimiz' de dâhil olduğu halde, General Karabekir kadar, hatta ondan daha fazla memlekete, askeri, siyasi, iktisadi sahalarda hizmet etmiş, birçok sivil ve asker vatandaşlar arasında, kendileri askerlikten istifa ederek ikinci Büyük Millet Meclisi'ne aza olarak girmişlerdir.

RUH HALİ

Ondan sonra, generalin kendi gibi düşünenlerle birleşmesinden sonra, bugün iyice bilinen, yersizliği gerçekleşen, memlekete zarar verici mahiyette bulunduğu anlaşılan, böylece ve buna dayanarak memleket için inkılap çocukları arasında tutunamayıp, sönüp, çekilip giden teşekkülden (örgüt) sonra çekilmişler ve bir daha milletvekili olamamışlarsa, bu menkubiyet değildir, arkadaşlar!.. Bugün de yakından tanıdığımız, şereflendiğimiz, haklı olarak övünmeye layık bulduğumuz milletvekilliğini bırakabileceğimiz, kafamızın içinde yaşayan bir gerçektir.

O zaman, kendi kendimizi, yenik mi düştük sayacağız?.. Bu noktayı, makaleyi yazan insanın, yazar veya söylerken duygulanma biçimini, ruh halini gösterebilmek için arz ettim. Yazının giriş bölümündeki anlayışımda, görüşümde ve mantığımda yanılma varsa, hemen söylesinler, şükranla, memnuniyetle kabul ederim...

Bu, *"Menkubiyet müddeti, bilhassa çoluk çocuğum için çok acı geçti"* cümlesini hatırınızda bir süre tutmanızı rica ederim; aşağıda hatırlatacağım, nasıl olduğunu kendilerinden müsaadeleriyle soracağım.

Milletvekilliğinden ayrılmak, milletvekili olmamak key-fiyetinin bir "menkubiyet" telakki edilmesini ve bu menkubi-yetin, çoluk çocuğa verdiği açlık, benim havsalamda yerbula-cak şeylerden değildir.

General "*Buna rağmen ben, bildiğim yoldan şaşmadım, her za-man için hakikatin savunucusu olarak kaldım. Fakat ne yazık ki, on beş yıl içinde, kıymetli fikirlerle ortaya çıkıp hayatlarını hor gö-rürcesine çalışan ve memlekete büyük hizmetler ifa eden bazı vatan çocuklarının bir kenarda nasıl unutulduğu, kimsenin gözünden kaçmamıştır*" diyor.

DİPDİRİ MEZARA GÖMÜLMEK

İnsafla düşünmek lazımdır. On beş yıl içinde kıymetli va-tan çocukları çıkıyor, çalışıyorlar, memlekete büyük hizmet-ler yapıyorlar, sonra bunlar bir kenara atılıyorlar; bütün Türk milleti de bunu görüyor!.. Bu, şahsi ve dayanıksız bir kana-attir.

"*Onların bütün hizmetleri, yalnız kökten inkâr edilmekle kalma-mış, belki onlara türlü iftiralar da yapılarak, her biri dipdiri mezara gömülmek istenmiştir!*" diyor...

Sayın generalden soruyorum; "On beş yıl kenarda kalan ve dipdiri mezara gömülen" kimlerdir?.. Parti arkadaşlarına bu-rada söylesinler, kaç kişidir?.. Ben, bunu red ediyorum!.. Hiz-met edenler çoktur. Bu memlekete hizmet etmek isteyenler, tehditle, güçlüklerle karşı karşıya kalmamışlardır. "Dipdiri mezara gömülmek" durumuna düşmemişlerdir. Böyle yazı-lamayacağını, böyle yazmaya hakları olamayacağını, böyle yazmanın, kamuoyunu çok kötü olan demagoji ile iğfal ede-rek bozgun ruh yaratmak ve milletin çok muhtaç olduğu da-yanışma ihtiyacı karşısında berbat bir hale koymak olduğunu ve memleket ve millet mağlubiyetine, çöküşüne yol açacağını kendilerine samimi olarak hatırlatırım! (Bravo sesleri...)

SUSMADIM

Nerde kaldı ki Sayın General, bu tür insanların hizmetlerinin bir kalemde inkâr edildiklerini ve söz söyledikçe, gerçekleri bağırıp, onarmaya çalıştıkça, kendilerinin diri diri mezara gömüldüklerini iddia ettikleri halde, biraz önce, kısa bir süre hatırınızda tutmanızı rica ettiğim cümlelerini hatırlatıyorum: Kendisini çürüttüğü yer burasıdır!

Diyorlar ki: "Menkubiyet 15 yıl sürdü. Şu acıları gördüm ama ben susmadım; vazifemi yaptım."

On beş yıl susmayan, sürekli görevini yapan bir adam, çıkıp da "Bir kalemde beni susturdular, yaptığım işleri ortadan kaldırdılar, beni diri diri mezara gömdüler" derse, bu birbirini tutmayan sözlerin hangisine inanılır?.. Böyle dipdiri mezara gömülmek isteyen insanlar için, memleket bunların olgun, dolgun başlarından istifadesiz bırakılmış!..

Olgun, dolgun baş, ensesine satır yese, vatanına, milletine hizmet etmekten feragat etmez! Akıtılacak kanı ile bile, memleketine yararlı olmaya bakar! İşte biz, o başı görmek istiyoruz!

KALPAZANLAR, EHLİYETSİZLER

General "Bütün bunlarda modern hurafenin tesiri olmuştur. Bu itibarladır ki, basının bu işteki büyük rolüne peşinen işaret ettim. Baştakilere yaranmak için ulu-orta fikirler yayınlamadan önce, olayları olduğu gibi tesbit ederek yeni nesle aynen anlatmamız gerekir. Aksi halde, birçok kahramanları sefil olarak göstermek, birçok kalpazanları, ehliyetsizleri, layık olmadıkları vasıflarla vasıflandırmak gafletine düşebiliriz" diyor.

Baştakilere yaranma için ulu-orta bir fikri ortaya atmak; aklın, mantığın inanmayacağı, düşenemeyeceği şeylerdir. Fakat kendisini göstermek için, büyüklüğünü küçültmek için, sebepli, sebepsiz baştakilere hücum etmek mi gerekir?.. Bendeniz şahsen, bir belli hareketin işaret ettiği hakikati kastederek söylemiyorum; evet içimizde böyle insan yoktur ve olmayacaktır da... Olursa, tutunamayacaktır!..

Fakat aksi, daha kuvvetle olur, aksi daha kuvvetle, hepimiz tarafından tutulur, benimsenir. Haksız olarak hücum ettiremeyiz başımızdakilere; haksız olarak ulu orta ve yersiz, hücum ettiremeyiz; hatta ölüsüne bile haset edilen büyüğümüze, hiç ettirmeyeceğiz! (Şiddetli alkışlar)

GAZETE SAYFALARI, TİYATRO SAHNESİNE BENZETİLMEMELİ

CHP grubunda Süreyya Orgeevren konuşmakta Kazım Karabekir'in bir gazeteye verdiği mülakatı bölüm bölüm okumakta ve şiddetle eleştirmektedir. Orgeevren, elinde tuttuğu mülakattan bir paragraf okumakta, sonra da kendi düşüncelerini söylemektedir:

Süreyya Orgeevren (devamla)

Karabekir, "Aksi halde birçok kahramanları sefil olarak göstermek ve birçok kalpazanları, ehliyetsizleri, layık olmadıkları vasıflarla vasıflandırmak gafletine düşebiliriz" diyor...

Arkadaşlar!

Burada cümle, mutlaktır ve bir nazariye halinde ifade edilmektedir. Fakat şüphe yok ki, bir teori ifadesine boğulan bu muhakeme içinde, belli kişiler vardır. Var mıdır, yok mudur, bunu kürsüden yalanlamalı, ya da doğrulamalıdırlar. Biz, gerçeğin bırakılarak, saklanarak, ona ters durumlar yaratılarak, kötülere, cahillere, kalpazanlara, hasetlere, hırs içinde kıvrananlara, çıkar peşinden koşanlara yer vermeyi istemediğimiz kadar, kalpazanları kahraman göstermekten de çok çekiniriz. (Bravo, alkışlar)

"Matbuat sayfaları, bir tiyatro sahnesine benzetilmemelidir yani, matbuat liderleri, temsil edilecek herhangi bir piyes gibi, rolleri, istedikleri kimselere vermemelidirler." Tekrar muharrir şöyle söylüyor:

"Kazım Karabekir, bir ara, hatıralarını toparlamak ister gibi durumsadı. Bu fırsattan yararlanarak beni kabul ettiği salona şöyle bir gözattım. Genellikle sade, ama özenli döşenmiş... Bir tarafta, sayın generalin savaş anılarıyla dolu olan birkaç camlı dolap; odanın başka bir yanında da, şu levha göze çarpıyor:

"CİHAN YIKILSA, TÜRK YILMAZ"

İkram edilen kahvenin son yudumunu da yuvarlarken, General Kazım Karabekir, bu kısa sessizliği bozdu: "Yazık ki, -dedi- son onbeş yıllık basınımıza, bu bakımdan iyi bir numara verebilecek durumda değiliz!" ve bu suçlamasını açıklamasız bırakmamak için hemen ekledi: "Basının yakın vakte kadar, çok kez baştakileri memnun etmek gayreti güttüğünü söylemeye mecburuz."

Bu cümleye bu kürsüden ben cevap verirsem, öteden beri aramızda bulunan ve özellikle yeni yeni aramıza girmiş olan, çok değerli, çok aydın -basın- deyince, Türkiye'de ilk hatıra gelen muhterem zatın cevap vermesi lazımdır. Suçlamaya uğrayan onlardır. Susarlarsa, kendilerinin bu suçlamaya, bu iftiraya, şimdiden layık olacaklarını söylemekte haklıyım. (Bravo sesleri, alkışlar)

General, "Basın, sırf bu gayretle, olayları, birçok tarihi olup biteni inkâr edecek kadar ileri gitmişlerdir. Mesela burada şahsımdan bahsedeceğim: Altı yıl önceki İstiklal Savaşı tartışmasını hatırlarsınız değil mi?.. Ben o zaman, tarihi belgeler göstererek bazı olayların, gösterildikleri biçimde olmadığını ve gerçeğe uymadığını söylediğim zaman, basının haksız ve yersiz hücumlarına uğradım" diyor.

BASIN LİDERLERİ

Şimdi, "basın liderleri" denilen ve içimizde bulunan başyazarlara soruyoruz: Böyle mi yaptınız?.. Kürsüye gelir, söyler misiniz?., ya 'evet', ya 'hayır!..'

(Okumaya devam ediyorum) "Sonu ne oldu?.. Gerçekleri öldürmeye koşan gayretlilerin mahcubiyetinden ve benim de maddi baskılara uğramaklığımdan başka, ne oldu?.. Ve ben, bir süre daha o vakte kadar olduğu gibi kenarda, gözaltında yaşamak zorunda kaldım; fakat daha sıkı sınırlamalar altında da olsa, yazılarımı yine de yazmaya devam ettim."

Çelişkinin böylesine, bu kadar açığına, ben hayatımda rastlamadım! Yani, basın hiçbir şeye yaramazken, general, bunları yazmaya devam ediyormuş! Basında, bunları yazmaya güç yetmezken, yine gazete aracılığı ile general yazabiliyor! Hukuk fakültesi hocalarının 'çelişkiyi 'örnek' almalarını rica ederim!

"Hayatımın bütün hesaplarını, günü gününe, hatta saati saatine verebilirim" diyor; olabilir... Derli-toplu yaşayan her adam ve hepimiz, verebiliriz!...Fakat"lüzumsuz ve sebepsiz" görmüşler... Lütfen, bu kürsüden versinler!.. Temizliklerinde şüphe yoktur!.. Biz bu konuda hiçbir şey bilmiyoruz... Kimse de bir şey söylemedi!

Kazım Karabekir "bir söylese" neler olacaktı, neler!.. Ne Atatürk'ün şahsiyeti, ne Milli Şefin kıymeti kalacak!..

'Bu değil!.. Biz çok iyi biliyoruz, böyle değildir!..' bunu demek istiyorsanız, söyleyiniz, dinleyelim!.. Yazar, söylüyor: "Sayın general biraz durdu, daha bir şeyler söylemek istediği anlaşılıyordu. Yalnız şu cümle ile yetindi: "Gerçekler, hiçbir zaman kaybolmaz. Zaman, gerçeklerin müttefikidir."

31 MART OLAYI

Özellikle bu kürsü, gerçeklerin koruyucusu, yaşatanı, ilanıdır!

"Maroken koltuğa biraz daha gömülerek elini alnına götürdü ve: "Gazeteler" dedi, "İstiklal Savaşı dışında kalan olaylarda bile gerçeği, yazık ki bazen pek çirkin bir biçimde çarpıtıyor. Size bir örnek daha vereyim: Bir gazete, bazı hatıralar yayınlıyordu. 31 Mart'ın bastırılması olayını masala çevirmişti. Yıldız'ın ele geçirilişini, Bulgar çetelerine bağlıyordu da, benden söz etmiyordu. Hâlbuki Yıldız'ı işgal eden kuvveti Fırka Kurmayı olarak şahsen ben idare etmiştim. Bu gazete, gerçeği pek acı bir biçimde çarpıtmıştı. Zaman zaman buna benzer tarihi olayların çarpıtıldığını gördükçe; 'belki bir yanlışlık yapılmıştır' düşüncesi ile uyarmayı görev biliyorum. Fakat gazeteler, yazdıklarını düzeltmeye de yanaşmıyorlardı. Yalnız şurasını hemen söyleyeyim: Sizinle yaptığımız bu görüşmeler, sırf bilim açısından incelenmelidir."

Evet!.. Biz de sosyal, politik, psikolojik diye inanılan, nitelenen ve baştan aşağı bilimsel olan ve özellikle, iç politika ve milli sosyolojimizin esaslarını ilgilendiren şeyleri, o bakımdan ele alıyoruz. Müsaadeleriyle bir noktaya daha işaret edeyim: Bunu küçük bir vatandaşın samimi ve candan bir uyarısı olarak alsınlar; hiçbir kasdım yoktur; arkadaşlarımın, vatandaşlarımın hiçbirine ait gizli kasdım (zaten) yoktur. Çok açık ve dürüst konuşuyorum; bu kürsünün gereği, bu topluluğun emrettiği, koruduğu, hakkın ve hürriyetin gereği ne ise, onu yapıyorum... Yazar, sayın general ile konuştuğu evde "içerisine gömülebilecek maroken koltuktan" söz ediyorlar. Çoğumuzun evinin içinde oturacak sandalyemiz bile yoktur! Fakat hiçbir vakit "menkup olduk" diye yakınmadık ve yakınmayacağız!..

"Söylemek istediğim şey, bundan sonra olsun, şu veya bu gibi duygulara kapılarak, genç nesil avutulmamalı, gerçekler olduğu gibi kendilerine söylenmelidir."

Burada güdülen maksada, üniversite gençliğinin kesin ve gerçek cevabını vermiş olduğunu, biraz önce bu kürsüden duyduk! Var olsun idrakli gençlik, var olsun Türk gençliği!.. (Bravo sesleri, alkışlar)

BÜYÜK NUTUK

"Büyük Nutuk"un hiç olmazsa "büyüklüğü" inkar edilebilir mi?.. Ebedi Şefin kutsal nutkunda, memleketi, inkılabı, kendilerine emanet ettiği bir gençlik vardır. Elbette bu gençlik, bu münasebetle de vazifesini yapmıştır ve yapmaya devam edecektir. "Olayların olduğu gibi tesbit edilerek yeni nesle aynen ifadesindeki zarurete" işaret ediyorsunuz. Sizce bu nasıl mümkün olabilir?" diye soruyor yazar... (General cevap veriyor): "Kesin olan nokta, birtakım kişilerin memlekete 'yanlış' olarak gösterildikleri ve yaptıkları büyük hizmetlerin bir kalemde çizildiğidir. Hadiseler, yalnız bir kişinin dilediği biçimde söylemesi ile ortaya çıkmaz. En küçük bir olayda bile tutulan bir zabıt varakası (tutanak), yalnız bir kişinin ifadesi değildir. O olayı yapan, gören, işitenlerin konuşmaları ile gerçek ortaya çıkabilir ve hükümler de buna göre, buna dayanarak verilir. Yalnız bir davacının ifadesine göre hüküm vermek, hiçbir zaman doğru olmaz."

Arkadaşlar!..

Bu mülakatta yalnız son bölüm olmasaydı, belki bu kürsüye gelip konuşmak istemezdim. Ben, o büyük 'NUTUK'taki gerçeklere, bütün kuvvetimle, samimiyetimle katıldığım gibi, herkesle beraber (inanırım), inanırız! General, bu kendi yalan iddialarında tek kalmaktadır.

ATATÜRK: YA BU İŞİ YÜRÜTECEĞİZ YA DA TOPYEKÛN GİDECEĞİZ

Süreyya Orgeevren, Kazım Karabekir'in bir gazeteye verdiği mülakattan bölümler okuyup eleştirmeye devam etmektedir.

General, "Büyük Nutuk'ta da, üzerinde önemle durulması gereken haksızlıklar ve yanlışlıklar vardır" diyor...

Bu söz, Necip Biladi gibi zaman zaman ortaya çıkan yanlışa koşulmuşların tekrarından ibarettir. Ben, tarihi belgeleri de okudum. Altı yıl önce kendisine karşılık verenlerin arasında ben de vardım.([3]) Mukayeseyi ben de yaptım. Çelişik yorum-

---

3 'Bir Ankaralı' imzası ile Milliyet gazetesinde yayınlanan ve Kazım Karabekir Paşa'nın cevap vermesi üzerine yarıda kesilen yazı dizisinden bahsediyor.

larına; müsbet, birer birer cevabı ben verdim. Hala, olayların böyle olmadığı düşüncesini taşıyorlarsa, bu kürsüden söyleyebilirler. Tarihe malolmuş ve cihanın hürmetle karşıladığı ve hakikatleri ihtiva eden, en kıymetli bir eser diye, büyüklüğü burada dahi inkâr edilmeyen Büyük Nutuk'un arasında, burasında haksızlık, yanlışlık iddiasını yapmak için, insanın önce bu parti saygınlığında işgal ettiği yeri terketmesi lazımdır. (Bravo sesleri, alkışlar)

"BİRBİRİMİZİ BİLİRİZ"

Rasih KAPLAN (Antalya)

Arkadaşlar!

Gerek istibdad, gerek meşrutiyet ve gerekse Cumhuriyet devrine, bu üç devre erişen şu nesil, hepimizin arasında bu üç devri gören arkadaşlar, zannederim, çoğunluktadır. Bu üç devirde yetişen, görev alan arkadaşların birçoğu, birbirlerini çok iyi tanırlar. Özellikle, Birinci Dünya Savaşı ve İstiklal Savaşı'nı gören arkadaşlar, bilirler ki, İstiklal Savaşı'ndaki görev herhangi bir cephedeki göreve benzemezdi. Yurt gitmiş, ulus esir olmuş, yurdun hemen hemen işgal olunmamış, yumurta kadar yeri kalmamış ki, üstüne çıkalım, 'Bağımsızız' diyelim. Hepimiz esir durumda... Böylece, mücadeleye girmişiz!.. Bu durumda mücadeleye girince ihtiyar, genç, kadın, erkek, hiç fark olunmadan hepsine 'vazife boynunun borcu' olur. Türk ulusu, bütün bu borcu, nasıl öderdi?.. Bunu, tarihin içinde yaşayan hepimiz çok iyi biliriz. İstanbul milletvekili arkadaş da (⁴) bu tarihin içinde yaşamıştır, çok iyi bilir arkadaşlar. Bu vazifeyi görürken, ben ne kadar vazife görmüşsem, bu yurdun en kenar köyünde, en güçsüz sandığımız kadın, ya da erkek vazife görmüştür. Ben ne kadar bu millet için uğraşmışsam, ilkokula gitmeyen çocuk da, onun acısını duymuştur. Çünkü onun anası, babası da bu yurt için mücadelede idi. (Anası) Cepheye erzak ve cephane yetiştirmek için gitmiş; babası, si-

---

4 Kazım Karabekir Paşa'dan sözediliyor.

lahını almış, cephede idi. Dedesi de Birinci Dünya Savaşı'nda zaten şehit olmuştu. Yurt, işte böyle bir ortak mücadeleye girmişti. Bugün ben bu kürsüden o günkü hayatı tasvir ederken, acaba o gün biz kendimizi esaretten, yurdu işgalden kurtarmak için borç öderken, bugün, batırmaya mı çıkıyoruz!.. Ödediğimiz borcu, kime satacağız? Esir olacak, bendim! Ben, bu borcu yurduma ödemeseydim, bugün serseri Yahudiler gibi yurtsuz bir serseri, bir sitil olurdum. Çünkü arkadaşlar; yurdu olmayanlar, serseri ve sefildirler!.. Ben millete ve yurduma karşı görevimi yapmasaydım, bugün ne olabilecektim?.. Onun için arkadaşlar, işe başlarken, bu sahnenin genişlemeden önünü alalım. Yüce heyetinizden de, hükûmetimizden de rica ederim.

NEREYE GİDİYORUZ?

Arkadaşlar!..

Arkadaşlar, affınıza sığınarak üç aydan beri basında gördüğümüz yayınlar, bu arkadaşlarımızın böyle bir sahaya düşeceğini gösteriyordu.

Arkadaşlar!..

Hepimiz milletvekiliyiz... Mebusuz... Her gün gazetede bir şeye... Efendim, milletvekili arkadaşlarımızın hepsi Cumhurbaşkanımızı ziyaret etti. Belki, bunların içinde hususiyetleri olanlar varsa, Cumhurbaşkanı hazretleri de karşı ziyarette bulundu. Ama bizim İstanbul mebusu arkadaşımız, Kazım Karabekir, Cumhurbaşkanını ziyaret etmiş... Sonra birçok dedikodu... Ne var efendim, ne var acaba?...

Arkadaşlar...

Benim evime, okulda okuyan öğrenci de gelir. "Kazım Karabekir, Cumhurbaşkanının siyasi ve askeri müşaviri imiş... Doğru mudur?.." derler. Nereye gidiyoruz arkadaşlar, nereye?.. Bugünkü Cumhurbaşkanımız, siyaset aleminde, askerlik aleminde, kendisini dünyaya tanıtmış bir şahsiyettir. Sonra, bu propaganda ile ne kazanacağız?.. Bir süre hal tercümesi tutturdu. Umumi harpten evvel, umumi harp içinde... Ondan sonra geldi İstiklal Harbi'ne... Efendim, İstiklal Harbi'ni hepimiz biliriz. Demek ki, bu günleri yaşayan arkadaşlar çekilince, biz, birbirimize gireceğiz. Senin baban yaptı, benim kardeşim yaptı, ötekinin dedesi yaptı mı diyeceğiz?

Arkadaşlar;

Demin arz ettiğim gibi, bu yapılan işte, asker olsun, sivil olsun, siyasi olsun, tüccar, çiftçi olsun, kimseyi ayırdetmeyiz ve bu şerefi, kimsenin üzerinde toplayamayız. Bu, Türk ulusunundur! (Bravo sesleri, alkışlar)

UŞAK İSTASYONUNDA

Atatürk, İzmir zaferinden dönerken, Uşak istasyonunda bir öğretmen arkadaşa şu cevabı vermiş; bizler bunu neslimize nakletmeliyiz. Orada bir arkadaş kendisine karşı zaferi kutlarken dedi ki:

"Siz şöyle yaptınız, böyle yaptınız!.." Atatürk de hemen o zatı ortaya getirdi:

-Hemşehriler -dedi- "Bunu dinlerseniz, size yeniden zıllullah yaratacaktır. Ben Türk milletini tehlikede gören bir kumandan, herhangi bir fert gibi ortaya atıldım. Millet benimle beraber mücadeleye girdi. Bugün, ne yapılmış ise, Türk milleti yapmıştır. Ben ne yapabilirim, Türk milleti olmasaydı?" dedi. (Şiddetli alkışlar)

Arkadaşlar!..

Dünyayı görüyoruz. Ne olacağı belli olmayan bir mücadele içindeyiz. Bugün beyanat vermeye, yarın hatıra yazmaya kalkacak... Öbürgün, dağılarak parçalanmaktan korkarım. Aynı Çin'deki gibi, generaller şehirleri mi kuralım? Ama buna Türk ulusu kesinlikle müsaade etmez. (Alkışlar) Cumhuriyet Halk Partisi prensiplerinin esasları ve nizamı vardır. Düzenli hükûmet kurmayı Atatürk bize ilke olarak telkin etmiştir. (Alkışlar)

Arkadaşlar!..

Birinci Büyük Millet Meclisi'nde idi. Atatürk bir gün Meclis'in münakaşasından çok yorulmuştu. Yorgun olarak çıkıyordu. Kendisine bir arkadaş şu sözü söyledi:

-Hem cephede, hem Mecliste, hem hükûmet işlerinde çok yoruluyorsunuz.

Verdikleri cevap şu idi:

-Evet, çok yoruluyoruz. Fakat tuttuğumuz dava dama oyunu değildir. Memleket ve millet mukadderatını tayin edecektir. Onun için bu milletle beraber bu işi ya yürüteceğiz, ya topyekün gideceğiz.

Yine arkadaşlar; Atatürk, en büyük prensip olarak kurduğu bir noktada, ihtilalin en şiddetli günlerinde bile, daima "Mahkeme hükmü ile cezalandırmak esastır" demiş, bunu daima muhafaza etmiştir. Hiçbir vakit komiteciliğe gitmemiştir. Memleket, her taraftan işgal edilmiş ve ihtilal içinde olduğu halde, daima nizami, daima kanuni, mahkemeyi memlekette hâkim kılmak esasını hepimize telkin etmiştir. Bundandır ki arkadaşlar, sayın arkadaşımıza kendisi, meslek arkadaşı, cephe arkadaşı, ordu arkadaşı olarak en yüksek mevkii vermiştir.

Kazım Karabekir, Şark'taki harekâtın başında bulunmuştur. Ondan sonra Meclis'te kendisine hepimiz hürmet ederdik. Fakat arkadaşlar, ne oldu?.. İlkin, Büyük Millet Meclisi'ne geldikten sonra, hoşnutsuzluk durumuna girdi. Ayrı bir parti kurdu. Ona da bir şey demedi; tam bir serbestiyet içinde partiyi teşkil etti. Fakat sonraki sonucu hepiniz gözlerinizin önüne getiriniz: Daha üç-dört yıl önce istiklalini kurtarmış, harap bir yurt, fakir bir millet, ne ile karşılaşmıştır? Devlet reisine suikast!..

BUNLAR, AMERİKAN MİSYONERLERİNİN YETİŞTİRMELERİDİR.

Rasih Kaplan: (Antalya)

Arkadaşlar!...

Atatürk bugün aramızdan ayrılmıştır. Fakat hizmetini inkâr eden, Türk ulusuna yaraşmaz! Türk ulusu, bu hizmeti inkâr etmez ve etmeyecektir de...

Süreyya Orgeevren (Bitlis): Ettiremez.

Rasih Kaplan: (Konuşmayı sürdürerek) Kendisi etmeyince, tabiatıyla ettiremez. Arkadaşlar, bu dava karşısında eğer o adam da kendisinin tariz etmek istediği adamda garez olsaydı, bugün kendisi hayatta olmazdı. Bunlar hep birer tarihtir. Olayların içinde yaşayan bizlere de mi lo, lo, lo... (Gülüşmeler, alkışlar) Rica ederim, insaf, vicdan, bu yolda ne meslek farkı, ne şu, ne bu, herkes ve her Türk elinden geldiği kadar, gücü yettiği kadar, en az, en çok hizmet etmiştir.

Hiç kimsenin hak iddia etmeye yetkisi yoktur. Bugünkü nesil, kimsenin herhangi bir iddia ile ortaya çıkmasını kabul etmeyecektir. Böyle bir iddia ile ortaya çıkmak, memleketi anarşiye götürmek demektir. Bu yurt, daha dün istiklalini elde etti. Bundan sonra da şu, bu iddialarla memleketi tekrar tehlikeye sokmamak için, her gün bir tedbir alalım. Yazdı, yaptı; fakat soruyorum: Fayda nedir?..

AMERİKAN MİSYONERLERİ

Biliyor musunuz Paşa; TAN gazetesi 500 tane daha satsın diye bunu yapmıştır. Bunun için insan kendi adını, imzasını onlara satar mı?.. Bu millet seni tanımıştır, hürmet eder. Milli Mücadele kahramanları arasına koymuştur. TAN gazetecileri kimdir, biliyor musunuz?.. Amerikan misyonerlerinin Amerika'ya götürüp okuttukları ve getirdikleri adamlar!.. Niçin çalıştıklarını biliyor musun?.. Böyle beş yüz gazete fazla satacak filan diye insan, Milli Mücadele'ye katılma şerefini başkasına satar mı?

Onun için arkadaşlar, bugünkü nesil ve herkes bilmelidir ki, -Nasıl ki, mektepteki çocuklarımız bile uyanıktır; anında bize ceza verir- böyle bir iddia ile ortaya çıkmayalım. Eğer böyle iddialara devam edeceklerse, kendileri için en tehlikesiz yol, buradan bir an önce çekilmektir. (Bravo sesleri, alkışlar).

Aka Gündüz (Ankara)

Bundan 17 ya da 18 yıl önce bir sabahtı. Ebedi Şef, beni huzuruna çağırdı ve şu emri verdi;

-Kazım Karabekir, iyi bir arkadaştır, temiz bir arkadaştır. Onunla Kongre'de beraber çalışınız ve son derece hürmet ediniz. Ben 'Ebedi Şefe' "Başüstüne" dedim ve o günden düne kadar aynı emri, aynı sadakatle muhafaza ettim. Çünkü Ebedi Şefin emri, ebediyyen itaate tabidir.

Ondan sonra 'Milli Şef' hareketleriyle, vatandaş Karabekir'e bir kıymet verdiğini gösterdi. Milli Şefin bu hareketi vatandaş Karabekir'in kudreti neticesi değil, Milli Şefin fazileti eseri idi.

Bundan öğrendik ki, vatandaş Karabekir'e bir kıymet veriliyor; bir sevgi sunuluyor ve güven gösteriliyor. Fakat daha ilk günde gördük ki, vatandaş Karabekir, bunları bir çırpıda ve birbiri arkasına üç tane hıyanetle yenmiştir. Ben, bu Meclis dışındaki Karabekir hakkında hiçbir şey söylemeyeceğim; yalnız partici olarak parti disiplini bakımından, parti tüzüğünün uygulanmasını isteyeceğim.

ÜÇ İHANET

Bunu isteyeceğim; (çünkü) vatandaş Karabekir, üç hıyaneti bilerek, düşünerek, katmerli olarak yapmıştır. Onu, şimdi ispat edeceğim. Eğer memleketimiz kamuoyu ve sevgili gençliği, süratle hassas davranmasaydı ve manevi cezasını vermeseydi, siz bugün ve yarın daha neler okuyacaktınız! Onları da size vereceğim. Hem de, kendi el yazısı ile. Cumhuriyet Halk Partisi Ebedi Şefin Milli Şefle beraber ve bütün arkadaşlarıyla birlikte, Cumhuriyet Halk Partisi'ni Kazım Karabekir kurmuştur! Hıyanet etmişlerdir.

Şimdi, niçin gelmiş, generalin hıyanet edilen prensipleri mahvolmuş ve Türkiye'yi yeniden kurtaracak... Bunu da partinin başkanlığına el yazısı ile vereceğim. Vatandaş Karabekir, girdiği dakikadan başlayarak partiye ihanet etmiştir. Öyleyse, partici olarak partinin divanında partiye hıyanet edenin nasıl cezalandırılması gerekli ise, o şekilde cezalandırılmasını isterim.

Hemen, ikinci hıyanete geçmiştir!.. Hemen bilerek, isteyerek, her şey fena imiş; her şey bitmiş, vatan perişan olmuş, ortalıkta hırsızlar türemiş, katiller türemiş, buna ne İsmet İnönü bakmış, ne de Ebedi Şef bakmış... On sekiz yıl, bu memleket perişan olmuş...

Burada, kendisine sevgi ve muhabbet gösteren, fazilet eseri olarak, bir arkadaş diye içine alan İsmet İnönü'ye karşı da, yani, bugünkü Milli Şefimiz ve partimizin değişmez şefine de hıyanet var. Bundan dolayı, cezalandırılmasını isterim.

Bir üçüncü hıyanet daha yapmıştır; İnkılâba hıyanet etmiştir, demek için bir tek kelime söylemek lazımdır. Ebedi Şefe bilerek, düşünerek, aklıyla, fikriyle, her şeyiyle, bütün mevcudiyeti ile aleyhinde bulunmuş, iftira etmiştir.

KARABEKİR: "YALAN"

General Kazım Karabekir (İstanbul): Böyle bir şey yoktur, böyle bir şey yapmadım.

Aka Gündüz: (konuşmasını sürdürerek) Makalenin, beyanatın bir kısmının soruları, vatandaş Karabekir'in elyazısı iledir. Onlar, o yazarın aklından geçmiştir; şu sorular... Mesela, Atatürk'e tecavüz diyemeyeceğim, gaflet yaptı, bir şeyler söylemiştir. Bu mütalaalar, çok kuvvetli imiş... Yazar söylüyor: "Bu kuvvetli cümle karşısında, şu soruyu sormak zorunluluğu vicdanımdan geldi. (Gülüşmeler). Sonra, bu matbaaya gitmiştir, el yazısı iledir, (kendi el yazısı sesleri.) Evet, başkanlığa vereceğim. Sonra matbaadan utanmışlar, bu 'vicdanımdan' tabirini koymuşlar; orasını çıkarmışlar, "haini vatanlar, biz ve şeflerimiz ...(okunamadı) evvela söylenmiş, yazılmış ve vatandaş Karabekir tarafından okunmuştur. "Gidin, devalupe edin ve tekrar bana getirin" demiştir. Yazılmış, tekrar gelmiştir ve ikinci defa üzerinde kendi el yazısı ile tashihler yapmıştır. Bu tashihten bir tanesi, o kadar açıktır ki, gerçeği ortaya çıkarır ve hükümler buna göre verilir. Atatürk için söylüyor: "Herhangi bir davacının ifadesine göre hüküm veren..." onu bile az görmüş de "Bu, insanlığa sığmaz" diyor. Bütün bunlara dayanarak ben partici olarak parti çerçevesi içinde konuşuyorum, makalenin, beyanatın birincisini başkanlığa veriyorum. Üzerinde inceleme yapsınlar... Aksi çıkarsa cezama razıyım. Fakat, onun da cezalandırılmasını isterim.

Öyleyse, bizim burada yapacak işimiz, en büyüğümüzden, Milli Şefimizden başlayarak partimiz içinde şefimize hıyanet eden bu arkadaş, cezalandırılmalıdır. Yahut, açık oturuma konmalıdır ki, daha gerine, gerine konuşalım; millet de gerçeği öğrensin!

Dr. Mazhar Germen (Aydın):

Arkadaşlar...

Bu hadiseyi... bu hadiseyi demekle kast olunabilir ki, İstiklal Mücadele'sine başladığımız günlerden beri, bu günleri yakından yaşayan arkadaşların hepsi, söz konusu olan arkadaşa dair bir davanın yürüyüp gittiğini bilirler... Hadiseyi, oradan tutmak mümkündür. Bunları, bir haleti ruhiye meselesi olarak bir noktaya toplamak mümkündür.

İddia olunabilir ki, yazılı olmadığı için -yalan veya doğru- benim şahsıma, benim haysiyetime kalır. Bu soy arkadaşlar, hatta Atatürk, Büyük Millet Meclisi'ni kurarken, milletin mukadderatını Büyük Millet Meclisi'nin eline vermeye tarafdar olmamışlardır. *(Mazhar Germen'in bu cümlesinin altını çizen Kazım Karabekir, elyazısı ile: "Bu doğrudur, fakat bahşettiği 'tarafdarlık' uydurmadır" notunu koymuştur.)*

BİZ ATATÜRK'ÜN LEHİNE NE ZAMAN YAZI YAZDIK

Dr. Mazhar Germen (Aydın)

Böyle üç-beş isim, o zamanları yaşayan arkadaşların aklında vardır. Yani, daha ziyade bir Generaller Heyeti'nin müşaveresiyle işin idaresinden yana olan arkadaşlar tanırız. Hatta Büyük Millet Meclisi'nin içerisine milletvekili olarak girdikten sonra bile bunu bir dava gibi, bir tezkiye, bir şikâyet konusu olarak defalarca ve uzun uzun dinlediğimiz -kendi adıma- çok olmuştur. Kendileriyle bu konuda tartışmam yoktur; bazı arkadaşlarla tartıştım. Yalnız kendilerinin bu düşünce biçimini ne dereceye kadar kabul edip etmediklerinin küçük bir örneği aklımdadır; Milli Mücadele günlerinde %40 savaş vergisi kararı duyulduğu zaman, sayın kumandan, kendi mıntıkasında bunu, para ile karşılanan vergi biçiminde toplamakta direnmiştir. Büyük şef, amirleri tarafından: "Bunun bir kanun olduğu aynen uygulanması gerekeceği" konusunda uyarıldığı zaman, sükûnetle kabul etmemişlerdi. Yani, düzenli bir Meclisçe yönetilir devlet sisteminin kendilerince sindirilmiş bulunduğunu iddia etmek kolay değildir.

Beni, kaba da bulsanız, doktorluk, alışkanlığıma bağlayarak bağışlasınlar; öyle görünüyor ki, demeci büyük bir egoizmin etkisi altındadır; çok defa, iradesini elinden kaçırmış bir adamın ruh hali içinde görünüyor. Her işi bilmek, her şeye karışmak davası, hakikaten insanların çok kez ayağını sürçdürüp çukura düşürebilir. Hayatta kendisini 'ızdırablı' diye anlattığı, 'menkubiyet' diye nitelediği devrini de, yine aşağı-yukarı öyle bir ruh haletinin doğal sonucu diye aldım. Belki o zaman tesirini kendi kendisine giderebilir.

BÜYÜK ADAM KİM?

Her memlekette her işin, her şubenin, her sanatın büyükleri vardır. Onlara: 'Büyük adam' denir. Herhangi bir komutanın, herhangi bir profesörün, kendi alanında yapmayı benimsediği herhangi bir işde 'büyük' diye vasıflandırılacak hareketi olabilir. Fakat bizim 'Şef' dediğimiz adamların büyüklüğü, herhangi bir rastlantının, herhangi bir talihin yardımı gibi şekillerle küçültülmesine imkân olmayan büyüklüklerdir.

Biliriz ki; daha çocukluk çağında başlayan fevkaladelikler, daha teğmenliklerinde, yüzbaşılıklarında, her davada, her alanda kendi meslekdaşları arasında kendi üstünlüğünü kabul ettirdikten sonra, küçük rütbede bir insan olmalarına rağmen, kendisinden büyük rütbeler arasında muvaffakiyetlerinin yazılmış olmasından başlayarak, içtimai, siyasi ve her alanda, herkesten üstünlüğünü bütün bir millet ve vatana benimsettirdikten başka, en uzak vatan dışında, en uzak sınırlara kadar eserlerini tanıtan insanlara 'büyük' diyoruz. Aslında 'büyük' dediğimiz onlardır. Öyleyse, bir insan kendi tarihini kendi yazmak isterse ki, o tarihe yazılacak işleri görmüş adam demek diye, hiç olmazsa, böyle bir büyüğe, bir milletin idealine, büyük menfaatine, vatana mal olmuş herhangi bir olaya zarar vermekten çekinecek, küçük bir feragati nefsinde hissedecek derecede olgun bulunması lazımdır. (Bravo sesleri, alkışlar)

SORUMLULUĞU YOKTUR!

Görülüyor ki, büyük endişe içindedirler. Uzun zamandan beri bu endişe, şurada toplanıyor. Eğer kendileri cebren ve bir zora dayanan bir hareketin sonunda milletin büyük işlerinin başında bulunmuş olmasaydı, böyle milletin başında bulunagelmiş olan büyük adama Atatürk, yahut Büyük Şef, Ebedi Şef denildiği gibi, bir ikinci büyük adam, çok büyük adam, çok büyük şef gibi bir hedefini iktisap etmesi ihtimalini ortadan kaldırmış olanlara büyük bir kin ve garez duyar gibi olduğunu hissediyor... Gerçekten belki mümkündür. Yaradılışına yerleşmiş yüksek kudret ve faziletlerin gerektiği gibi gelişmiş ve millet de bundan yararlanamamış... Öyleyse, kendisi de, kendi ününü sağlayamamış olmasından ötürü, milletine daha büyük yararlar sağlayamamış olmasından ötürü, memleket ve millet adına acısını dile getiriyor. Evet, bu düşünce ve ruh haleti üzerinde işi toplayınca, kendisini mazur görüyorum. Gerçekten, elinde olmayan bazı kuvvetlerin etkisi altında sürüklenerek yapılmış işlerin failleri, çok büyük sorumluluklar taşımazlar. Onun için, benden önce söz alan arkadaşlarımın düşüncelerine katılmıyorum. Parti açısından hakkında büyük, büyük sorular açarak araştırmalar, soruşturmalar yaparak (bazı) uygulamalara gitmek gibi yollara gitmeyelim. Çok tahmin ediyorum ki. Paşa hazretleri, içinde bulundukları kuvvetli ruh halinin, reaksiyonunun tesiri altında kusur ve yanlışlarını kavradıklarını söyleyerek özür dileyeceklerdir. Bu sebeple, ortak tahkikat yapmaya gerek kalmadığını umuyorum.

YAZDIKLARIMIZ MEYDANDA

Asım Us (Çoruh)

Arkadaşlar!

Bendeniz söz söylemek niyetinde değildim. Basın sorunu konuşulurken, Süreyya arkadaşımız, bütün gazetecileri hedef alarak: "Onlara da söz düşer, söylemezlerse, kabul etmiş olurlar" dedi. Onun için birkaç söz söylemek istiyorum.

Konuşmaya başlamadan önce, isterdim ki, gazetede çıkan mülakat doğru mudur, bu anlaşılsın. General Kazım Karabekir'in ağzından çıktığı gibi zaptedilmiş midir? Bu açıklanabilir, hatta düzeltilebilir, sanıyorum.

Bir arkadaşımız bu mülakatı kendi el yazıları ile getirdi: 'Onundur' dediler.

Tabii, şüphe kalmadı. Gazetecileri ilgilendiren noktası: Diyor ki, gazeteciler Atatürk'ün zamanında, benim aleyhimde birtakım yazılar yazdılar; eleştirdiler. Bunları hoş görünmek için, dalkavukluk için yaptılar! Bu dedikleri, yazıları yazanlar, yine aynı fikirde olsalardı, bugün onları savunmaya hazır bulunmasalardı; dedikleri doğru olabilirdi. Atatürk, Devlet

Başkanı olduğu zaman hatırlanabilirdi ki ona bir maksatla hoş görünmek, yaranmak için yazıyorduk. Fakat biz, Atatürk'ü ne zaman Şef olarak tanıdık, ne zaman lehine yazdık?... İstanbul işgal altındaydı. İngilizler, hepimizin başında bulunuyordu. Gerektiği zaman yazarları birer birer alıp götürüyorlardı... Yazdıklarımız meydanda...

Sonra Atatürk öldü. Gazetelerin yazılarında küçük bir değişiklik oldu mu?.. Nasıl 'yaranmak için' denilebiliyor?...

Süreyya Orgeevren (Bitlis) -Bana sorma, söyleyene sor...

MİLLÎ BÜTÜNLÜK

Asım Us (Konuşmasını sürdürerek) Bendeniz, bu yazılar ve mülakatı görünce, Kazım Karabekir'in niçin milletvekili olduklarını anlamadıklarına hükmediyorum: Benim bildiğim, memlekette bir milli bütünlük vardır. Oysa Kazım Karabekir gelmiştir, bunu bombalamaktadır. Yarın biz de yazarız ve yazmaktan çekinmeyiz; fakat sonu ne olacak?.. Benim hatırıma şu geliyor: Paşa hazretlerine sormalı: O yazılarda direniyorlar mı?.. Direniyorlarsa, arkadaşların arasında oturmaya hakları yoktur. Etmiyorlarsa, Haysiyet Divanı'na veririz, yazmıştır, fakat sözünden dönmüştür, ne yapalım der, mesele kalmaz! (Bravo sesleri)

Başkan: Söz, Orgeevren'indir...

Süreyya Orgeevren (Bitlis): Konuşsunlar!.. İhtiyat akçesi olarak söz almıştım!

Dr. Hilmi Oytaç (Malatya)

Böyle bir münakaşanın açılacağı aklıma gelmezdi. Çok üzüntülü ve heyecanlıyım. Meşhur bir söz vardır: "Bir deli bir taş atar, kırk akıllı çıkaramaz" derler şimdi biz bu durumdayız. Bu millet kadirşinastır; büyüklerine saygı gösterir. İzmir'i Yunanlılar'a teslim eden Ali Nadir Paşa'yı, bilmiyorum, nasıl lanetliyorsa, kendisine hizmet eden büyüklerini de takdir etmesini bilir. Bu dakikaya kadar paşalarımız hakkında hiçbir fert, hürmetsizlik yapmayı aklından geçirmemiştir. Milli Şefin üniversitede söylediği nutukta "kalabalık olmayan, büyük teknik marifetleri bulunmayan milletlerin en büyük silahı, birliktir." dediler. Ne güzel!.. Bu ifadesiyle geçmişi unutarak ve mazinin üzerinden bir sünger geçirerek Milli Şef, muhalif, muvafık, bütün arkadaşları topladı ve bir vahdet vücuda getirdi. Benim bildiğim İnönü, çok büyük fazilet sahibi olduğu gibi, Stalinkâri, kafaları koparmasını bilen bir adamdır.

Heyecanımdan, daha fazla söyleyemiyorum, kusura bakmayın, bağışlayın; bunun artık müdafaasını yapmasına da müsaade etmeyelim. Divana verelim. (Bu son cümlenin kenarına Karabekir.

"Kafa koparma tehdidi, palavra" diye not düşmüş.)

BİZ ATATÜRK'LE BERABER HAYATIMIZI SEHPAYA KOYDUK

Emin Sazak (Eskişehir)

Büyük Milli Şefimiz, Türk milletinin selametini birlik ve beraberlikte bularak, memlekete evvelce hizmeti dokunmuş ne kadar vatandaş varsa, partinin içinde toplayarak milli sağlamlığı arttırmayı düşünmüştür.

Fakat Atatürk denilen, bu milletin, yaratılışın, dünyadaki temsilcisini bu millet, on bin yıl sonra bile; "Benim soyumdan bir Atatürk yetişmiştir" diye iftiharla anacaktır. (Ona şüphe yok sesleri...) Bu öyle kıskanılacak bir şeydir ki, bunun üzerinde kocamış, ateh getirmiş insanlar bile söz söylemekten çekinmelidir.

ALLAH'TAN KORKMAZ

Kazım Karabekir deyince hepimiz, yüksek kabiliyette bir generaldir. Atatürk aramızdan ayrılınca, bir İsmet İnönü'müz var, başımıza bir destek diyerek iftihar ettik. Allah çok gecinden versin, yine böyle bir hal karşısında Karabekir'i bir destek gibi gördük. Hakikaten, şekil ve mahiyeti ne olursa olsun, Atatürk gayet güzel ifade etmiştir; "İnsanların akidesi bir noktaya varınca, dayanamaz, ezilir." Bütün dünyanın büyük inkılâpları da böyle geçmiştir. Bu itibarla general de bir yere varınca, ayrıldı. Bunların zararı yok! Fakat hepimiz, mukaddes tanıdığımız, bu milletin Ebedi Şefi bildiğimiz, Türk'ün ulu timsaline -nasıl Allah'tan korkmaz da- el uzatırsın! Nasıl olur da Milli Şef İsmet İnönü'yü, dünya tehlikededir, arkadaşlar; şu lazımdır, bu lazımdır, birlik lazımdır" dediği bir zamanda dünyanın karışık bir anında "Sen, nasıl olur da bu birlik ve beraberliği gelir bozarsın!..'Ne mutlu Türküm diyen' ve Türk kanı taşıyan ne kadar Türk varsa, onları bulup toplamaya çalışırken, sen nasıl en kutsal şeye el uzatırsın! Ben doğrusu bunu, Paşa'nın muvazenesi tam olarak söylediğine inanmıyorum. Yalnız, kendisinden bir şey rica edeceğim: Çıkıp da "Siz yanlışsınız, istirham ederim" desin, özür dilesin... Biz de, kendisine karşı olan saygımızı muhafaza edelim. (Dinlemek istemeyiz sesleri)

Süreyya Orgeevren (Bitlis)-Âlemin kanaatine karışma, Emin bey...

Emin Sazak (Eskişehir) Yaptığım hatadır, tövbe desin!... Biz de kendisine hürmet edelim.

General Kazım Karabekir (İstanbul)

Pek muhterem arkadaşlar!..

Önce şunu arz edeyim ki Atatürk'ü tanıyan, hürmet eden ve onunla beraber hayatını idam sehpasına koymaya karar veren bir arkadaşınızı dinleyeceksiniz.

Onun yüksek enerji ve kabiliyetini ilk takdir edenlerden birisi olan Kazım Karabekir'i, samimiyetle dinleyiniz. Samimi arkadaşımla arama giren asalakları, maskelileri size arz etmek isterim.

KAFAMI BİLE FEDA ETMEYİ GÖZE ALDIM

Efendiler!...

İstiklal Savaşı'na nasıl başlandı?..

İlk soruyu soran Tali Bey bilir. İlk defa hükümdara karşı milli kuvvetleri tutmak için kafamı bile feda etmeyi göze aldığımı, çıksın söylesin!.. Atatürk'e hürmet ettim. Sevgim ve hürmetim ebedidir! Şimdi size, meselenin nasıl olduğunu arz edeyim.

Arkadaşlar!..

Bu meselenin gazetelere geçmesinin iki münafığı var: Bunu ULUS gazetesi tertipledi; yalnız başına TAN değil... Ulus gazetesinden de adam gelmiştir. Soruları bir kez huzurunuzda okusunlar. Orada gayet mühim sorular vardır. "Ben mülakat istemiyorum" diye red ettim." Ben sırf vatanın genel bir tehlike karşısında vahdeti tutmak için eski arkadaşlarımın içerisine girerken, "Bu 'ayrılık' sorusunu niçin soruyorsunuz?" dedim ve sildim. Orada apaçık bir soru vardır:

"Tasfiye nasıl olacaktır?.." Demek bir tasfiye olacakmış ki, Ulus gazetesi bunu benden soruyor. Yanına TAN gazetesinden de bir yazar almıştır. Bir korku, bir endişe vardır. Ben onların günahlarına girmiyorum. Onlarda: "Kazım Karabekir iş başına gelecek: bizden, maziden hesap soracak" diyorlar. (Gülüşmeler)

Efendiler!.. Gerçeği arz edeceğim, o zaman daha güzel gülersiniz!

Arkadaşlar, Ulus gazetesi ve Tan gazetesinin sorduğu sorulardan biri, budur! İkincisi, Giresun'da bir olay olmuştur. Ben buraya samimi ruhumla geldim. Pek eski bir arkadaşımın davetine, hiçbir şey beklemeyerek icabet ettim. Hiçbir emelim ve amacım yoktur. Fakat aleyhime cereyan eden dedikodu, ne yazık ki, okul sıralarına kadar sokulmuştur.

BANA KALPAZAN DEDİLER. BU REVA MIDIR?

Benim bir kalpazan olduğum; hiçbir iş yapmadığım; cepheye ihanet ettiğim; benim bu vatandan çıkarılması gereken bir kişi olduğum söylenmiştir. Giresun'da bir öğretmen ile öğrencisi arasında geçen olay budur!.. Öğrenciye: 'İstiklal Savaşı'ndan tanıdığınız kişiler kimlerdir?' diye sorulmasından çıkan bu mesele, Milli Eğitim Bakanlığı'na kadar gelmiş, gazetelere de dökülmüş, iş bu safhaya gelmiştir.

Orada bir öğretmen, öğrencisine soruyor: "İstiklal Savaşından kimleri tanırsınız?" Öğrenci, önce Şefimizi sayıyor, benim adımı da söyleyince, öğretmen kalkıyor, öğrencisine: "Bu adi bir adamdır, serseridir. Ona, hayat hakkı verilmemelidir" demiştir. Çok rica ederim: Bu sözler bir öğrenciye söylenmeli midir?..

Arkadaşlar!..

Ben, hizmet iddia etmiyorum. Milliyet gazetesinden bana tariz edilinceye kadar da ağzımı açmadım. Bir insan, ne kadar zayıf olursa olsun, kendisini savunmazsa namussuz olur... Ulus gazetesinde okudum ve Milli Şefe giderek söyledim: "Elimizde Atatürk'ün bayrağı var; 19 Mayıs gençliği, kafasını kaldıranların kafasını ezer" diyor.

Arkadaşlar!

Önümüzde bir dünya savaşı tehlikesi var. Ordunun yedek subayları ve erkekleri, 19 Mayıs'tan önce doğan evlatlardır. Bunların çoğu, beş-altı çocuk yetiştirmek için, pek büyük güçlük içindedirler. Eğer biz, bir seferberlik kopar ve 19 Mayıs evladı diye bir çizgi çizersek, -hatta imalarla dahi olsa- doğru olur mu?

İRTİCA PALAVRASI

Arkadaşlar!

Ne yazık ki, muhafazakar, cahil, tutucu insanların peşinden gidiyormuşum gibi gösteriliyorum; bunu ben nasıl red edeyim?.. 'Yazdırmayın, tehlikeli olur' diyorum. Ben (daha) ne yapayım?.. İnönü'ye, Milli Eğitim Bakanı'na rica ettim; körpe beyinlere siyaset ruhu aşılıyorsunuz, bu zararlıdır dedim. Yarın bir tehlike karşısında kalırsak, bu memleketteki hizmet eden insanları diri diri mezara gömdünüz; üstelik daha felaketli şeyler çıkabilir. Çıkarsa, o zaman, kimde hizmet etmek şevki kalır?..

Bu memlekette irtica varmış... Böyle şey yok. Çıkarsa, önce biz kafasını ezeceğiz! Biz, memlekette 31 Mart'ı görmüşüzdür! Bunu bana nasıl yakıştırıyorlar?.. Doğu'da Mehdi isyanı çıktı; onun kafasını kırmış olan bir kurmay komutana bunu nasıl yakıştırıyorlar?

Birtakım cahil, tutucu adamlara önayak olarak harekete geçecek, memleketi altüst edecek bir adam gibi gösteriyorlar.

Karabekir, CHP grubunda konuşmaya devam etmektedir.

'Büyük Adamlar Ansiklopedisi' beni muhafazakâr bir adam olarak göstermiştir. Beni teşhir etmiştir. Altı yıl önce, bir 'İçtihat' meselesi vardı. (Gürültüler) Bunları, daha sükûnetli zamanınızda arz edeyim. Hak kazanacağıma eminim. (Söyle, söyle sesleri) Beni, Milli Cepheye ihanetle suçluyorlardı. Ben, bu memlekete hizmet ettim. Sağ kalanlar bilirler; ben askerle beraber mısır ekmeği yedim. Vazifemi bitirdim; askerlerimi Batı'ya gönderdim. Sonuna kadar da sustum. Fakat mecbur edilince, taarruza da geçtim.

Efendiler!

Fikir hürriyeti devrindeyiz. Şu veya bu fikrimi açıkça söylemeliyim. Beni memleket evlatlarına karşı bir kalpazan gibi, bir sefil gibi, bir hain gibi göstermek istiyorlar. Günah değil mi?..

Beni, tamamiyle unutunuz; kendi âlemimde oturmak, benim için daha iyidir, diyorum; fakat yakamı bırakmıyorlar. Rica ederim, o soruları okuyunuz; bana iki gazeteci gelmiştir. Ben ne temizliği yapacağım?.. Hırsızlık varmış, bana ne? Hükûmet ilgilenmiyormuş. Karabekir gelecekmiş gibi düşmanlarım tarafından birçok şeyler uyduruluyor. Bunların hepsi yalandır. Milli Eğitim Bakanı bey burada size, açıklama yapar. Burada heyecanla benim için söylenen sözleri işittiniz; söylenen sözler, bir heyecanın belirtisidir. Gerçekler anlaşıldığı zaman, bu heyecandan doğmuş duyguların, topluca düştüğünü göreceksiniz.

Arkadaşlar!..

İşin ne kadar uydurma ve düzenleme olduğunu anlatamam. Bu yolda bana, rica ederim sorular sorsunlar.

KUVVET KAYNAĞI MİLLET

Arkadaşlar!..

Bir savaş karşısında kaldığımız zaman, memleketi kurtaracak olan, şu veya bu kişi değildir. Memleketin silaha sarılmış olan evlatları ve onu besleyecek olan millettir. Bütün bunları idare edecek olan, devlet başkanıdır. Geçenlerde bir İtalyan meselesi oldu: "Başımızda İnönü vardır, hiçbir şeyden korkmuyoruz!.." diye bağırıldı. Evet, bugün başımızda çok değerli İnönü vardır: Allah uzun ömür versin; kendisini çok severim... Fakat yarın?.. Öyleyse niçin millet de beraber gösterilmiyor?.. Niçin orduyu göstermiyorlar! Basın baştakilerle beraber, gerçek kuvvet kaynağı olan milleti ortaya koysun. Bu yüzden, burada benim saygı duyduğum Atatürk'ü ortaya koymakta mana yoktur. Fakat önemli bir şey vardır: O da deniliyor ki: Hangi kişiler mezara girmiştir?

Arkadaşlar!

Vicdanınıza, milli vicdana soruyorum: İstiklal Savaşı'nın kolordu komutanları nerede?.. Dün burada, cumhurbaşkanı locasında gördüğünüz Rauf Bey, vaktiyle başvekildi. Bugün vekil olan Ali Fuat Paşa, Refet Paşa, birer kolordu komutanı idiler. Cafer Tayyar Paşa, Trakya kolordusu kumandanı idi. (Gürültüler) Selahaddinler, Halit'ler ne oldu?.. Bu arkadaşlar, nerde? (Siz yaptınız, sesleri) Bizim ulu şefimiz Atatürk, bunlara bir kıymet verip idare ettiği halde, neden dolayı bunlar işte geri kaldı?..

ASALAKLAR

Arkadaşlar!

Ben bu sözü, İzmir'de İstiklal Mahkemesi'nde, idam sehpası karşısında söyledim. Bütün bunları yapan asalaklardır!.. Gerekirse, veriniz kararınızı, gider evimde otururum. Fakat arkadaşlar, bilirsiniz ki, içinizdeki insanların hepsi samimi değildir. (Gürültüler) Ya hırsızlıklardan ya milli hizmetlerindeki kusurlarından korkarak, vaktiyle nasıl Atatürk ile aramıza girmişlerse, bugün, İsmet İnönü ile aramıza girmek istiyorlar. (Kimdir, kimdir onlar sesleri)

Hikmet Bayur (Manisa)-Kimdir?..

Açık konuşalım; ne yapmışlardır? Söyleyin, isim, vak'a...

Süreyya Orgeevren (Bitlis)-Arabozanlık yok! Açık söyle general, iftira ediyorsunuz?..

BEN HAİN MİYİM?

Kazım Karabekir (konuşmasını sürdürerek): İstiklal Savaşı tarihine, şu veya bu tarihe ait bir iki kelime arz edeyim.

Biz bugün, Avrupa zihniyetini kabul ediyoruz. Siyasi, ya da herhangi bir hadisenin tarihinde hatıramızı yazıp ortaya atmazsak, gerçek bir tarihin ortaya çıkmasına imkân var mıdır? Öyleyse, ben bir kitap yazarsam, neden suç sayılıyor? Deniliyor ki: 'İspat etsin'.. Benim bütün hayatıma, şerefime yapılan muameleleri biliyorsunuz. Sonra, belgelere dayanarak (yazılmış) 3000 kitabım yakıldı. İsterseniz, aydın kafalı tarih profesörlerine, isterseniz huzurunuzda (size) belgelerimi arz edeyim. Ben bir Avrupalı kafası ile hareket ettim; hatırat yazdım. Fakat evimde sükûnetle otururken bile polislerin tarassudu altında kaldım. Milliyet gazetesi, beni ihanetle suçlamıştır.

'YAKAMAZSINIZ BENİM KİTABIMI'

Sorarım size: Ben bir hain miyim? Ben bu vatana savaşarak görevimi yapmadım mı? Okuldan çıkmış, savaşmamış bir idareci hatıralarını yazar da, ben niye engelleniyorum. Yakamazsınız kitabımı!.. Ancak şu ve şu noktalar yalandır, denebilirdi.

YA BOLŞEVİK, YA AMERİKAN MANDASI KABUL EDİLECEKTİ'

Karabekir, CHP grubunda eleştirilere cevap vermektedir:

Arkadaşlar;

Ben bugün yüksek heyecanınızı (daha) ileri götürmek istemiyorum. Fakat istediğiniz gün, size belgeler çıkarır, tarihler gösteririm. Şimdi istemiyorum. Çünkü bu yaratılmış hava içinde kötü yankılar yapabilir. Yalnız, rica ediyorum, okullarda, üniversitelerde verilecek derslerle, yapılageldiği gibi, yine bir Halaskar aramayalım. Etmeyelim, bu tehlikelidir.

Çünkü savaşta onlar başkaldıracaklar, tüfekle kazmaya sarılacaklar... Biraraya gelecekler, cephe yapacaklar... Eğer bu körpe beyinler, savaş sırasında başlarına bir Halaskar (kurtarıcı) arayacaklarsa, ne yapacaksınız!

Hikmet Bayur (Manisa)-Bunu yapan sizsiniz!.. Aranızı açan kimlerdir, söyleyiniz; birkaç isim, birkaç defa... Biz ancak burada isimler üzerinde konuşabiliriz.

General Kazım Karabekir (İstanbul); (Konuşmasını sürdürerek) Bunları istiklal mahkemesinde arz ettim. Bu oyunları kimler oynuyorsa, üç bin kitabımı kimler yaktı ise bulabilirsiniz... Ben belgeleri tarihe sundum. Memlekette tarih yazılmayacak mıdır?...

"HEPİMİZ BİRER KUKLA GİBİ"

Hikmet Bayur (Manisa)-Başkalarına laf dokunduruyorsunuz!..

General Kazım Karabekir (konuşmasını sürdürerek)- Üniversitelerde verdiğiniz derslerde: Anadolu'da o vakit top yokmuş, tüfek yokmuş... -Tabii şefimiz muhteremdir- geliyor (onunla) her şey vücut buluyor!..

Hepimiz, birer kukla gibi!.. Sanki bizde vatana karşı hiçbir duygu yokmuş gibi ortaya çıkarılıyoruz! Sonra, başarılan işler, hep baştakilere mal ediliyor!.. Tabii, bizi de tepedeki adam idare edecek! Fakat burada iş yapan, sorumlu kişiler de vardır!

Sonra bir arkadaş, çok acı olarak "suikast" olayına işi çevirdi. Bu çok feci hadisede yakalandık, polislerin, jandarmaların süngüleri altında götürüldük, karakollara atıldık. Sonra da beraat ettik! Fakat bütün gazetelerde hakarete uğradık. Şu veya bu öğrenci karşısında, bir cephe komutanı sıfatını taşımış bulunmamıza rağmen, bir öğretmenin tecavüzüne uğradık. Muhabirler, eve geldiler. Gazeteler yazmıyor. "Paşanın İstiklal Savaşı'nda hiç hizmeti yok" diyorlar... Buna dair bir mülakat verir misiniz? diye üsteliyorlar. Rica ederim, bu davayı ileri götürmeyelim. Size, acı belgeler çıkarmak zorunda kalacağım. Bu meseleyi açtırmayınız. Rica ederim. Cumhurbaşkanımız İsmet İnönü'ye sorunuz. (Açık konuşun sesleri) Bu memleket savaşın başında ya Bolşevikler'e teslim olunacaktı ya Amerikan mandasını kabul edecekti; bunlara engel olan, işte benim!..

Süreyya Orgeevren (Bitlis)-Menderes'de cephe kuran sen mi idin? Ayvalık'ta başkaldıran sen mi idin?..

KURTARICI GENÇLİĞİN KENDİSİDİR

General Kazım Karabekir (İstanbul) -(Konuşmasını sürdürerek)- Burada kuru gürültü değil, belgeler iş görür. Sizlerden ricam şudur: Gençliğe verilecek fikir, şu ya da bu kişinin 'kurtarıcılığı'ndan çok, o ruhun kendinde olduğunun aşılanmasıdır. Özet olarak, burada istediğiniz gün, (söylediklerimi) belgeleriyle isbatlarım. Bu kadar emeğime karşılık, bu ufacık savunmamı da dinlemek istemiyorsanız, ben de vazgeçerim!

Veriniz kararınızı; isterseniz gider evimde otururum; ama isterseniz, belgelere dayanarak hizmetlerimi gösteririm, yayınlanır. Gelecek için, tekrar tekrar ricam budur. Genç nesiller için yerilecek olan fikir, şu ya da bu kişinin kurtarıcılığından ziyade, herhangi bir düşmanlığa karşı, ruhen isyana hazır olmalarıdır.

Görülüyor ki, bana gelmiş olan gazetecilerin, gazetede yayınlanan soruları düzmecedir; parti ile cumhurbaşkanı ile aramı açmaya dönüktür. Hakkımdaki kötü fikirleri silmek ve şurada burada öğrencinin siyasete bulaştırılmaması için, bu yazıları yazdım. Vicdanınıza göre kararınızı veriniz.

Tahir Dicle (Kastamonu): Söz istiyorum...

Başkan: Söz, başbakanındır.

BAŞBAKAN KONUŞUYOR

Başbakan Dr. Refik Saydam (İstanbul)

Arkadaşlar!

Mümkün mertebe heyecanın dışında kalmaya çalıştım; bütün konuşmaları takip ettim. Elimden geldiği kadar düşünebildiğimi, tarafsız olarak size sunacağım.

Arkadaşlar!

Karabekir kürsüye çıktı. Ebedi Şefe olan bağlılığını, duygularını izah etti. Arada bir mülakat meselesi var... Yalnız, şimdi öğrendim; kendi beyanatı sırasında iki gazete muhabirini; biri burada partimizin gazetesi olan 'Ulus'dan; biri de, İstanbul'da çıkan 'Tan' gazetesinden...

Bunu, şimdi duymuş bulunuyorum. Ulus'dan böyle bir muhabir gitmiş ve kendilerine düzenlenmiş sorular verilmiştir. Yalnız ufak bir pasaj olarak arz edeyim ki, hepimiz burada parti mensubuyuz.

Kendileri, sınıf arkadaşımdır da... Rüşdiye sıralarından beri tanışırız. Beni lütfen iki kelime ile haberdar etmiş olsaydı, mesele kendiliğinden hal olunurdu. Hepiniz ki burada beyanatlarını yaparken kendilerini manevi bir baskının altında görüyorlar, bundan dolayı cevap vermek mecburiyetini duydum.

PAŞA BİR PARTİNİN BAŞINA GEÇSİN, YERİMİZİ TERKEDELİM'

Refik Saydam, CHP grubunda konuşmaya devam etmektedir.

Ebedi Şef'e karşı bağlılıklarını ifade ettikten sonra, kitaptan söz ettiler. Milli Şef, beni iş başına çağırdığı zaman, tarih kitaplarında ve diğer kitaplarda, günün politikası ile alakadar olan ve polemiğe davet edecek olan pasajların Milli Eğitim Bakanlığı'nca incelenerek bunların bir şekle sokulmasını emir buyurdular. (Alkışlar) Şemsettin Günaltay bu meseleye memur edilmiştir. Fakat Milli Eğitim Bakanı arkadaşım, öğretmenleri uyararak, kitaplardaki bu parçaları çizdirmek sureti ile ya da bu parçaların ayrı kâğıtlara basılıp çocuklara okutulması yerine, önümüzdeki yıllarda bu kitaplardan, günün politikası ile ilgili pasajların çıkarılmasını prensip olarak benimsemiştir.

NUTUK'A KARŞI KİTAP GEÇERLİDİR

Arkadaşlar!

Ebedi Şefimiz'in nutukları üzerinde hiçbirimiz, kendilerinin de, zan etmem ki en ufak bir şüphesi olsun. Bu nutuk, ebedi Şefin işe başladığı zamandan, o nutku verdiği zamana kadar, bu memleketin geçirdiği büyük olayları ve kendilerinin idare ettikleri yüksek mücadeleyi bize bildiren bir vesikadır.

Eğer, bunun üzerinde herhangi bir arkadaşın, herhangi bir yorumu, düşüncesi varsa, onu, kitap halinde yazar ve sonundan da kendisi sorumlu olur. (Doğru, sesleri) Çünkü bilirsiniz bütün dünya siyasi tarihleri böyledir.

Şu çıkar yazar, bu çıkar yazar; herkes, kendi yazdığının manevi sorumluluğunu da omuzlarına almış olur.

Bugün, gayet açık ve kesin, yani berrak ve şeffaf bir iç politika havası içindeyiz. Bunu, herhangi bir şekilde dalgalandırabilecek olayları, ne siz istersiniz, ne de biz... (Şüphesiz, sesleri.) Öyleyse bunları gazete sayfalarına yazmaktansa, sayın arkadaştan rica edeceğim, kitap yazsınlar!

Rasih Kaplan (Antalya) Yazmasın! Gelsin burada konuşsun...

Hikmet Bayur (Manisa) Yahut açık seçik olsun...

Başbakan Dr. Refik Saydam: (Konuşmasını sürdürerek) Kitap yazsınlar! Ama bu kitaba başkası çıkıp cevap verecek!.. Tabii, bunun neticesini kabul ederler...

ÖĞRETMEN MESELESİ

General Kazım Karabekir (İstanbul)-Çok teşekkür ederim...

Başbakan Dr. Refik Saydam

(Konuşmasını sürdürerek) Öğretmen meselesi... Bu mesele, bana da aksetti. Giresun'da bir öğretmen, öğrencisine açıklama yaparken, arkadaşım Karabekir hakkında bir şey söylemiş. Ne söylediğini bilmiyorum, yalnız bir şey söylediğini işittim. Milli Eğitim Bakanı arkadaşımdan sordum, valiye sormuşlar "Bilgi gelmedi" dedi. Gelince göreceğiz, nedir, kimdir, bu adam ne istiyor?... Tabi anlayacağız. Fakat bir adam: "Benim hakkımda kimse bir şey söylemesin, ama ben istediğimi yazayım." derse; sanırım arkadaşımız buna da razı olmazlar!... (Alkışlar).

Bir bahis daha geçti: Deniyormuş ki, dediler, başa geçecek, fenalığı temizleyecekmiş!.. Nihayet, bir cemiyetin, bir partinin güvenini kazanır, başa geçip işe başlarsa, hepimiz yerimizi ona terk ederiz.

Rasih Kaplan (Antalya)-Allah göstermesin!..

TOPLUMUN GÜVENİ

Başbakan Dr. Refik Saydam -(Konuşmasını sürdürerek). Çünkü, o ne demektir?..

Bütün toplumun güveni demektir. O takdirde, bir dakika tereddüdümüz yoktur! Fakat diyorlar ve bana bundan dolayı tariz ediyorlar diye bir fikir varsa, bendeniz onu benimseyemeyeceğim.

Çünkü hepimiz aynı mevkideyiz; yarın, ben giderim, siz gelirsiniz. Kesinlikle tereddüdümüz yoktur. Eninde sonunda bir parti çoğunluğunun emrine tabi insanlarız. Ondan dolayı mütereddit olmamalıdır. Gelecek ve temizleyecek. Eğer temizlenecek bir şey varsa, hep beraber yapalım. Arkadaşım, tariz olarak kabul etmesinler; sırf kendim aydınlanmam için söylüyorum.

Daha birçok bahisler geçti. Tarihi ilgilendiren kısımlar var; sınırım ve yetkim dışındadır, konuşmayacağım. Onu, bendeniz bilmem, uzmanları inceler. Yalnız söyleyeceğim şudur:

Arkadaşlar, her zaman için nihayet bir aile hayatı olan partide bu müzakereyi lütfen yeter görünüz! Kendileri büyük şefe hürmetlerini söylediler. Başka yanlışları varsa, parti tartışmasını yapar ve kararını verir. Bu meseleyi burada kapatmanızı rica ederim.

(Güzel sesleri. Alkışlar.)

Başkan: Müzakerenin kifayetini oyunuza arz ediyorum. Kabul edenler... etmeyenler... Müzakere kâfi görülmüştür. Celseye nihayet veriyorum.

(Kapanma saati: 19.10)

4.4.1939 CHP GRUP TOPLANTISININ "ZABIT ÖZETİ"

Cumhuriyet Halk Partisi Meclis Grubu bugün (4.4.1939) saat 15.00'de Başkan Vekili Hilmi Uran'ın başkanlığında toplandı:

Söz alan Dışişleri Bakanımız Şükrü Saraçoğlu, Büyük Millet Meclisi'nin seçimi yenilenmesi sırasında olup biten dünya siyaseti ve Bükreş'te toplanan Balkan Antantı müzakereleri ile Bulgar Başvekili Ekselans Köse İvanof'un Ankara'yı ziyareti hakkında ayrıntılarıyla yaptığı açıklamalar ve bazı üyeler tarafından sorulan konulara ait verdiği karşılıklar, grupça alaka ile dinlenerek benimsenmiş; bundan sonra, Diyarbakır milletvekili İbrahim Tali Öngören'in sorusu üzerine, Tan gazetesinin 2 Nisan tarihli sayısında "General Kazım Karabekir'le mülakat" başlığı altında yayınlanan yazılar münasebetiyle birçok milletvekili tarafından olaya teessüf yollu beyanatta bulunulmuştur.

Söz alan General Kazım Karabekir, ifadesinin yanlış anlaşılmış olduğunu, Ebedi Şefe hürmet, tazim hisleriyle bağlı bulunduğunu... Söyledikten sonra, kürsüye gelen sayın Başbakan Doktor Refik Saydam'ın bugünkü grup zabıtlarında yayınlanan beyanatı grupça yeter görülerek mesele kapanmış ve toplantıya son verilmiştir. 4.4.1939

	Kâtip	*Kâtip*
Başkan Vekili	*Erzincan*	*Manisa*
Hilmi Uran	*A. Fırat*	*Rıdav Edgür*

CHP grubundan aynı gün gazetelere şu bilgi aktarılmıştır: "Haber aldığımıza göre, dün parti grubu toplantısında bazı milletvekilleri, İstanbul milletvekili General Kazım Karabekir'in bir İstanbul gazetesinde yayınlanan beyanatı münasebetiyle söz almışlar, olaya teessüf etmişler; kendilerinden sonra kürsüye gelen General Kazım Karabekir, Atatürk'e daima hürmet ve tazim hisleriyle bağlı bulunduğunu, beyanatının yanlış anlaşıldığını söylemiş ve en sonra söz alan Başbakan Doktor Refik Saydam'ın beyanatı, grupça yeter görülerek mesele kapanmıştır."

İKİNCİ BÖLÜM

İNKILAP HAREKETLERİMİZ

Gerçi inkılâp hareketlerimizi *Meşrutiyet* ve *Cumhuriyet* devirlerine ayırarak bildiklerimizi ortaya koymak lâzım gelirse de ben Meşrutiyet'e ait olan bilgilerimi, ayrıca bir eser halinde neşretmek zaruretindeyim. Sebebi İttihat ve Terakki Cemiyetinin içinde faal bir uzûv olarak çalışmış ve daha *OSMAN-LI HÜRRİYET* adı ile kuruluş devresinde Enver Bey'le (Paşa) Manastır merkezini kurmuş ve o havali teşkilâtını yapmış ve bazı mühim merkezlerin kuruluşuyla ilgilenmiş ve bu arada İstanbul teşkilâtını yapmak vazifesiyle, Meşrutiyet'in ilânından aylarca önce gelip İstanbul merkezini kurmuş ve en mühim teşkilâtını da yapmış; Meşrutiyet'in ilânından sonra ilk Selânik kongresine İstanbul murahhası olarak iştirak etmiş ve orada ilk olarak *"askerin siyasetle alâkasını kesmek"* tezini ileri sürmüş, 31 Mart irticâını tenkil için Edirne'den gelen ve büyük kısmı erkân-ı harbi olan Nizamiye Fırkası kıtalarından mürettep fırkanın Erkan-ı Harbi olarak ilk törenle Hadımköy'e geldiğimden. Selânik'ten gelen kıtaların dahi arazide birleştirilmeleri ve iaşeleri işiyle meşgul olmuş ve harekât esnasında daha Rami kışlası, Taksim kışlası, Taş kışla, Beyoğlu, Maçka, Yıldız hareket ve müsademelerini yapan mürettep İkinci Fırka'nın erkân-ı harbi olarak harekâtı kısmen idâre dahi etmiş; daha sonraları da meydana gelen siyâsî hâdiseleri doğuran şahsiyetlerle evvelden tanışmış bulunmaklığım dolayısıyla; bildiğim hakikatler geniş yer tutar.

Bunun için bu eserimi yalnız *İSTİKLAL HARBİMİZ'e* paralel olarak giden *İnkılâp Hareketlerimize* ayırıyorum. Ancak Meşrutiyet hamlelerimize iki büyük yanlışın -ki mekteplerimizde dahi okutulan kitaplara kadar girmiştir- hakikati burada arz etmeyi, İnkılâp tarihimizi durulamak ve bu suretle tarihî hakları mahfuz tutmak için lüzûmlu görürüm:

1- Selânik'te kurulan ve *Osmanlı Hürriyet Cemiyeti* adıyla faaliyete geçen cemiyetin kuruluşunda Mustafa Kemal Bey'in (Atatürk) hiçbir tesiri yoktur. Onun Selânik'e gelişi bu cemiyetin faaliyete başlamasından sonradır. Cemiyete girişi ise, *Terâkki ve İttihat* nâmını aldıktan hayli zaman sonradır. Bu hakikati henüz bir kısmı sağ olan Cemiyet'in kurucularından da öğrenmek mümkündür.

2- *Hareket Ordusu* Erkân-ı Harbiyye Reisi Ali Rıza Paşa idi. İlk önce Selânik'ten kendileri yola çıkacağını zanneden Redif Fırkası kumandanı Hüsnü Paşa *Hareket Ordusu* kumandanı ve erkân-ı harbi kolağası Mustafa Kemal Bey de Hareket Ordusu erkân-ı harbiyye reisi ünvanlarını almışlarsa da İstanbul karşısına kendilerinden önce gelerek sevk ve idare ile meşgul olmakta bulunan Edirne'deki Üçüncü Fırka ve karargâhının mevcudiyeti harekâtın daha büyük bir kumanda heyetiyle icrâsı zaruretini göstermiş ve bu suretle *Hareket Ordusu* kumandanlığına Üçüncü Ordu kumandanı *Mahmud Şevket Paşa,* erkân-ı harbiye reisliğine de beraberinde *Ali Rıza Paşa* gelmişti. Harekât bu suretle mürettep Birinci Fırka kumandanı *Hüsnü Paşa,* erkân-ı harbi kolağası *Mustafa Kemal Bey* (Atatürk) ve mürettep İkinci Fırka kumandanı da *Şevket Turgut Paşa,* Erkân-ı harbi Kolağası *Kazım Karabekir* (Ben) halinde yapıldı.

MEŞRUTİYET İLE CUMHURİYET İNKILÂPÇILARININ ARASINDAKİ FARK:

Meşrutiyet ile Cumhuriyet inkılâpçılarının arasındaki hamleler ve bu hamleleri yapmak için teşkilât bakımından büyük farklar vardır. Bunları kısaca belirttikten sonra *Cum-*

huriyet inkılâbımız hakkındaki bilgilerimi *İSTİKLAL HAR-BİMİZ* hakkında olduğu gibi vesikalarımla ve şahitlerimle arz ediyorum.

Bizde Meşrutiyet, hilâfet ve saltanat makamının zulüm ve istibdadına; Cumhuriyet ise o makamın âciz ve meskenetine karşı yapılmış bir inkılâptır. Meşrutiyet'in alınması, her gelişmiş millette olduğu gibi, zulme karşı intikam ve istibdada karşı nefret duyguları, her günkü hâdiselerle ve o hâdiseleri daha kuvvetli canlandırarak aksettiren sözler ve yazılarla halk arasında kök saldıktan sonra başlayan teşekküllerin vakit vakit andıkları veya atmak istedikleri hamlelerin istibdat kuvvetiyle çarpışması, boğuşması ve en son, aşağıdan yukarı yapılan kuvvetli, gizli bir teşekkülün, hürriyeti zorla almasıdır. Bir irticâı da bastırıp müstebit Padişahı hâl edince artık Meşrutiyet memlekette kökleşmiş oldu.

Hürriyet aşkına verilen kurbanlar ve ızdırap çeken vatandaşlar, hürriyetin ebedî olarak manevî kurucusudur. Zulmün, istibdadın, TÜRK milletinin ilerlemesine ve medeniyetin camiasında hakkı olan yeri almasına ne derece engel olduğunu ve neticede değerli vatandaşlarımızı mahv ve perişan ettiği hakkındaki yazılar da yine hürriyetimizin en kuvvetli muhafızlarındandır. En kahir olan muhafızın da *TÜRK ORDUSU* olduğu, eserleriyle ortadadır. İşte bu kuvvetlerin sahibi olan *TÜRK MİLLETİ*, artık eline aldığı hürriyeti Meşrutiyet idare ile korumak kudretinde bulunduğundan zaten kısa süren Meşrutiyet devrinde sırf hürriyet aşkıyla Cumhuriyet hamlesine ihtiyaç duymadı ve tabii böyle bir hamle için, aşağıdan yukarı teşkilât da yapmadı. *Cumhuriyet hamlesi,* İstiklalimizin dış darbelerle tehlikeye düşmesi karşısında düşmanlara karşı yapılan millî teşkilâtın, aciz ve meskenet içinde teslimiyeti kabul eden ve sulhten sonra da teceddüt hareketlerimize engel olacağı anlaşılan Padişahlığı devirmesinden ibarettir. Şimdi bunun seyrini ve tekâmülünü takip edelim.

TEHLİKELİ BİR CUMHURİYETE DOĞRU

Mütareke, Osmanlı Devleti memleketlerinin yarısı bereket versin ki Türk olmayan kısmı İ'tilâf devletleri istilâsı altına girmiş bir hâlde iken imzalanmış idi. Düşmanların Türk anavatanından da parçalar koparmak niyetinde oldukları görülünce, muhitte yer yer bir takım teşekküller vücut buldu. Bu teşekkülleri müstevliler hoş görüyorlar ve belki de onlara hız veriyorlardı. Çünkü bu suretle, anavatan kısmı da ufalanmış oluyordu. Nihayet tehlikeli durum, Anavatanının "tevaif-i mülûk" şekliyle ortaya çıkınca, bütün bu teşkilâtlı-teşkilâtsız yurt parçalarını, bir nâm ve bir idâre altında toplamak ihtiyacını gösterdi. *Hilâfet ve saltanat makamı, TÜRK MİLLETİNİ, TÜRK VATANI* etrafında toplayamamıştı. Bu işi başaracak bir mucize lâzımdı. Bu da kendiliğinden ortaya yayıldı. Bolşeviklik İlânı! Böyle bir Türk Cumhuriyeti, güya, derhal "Sovyet Rusya'dan da her türlü yardımı gördüğü hâlde dinini ve milliyetini kaybetmeyecek ve istiklâline sahip olacaktır" denildi.

Bu öyle cezbedici ve iknâ edici bir şekilde itimade değer kaynaklardan gelmişti ki, Mustafa Kemal Paşa bile, bunu kurtarıcı bir formül olarak İstanbul'dan ele alarak gelmiş ve Amasya'da bazı arkadaşlarımızla müzâkere ve karara varmıştı. Düşmanlarımızın bizi birleştirmek değil, tam bir inhilâle sürüklemek ve bu suretle İstiklâlimiz şöyle dursun, millî mevcudiyetimizi dahi tehlikeye düşürmek üzere kurdukları bu pusudan tam zamanında bir müdahalemle kurtulduk.

Burada, Sivas Kongresi'nin bir taraftan da *Amerika mandasını* kurtarıcı bir çare gibi kabûlleri ve bu tehlikeyi de nasıl atladığımız üzerinde yeniden durmayarak sırf hâdiselerin akışını takip için kaydettikten sonra, asıl konumuza geçiyorum.

İNGİLİZLERİN BİZE AÇIKÇA CUMHURİYET TEKLİFİ

Bayburt civarındaki Mehdi'yi tenkil ettiğimizin ertesi günü

İngiliz kaymakamı Rawlinson İstanbul'dan Erzurum'a geldi ve hemen de beni makamımda ziyaret etti. (27.11.1335/1919). Tam iki saat konuştuk. Lord GÜRZON diyor ki: (Anlattıklarının hülâsası şunlardır):

a- Şimdiye kadar sulh yapmadığımızın sebebi, Türkiye'de şimdiye kadar kuvvetli bir hükûmet görmediğimizdendir. Hakiki İngiliz dostu olacak simalarla anlaşmak istiyoruz. Mustafa Kemal Paşa sulh konferansında bulunsun veyahut sulh mukarreratına mutabık kalsın.

b- Endişemiz, Türkiye'nin yine bir gün İngiltere'nin düşmanları tarafına geçivermesidir. Padişah hükûmeti bunu yapabilir. Artık krallık ve imparatorluk modası geçmiştir. Birçok debdebe ve masraf yerine *millet kendi işini kendi gören Cumhuriyet'e kendisi taraftardır.* Bizim de Padişahı, hükûmet ve siyasete karıştırmayıp *halife* olarak istediği yerde orturmasına taraftar olmaklığımız...

c- Gerçi İstanbul bir Türk şehri olarak kabul olunmuştur. Ancak Çanakkale İ'tilaf devletleri tarafından işgal olunacak, ihtimâl İstanbul etrafında da İ'tilaf askeri bulunur. Zaten Türkiye bir Asya devleti demektir. İstanbul bir köşedir. Anadolu'nun idaresi ve terakkiye şevki İstanbul'dan gayri mümkündür. Bu hususta ne düşünüyorsunuz: Meselâ Bursa'da olacak bir hükûmet serbesttir.

İstanbul'da, Türk Milleti'nin yeni seçtiği mebuslar meclisi açılacağı bir sırada, onun itimat ettiği bir hükûmeti bırakarak biz askerlerle ve daha mühimmi Sivas Kongresi kararlarına taban tabana zıt olan ve bu aralık ortaya çıkması millî birliğimizi alt üst edecek olan bu mühim tekliflere cevaplarımın hulasası da şöyledir:

a- "Türk Milleti Sivas Kongresinde kararını vermiştir. Hiçbir kimsenin bunu değiştirmeye selâhiyeti yoktur! Yakında milletin itimadını kazanan mebuslar meclisi İstanbul'da toplanacaktır. Sulhümüzü milletimizin itimadına mazhar olan bir hükûmetle, bu hükûmetin tayin edeceği bir heyet yapabilir."

b- "Türk dostluğu İngilizler için çok faydalı, düşmanlığı da o derece zararlıdır. Bugün milletimizin her ferdi İngiliz dostluğu taraftarıdır. Avrupa'da Cumhuriyet olmayan pek az millet kaldı. Fakat henüz on yıllık bir meşrutiyet idâreye malikiz. Bunun için Avrupalılar gibi pek ileri düşünemeyiz."

c- "Hükûmet merkezini değiştirmek de dahi şahsî düşüncem hiç kalır. Yalnız memleketin idâresi bakımından bile İstanbul Bursa'dan her halde her tarafa ulaşılması daha kolay bir yerdir. Siyasî bakımdan ise İstanbul'da hükûmetimizi serbest bulundurmayacak olanlar, Bursa'yı da uzak göremezler.

Rawlinson, harbe iştirak eden devletlerin hallerinin kötülüğünü ve bu arada İtalyanlarla Yunanlıların anlaştığını fakat İtalyanların parasızlığını, Yunanlıların şarlatanlıklarını, Bolşeviklerin on yıldan önce kendilerine gelemiyeceklerini, Amerikalıların, Vilson'un ortaya attığı "cemiyet-i akvam" ve milliyet prensiplerini beğenmediklerini anlattı. Ben de O'na:

"Ya İzmir, Antalya, Adana ne olacak? Ermeni hükûmeti teşekkül edecek mi? dedim.

Şu cevabı verdi:

"İzmir için ısrar edenler çıksa da Yunanlıların ne parası, ne adamı var. Biz de bütün kuvvetlerimizi çektik, İngiliz efkârı, Yunanlıların aleyhine dönmüştür. Nasıl olsa İzmir'den çıkartılacaktır. İzmir'in tahliyesiyle beraber Antalya ve Adana da kolaylıkla tahliye olunur. Ermenilerin kendi taraflarında dahi hükûmet teşkil etmeleri zordur. Ben hududun Aras nehrinden geçmesini teklif ettim. Pontus falan da yoktur. Bunların ne şarlatan millet olduklarını bilirsiniz. Başvekilimizin bir mülakatta söylediği *"Türkiye'de zayıf hükûmetin nihayet bulmasını görmek isteriz."* sözünü bazı gazetelerinizde *"Zayıf Türkiye'nin nihayet bulması gibi"* yazdılar. Başvekil, maksadının bu olmadığını hasseten söyledi. İngilizler, iktisaden de size büyük yardımlar yapacaklardır.

RAWLINSON'UN TEKLİFİ ANKARA'YA BİLDİRİLİYOR

Uzun görüşmemizi aynen 29.12.1335'de Mustafa Kemal Paşa'ya bildirdim ve Rawlinson'un kendileriyle de görüşmek arzusunda olduğunu; hilâfet, Cumhuriyet hükûmet merkezleri meselelerindeki cevaplarımı diğer görüşmelerinde dahi kendisine iyice anlatacağımı; Rawlinson'un son emre kadar Erzurum'da beklemek emrini aldığını ve cevap beklediğini de ilâve ettim.

Amerika mandası hakkında İzzet Paşanın lâyiha sureti ne oldu diye İsmet Bey'le Mustafa Kemal Paşa arasındaki muhabere ve cevabım bu sıralarda olmuştu. Şifre pek uzun olduğundan 1 Ocak'da sonunu almışlar, 8 Ocak'ta da cevap geldi:

Onbeşinci Kolordu Komutanı Kazım Karabekir Paşa hazretlerine,

1 Ocak 1920 tarihli mülakatı bildirir şifreleriniz görüldü:

İstanbul hakkındaki düşünceleri Lord George'un teklifleri ile tamamen uyuşmaktadır. Tarafınızdan verilen cevaplar, milli prensiplerimizin ruhunu kapsadığından, teşekküre lâyıktır. Rawlinson hükûmeti tarafından 'Heyeti Temsiliye' ile temas ve görüşmeğe memur ve yetkili ise bir an önce Ankara'ya gelmesi faydalı görülmektedir. Elbette bizimle yapacağı görüşmeler, Sivas Kongresinin genel sınırları içinde olacaktır. Yetkisi yoksa buraya kadar gelmesine gerek yoktur. Buna göre, durumun kendisinden öğrenilerek bildirilmesini istirham ederiz.

'Heyeti Temsiliye' namına
Mustafa Kemal

9/1/1920'de şu tamîmi aldım:

İngiltere hükûmeti Başvekili Lord George'un İstanbul ve Boğazların beynelmilel bir hâle ifrağına, Türk hükûmetinin yeni merkezinin Anadolu'da olacağına ve İstanbul'un yalnız makarr-ı hilâfet olarak bir payitaht-ı dinî olarak kalacağına dâir sulh konferansına teklîfâtta bulunacağı gazetelerde görüldü. An'anat-ı milliye ve diniyyemize aykırı olan böyle bir kararın milletimizce aslâ geçerli olamayacağı tabiîdir. Mümessillere bu yolda şiddetli protestolarda bulunulması ve bir suretinin de Bera-ı malûmat Heyet-î Temsîliyye'ye çekilmesi rica olunur.

Heyet-i Temsîliyye nâmına Mustafa Kemal

Her tarafta mitinglerle protestolar yapıldı. Rawlinson'la tekrar görüştüm. 14 Ocak'ta hasta idi. Ve 17 Ocak'taki görüşmemizde Ankara'ya gitmek arzusunu görmedim. İstanbul'da Meclis-i Mebûsân'ın açılmasını ve yeni hükûmeti bekliyor: "Sulh murahhası olarak Mustafa Kemal Paşa ve Rauf Bey'in tayinleri iyi olur" diyor; "acaba kabul ederler mi?" dedi. Malûmatım olmadığını söyledim. Mustafa Kemal Paşa'ya da bildirdim.

Birkaç görüşmemizin neticesindeki kanaatimi Mustafa Kemal Paşa'ya ve Harbiye Nezaretine şöylece bildirdim:

RAWLINSON ANKARA'YA GİTMİYOR

Erzurum'da İngiliz kontrol memuru Kaymakam Rawlinson'la birkaç mülâkatımda anlayabildiğim hususâtı bervechi âtı arz eylerim:

İngilizler Boğazlara yerleşmek istiyor. Bunu temin için Hilâfetin hükûmetten ayrılması, hükûmetin İstanbul'dan çıkması gibi meseleleri kendileri icat ediyorlar. Hattâ İstanbul'da zâbıtânın resm-i selâm husûsunda tazyiki de akıllarınca herkesi İstanbul'dan nefret ettirmektir. Boğazları beynelmilel şekilde tutmak istiyorlarsa da muarızları kuvvetlidir. Türk Milleti'nin mitingleri meşrû hakkı olduğundan, İstanbul'dan çıkmamayı ve Hilâfet'le hükûmetin ayrılmamasını temin edecektir.

Hilâfet ve hükûmet ayrılığı diye Padişahla millet arasına

tefrika sokmaya çalışıyorlar. Binâenaleyh milletin Padişaha olan merbutiyet ve muhabbeti huzur-ı hümâyûna arz ile vatan ve milletin saadetine müştereken ve kemâl-i şecaatle çalışmanın temin buyurulması pek faydalı olur. Rawlinson, Boğazların daimâ serbest kalması için İstanbul şehrinin behemehâl değil, fakat Boğazların tutulması ve Marmara'da bir ufak donanma bulunması husûsunu "*zaruri*" diyor. Sebebi; Rusya günün birinde belki Yunanla ittifâk eder ve Boğazları işgal ve kaparmış; dedim. Millet bu düşünceyi haksız buluyor ve protesto ediyor. Boğazlarda oturulacağına Karadeniz'de donanma yaptırılması işi daha kolay olur. Her halde anladığım şey *milletin ve hükumetin mukavemeti az olursa Boğazların birine veya ikisine yerleşmek isteyeceklerdir. Bilâkis Padişahın, hükûmetin ve milletin yekvücud olarak izhara sebat ve metaneti, her hususu arzumuza göre hal edeceğimi arz eylerim.*

Kazım Karabekir.

İngiliz siyasetçilerinin millî hükûmetimize ve nihayet 16 Mart'ta Meclis-i Mebusan'a karşı yaptıkları tecavüzler ve Padişahı da bizi "Cumhuriyet kuracaklar" diye inandırarak Damat Ferit hükûmetini iş başına getirip işi Sevr muahedesine götürdükleri görüldü. Asıl mühim olan bir meselede İstiklâl Harbi'nin temelinin atıldığı Erzurum'da ve bu işteki rehberliğini ve Mustafa Kemal Paşa'ya yapabileceğim tesiri bilerek kongrelerin kararlarına aykırı olarak beni, vakitsiz bir Cumhuriyet ilânına teşvik ederlerken İstanbul'da gizlice Damat Ferid'in Padişah hükûmetini aleyhimize hazırladıkları gibi Konya'da da bir Selçuk devleti kurulmasına çalışıyorlardı. Eğer "Parçala, hâkim ol" manevrasına kapılsaydık, vaziyete hâkim olacak ortada bir kuvvet kalmayacağından, fikir ayrılığı ve fikir perişanlığı ile istenilen tuzağa düşmüş olacaktık.

ANKARA MİLLÎ HÜKÛMETİNİN CUMHURİYETE DOĞRU GİDİŞİ

İstanbul'dan, her ne şekilde olursa olsun bir Cumhuriyet kurmak fikriyle gelen Mustafa Kemal Paşa, Rawlinson'un da benim vasıtamla ileri sürdüğü Hilâfet'in ayrılması ve Cumhuriyet'in kabûlü teklifini samimî bulmuş olacak ki 19 Ocak 1920'de İstanbul'da *"Müdafaa-i Hukuk Cemiyeti"ne* dayanan *Mebûsan Meclisinin* açılmasına ve meşrutî bir hükûmetin faaliyete geçmesine ve hele 28 Ocak'da Mebûsân Meclisinin *Misak-ı Millî* beyânnamesini kabul ve ilân ettiğine ve 9 kânun/sânî'de (Ocak) kendi imzasıyla neşr ettiği askerî plândaki serahate rağmen Bolşeviklerin Kafkaslara gelmekte olduğu haberi gelince, bana 6 Şubat'ta Kafkas hareketini yapmayı teklif etti. Bu hâl, İstanbul'daki meşrutiyet hükûmetimize karşı fiilî bir isyanla Heyet-i Temsiliyye'nin Mustafa Kemal Paşanın hâkimiyetinde bir Cumhuriyet şekline dönmesi demekti. Hem de yine Bolşeviklerle birleşmek felâketine doğru.

Siyasî, askerî tehlikelerinin mahvımızı mucip olacağını ve Rawlinson'un da aynı teklifleri bana yaptığını; kendisine bu fikrin nereden mülhem olduğunu Mustafa Kemal Paşa'ya yazarak tekliflerini red ettiğini ve yine 16 Mart İstanbul'un işgali ve Meclis'in basılıp bazı mebûsların alınması üzerine de Mustafa Kemal Paşa'nın gitmek istediği bu yola engel olduğumu ve İngilizler bir taraftan bizi tehlikeli bir çıkmaza sokarken, bir taraftan da Damat Ferid'le Millî varlığımıza karşı darbeler hazırlandığını kendilerine hatırlattığımı, birinci bölümde izah etmiştim.

23 Nisan'da Ankara'da toplanan Büyük Millet Meclisi'nin, *Meclis-i Müessesası* olmasına uğraşması ve neticede selahiyyet-i fevkaladeli meclis nâmını verdirerek onun reisliğine geçmesi ve askerî plânı tamâmiyle ihmal ederek, ilk iş olarak yeni bir teşkilât-ı esâsiyye teklif etmesi, Mustafa Kemal Paşa'nın birkaç kere münakaşalarımıza ve kongreler kararlarına ve askerî plandaki imzalarına ve bunu hatırlattığıma rağmen, Cumhuriyet ilânını ve bunun başına geçmek husûsundaki

arzusunu gösteriyordu. Bunu her taraf anladı. Çok nazik bir durum da başladı. Birinci bölümde tafsilâtıyla yazdığım gibi iş doğunun tahliyesini istemeye kadar da gitti. Ve Mustafa Kemal Paşa ile sert muhaberelerimize yol açtı. Aramızda büyük bir görüş farkı vardı. O İtilaf devletlerinin büyük kuvvetleri karşısında Millî kuvvetimizle karşı duramıyacağımızdan bir dış siyasete dayanarak kendi başkanlığı altında kuracağı bir Cumhuriyetle uyuşmak cihetine gidiyordu. Herhangi bir inkılâbın millî ve askerî birliğimizi sarsarak mukavemet kudretimizi mahvedeceğini; büyük kuvvetlerin gelmesi ihtimali çok zayıf olduğunu; "Mütareke mucibince" diye silâhlarımızı ve teşkilâtımızı azaltmak gayretinin de bunu gösterdiğini ve esâsen anavatan müdafaası için büyük kuvvetler gelse dahi, dayanmak mecburiyetinde olduğumuzu ve milletin de bu azimli kararı kabul edeceğini, daha İstanbul'da iken kendilerine söylediğim gibi; Erzurum ve Sivas'ta da bunu görüşmüştük. Ve kendileri de halk arasında bunu görmüşlerdi. Kongrelere de bu kararı vermişlerdi!

PAŞA, POLİTİKAYI ASKERLİĞE TERCİH EDİYOR

Mustafa Kemal Paşa'nın askerî mukavemetten vazgeçtiği manzarasını gösteren, Başkumandanlığı almayarak Büyük Millet Meclisi Reisliğine geçmesi ve vakitsiz, yani en zayıf vaziyetimizde ve İ'tilaf propagandaları ve bundan haber alan Padişah hükûmetinin fetvaları, emirleri, teşvikleriyle Anadolu birbirine girdi. Eğer kalpleri milletimizin hürriyet ve istiklâl aşkıyle çırpınan arkadaşlarının feragati ve kazanmış oldukları millî itimâd ve candan sevgi ve saygı kudreti olmasaydı, Mustafa Kemal Paşa'nın attığı vakitsiz adım, Sivas'a kadar yayılan isyanları olduğuna kadar yayacak ve önüne geçilmez darbeleri altında herşey daha başlangıçta yok olacaktı.

Batıdaki isyanların önüne durulmaz bir hâl aldığını ve kendilerine yardım için doğunun tahliyesi kararına kadar gidilmesi üzerine 16 Mayıs 1336 (1920)'de bildirdiğim onbir maddelik teklifimin 4 üncü maddesinde apaçık şöyle dedim: *"Dinî ve anânevi Anadolu'nun ayranını kabartmamak lâzımdır."*

(Nutuk, sahife: 276, 277 de diyor ki:

"Efendiler, Meclis'e teklif ettiğim mühim bir husûs da, hükûmet teşkili meselesiydi. Bu meselenin ve buna dair teklifte bulunmanın, O devir için ne kadar nazik olduğunu takdir buyurursunuz. Hakikat, *Osmanlı saltanatının ve hilâfetin münkariz ve mülga olduğunu düşünerek yeni* esâslara müstenit yeni bir devlet kurmaktan ibaret idi. Fakat vaziyeti olduğu gibi telâffuz etmek, maksadın büsbütün ziyâını mucip olabilirdi.. Böyle bir hükûmet, hâkimiyetî milliyye esasına müstenit halk hükûmetidir. Cumhuriyettir."

402'nci sahifenin son satırlarında da şöyle söylüyorlar: "Selâhiyetî fevkalâdeye malik bir meclisin teşekkülüne ve bu meclisin, memleketin mukadderatına el koymasına çalışan; bunda muvaffak olmak için *en yakın arkadaşlarımla fikir mücadelesi yaptım. Bütün hayatımı, mevcudiyetimi bütün şeref ve haysiyetimi tehlikeye attım.* Binaenaleyh bu benim eserimdir.

Mustafa Kemal Paşa yalnız kendi hayatını, mevcudiyetini şeref ve haysiyetini değil, hepimizinkini ve bütün milletin mukadderatını tehlikeye koymuştu. Eğer Doğu hareketi yapılmayıp, kıtalarımız batıya alınsa idi; veyahut da Doğu hareketi muvaffak olmasaydı; Kürtlük de dâhil olduğu halde - bütün doğunun bana olan itimât ve bağlılığı da gevşeyerek, her şey alt-üst oluverecek idi. Nitekim Doğu hareketi muvaffakiyetle bittikten sonra dahi, 20 Ocak 1921'de "Teşkilât-ı Esâsiye" kanunu Meclis'ten çıkar çıkmaz, bana dahi haber vermeye lüzum görmeden Erzurum'daki *"Müdafaa-i Hukuk"* cemiyeti merkezi ünvanını değiştirerek *"Muhafaza-i Mukaddesat"* adını almış ve cemiyetin nizâmnâmesi başına da, *hilâfet ve saltanat makamının ve devlet şeklinin korunmasına* dair ilâveler de koymuştur. İşin daha vahim ciheti de bu teşebbüslerini yalnız doğu vilâyetlerine değil; diğer bütün vilâyetlerin "Müdafaa-i Hukuk" merkezlerine de bildirmişlerdir.

Mustafa Kemal Paşa, *"Londra Konferansı"*na bir Cumhuriyet tipiyle çıkılırsa -tehlikeli askerî mücadeleler yerine-siyâsî yollardan millî muvaffakiyet kazanacağı ümidini hâlâ besliyordu. Fakat 1337 (1921) yılı, 27 Şubat'tan 12 Mart'a kadar devam eden *Londra Konferansında*, bize -aşağı yukarı- yine *"Sevr Muahedesi"* çerçevesi içinde yaptıkları teklifleri ve bunun cevabını bile beklemiyerek -daha murahhaslarımız yolda iken- Yunan Ordusunu bütün cephelerde taarruza geçirmeleri; İ'tilâf devletlerinin, zaferini, millî kudretle temin etmeyen bir Türk devletiyle, -şekli ne olursa olsun- şerefli bir sulha yanaşmayacağını ve istiklâlimize aslâ hürmet etmeyeceğini göstermişti. Ben, *"Londra Konferansı"*hakkında Mustafa Kemal Paşaya bildirdiğim kanaatlerimi I. bölümde yazmıştım.

MEFKÛREDE DEĞİŞİKLİK

Cumhuriyet esâsı üzerine bir *teşkilât-ı esâsiyye kanununu Büyük Millet Meclisi'*nin açılışında teklifine rağmen, Dokuz ay sonra (20/Kanun-i Sânî/1337) 20 Ocak 1921'de Meclis'ten çıkmasından şikâyet eden Mustafa Kemal Paşa (Nutuk, sahife 351) bir taraftan "Müdafaa-i Hukuk"ların "Muhafaza-i Mukaddesat" cemiyeti haline dönmesinden endişe ile bana bunun önüne geçmekliğimi rica ettiği gibi, kendisi de gerek bu aksü'l-amelden ve gerekse Moskova'daki Enver Paşa ve arkadaşlarının *"Halk Şûralar Fırkası"* diye Bolşevik cumhuriyeti esâsında bir teşekkül yapmaları ve programını da tâb' ederek faaliyete başlaması haberinden (5/mayıs/1337 (1921))'de memleketimize giren bu programı Moskova'dan gelen heyetimizden 23 Nisan'da haber alarak Mustafa Kemal Paşa'ya bildirmiştim. Tehlikeyi görerek istikameti değiştirmiştir.

Nitekim 11 Nisan muhafaza-i mukaddesat meselesi hakkındaki şifrelerine karşı sorduğum şu üç sualin cevapları da dikkate değer:

"1- Devlet şeklinin birden bire cezri esâslarda değiştirilmesi isticalinin sebep ve mahiyeti

2- Derûhde olunan -cihet-i tatbîkiyesindeki derece-î imkân

3- Bu arada Hilâfet ve saltanat meselesinin suret-î halli

gibi üç mesele hakkında tenvir buyurulmaklığımı istirham eylerim."

Mustafa Kemal Paşa mufassal cevabında: "Bu kanunda Cumhuriyetin manasını ifade eden bir şey mevcud olmadığı gibi," dedikten sonra şöyle söylüyor:

"Hilâfet ve saltanat meselesi, bir "mesele-î esâsiyye" olarak mevcud değildir. *Türkiye'nin başında Halife-î İslâm* olacak, bir hükümdar; "sultan" bulunacaktır."

Bir taraftan aleyhindeki galeyanı teskine, bir taraftan da kendilerini ikaza uğraşıyordum. Onun siyâsî sademeler arasında sarsılmasını istemiyordum. (Bu hususta Nutuk'un 370'inciden 373'üncü sahife ortalarına kadar bundan bahis var.) 20/Temmuz/1337 (1921)'de yazdığı cevabında dahi *"Raif Efendinin saltanat şeklinin Cumhuriyetçiliğe kalb-i mahsûs olduğu hakkındaki fikri vehimdir"*, diyordu. Erzurum'un ısrarı karşısında, 17/Kanun-i sanî/1338'de "Erzurum Mebusu Durak Bey mezunen araya geliyor. Meclis'in ve buranın ahvali hakkında size malûmât verecek."*Muhafaza-î mukaddesat"* Unvanının kaldırılarak yine *müdafaa-î hukuk*adıyla iktifa olunması için buna da tesir yapın" diye yazıyordu.

Bu aralık muhtelif kaynaklardan gelen malûmât ve bu arada "mefkûre hâtırası" elyazısıyla imzâsını taşıyan sarıklılar arasındaki resmi, Mustafa Kemal Paşa'nın hilâfet ve saltanatı kendisinin almak mefkûresinde olduğu neticesinde karar kılıyordu. 12/5/1337 tarihli el yazılarını ve imzalarını taşıyan bir *fotoğrafı* ilişiktir. Cumhuriyet fikrinde kendi uhdesine hilâfet ve saltanata dönüş, bütün cihana karşı çok garip bir şey olacaktı. Ben, bizim için. Hilâfeti ayırmak ve saltanatı kaldırmak ve bu suretle Cumhuriyete gitmeyi, iç ve dış siyasetimize daha uygun buluyordum. Fakat ancak son zaferden sonra bunu ortaya atabilirdik. Hükûmet merkezinin de artık İstanbul'da iç ve dış baskısı altında tutulmaması fikrinde idim. Daha 9/Teşrîn-i sânî/1337 (1922) Erkân-i Harbiyye-i

Umûmiyye riyâsetinin İstanbul ve Boğazların muahededeki vaziyeti hakkında mütâlâamı sormalarına karşı verdiğim cevaptı: İstanbul'a *"makam-ı Hilâfet"* denilmesini teklif etmiş ve hükûmet merkezinin de Ankara-Kayseri- Yozgat sahasında münasip bir yer olarak tesbitinin muvafık olacağını ayrıca bildirmiştim. Hilâfet ve saltanatın bekası taraftarı değilken bu sefer bunu bir kumandana vermeğe hiç taraftar olamazdım. Mustafa Kemal Paşa'nın, "Türkiye'nin başında halife-i İslâm olacak, bir hükümdar, sultan bulunacaktır" ifadesinin delâlet ettiği manâ, bu *"mefkûre hatıratı"fotoğraftan* daha iyi anlaşılıyordu. Eğer Sakarya Zaferi'nde *mareşallik* ve *Gazilik* gibi son ünvanı alan Mustafa Kemal Paşa son zaferde yeni mefkûresine ulaşmak için resimde görülen *muhafazakârları* Millet Meclisi'ne doldurursa, müştak ve muhtaç bulunduğumuz *teceddüde* imkân olamıyacağından kendilerine şu mütâlâamı şifreli telgrafla bildirdim.

BÜYÜK UZMANLAR MECLİSİ TEKLİF EDİLİYOR

Sarıkamış
18/19 Şubat 1922

Baş Kumandan Mustafa Kemal Paşa Hazretlerine

(zata mahsustur)

Memleket idaresinin alacağı biçimler konusundaki tartışmalar, bize yeni ulaştı. Barışın kurulmasından sonraki seçimde, birçok değerli kişiler yerine bir takım MUHAFAZAKÂRLARIN TOPLANMASINA karşı şimdiden alınacak tedbirleri çok önemli bulurum.

Milli Meclis, değerli kişilerden oluşmazsa, iki büyük sakınca, memleketi bugünkü yıkılmışlığından kurtaramıyacaktır. Birincisi: Yenilik fikri olmayacak; İkincisi, en önemli öneriler, herhangi bir duyguya kapılarak, tartışmaya bile açılmadan reddedilebilecektir. Böyle bir Meclis'e karşı: üyeleri, Büyük Uzmanlardan kurulu İkinci bir MECLİS bulunmasını yararlı bulurum. Böylece *Milli Meclis*'in düzenleyicisi ve terakkiye doğru itici gücü olacağı gibi, memleketin hayatına deygin tekliflerin, Milli Mecliste red ya da kabul edilse bile, bu Meclis'in uyarısı ve aydınlatması ile kararın değiştirilmesi ve zararın önlenmesi mümkün olacaktır. Bu Meclise, AYAN diyerek, eski dönemin köhne hayatını hatırlatmamak için, BÜYÜK MÜTEHASSİSLAR MECLİSİ' ya da daha uygun bir nam verilebilir. Üyeleri, bir takım kayıt ve şartlar altında, tıpkı Milletvekilleri gibi Milletçe seçilir. Herhangi bir mesleğin Yüksek Tahsilini görmek; ya da Bakanlık, Ordu Komutanlığı, Valilik gibi mevkilerde bulunmak şartları koşulabilir. 'Büyük Mütehassıslar Heyeti' kabul olunursa, her Vekâletin yüksek mevkileri de bunlardan ayrılır. Mesela: Askeri Şura, Nafıa Şurası gibi...

İki Meclisin tasdikinden geçerse, bir süre takibe esas yapılacak olan herhangi bir programında direnmek ve programın uygulamasında amaç ve hedefi korumak için bu şuraların vücudunu pek gerekli sayarım. Aksi takdirde. Bakanlıklarda kişiler değiştikçe, program ve bunu yapan kişiler az-çok değişmekten kurtulamayacaklardır. Bundan başka, kabul edilen herhangi bir şey mütehassıslarca da kabul olunmazsa, eleştirilir ve milletçe de gereği gibi itibar görmez.

Millet Meclisinin Millet namına bir şeyi red veya kabul ve kontrol hakkı vardır. Fakat ihtisas sahiplerinin yapacağı şey de başka olur. Normal günlerin gelmesi ile ilgili bu tereddüt ve düşüncelerimi arz eyliyorum. Yüksek düşünce ve yorumlarınızı istirham eylerim.

Doğu Cephesi Komutanı
Kazım Karabekir

Cevap

Şark Cephesi Kumandanı Kazım Karabekir Paşa hazretlerine mahsus.

C: 18/19.2.1922 tarih ve numarasız şifreye:

Memleketin idaresini elinde tutan biricik kuvvet Büyük Millet Meclisinin alacağı kararların, uzmanlardan oluşturulacak bir başka heyet tarafından tetkik edilmesinin doğuracağı sakıncalar hakkındaki düşünceniz, tamamıyla doğru ve isabetlidir.

Ancak, nam ve ünvanı AYAN olması bile, Milletin bütün haklarını ve yetkilerini kullanmak üzere seçilmiş ve seçilecek olan Büyük Millet Meclisinin kararlarını, çalışmalarını, bir başka heyet kararı ile kısıtlamak, genel olarak yönetimde izlediğimiz prensiplerin ruhu ile uyuşmayacaktır. Bu Mütehassıslar meclisinin de -belirttiğiniz gibi- millet tarafından, Milletvekilleri gibi seçildikleri takdirde, aynı kaynaktan, aynı yetkiyi almış iki kuvvetin, genel yönetimde millete karşı etkili olması, hukuk alanında olduğu gibi, pratikte de karışıklığa, ikiliğe yol açacak, bu durumda doğan dengesizliği uyuşturacak üçüncü bir kuvvetin vücudu gerekecektir.

Fikrime göre, olması ihtimali olan sakıncaları ortadan kaldırmak için tek çare, Millet Meclisinin elden geldiğine uzman ve yetenekli kişilerden seçilmesini sağlamak ve iç düzenlemelerde, komisyonların seçiminde, Bakanların belirlenmesinde uzmanlığa önem vermekle sağlanabilir. Geçirdiğimiz feci tecrübelerden ilham alarak, Milletin idaresinde en doğru yol olduğu gibi, Anayasa hukuku bakımından da en akla yakın biçimi gösteren yönetimimizin güçlenmesi ile günümüzde olduğu gibi, gelecekte de yeniliklere dönük, başarılı bir idare mekanizması kurulmuş olacağını, arz eylerim.

Türkiye Büyük Millet Meclisi Reisi
Mustafa Kemal

Gerek Hilâfet ve Saltanat meselesi ve gerekse teceddüt hareketlerimiz hakkında diktatörlükle veya büyük mütehassıslarımızla yürümek meselesi, Ankara'da yerleştikten sonra da, aramızdaki anlaşamamazlıkların esâsını teşkil etmişti. Tafsilât gelecektir.

İSTANBUL HÜKÛMETİNİN İNKILÂPTAN ENDİŞESİ

24 Şubat 1338'de Sarıkamış'a gelen muharrir Mahmut Sadık Bey; Müşir İzzet Paşa'nın bana yazdığı mektubu -rahatsızlığı dolayısıyla- 3 Mart'ta verdi.

25 OCAK 1922 tarihini taşıyan 'Ahmet İzzet' imzalı bu mektup: "Canım, kardeşim efendim" iltifatı ile başlıyor ve Büyük Millet Meclisinin gitmekte olduğu bir çeşit Hükûmet değişikliğinden tedirgin olduğunu bildiriyordu. Barış hakkında bazı fikirler ve temenniler öne süren, bu mektubun önemli cümleleri aynen şunlardır:

"Ankara'daki fikir cereyanları, -Meclisdeki konuşmalardan anlaşıldığına göre- bambaşka bir istikamete gitmektedir. Bu hallerden, her vatansever üzüntülü ve endişelidir. Birliğin sağlanması için, Devletin, İslam Halifeliği ile meşrutiyetçi Osmanlı Sultanlığı ile idaresi gerekli ve zorunludur. Başka çeşit bir idare, -içerde ve dışarda- zayıflık işareti ve şiddeti kaynak olur. Bu konuda uzun, derin yorumlar yapmak, değerli şahsınıza karşı, pek gereksizdir. Ankara'nın tutum ve davranışı, burada birçok şüpheler yaratmakta ve bu yüzden Kabinenin itibarı bozulmaktadır. Rastgele bir hırslının keyfine, bu biçare mazlum ve itaatli milleti kurban etmemelidir" diyerek, hayırlı bir barış için ve gelecek için fikir ve tahminlerini iki madde halinde bildiriyordu ki, aynen şöyledir:

1- Dış münasebetlerde olduğu gibi devam etmekle birlikte, zıtlıklardan, ayrılıklardan doğabilecek sakıncaların önüne geçebilmek için, ya haberleşerek, ya da Ankara'nın İstanbul, İstanbul'un Ankara'da bulunduracağı güvenilir kişiler aracılığı ile fikir alışverişinden sağlanması için, aracı olmanızı...

2- Şekil ve genişliği ne olursa olsun, bir çeşit Hükûmet değişikliğine gidildiği yolundaki açıklamalar ve gösterişlerin şimdiden ve girişimlerin daha sonra önlenmesi, düşünceme göre, vatanın, milletin selametine bağlıdır. Bu konuda yapacağınız yardımlar, Milli savunma yolunda, ondan önce ve daha sonra yaptığınız büyük başarılarınızı kutlayarak mübarek gözlerinizden öperim, makamı ferzendi ercümendim, efendim.."

Mahmut Sadık Bey'in İstanbul münevverlerinin fikirlerinin hülâsası olarak da verdiği notlarda mühim olan şu satırlar vardı: "Devlet ve Milletin elinde Hilâfet kuvveti bir kuvve-î mâneviyye de olsa bir hak-ı müktesep bulunmasıyla......... Gerçi tecâvüzî bir kudret-i maddiyye ibraz etmemişse de tedafüi bir kudreti haiz olduğu, hadisât ve tezahürat-ı âhire teyid eylemesiyle Hilafet'in her halde Lâzım! gayr-i münfekki olan talimat ile birlikte muhafaza ve müdafaası............

Mahmut Sadık Bey ve arzumla birlikte gelen Nahit Bey ve Fevzi Paşa'ya gönderdiği bazı tekliflerinin suretini de bana gönderen Fatih Bey Meşrutiyet'te önce İstanbul Terakki ve İttihad Cemiyeti merkez arkadaşlarımdan idiler. İstanbul hakkında geniş malûmatları vardı. İstanbul'un korkusu Mustafa Kemal Paşanın Hilâfet ve saltanatı lağvederek bir Cumhuriyet kuracağı merkezinde idi. Kendilerine anlattım ki Erzurum Müdafaa-î Hukuk'u da buna karşı kendilerine "Muhafaza-î Mukaddesat" adını verdiler. Enver Paşa da "Bolşevik Cumhuriyeti" kurmak sevdası peşinde.

Bu muhalefetler ve rekabetler karşısında Mustafa Kemal Paşa da aldığımız haberlere göre, İstanbul'un ve İzzet Paşa'nın fikrine gelmişler: Hilâfet ve saltanat kalacak. Fakat bu makama son zaferle beraber kendileri oturacak... Mefkûre imzalı sarıklılar arasındaki sarıklı fotoğrafını da gösterince arkadaşlarım donakaldı ve Mahmut Sadık şu cevabı verdi: "Eğer hilâfet ve saltanatı Mustafa Kemal Paşa'nın alacağını İzzet Paşa öğrense, Cumhuriyet'e dünden razı..."

İZZET PAŞA'NIN MEKTUBU ANKARA'YA BİLDİRİLİYOR

İstanbul hükûmetinin Hariciye nâzırı İzzet Paşa'nın mektubunun mühim tekliflerini, 5 Mart'ta Mustafa Kemal Paşaya bildirdim.

Aynı tarihte Erkân-ı Harbiyye-i reisi Fevzi Paşa'ya da kendilerine yapılmış tekliflerin, husûsiyle Enver'le ve Padişah'la temasın ranne açacağını bildirdikten sonra aynen şunu yazdım:

"Hayatı memleket için yapılan münakaşa ve kabul edilen karârlarda aranızda bulunmamaktan dolayı müteessirim. Fakat gerek Bolşevikler ve gerekse Kürdler gibi iki büyük meselenin şu aralık başka bir elde vahim bir şekil almak istidadı düşüncesiyle Doğuda müsterih çalışıyorum. Hayatî meseleler hakkında şayanı itimat zâbitlerle, elden olsun, bendenizi tenvir etmekliğinizi istirham eyler, arzı hürmet eylerim."

Fevzi Paşa 7 Mart cevabında yapılan tekliflerden kabul edilmiş bir şey olmadığını bildirdikten sonra aynen şunları yazıyor: "Hariciye vekili Yusuf Kemal Bey Misak-ı Millî'de münderiç husûsâtı müdafaa için Avrupa'ya giderken İstanbul'dan geçmiş ve Padişah tarafından davet vukuu bulursa görüşerek Büyük Millet Meclisi kanunlarını tanıması husûsunun Padişah'a teblîği kendisine bildirilmişti. Vuku bulan mülakatta Padişah bir takım beyânâtlarla bu teklifi kabul etmemiştir. Mühim husûsâtın ve arzu buyurduğunuz meyaddin istifsârı halinde lâzım gelen, izahatın verileceğini arz ile takdim-i ihtiramât eylerim efendim."

7 Mart ajansı Tevfik Paşa kabinesinin sulh hususundaki menfî tesirini izah ediyordu. Büyük Millet Meclisi'nde de bir gensoru önergesi üzerine Hariciye vekili Yusuf Kemal Bey'in İstanbul ve Avrupa seyahati ve aralarda olan temasları hakkında Hariciye vekâleti vekili Celâl Bey'in (Bayar) beyânâtı ajansla yayılıyordu. Bu husustaki mütâlâamı Mustafa Kemal Paşa'ya yazdım. 11 Mart tarihli şifreleriyle İzzet Paşa'nın mektubu vesairenin cevabı idi. Mühim noktaları:

"Büyük Millet Meclisi Hilâfet makamına bağlıdır ve öyle kalacaktır. Ancak saltanatın da Millet Meclisi'ni tanıması lâzımdır..."

Beş gündür İsmet Paşa ile beraber Garp Cephesi kıtaatını teftiş etmekteyiz. *Muhabbetle gözlerinizden öperiz kardeşim*, iltifatında bulunuyordu.

20 Mart'ta Erkân-ı Harbiye-î Umumiyye reisi Fevzi Paşa, İngilizlerin yakında tarafeyne mütareke teklif edecekleri haberini bildirdi. Bugünkü ajansta bunu yaydı. İzzet Paşa'nın bana itimat ettiğim bir arkadaşımla elden gönderdiği mektubun sebep ve hikmeti iyice anlaşıldı. İstanbul hükûmeti İ'tilâf devletlerinin sulh yapacaklarına inanarak Ankara millî hükûmetinin bu fırsatı kaçırmaması için bir takım tavsiyeleri delâletimle temin etmek.

Ben Yunan ordusunu ortadan kaldırmadan, İ'tilâf devletlerinin bize lütuf edici çehrelerini göstereceklerine inanmadığımdan. Mustafa Kemal ve Fevzi paşalara "Bu mütareke teklifini de emsali gibi siyâsi manevra addetmek ve ona göre tedbirler almak lüzûmunu" yazdım. İşin neticesi de tahminim gibi çıktı.

DOĞUDAKİ FİKRİ VE FİİLİ MUHALEFET

Son zaferden sonra atacağımız adımların ölçüsünü tayin edebilmek için. Milletin ve Ordunun tahammül ve sindirme kudret ve kabiliyetini gözönünden ayırmamak lâzım geldiği Kanaatindeyim. Tarihimizin, okuduğumuz bir çok hâdiseleri ve hele içinde yaşayarak ve hattâ vazife alarak gördüğümüz hürriyet mücadeleleri ve İstiklâl Harbi, bize bu husûsta çok dersler vermişti.

Birçok parlak muvaffakiyetleri, ölçüsüz atılan adımların sıfıra indirdiğini ve ileri adım atılmak istenirken geriye tepmenin şiddeti bizi daha gerilere götürdüğünü de görmüştük. Ve yine bütün ruhî tesirleriyle tarihî misallerinden tetkik ettiğim bir meselede muvaffak veya muzaffer olmuş bir kudretin nasıl yıpratıldığı ve aşındırıldığıdır. Muzaffer diktatörlerin tarihte gösterdikleri çehre, her şeyi kendi yapmış görünmek hususundaki ruhî galeyanları neticesi her şeyi kendi hayatında yapıp bitirmek hevesidir.

Şahsiyetlerinde toplanan kudretin cazibesine kapılan yeni kitlelerin alkış ve hayranlıkları karşısında bu diktatörler, her şeye kadir olduklarını zannederek, zaman âmiline dahi ehemmiyet vermezler. Ve kendilerini muvaffak eden fikir ve silâh arkadaşları, eski selâhiyetlerini muhafaza ettiklerinden onları da hor ve hâkir görürler. Bu suretle alkışlar arasında nereden geldiği belli olmayan birçok zararlı ve hattâ tehlikeli fikirler de fiile inkılâp eder. Gerçi aksi darbeler, ruh hummasına tutulmuş kıymetli şahsiyetleri belki tedavi edebilir. Fakat bazan da bu darbeler, o kadar seri ve o kadar şumullü olur ki, kendisini de silip götürebilir. Bazan da sarsıntıda bıraktıkları millet bütün ağırlıklarını çeker.

İstiklâl Harbi içinde Batı isyanlarının doğuya sirayet etmediğini ve işin nihayet bazı fikir mücadeleleri hadleri içinde kaldığını -birinci bölümde- izah etmiştim. Fakat zafere dayanarak atılacak adımlarda çok hesaplı davranmak ve Milletin ve Ordunun nabzını elden bırakmamak lâzımdı. Doğunun Mustafa Kemal Paşayı Erzurum Kongresi'ne almamak arzusu ve Sivas Kongresi'nden sonraki itirazları nihayet bir fikrin izharı idi. Ve Ben de Mustafa Kemal Paşa vesaireye söylediğim ve yazdığım gibi fikirleri tazyik ile değil, ikna ile yola getirerek işleri güzel idare etmiştim.

Elli imza ile, "Sen Kim oluyorsun?..." diye çekilen açık bir telgraf ve bu halkın mebuslarından birinin hattâ Sakarya Zaferinde müşir ve gazilik ünvanını aldıktan sonra dahi Büyük Millet Meclisi kürsüsünden Mustafa Kemal Paşaya karşı: "Meclisin hakkını gasp ediyorsun. Gasp etmek istiyorsun. Hakk-ı sarihimizi vermeyiz" demesi ve yine diğer bir Erzurum mebûsunun da: "Bu tarz-ı hareketinizle milleti rezil edeceksiniz" demeğe cüret etmesi; bir fikrin izharı değil, fiilî sahada tezahürat idi. (Nutuk, sahife: 402, 403).

Hilâfet ve saltanatı almak, bir evvelki zaferde rütbe ve Unvanların son mertebesini almış bulunan muzaffer bir kumandan için bir kapris olabilirdi. Ve bunu alkışlayanlar ve teşvik edenler de çok olacaktı: Onu ve milletini sevenlerin vazifesi de ona halkın ve ordunun hazm-ı tahammül derecesine çıkmayacağını apaçık söyleyerek onun tabiî halet-i ruhiyesine

ircâ olacaktı. İşte birinci bölümün sonlarında Ankara'ya git-
mek zaruretinden bahsederken söylediğim veçhile, son za-
ferin mıknatısladığı şahsiyetin cazibesine kapılarak etrafına
üşüşecek döküntülerin şerlerinden korumak ve bazı tehlikeli
kaprislerinden uzaklaştırmak mecburiyetinde idim. Atacağı-
mız teceddüt adımlarıyle milleti cehl ve fakirlikten ve vatanı
da harabîden kurtarmaklığımız gerekti. Bunu kendilerine de
teklif eden ve halkın ve ordunun hazm-ı tahammül derecesini
fiilen ölçenlerden biri de Ben idim.

Bütün bu düşüncelere dayanarak hükûmetin şekli hakkın-
daki fikrim şu idi:

SALTANATIN LAĞVI HİLAFETİN
AL OSMAN'DA BIRAKILMASI

Teceddüt hareketlerine muhtaç olduğumuzu ve bunu
yüksek mütehassıslar meclisine dayanarak ve halk meclisi
kontrolünde olarak plânlı bir surette yapmak husûsundaki
teklifinde uzaktan yaziyle Mustafa Kemal Paşa ile anlaşa-
mamıştık. Teklifimi ve aldığım cevabı, yukarlarda yazmış-
tım. Hükûmetin yeni şekli hakkında karşı karşıya gelmeden,
fikir ve işbirliğine imkân olmayacağı da tabiî idi. Ve bunu da
sebebleriyle izah etmiştim. Hükûmet şeklinde ben tedkik ve
tetebbularıma ve görgü ve tecrübelerime dayanarak *Hilâfet ve
saltanat* şeklinin bir arada devamını kalkınmamız için olduğu
kadar, dış siyasetimiz için de zararlı görüyordum.

Hele hanedan değiştirmek hem milli birliği sarsacak, hem
de medenî cihana karşı bir gerilik gösterecekti. Kalkınmamız
için zararlıdır; çünkü: Her kim olursa olsun, halk içinden
uzun müddet çekilip saraylarda, ancak muhitinin gözleriy-
le ve kulaklarıyla vatan ve milletin halini seyretmek artık bu
asırda ileri milletler için bile zararı görülürken; bizim gibi
medeniyet camiasında gerilerde kalmış olan bir millet için,
daha çok zararlı olacak idi. Devlet reisinin etrafını bir takım
dalkavuk almasına ve bunların milletle devlet reisi arasında
sağır bir sed teşkil etmesine mani olabilmek için Hilâfet ve

saltanatı bir elde toplamamak en başta gelen bir tedbirdir. Bundan başka Hilâfet, dinle; Padişahlık ise, dünya işleriyle ilgili olduğundan, birbirine zıddır. Bunun için ayrı iki şahsiyete ihtiyaç vardır.

Dış siyasetimiz için de zararlıdır; çünkü, papanın aynı zamanda kral olması bize ne kadar garip görünürse, Halifenin Padişah olması da müterekki milletlere o kadar garip görünür. Bu halin devamı yine aleyhimize türlü neşriyat ve propagandaya sebep olacaktı. Şu hâlde, Hilâfet'i saltanattan ayırmamız lâzımdı. Bu lüzumu, halkımıza kolaylıkla anlatabiliyorduk. Esâsen millî hükûmet ile başarılan İstiklâl Harbi de bize hak veriyordu. Şimdi mesele ayrılan saltanatı, ne yapmakta idi? Bu mevkiye uygun bir hanedan mı getirecektik, yoksa eski hanedandan bir başkasını mı koyacaktık?

Her iki şık da milleti ikiye ayırabilirdi ve günün birinde kuvvetli şahsiyet kimse, öteki hanedanın elinden diğer unvanı da almaya kalkabilir ve tarihimizin seyri bir daire üzerinde yürüyerek ayrıldığımız noktaya gelebilirdi. İslâm âleminde Osmanlı hanedanının mevkii daha ziyade Hilâfet makamıyle tanınmıştı. Şu hâlde saltanatı lağvederek en gelişmiş bir idâre sistemi olan *Cumhuriyet*'e gitmek ve *Hilâfet*'i de olduğu yerde ve şahsiyetlerde bırakmak, bize en uygun bir tarz olacaktı. Zaten fiilî sahada dahi bu iş artık kıvamına gelmiş bulunuyordu.

Doğu halkının ve ordumuzun bu şekli hazm ve kabul edeceğini ve hattâ memnuniyetle karşılayacağını da yakınen biliyordum. Fakat *Mustafa Kemal Paşanın Hilâfet ve saltanatı alması halinde* fikren ve fiilen aleyhte tezahüratı da şüphesiz görüyordum.

Bunun için Erkân-ı Harbiye-i Umûmiyye reisi Fevzi Paşa'nın İstanbul ve Boğazların muahededeki vaziyeti hakkında mütâlâamı sormasına karşı daha 12 Teşrîn-î sânî 1337'de (Kasım 1921) verdiğim cevapta: *"İstanbul'u makam-ı Hilâfet kabul edin"* demiş ve hükûmet merkezinin artık oraya gitmemesi lüzûmunu izah etmiştim.

YENİ BİR DÖNEM BAŞLIYOR

İşte: 9 Ekim 1920 öğleyin Trabzon'dan Alemdar vapuruyla hareketle Mudanya Konferansının sona erdiği 11 Ekim sabahı İnebolu'ya ve 15 Teşrin-i evvel pazar günü saat 3'de de Ankara'ya bu düşünce ve bu teklifle geldim. Mustafa Kemal Paşa ve diğer bazı arkadaşlarımız karşılamaya çıkmışlardı. Samimî sarıldık, öpüştük ve üç yıllık hasret ve heyecanımızı andık. Çankırı kapısında bir merasim kıtasını da selâmladıktan sonra hep birlikte Büyük Millet Meclisi'ne gelerek mevcud arkadaşlarımızla da selâmlaştık ve saygılaştık.

16 Ekim sabahı Mustafa Kemal Paşa ile Bursa'ya hareket ettiğimizden, Büyük Millet Meclisi'nin içtimâında bulunamadım. Saygılarımı yüksek riyaset vasıtasiyle Büyük Millet Meclisi'ne arzettim.

Trende İstanbul ve Trakya kumandanlığına gitmekte olan Refet Paşa (General Refet Bele) ve müdafaa-i milliyye vekili Kazım Paşa (General Kazım Özalp) da vardı. Bir müddet üçü ayrı bulundular, sonra Mustafa Kemal ve Refet Paşalar benim yanıma geldiler. Mustafa Kemal Paşa, ilk olmak üzere bana şu suali sordu:

"Refet Paşa Padişaha ne diyecek?"

Ben, "Halife hazretleri" derler cevabını verdim."

M. Kemal Paşa:

"Bu şekil iyi. Halife hazretleri dersiniz olmaz mı Refet Paşa?" dedi.

Refet Paşa bunu sükûnetle kabul etti. Saltanatın lağvi Hilâfet'in Al Osman'da bırakılması hakkındaki mütâlâamı Bursa'ya varmadan önce de apaçık Mustafa Kemal Paşa'ya söyledim. O, henüz katî olarak bu teklifimi beğenmiş görünmüyor; fakat itiraz da etmiyordu. Bursa'da Fevzi ve İsmet Paşaların da fikirlerini alacaktı. Ben mütalaamı bu arkadaşlara da söyledim. Onlar da ayrıca Mustafa Kemal Paşa ile görüştüler. Ortaya yeni bir formül çıktı:

Mustafa Kemal Paşayı en küçük bir şehzadeye: "Hilâfet ve sal-

tanat naibi ve aynı zamanda da diktatör yapmak..Naipliği İsmet, diktatörlüğü de Fevzi Paşa bana söyledi.

Ben de iç ve dış mahzurlarını uzun uzadıya isbat ettim. Ve bir şehzadeye naipliğin Hilâfet ve saltanat makamına çıkmak için bir basamak olacağını; hürriyeti en gaddar bir hükümdardan kurtaran ve İstiklâlini de bütün cihana göğüs gererek kendi kanıyla kazanan milletimizin vâsiye muhtaç olmadığını izahlâ, bu gibi geri fikirlere ordu kumandanları sıfatiyle arka olmamaklığımız lüzumunu ileri sürdüm.

SALTANAT KALKACAK HİLAFET KALACAK

Mustafa Kemal Paşaya da Sulh konferansına, "saltanatı lağv ve hilâfet'i Al Osman'da bırakmak suretiyle tam millî bir çehre ile gitmekliğimizin faydasını, diğer şekillerin içte ve dışta büyük zorluklar doğuracağını" izah ettim.

İstanbul'da ortaya çıkan ve Sarıkamış'taki Varlık gazetesinde tenkide uğrayan Kemalist tâbirinin ecnebî gazetelerinde de gittikçe yayıldığı hakkında da mütâlâamı şöylece söyledim:

Daimâ iftihar edeceğimiz Türk Milliyetçiliği ve Türk Demokratlığı, millî birliğimizi ve millî kuvvetimizi perçinleyen ve bir düzeye artıran âmillerdir. Bu güzel vasıflarımız, Türk varlığını ve Türk kudretini müterekki cihana en doğru ve en kolay anlatabilir. Kaynağı bilinmeyen Kemalist tâbiri etrafımızda toplanmış bir azlık ifade ediyor. Hâlbuki bütün millet etrafınızdadır. Bunun için bu dar çerçeveli tâbire iltifat buyurmayınız."[5]

Mustafa Kemal Paşa, hakkımdaki düşüncesini apaçık şöy-

---

5 Tanınmış bir Fransız yazarı olan Madam Gaulis Bursa'ya gelmişti. Mustafa Kemal Paşa, bu madama büyük zorluklarla tedarik olunan onbeşbin lira mükâfat vererek İstiklâl Harbimizi ve hasseten kendilerini Batı âlemine tanıtmak üzere bir kitap yazdırmak istiyordu. Önce yemek masasında hayli görüşüldü, sonra da Madam'ın çabuk çekildiği bir eğlence âlemi başlamıştı. Gaulis'in kitabında Kemalist yerine Türk Milliyetçileri tâbirini kullanması lüzumunu Mustafa Kemal Paşa'ya burada görüşürken rica etmiştim. Ertesi gün de tekrar hatırlatmak zaruretini duymuştum.

lece ifade etti ve başka mütalaada bulunmadı:

"Sulh heyetimize seni baş murahhas olarak gönderemem. Çünkü kafanla harekette ısrar edersin. İsmet Paşa'yı göndereceğim; çünkü sözümden dışarı çıkmaz."

Ben de şu cevabı verdim:

"Hakkımdaki teveccühlerinize teşekkür ederim. Zaten Gümrü ve Kars konferanslarında başmurahhaslığa tayinime karşı diplomat olmadığım için âffımı rica etmiştim. Israr buyurduğunuz için kabul etmek zaruretinde kaldım. Avrupa diplomatlarının karşısına yine beni çıkarmanız Türkiye'nin biricik diplomatının bir ordu kumandanı olduğu manzarasını arzedeceğinden, millî menfaatimize de uygun düşmezdi.

Burada muhtelif görüşmelerimiz neticesinde gerek Mustafa Kemal Paşa ve gerekse Fevzi ve İsmet paşaları, benim formülümü kabule muvaffak oldum. Şimdi mesele, *Halife* olarak kimi tutmak lâzım geldiği hakkında da fikir birliği yapmakta idi. *Mustafa Kemal Paşa Vahidettin'in kalmasını istiyordu.* Sebep olarak da güçlü olduğundan, *sözümüzden dışarı çıkamıyacağını,* eğer Mecid Efendi halife olursa, bize zorluklar çıkarabileceğini ileri sürüyordu. Buna karşı benim mütalaam şu idi: Millete bagi diyen ve bizi de âsi diyefetva çıkararak idama mahkûm eden ve düşmanlarımızla birleşerek millî hükûmetimize karşı *Halife ordusu* gönderen bir adamı tutmak; millete karşı olduğu kadar, tarihimize karşı da bizi küçük düşürür.

Yeni halifenin kıyafet ve vazifelerini tesbit etmekle ona bir sınır çizebiliriz.

Fevzi Paşa da benim mütâlâamı kabul etmekle kararımız: *"Padişahlığın lağvı ile hilâfetin Al Osman'da kalması ve halife olarak Mecid Efendi'nin getirilmesi* suretinde tesbit olundu.

29/Ekim 1922 akşamı Mustafa Kemal ve İsmet Paşalar ve ben Ankara'ya geldik.

TARİHİ BİR GÜN VE TARİHİ BİR CELSE

30 Teşrin-i evvel 1338 (1922) tarihî bir gün oldu. Ben Meclis müzâkerelerine ilk olmak üzere iştirak ediyordum. Birinci celsede önce İsmet Paşa Hariciye vekilliğine ve sulh konferansı baş murahhaslığına tayini dolayısıyla söz aldı; "Büyük Millet Meclisi Ordularının Meclisi âlîye olan fart-ı irtibat, fart-ı itimat, fart-ı ihtiramını getirmekle beraber takdim ediyorum. (Alkışlar) Vatanımızın halası için en aziz şeylerini ve dünyanın bütün vesayitine karşı *iki seneden beri* hayatlarını severek feda etmiş olan aziz şehidlerin hatıralarını daima ruhumuzda, vicdanımızda muhafaza ediyoruz. O şehitlerin ervahına fatihalar ithaf edelim" dedi. Heyet-i Umûmiyyece ayakta şehitlerin ruhuna fatihalar okunduktan sonra Batı Cephesi hareketlerini izah etti. Yeni vazifesinde dahi "Sizin itimad ve müzaharetinizle siyâset âleminde de temine muvaffak olacağız" dedi. *Benim sözlerim kısa olduğundan ne sebeble söyledim ve neler söyledim aynen zabıtlardan okuyalım:*

Hamdullah Suphi Bey (Antalya) - Kazım Karabekir Paşa hazretlerini aramızda gördük bize izahat vermeleri için arkadaşlarımız rica ediyorlar.

KAZIM KARABEKİR KONUŞUYOR

Kazım Karabekir Paşa (Edirne) - (Sürekli alkışlar arasında kürsiye geldiler) Şark Cephesi'nin Ebedî ve lâyezal olan hürmetlerini muhterem Büyük Millet Meclisimize lisânen arz etmekle büyük bahtiyarlık duyuyorum. En acemî bir neferin de kalbinde evvelâ Allâh korkusu, sonra sevgili Peygamberimizin aşkı, ondan sonra da Büyük Millet Meclisi'mize hürmet ve itaat yaşıyor. (Alkışlar). Bugün milletimizin birliğini temsil eden bu nurlu Meclisimizi yarattığı Millî zaferlerle, şarkta-garpta milletimizi saran esaret zincirleri nasıl kırdı ise, İnşaallah son halkaları olan ve İstanbul üzerinde kalan bakiyesi de pek yakında bu suretle parçalanacaktır. (Alkışlar, İnşaallah sedaları) Mebûsu bulunduğum mazlum ve masum Edirne bugün milletimiz sayesinde büyük bayramlar yapıyor. Çırpınıyor. Ben de bu dakikalarda aranızda bulunmakla büyük bahtiyarlık duyuyorum. (Sefa Geldiniz sedaları) İnşaallah millî zaferlerimiz gayesini tamâmen idrak ettikten sonra ordularımız *tabiatiyle hali sulha geçerken yine bu millî birliğimiz sayesinde ilim ve irfan orduları da seferberliğe başlar ve hariçten bizi sarsmak isteyen esaret zinciri gibi dahilde de bizi ayni suretle saran fakir ve cehle karşı ayni suretle her tarafta hücum ederiz. Ve Cenab-î Allâh'ın inayeti ve sevgili peygamberimizin bize olan yardımı ve büyük milletimizin birliği sayesinde milletimiz yakında refah ve saadete, ilme ve irfana kavuşur.* Ve biz de bu suretle ebediyen mesut oluruz. Arz-ı tazimât ederim ve bütün Şark Ordularımız nâmına bütün kalbimle sizi selâmlarım ve bu suretle aranıza karışmakla bahtiyarlık duyarım. (Alkışlar)

Benden sonra birkaç mebûs hakkımızda takdirkâr sözler söyledi. Ve bir takrir üzerine bana, İsmet ve Fevzi paşalara riyaset vasıtasiyle Meclis-i âlînin teşekkürlerinin tebliği teklifi müttefikan kabul olundu. Birinci celse böyle bitti. İkinci celsede ruznâmedeki bazı öte-beri müzâkere olundu.

İSTANBUL HÜKÛMETİ DEVREDE

Tarihî olan celse saat beşte başlayan üçüncü celsedir. Mustafa Kemal Paşa'nın reisliğinde tarihî olan karar yine yürüdü. Şöyle ki: İstanbul'dan Tevfik Paşa'nın bir telgrafnâmesi okundu. "Gazi Mustafa Kemal Paşa hazretlerine" diye hitap ediyor ve kazanılan muzafferiyetin ikiliği kaldırdığını izahtan sonra şöyle söylüyor: "Taraf-ı senaveriyle görüşüp anlaşmak üzere ahvâle vakıf ve emniyetinizi hâiz bir zâtın buraya gayet mahremane talimatı hamilen ve sür'atî mümküne ile izâmı mütemennadır efendim. 17/9/1338. Sadrâzam Tevfik.

Mustafa Kemal Paşa verdiği cevabı da okudu. Hülâsası: "Siyâset-î devleti teşvişten becaniyet eylememeleri husûsunun ne derece âzîm mesûliyeti badâ olacağı derkârdir efendim" diyor.

Tevfik Paşa 29/10/1338 tarihiyle ve yine sadrâzam Tevfik imzasıyle fakat bu sefer "Büyük Millet Meclisi Riyâset-i calilesine" hitâbiyle "Konferansa Babıâli'de Büyük Millet Meclisi de davet olundu" diyerek ve "Büyük Millet Meclisi'nce tayin olunacak bir zâtın talimat-ı mahsûsâ ile hemen gönderilmesi"ni istiyor.

Birçok hatipler İstanbul hükûmeti aleyhinde söze başladılar. Bu esnada Mustafa Kemal Paşa beni odasına çağırdı. Orada Doktor Rıza Nur Bey de vardı. Bana mütalaamı sordu:

"Saltanatın lağvı ile hilafetin Al Osman'da bırakılması kararımızın Meclis-i âliye teklifi zamanıdır," dedim.

Mustafa Kemal Paşa da Rıza Nur Beye: "O takriri yaz", dedi. Rıza Nur Bey: "Pekiyi", diyerek çıktı. Biz ikimiz kalınca Mustafa Kemal Paşa bana şöyle söyledi: (Nutuk, sahife: 419)

"Kürsüden Padişah hükûmeti hakkında şiddetli beyanâtta bulunmanı fakat Hilâfet'in Al Osman'da bırakılması hakkındaki fikrini izhar etmemeni rica ederim. Rıza Nur Bey bütün esasları havi bir takrir hazırlıyor."

Ben de, "Pekiyi Paşam", dedim ve Meclis'e girerek söz aldım ve aynen şunları söyledim: (sabit ceridesinden):

Kazım Karabekir Paşa (Edirne) - İstiklâl Harbimiz'de düşmanlarımızın çalışmalarını kolaylayan ve milletimize karşı her fenalığı yapmaktan çekinmeyen bir gürühun bu günde şanlı sulhümüzü bozmak ve karıştırmak için aynı fenalığa karşı adım attığını görüyoruz. Ervah-ı habise gibi karşımıza çıkan bu şehinşah vekilleri heyetini eğer İstiklâl Harbi'nin başlangıcında yalnız orada değil şarkın en hücra yerlerine ve en masum halkın arasına kadar fesat ellerini salmasa idi, hattâ benim kıtaatımın, benim karargâhımın içine kadar Ferid Paşa mel'unu zehirli mektuplar göndermemiş olsa idi; bugün, bu şerefli günlere biz sulh salonuna, hattâ kapısına kadar girmesine pek büyük bir şiddetle mukabele etmeliyiz. Zira bizim bu mukaddes çatı altındaki feryadımızı, bizim milletimizin akan kanlarını, masumiyetlerini biz cihana lâzımı kadar duyuramıyoruz. Binâenâleyh eğer bu herifler bizim şanlı milletimizin şanlı sulh heyeti ile Avrupa'da görünecek olursa, cihan efkâr-ı umûmiyesine, işte Türkiye'de iki kuvvet mevcuttur. Aralarında, ittifak yoktur, şeklini verecektirler. Bunlar yazdıkları şeyde *Bâbıâli* kelimesini *Büyük Millet Meclisine* takdim etmek kadar şeytanlığı da bırakmıyorlar. (Kahrolsun sesleri) Bize Antantın Ermeni ve Yunan kuvvetlerini kendi kuvveyi tedibiyyesi gibi meydana çıkardığı zaman.

ANKARA, İSTANBUL'A ATEŞ PÜSKÜRÜYOR

Refik Bey (Konya) - Cellâtlar gibi.

Kazım Karabekir (Devamla) - Daha ilk gününde bu kötüleri unutmadık. Birinci Ferid Paşa devresi kapandıktan sonra, ikinci Tevfık Paşa perdesi açılıyor. Bunlar birer kukla, birer karagöz gibi idraktan mahrum, vicdandan mahrum bir takım insanlardır. (Bravo sedaları) Binâenâleyh, gerek fetvaları ve gerek bu muhaberâtı, ihanet dosyasına koymakla beraber, bugün Türkiye Büyük Millet Meclisi kat'î emriyle ve ilk fırsatta istiklâl mahkemesiyle bu adamlara lâzımı olan muameleyi yapmalıdır.

Bugün İstanbul'un milyonla mazlum insanları, bizimle beraberdir ve inliyorlar. Binâenâleyh zannediyorum ki buradan çıkacak ufak bir işaret, bu melunları ayaklar altında çiğnetecektir. (Hiç şüphesiz sesleri). Bu telgrafın metninde, eğer Babıâli girmezse İslâm âleminde büyük bir tesir yapacağı beyân ediliyor. Harb-ı Umûmi'de cihat ilân edilmişken ben mütemadiyen -Kendi şahsıma kumandan olarak söylüyorum- gerek Çanakkale'de gerekse Irak'da İslâm askeri ile harp ettim, (mâalesef sesleri). Hâlbuki bugün İstiklâl Harbi'ni yaparken ve aleyhimize bu cihat fetvası çıkarılmış iken şarkta İslâm kardeşlerimle en yakın temasta idim. Onlar ilk ellerini bize Anadolu Milletine uzatmışlar ve İstanbul hükûmetini telin etmişlerdir. Demek oluyor ki oradan çıkan cihadın değil milletin birliğinin milletin ruhundan doğan azmin kıymeti vardır. (Alkışlar) İşte buna en güzel misâl İran, Efgan gibi İslâm kardeşlerimizin Ankara'da bulunmasıdır.

Refik Bey (Konya) - İnşaallâh Hindistan'ı da göreceğiz.

Kazım Karabekir (Devamla) - Milyonla ehl-i İslâm bugün üç-beş habisi telîn ediyorlar. Bu kadar felâketli günler geçirdikten sonra, onların telgraflarını, hâlâ bir kâbus gibi millet üzerine çöken bu zulümlerini, sessiz sedasız bırakmamalı, onların hiç olduğunu bütün âlem-i İslâma göstermeli ve katiyen sulh mahalline bunların ayaklarını attırmamaya çalışmalıyız. (Alkışlar).

Daha bazı hatiplerin sözlerinden sonra takrirler verilmeye başlandı. Kısa bir teneffüs esnasında Rıza Nur Bey'in takriri de imzalanıyordu. Cadde üzerinde ve kapının yanındaki odada idim.([6]) Takrir burada bulunanlara da imzâya getirildi. Mustafa Kemal Paşa da arkadan geliyordu. Beni görünce takriri alıp bana uzattı ve: "Haydi imzâla bakalım" dedi. 63 mebûs tarafından imzalanmış bulunan bu takriri henüz kendisi imzalamamıştı. Esbâb-ı mucibesini ve 6 maddesini gözden geçirdim. (4'üncü maddesinde) "Hanedan-ı Al Osman madum (ölü) ve tarihe müntekildir." kaydını görünce, Mustafa Kemal Paşa'ya dedim: "Paşam kararımız bu mu idi? Hilâfetin Osmanlı hanedanına ait olduğu hakkında apaçık bir takrir daha verilmek şartıyle, imzalarım."

RAUF BEY: "NE OLUYORUZ" DİYOR ÖNERGEYİ İMZALAMIYOR.

"Bir endişeniz mi var?" diye sordu.

"Bu cümleyi okuyan herkeste aynı endişeyi tabiî bulurum, dedim ve takriri 64'üncü olarak imzaladım. Benden sonra doktor Adnan Bey'e ve daha üç mebûsa imzalattı. Bu aralık odaya İcra Vekilleri Reisi Rauf Bey girdi. Takrir ona da imzalatılmak istendi. Rauf Bey okuyup o cümleyi görünce: *"Ne oluyoruz, nereye gidiyoruz?"* diye bağırdı. Mustafa Kemal Paşa işin ters bir mecraya gireceğini görünce takriri aldı ve:

"Ben sizin endişenize hak verdim. Durun, O cümleyi si-

---

6 Sonraki parti sekreterliği binası.

lip tashih edeyim", diyerek masanın üstünde *"Hanedan-ı Al Osman"* kaydını sildi ve *"İstanbul'daki Padişahlık"* diye yazdı.

Bundan sonra 69 uncu olmak üzere Rauf Bey'e de imzalattı. En sonda 81'inci olmak üzere kendileri imzaladı ve takrir Meclis'e arzolunmak üzere içtimâ salonuna götürüldü.

Belki bizim münakaşalarımızın da tesiriyle ortaya şu söz yayıldı: Mustafa Kemal paşa Hilâfet ve saltanatı alıyor. Tanıdığım ve tanımadığım bazı mebuslar buna mani olmaklığımı, aksi hâlde birçok fenalıklar çıkabileceğini söylediler.

Ben de onlara, "Saltanatın kaldırılması ve Hilâfet'in Osmanlı hanedanına ait olması" fikrinde olduğumu ve bu esâsta bir takrir hazırlatmak üzere bana bu günü kazanmalarını rica ettim. Bunun üzerine birçok mebuslar Meclis'i terk ettiler. Bunun için takrir tayini esâmiyle reye konunca 132 kabul, 2 red, 2 de müstenkif olmak üzere reye iştirak edenlerin 136 olduğu görüldü.

Nisap için daha 25 reye lüzûm olduğundan, "Yarın tekrar reye vaz' edeceğiz" diyen Reise, "Yarın içtimâ yok" sesleri cevap verdi.

O halde Çarşamba günü olur kararı verildi.

Mustafa Kemal Paşa bu vaziyetten çok sıkılmıştı. Beni odasına çağırdı ve bu vaziyetin mânâsını sordu. Ben de şöylece söyledim:

-"Memlekete olan bağlılığım ve size olan samimiyetim her zaman olduğu gibi şimdi de fikrimi apaçık söylemeye beni mecbur kılar. Meclisin ekseriyetini kaybetmiş olması fiilî bir tezahürdür. Bu takrirle sizin hilâfet ve saltanatı almak sevdasında olduğunuz kanaati belirmiştir. Kök de salmaktadır. Korkarım ki bu takrir çarşamba günki içtimâında galiba daha az rey bulacaktır. Çok nazik bir iş üzerindeyiz. Hilâfet ve saltanatın hanedan değiştirmesine karşı şarkta; vakit vakit beliren fikrî tezahürün, fiilî şekle inkılâbından korkarım. Garp halkı ve ordusu hakkında söz söylemeğe selâhiyetim yoksa da işin vahim bir neticeye varabileceğini temasa geldiğim mebûslarının halet-i ruhiyyesi göstermektedir."[7]

"Ya, demek fikren ve fiilen tezahürattan endişe ederek Şarktan geldiniz, diye kızgın cevap aldım. Dedim: "Evet, sizin hilâfet ve saltanatı almanız arzunuzu haber aldım. Buna karşı Şarkta emr-i vaki' beklemek ve zuhura gelecek tezahürat karşısında işin nerelere kadar varabileceğini kestiremediğimden halimize ve tarihimize karşı fikrimi Büyük Millet Meclisinde beyân etmek ve daha önce sevgi ve saygı ile bağlı olduğum başkumandanımı ikaz etmek istedim."

SAVAŞ BİTMİŞ, KAPIŞMA YAKLAŞMIŞTIR

Mustafa Kemal Paşa'nın Hilâfet ve saltanatı almayı bir mefküre olarak beslediği bugün apaçık görülmüştü. Bu akşam görüştüğüm birçok mebuslar da bu fikirde idi. Hattâ beni ikna için Meclis'de söylediği bazı nutuklarından parçalar okudular: 1 Mart 1338 (1922) nutkunda: "Efendiler İstanbul, Cenabı Peygamberin bizzât alâka gösterdiği, Eba Eyyubi Ensari Halit hazretlerinin ondört asırdan beri meşhedinin temas ve uzaktan gözetim altında tuttuğu bir şehirdir. Milletimiz bu güzel şehirde beşyüz yıldır *makam-ı muallâyı hilâfeti'* muhafaza etmektedir."

20 Temmuz 1338 celsesindeki nutuklarından: "Meclis-i âlinizin ilk içtimâ günlerinde kabul ettiği bir esâs vardır ki o esâs an'anât-ı milliyye ve mukaddesat-ı diniyyemizi tamamen mahfuz bulundurur. Şimdiye kadar olduğu gibi bundan sonra da o olmasa tevfiki harekât ederek netice-i mesudeye emniyetle vasil olacağımıza şüphe yoktur." Daha buna mümasil beyânât ve mefküre hatıralı ve imzalı ve ayrıca yalnız sarıklı fotoğrafları gösterdiler.

Bunları benim de vaktiyle öğrendiğimi ve aynı kanaati bellediğimden yeni karârlarınızda aranızda bulunmak için geldiğimi söyledim. Herkes benden medet umuyordu. Benim

---

7 Nutuk, sahife 417'de "fikri ve fiilî tezahürattan" bahsetmesinin sebebi budur.

Saltanatı kaldırmak ve Hilâfeti Osmanlı hanedanında bırakmak husûsundaki teklifime itirâz edene rastlamadım. Şu halde Kasım için bu esâsta bir takrir hazırlanmasını ve benim de ayrıca teşebbüste bulunacağımı bazı arkadaşlarıma söyledim. Bazı zâtlar daha ileri giderek Mustafa Kemal Paşa'ya 20 Temmuz 1338 (1922) celsesinde başkumandanlık kendilerine tevcih olunurken, zaferle beraber diktatörlük kuracağından endişe edenleri tatmin için verdiği vaadi kendine hatırlatmayı istiyorlar ve nutkunun şu parçasını da okuyorlardı:

(.."Makama riyâsetinizde bulunmakla mubahî olan" acizleri, o gün iki kere mesut olacağım. İkinci saadetimi temin edecek olan husus, benim bundan üç sene evvel dava-yı mukaddesemize başladığımız gün bulunduğum mevkie rucu'edebilmekliğim imkânı olacaktır. (Alkışlar). *Hakikaten sine-i millette serbest bir ferd-i millet olmak kadar dünyada bahtiyarlık yoktur. Gerçekleri bilen kalp ve vicdanında mânevi ve mukaddes hazlardan başka zevk taşımayan insanlar için ne kadar yüksek olursa olsun, maddî makamâtın hiçbir kıymeti yoktur...* Sözlerime hitâm verirken mevzu-u müzâkere edilecek kanunda bu selâhiyetin muvakkat olmasını nazar-ı dikkatte bulundurmanızı rica ederim, (şiddetli alkışlar).

Bir de suretini aldıkları Rıza Nur Bey'e yazdırdığı takriri okuyorlardı: Esbâb-i mucibede mühim olarak şu kayıt vardı: "Eski Osmanlı imparatorluğu münhezim olup yerine yeni ve millî bir Türkiye Devleti, yine o zamandan beri Padişah merfu (kaldırılmış) olup yerine Büyük Millet Meclisi kâim olmuştur" deniyor ve sonunda: "Binâenâleyh bervechi âtî kararın ittihazını talep ederiz" diyerek 6 madde sıralanıyordu. Maddeler aynen şöyledir:

1- Osmanlı İmparatorluğu otokrasi sistemi ile beraber münkariz olmuştur.

2- Türkiye Devleti nâmiyle genç, dinç, millî halk hükûmeti esâsları üzerine müessis büyük Millet Meclisi Hükûmeti teşekkül etmiştir.

3- Yeni Türkiye Hükûmeti yıkılan Osmanlı İmparatorluğu yerine kâim olup onun milli sınırları dâhilinde yegâne varisidir.

4- Teşkilâtı esâsiyye kanuniyle hukuk-ı hükümrânî milletin nefsine verildiğinden *İstanbul'daki Padişahlık madum ve tarihe muntekildir.*

5- İstanbul'da meşru bir hükûmet mevcud olmayıp İstanbul ve civarı da Büyük Millet Meclisi'ne aittir. Binâenâleyh oraların umur-u idâresi de Büyük Millet Meclisi Hükûmeti memurlarına tevdi' edilmelidir.

6- Türkiye Hükûmeti, hakkı meşrûu olan makam-ı Hilâfeti esir bulunduğu ecnebiler elinden kurtaracaktır.

DOĞU VE BATI CEPHESİ KUMANDANLARI MESELEYİ HALLETTİ

Vaziyet çok nazikti. Sakarya Zaferi'nden dolayı üç rütbe birden alarak müşir olmuş olan ve en büyük bir ünvan sayılan Gazi'liği de almış bulunan herhangi bir başkumandanın daha büyük ve son olan bir zaferden dolayı alacağı rütbe, üç ay önce Meclis kürsüsünden yaptığı vaad mucibince sine-î millette bir fert olmasının hakikatte kolay olmadığı görülüyordu. Gerçi ben buna bir çare bulmuştum: Önce saltanatın ilgasiyle Hilâfeti Osmanlı hanedanında bırakmak suretiyle sulhu akdetmek. Bundan sonra Cumhuriyet ilân etmek ve Cumhurreisliğine sırf tarihî bir nâm almak suretiyle mükâfatlandırmak ve maddî olarak ölünceye kadar da bu makamın terfihlerinden istifade etmek üzere Mustafa Kemal Paşa'yı intihâp etmek ve Millet kürsüsünden verdiği vaad mucibince istifâsından sonra halka serbest cumhurreisi intihap ettirmek.

Fakat birtakım fırsat kollayıcılar bunu benim kendi yerine geçmekliğim için bir tertip olduğu hakkında Gazi'ye yetiştirmişlerdi. Gıyabıma *"Karabekir'le çok çetin uğraşacağım"* dediğini de işittiğimden çok nazikleşen vaziyetimi hüsn-i idârede aynı zamanda milletimizin menfaatlarına uygun gördüğüm fikrimin kabulünü temine uğraşıyordum.

İlk iş herkesin iyi karşıladığı ve milletin selâmetine en uygun olan formülün Gazi'ye kabul ettirilmesi idi. 31 Ekim sabahı İsmet Paşa'yı buldum ve onu dün Meclis'in ekseriyeti bulunmamasının yarın daha fena bir şekilde tecelli edeceğini, o kadar büyük tehlikeleri atlatıp büyük zaferler kazandıktan sonra, siyâset sahasında beceriksizlik neticesi halkı ve orduyu dile getirmenin maddî ve mânevi mesuliyetinin Doğu ve Batı cephesi kumandanlarının birinci derecede omuzlarına yükleneceğini, uzun uzadıya anlattım. İsmet Paşa, *"Biz ne yapabiliriz?"* dedi.

Ben, *"Birlikte Çankaya'da Gazi'yi ziyarete gideriz* ve şunu söyleriz:

*"*Doğu ve Batı Cephesi kumandanları sıfatiyle başkumandanımıza arzederiz ki yazdırıp imzâlattığınız takrir, herkeste Hilâfet ve saltanatı sizin alacağınız endişesini doğurmuştur. Mebusların çoğu bunun aleyhindedir ve mesûliyetten korkarak memleketlerine gitmek üzere hazırlanıyorlar.

Doğu ve Batıda halkın vukuu tabiî olacak olan tezâhürata karşı ordularımızın karşı durması imkânı yoktur. Bilâkis ordunun da bu tezâhürata iştiraki mümkündür. Bunun için bu takririn geri alınması ve bunun yerine *"saltanatın kaldırılması ve hilâfetin Osmanlı Hanedanında bırakılması"* esasında yeni bir takririn ortaya konması lâzımdır. Aksi halde hiçbir mesuliyet kabul etmiyorum.*"*

İsmet Paşa teklifimi muvafık buldu. Fakat sözü kendi idâre edeceğini, benim mümkün olduğu kadar sükûtu muhafaza ile Gazimizi kızdırıp işi inadına fena mecraya dökmek tehlikesine maruz bırakmamaklığımızı teklif etti. Ben de bunu maksadı temin etmeleri şartıyla kabul ettim.

GAZİ RENKTEN RENGE GİRİYOR: PEKİ!

31 Teşrin evvel sabahı Çankaya'da Gazi'yi ziyaret ettik. Salonuna girince *"Hayır ola! Doğu ve Batı Cepheleri kumandanları*

bir arada, ne haber?" dedi. İsmet Paşa da ziyaretimizin maksadını, teklif ettiğim tarzda, apaçık söyledi. Gazi sükûnetle dinledi.

Fakat renkten renge giriyordu. Kızdığı zamanlardaki mutâd uzun çekişleriyle sigarasını da içiyordu. İsmet Paşa'nın sözü bittikten sonra eline bir kâğıt-kalem aldı ve bana sert sert bakarak, "Peki Paşam, ne tarzda istiyorsanız söyleyin yazayım", dedi.

Dedim: "Paşa hazretleri, Umûmun arzusu: *Saltanat mülgadır. Hilâfet hanedan-ı Al Osman'a aittirden* ibarettir. Rıza Nur Bey takririnin 6'ıncı maddesini tadil edici yeni bir takrir teklif eder. Netice esaslı ve bütün milletin sevinçle kabul edeceği bir kanun yapılmasına ve kabul edilmesiyle mesele güzel haloldu.

Bunun üzerine bu tadil takririni her üçümüzün de söze karışmasiyle tesbit ettik.

Gazi, bana şu teklifi yaptı:

"Yarın Meclis'te ekseriyeti temin için İkinci Grup azasiyle de görüşerek tadil teklifini anlat. Her halde yarın ekseriyeti temine çalışmalısınız.

İşte ortaya koyduğum formül nihayet bu suretle Doğu ve Batı cephesi kumandanları arasında Başkumandan'ın kendi eliyle yazılarak 1 Kasım için hazırlanmış oldu.

Öğleden sonra 4'de, Üçüncü Kolordu kumandanlığından mebûs olan Selâhattin Bey'in evinde, İkinci Grub'un ileri gelen ve eskiden tanıdığım arkadaşlar ile görüştüm ve yarın için hazırladığımız tadil takririni ve esâs formülünü uzun uzadıya münakaşa ettik. Muvafık gördüler ve akşam gruplarında görüşeceklerini ve yarın Meclis'te ekseriyetin teminini ve bu hayırlı kanunu çıkarmamıza yardım edeceklerini vaad ettiler. Ben de ayrıca diğer bildiklerimi yarın için temin ettim.

1 KASIM KARARI

1 Kasım 1338 (1922) Çarşamba günü saat 1:45'de Meclis bü-

tün azası bir arada olarak açıldı. Reis: "Dünkü takririn 6'ıncı maddesini değiştiren bir takrir var, onu okuyoruz', dedi.

Türkiye Büyük Millet Meclisi Riyaseti Celîlesine "30 Teşrin-i evvel 1338 takririnin altıncı maddesinin bervech-i âtî tadilini teklif eyleriz:

Madde 6- Hilâfet Türklere, hanedan-ı Al Osman'a aittir. Türkiye Devleti makam-ı Hilâfetin istinatgâhıdır. Halifeliğe, Türkiye Büyük Millet Meclisi tarafından bu hanedanın ilmen ve ahlâkan eslâh ve erşet olanı intihâb olunur.

Türkiye Büyük Millet Meclisi Hükûmeti hakk-ı meşruu olan Makam-ı Hilâfeti esir bulunduğu ecnebiler elinden kurtaracaktır.

Sinop Mebusu Rıza Nur ve 54 imzalı

İKİNCİ GRUP DA DESTEKLİYOR

İkinci Grup'da Selâhattin, Hüseyin Avni ve arkadaşları olmak üzere 26 imzalı aynı mealde bir takrir verdiler.

İlk sözü Gazi aldı. Peygamberimizi ve Hilâfet'i medh ve sena etti. Çok uzun süren sözlerinin sonlarında, "Bundan sonra makam-ı Hilâfet'in dahi Türkiye Devleti için ve bütün âlem-i İslâm için ne kadar teyizkâr olacağını da istikbâl bütün vuzuhiyle gösterecektir. (İnşallah sesleri) Türk ve İslâm Türkiye Devleti bu iki saadetin tecelli ve tezahürüne menbâ ve menşe olmakla da dünyanın en bahtiyar bir devleti olacaktır. (İnşaallah sedaları)

Takrirler, Şer'iye, Adliye ve Kanun-ı Era'sil encümenlerine havale olundu. Ve bu encümenler bir arada toplanarak müzâkereye başladılar. Biz üç kumandan da bu tarihî müzâkerede bulunduk. Mustafa Kemal ve İsmet paşalar da söz söylediler.

Bana ağzımı açmaya hacet kalmadı. Uzun müzâkere ve münakaşalardan sonra, istediğimiz iki maddelik bir kanun lâhiyası vücuda geldi ve Gruptan sonra da Meclise arz olundu. Ve okunduktan sonra, tayin-i esâmiyle reye konulmasına Gazi itiraz etti, bunun üzerine Reis: Üç encümenin müttefikan ihzâr ettikleri beyannâme ve mevaddı kabul buyuranlar lütfen ellerini kaldırsınlar. Efendim, müttefikan kabul edilmiştir.

(Şiddetli alkışlar).

Bu akşam mevlût kandili idi. "Bu, tarihî ameliyenin hayırlı olmasına beşarettir", denildi. Bu akşam ve ertesi gün bayram kabul olundu.

İki kanun maddesi şunlardır:

Madde-1: Teşkilât-ı esâsiyye kanuniyle Türkiye halkı hukuk-ı hâkimiyet ve hükümrânîsini mümessil-i hakîkisi olan Türkiye Büyük Millet Meclisi'nin şahsiyyet-î mâneviyyesinde gayr-ı kabil-i terk ve tecezzi ve ferağ olmak üzere temsile bil-fiil istimâle ve irade-î milliyyeye istinat etmeyen hiçbir kuvvet ve heyeti tanımamaya karar verdiği cihetle misak-ı millî hududları dâhilinde Türkiye Büyük Millet Meclisi hükûmetinden başka şekl-i hükûmeti tanımaz. Binâenâleyh Türkiye halkı hakimiyet-i şahsiyyeye müstenit olan İstanbul'daki şekl-i hükûmeti 16 Mart 1336'dan itibaren ve ebediyyen tarihe müntekil âddeyler.

Madde-2: Hilâfet hanedanı Al Osman'a ait olup halifeliğe Türkiye Büyük Millet Meclisi tarafından bu hanedanın ilmen ve ahlâkan erşed ve eslâh olanı intihâp olunur. Türkiye Devleti makam-ı hilâfetin istinatgâhıdır.

İSMET PAŞA LOZAN'A HAREKET EDİYOR

5 Kasım akşamı İsmet Paşa heyeti trenle hareket ettiler. 17 Kasım'da da Vahdeddin bir İngiliz zırhlısıyla kaçtı. 18 Kasım'da Millet Meclisi'nde Vahdettin'in hâline ve halife olarak Mecit Efendi'nin ilânına, mevcut 162 reyden 148 reyle karar verildi. 9 rey müstenkif, 3 rey Selim Efendi'ye, 2 rey de Abdülrahim Efendi'ye verilmişti.

YENİ HATT-I HAREKETİM

İstiklâl Harbinde olduğu gibi bu inkılâp hareketimizde de fikirlerimizi serbest bildirmek ve münakaşadan çekinmemek suretiyle ben vazifemi büyük bir vicdan hazzıyla yaptığım gibi kendisini ilk günden gerek İstanbul hükûmetine ve gerekse henüz tanınan halka karşı muhâfazaya ve tanıttırmaya çalıştığım başkumandanım ve eski silâh arkadaşım Gazi Mustafa Kemal Paşa da benim fikir ve münakaşalarıma kıymet ve ehemmiyet vererek hemen hepsini kabul etmişlerdir.

İsmet Paşa'nın gaybubeti müddetince yanından ayrılmamaklığımı istemeleri ve beni her seyahatlerinde beraberlerinde gezdirmelerini de sulhten sonrası için de birlik ve beraberliğimiz için ümit verici bir beşaret telakki ederek emniyetlerini daha ziyade kazanacak veçhile samîmi müşaviri olmuştum. Bu halin devamını çekemeyenleri ve istemiyenleri de dâima hesaba katarak hatt-ı hareketimi tayin ediyordum. Bunun için bütün mesâîmi maarif cephesinde teksif etmiştim.

3 Teşrîn-i sanî'de (Kasım) doğudan beraberimde getirdiğim çocuklar müfrezesine Cebeci'de atış talimleri ve arazide coğrafya oyunu yaptırdım. Mustafa Kemal Paşa hayretler içinde kaldı ve çok takdir etti. Onüç yaşından itibaren çocuklarımızın binicilik ve atıcılık ve kayakçılık talimlerine başladıklarını, bu sistemi bütün Doğu çocuklarına tatbike giriştiğimi ve bütün memleket için çok feyizli neticeler vereceğini izah ettim. "Terbiyecilerimizin de mütalaaları alınarak *MİLLİ TALİM VE TERBİYEMİZİ İLANLANDIRMAMIZI* ve vakit geçirmeden esaslı programlarla *BEDEN TERBİYESİ* [8] işine başlanması, kalkınmamız için elzemdir" dedim.

4 Kasım akşamı Türk Ocağı'nda çocuklar güfte ve bestesini yaptığım terbiyevî oyunları temsil ettiler. Mustafa Kemal Paşa, bu oyunlardan ve hele "Senayi" oyunundan çok mütehassis oldu ve takdir etti:

"Bolşevikler bu kadar güzel ve tesirli bir oyun yapıp da esâs mesleklerini propaganda yapamıyorlar", dedi.

---

8 Beden terbiyesi mükellefiyeti yazık ki çok geç kalmış bir iş oldu.

Kars'ta Rus konsolosunun bu oyunun Rusça'ya tercümesini ve orada oynatılması müsaadesini benden aldığını ve bu terbiyevî oyunlar hakkında Doğudan geçen Amerikalı, İngiliz ve Fransızlar da çok takdirlerde bulunduklarını ve "Senayi" oyununun herkes üzerinde tesirinin en büyük olduğunu anlattım.

GAZİ İLE BİRLİKTE ÇALIŞIYORUZ

5 Kasım'da İsmet Paşa'nın ayrılışından sonra Mustafa Kemal Paşa, 6 Kasım'da beni davet ettiler ve artık Ankara'da birarada çalışmaklığımı daha faydalı bulduklarını söylediler, bana Müdafaa-i Milliyye Vekâleti'ni deruhde etmekliğimi teklif ettiler. Teveccühlerine teşekkürle İsmet Paşa'nın dönüşüne kadar beraberlerinde müşavir gibi kalmaklığımın daha münasip olacağını, çünkü mesaîmi Maarif ve İktisat sahasında teksifle tetkiklerde bulunduğumu ve askerî muamelelerle muayyen bir çerçeve içinde çalışmak istemediğimi söyledim.

Sulhun aktinden sonrası için münasip görürlerse Erkân-ı Harbiyye Umûmiyye reisliğinde en faydalı olabileceğimi, bu hususta İsmet Paşa'nın da aynı fikirde olduğunu söyledim. 15 Kasım'da yine bana Müdafaa-î Milliyye Vekâleti'ni tekliflerinde aynı mütalaada bulundum. Mustafa Kemal Paşa da mütalaamı muvafık bularak birlikte mesaîyi ve seyahat yapmaklığımızı bildirdiler ve Hâkimiyeti Milliyye gazetesine millî talim ve terbiye hakkında makaleler yazmaklığıma müsaade buyurdular. Ben de bir seri makale yazdım. Maarifçilerimizle ve mekteplerimizle de sıkı temaslarda bulundum.

Mustafa Kemal Paşa geleneğe çok riayetkâr bulunuyordu. Kalpağını yemekte bile çıkarmıyordu. Resmî başlık kumaştan idi. Bursa'da Fevzi ve İsmet paşalarla hep bir arada bulunurken de ben, kalpak aleyhinde bulundum ve kapalı yerlerde başı açık bulunmanın fayda ve lüzumunu da söylemiştim. Ben öteden beri başı açık yanlarına girerdim. Bunu hâlâ temin edememiştim. Mustafa Kemal Paşa da benimle lâtife edip duruyordu: "Karabekir'in kusuruna bakmayın, öteden beri başı açık yanımıza gelir." (Bir Amerikalının Gazi'nin kalpağı diye yazdığı garip şiiri Ankara gazeteleri bile yazdı.)

Gazi'nin ne yapmak istediğini herkes merakla bekliyordu. Bunu ben de çok merak ediyordum. Siyâsî bir fırka teşkil etmek fikrinde olduğunu öğrendim. Fırkaya "Müdafaa-i Hukuk" adını vermek arzusunda idi. *İttihat ve Terakkinin* yaptığı hatayı yapmamalıyız. Keşke onlar da çok ısrar ettiğim tarzda başka isim alsalardı da *İttihat ve Terakki* herhangi millî bir tehlike karşısında millî birliğe yarasaydı ve tarihte daime yüksek kalsaydı. İstiklâlimizi kurtardığımız bir nâmı, siyasî bir cemiyete vermek doğru olmaz mütalaasında bulundum. *Halk Fırkası* muvafık görüldü. 2 Aralık'da Gazi bana Halk Fırkası'nı ilân edeceğini söyledi ve program müsveddesini de verdi. Lozan sulhü bitmeden önce acele edilmese iyi olur, fikrinde bulundum. Fakat 7 Aralık'da O, bu teşebbüsünü matbûatla ilân etti. 11 Aralık'da Meslis'te görüşürken ortaya *Payitaht neresi olmalı?* sualini attılar. Nafıa Vekili Feyzi Bey (merhum): *"Meclis ne diyecek, sen emret olur-biter"* dedi.

İtiraz ettim ve "Evvelce de takarrür ettirdiğimiz veçhile İstanbul Hilâfet merkezidir. Ankara da hükûmet merkezi. Payitaht tâbiri artık kalkmıştır." dedim. Bir şey söylemediler. Fakat İstanbul'u tercih ettiklerini hissettim. (⁹) Mefkûre hâtırası resmi ve Rızâ Nur Bey'in takriri kafamda canlandı.

Meclis'te bir cereyan hasıl olmuştu: *Beni ikinci reis yapmak.* Özellikle *İkinci Grup* bunu ısrarla istiyordu. Sebep olarak da *Gazi'yi iyi idâre edebileceğimi söylüyorlardı;* yahut da, *beni onun karşısına dikmek* istiyorlardı.

Bunun doğru olmadığını, üstümde *doğu cephesi kumandanlığı* olduğu gibi, Mustafa Kemal Paşa seyahatlerinde, Benim birlikte bulunmaklığımı arzu ettiklerinden, beraberlerinde daha faydalı olabileceğimi söyleyerek, beni intihap etmelerini isteyenlere bildirdim ve namzetliği konan Ali Fuat Paşa'ya oy vermelerini rica ettim. Buna rağmen 11 Ekim in-

9 Lozan Sulh anlaşmasının "Boğazlar" bölümünün 8'inci maddesinde, İstanbul'a *"Payitaht"* denilmiştir. Bunun sebebini İsmet Paşa'ya sordum. Sükûtla cevap verdi.

tihabında bana da 64 oy verdiklerinden, kürsüden beyanatta bulunmak zaruretinde kaldım. İkinci Grup'taki arkadaşlarla, aradan ayrılık-gayrılık kalkmasının içte-dışta, şu aralık iyi tesir yapacağını Gaziye söyledim ve muvaffakiyetiyle, onlarla olan arasını bulmaya hayli uğraştım. 2 Ekim 1923'de, beş haftalık Lozan suihünün hiçbir neticeye varmadığını Maliye müşaviri Hasan bey (Saka) Meclis'te izah etmesi, mesaîmin pek yerinde olduğunu gösterdi.

BİRLİKTE SEYAHAT

6 Kasım'da *Gazi* ile sulhten sonrası için, hayli görüştük. Sulhden sonra her şeyin ilme dayanabilmesi için, geçen yıl 18 Şubat'ta teklif ettiğim *Mütahassıslar Meclisi* lüzûmunu açtım ve "Tek Adam" yönetiminin milli birliği sarsacağını ve fikir hürriyetini hırpalayacağını ileri sürdüm. Fikirlerime yanaşmıyorlardı!

9 Kasım'da telefonla; yakında seyahate birlikte çıkacağımızı, verecekleri nutuklar hakkında esâslar hazırlamaklığımı bildirdiler.

10 Ocak'ta Meclis'de, benim *"Müdafaa-i Hukuk Grubu Reisliğini"* kabul etmekliğim hakkında teklifler karşısında kaldım, (güya, Mustafa Kemal Paşa da, *"Bu Reislik, "kumandanlıkla bir arada olabilir"*, demiş. Bana birşey söylemediklerini ve benim bu makamlara gelmekliğimin henüz sulh müzakereleri çetin safhalar arzederken, kumandanlar siyâsete karıştılar diye fena tesir yapacağını söyleyerek, bu teklifi kabul etmedim.

Akşamüstü Gazi de Meclise geldi. Seyahat için hazırladığım notlarımı verdim ve mütehassıslara kıymet vermelerini de notlarıma ilâve etmiştim. Notlarımdaki Hâkimiyet-i Milliyye gazetesine yazdığım mütâlaalarımın hülâsası şunlardı: Siyâsî, İktisadî notlarımızda iktisat kongresinde söylediklerimizdir:

1- Fukaralık ve cehaletle mücadele, hedefimiz olmalıdır. Anadolu'yu baştanbaşa istilâ eden bu yoksulluk ile mücadele, bu günkü zaferimizi taçlandıracaktır. Bugün harp meydanlarında en büyük vazifesini îfâ eden gençliğin, yarın için en mukaddes vazifesi bu olmalıdır. Kendisine rehber bulduğu her yolda muvaffakiyetle ilerleyen halkımız, bu cihetten de kabiliyetini gösterecektir.

2- Yalnız yüksek tahsil değil, daha ziyade iş adamları yetiştirmek maarif siyasetimizin temeli olmalıdır.

3- Talim ve terbiyede birlik lâzımdır. Mekteplerimiz birbirinden çok farklıdırlar.

4- Birkaç yerde kuvvetli Hareket noktalan kurulmalıdır. Yani, müesseseler, üniversiteler ve sair medenî varlıklar, bu yerlerde toplanmış bulunmalıdır. Bunlara dayanarak merkezden muhite doğru gelişme sağlanmalıdır.

5- Köylerdeki tahsil usûlü değişmelidir. Ziraat ve köylünün muhtaç olduğu işler esâs tutularak programlar ve kitaplar tertip olunmalıdır.

6- İlk tedrisatta birlik temin olunmalıdır. Eski usûl mektepler, medreseler, ilâh ....bulunmamalıdır.

7- Dilimiz ve kitaplarımız Arap ve Acem dillerinden kurtulmalıdır. (Türkçesi varolan kelimelerin başka dillerdeki karşılığı kullanılmamalıdır).

8- Mütehassıs yetiştirmeye (Her sahada) büyük ihtiyacımız vardır.

9- Millî Beden Terbiyecisinin umûmîleştirilmesi lâzımdır.

10- Programlar çok ince tedkik ve tefekkürlerin muhassalâsı olmalıdır ki, faaliyetimizi, şahsî kanaat ve fikirler durdurmasın.

11- Canlı bir musikiye ihtiyacımız büyüktür. Milleti canlandırmak için canlı bir musikiye ihtiyacımız çoktur.

ALİ ŞÜKRÜ SAHNEYE ÇIKIYOR

12 Kasım'da *Maarif Vekâleti'nde* maarifcilerin konuşmalarında bulundum. Benden de mütalaalar sordular. Mer-

keze yakın bir yerde, öğretmenler için muazzam bir mektep lâzımdır. Öğretmenler, aç ve meskensiz bırakılmamalıdır. Her şeyin başı, kitap meselesi temin olunmalıdır. Dört yaşından itibaren millî terbiye bir kaideye tabi olarak temin olunmalıdır; diye üç esâs üzerinde durdum.

14 Kasım akşamüstü, Gazi ve Fevzi paşalarla ben, trenle Ankara'dan İzmit'e hareket ettik. Gazi pek asâbi idi. "Muhaliflerden Trabzon mebusu *Ali Şükrü* Bey, Ankara'ya matbaa makinası getirtmiş, *(Tan)* adında bir gazete çıkaracakmış. Siz hâlâ uyuyorsunuz" diye yaveri Cevat Abbas Bey'e iyice veriştirdi; ve "yakın, yıkın" diye de çıkıştı!... Yalnız kalınca, kendilerini teskin ettim ve bu tarzdaki beyânâtının dışarıya aksedebileceğini ve pek de doğru olmadığını anlattım.

15 Kasım Eskişehir'de iken gelen haberde; Afyon Karahisar mebusu Şükrü Efendinin *"Hilâfet'in saltanatı havi olması"* hakkında bastırdığı risâlenin bugün Ankara'da intişar ettiği haberi geldi. Gazi buna çok kızacak diye beklenirken, daha çok düşünmeye dalıyordu ve Hilâfetin lüzûmundan bahsediyordu. İzmit'de de İstanbul'dan gelecek gazetecilerle de görüşecekti!

1 Kasım Kararında Meclis kürsüsünden Hilafet ve İslamiyet hakkındaki eski nutuklarını gözden geçirdiği zaman, kendilerine; dini bahisleri mühmel bırakarak, ilmi esaslarda görüşlerini daha açık biçimde belirtmelerinin daha uygun olacağını söyledim. Ondan da, bundan da alarak konuşmayı tercih ettiğini söyledi; ve bol bol da uğradığı her yerde *Hilâfet* ve *İslâmiyetten* konuştu.

Bu konudaki yorumumu yazmadan önce, 1 Kasım Nutkunun önemli yerlerini okuyalım:

"Efendiler!

Bu dünya-i beşeriyette, asgari yüz milyonu aşkın nutuştan mürekkep bir Türk Milleti çoğunluğu vardır. Yine, yüz milyonluk Arap kitlesi vardır. Mazharı nübüvvet ve risalet olan Fahr-ı âlem efendimiz, bu arap kitlesi içinde, Mekke'de dünyaya gelmiş, bir vücud-ü mübarek idi. Ey arkadaşlar! Allah birdir! Büyüktür! İlahi âdetlerin tecelli edişlerine bakarak diyebiliriz ki, İnsanlar iki sınıfta, iki devirde mütalaa olunabilirler. İlk devir, insanlığın çocukluk devridir. İkinci Devir, İnsanlığın olgunluk devridir.

Beşeriyetin birinci devrinde, tıpkı çocuk gibi, tıpkı bir genç gibi, yakından, maddi vasıtalarla kendisiyle uğraşılmasını gerektirir. Allah, kullarına gereken tekamüle ulaşıncaya kadar yardımı, büyüklüğünün icabı saymıştır. Onlara, Hazreti Adem Aleyhisselam'dan itibaren, bilinen ve bilinmeyen, sayısız denecek kadar Nebiler, Peygamberler ve Resul'ler göndermiştir. Fakat Peygamberimiz aracılığı ile dini ve medenî gerçekleri bildirdikten sonra, artık insanlık âlemi ile vasıtalı temasta bulunmaktan vazgeçmiştir. İnsanlığın, idrak, aydınlanma ve gelişmesi, her kulun doğrudan doğruya ilahi ilhamlarla temas kabiliyetine bağlı olduğunu kabul buyurmuştur.

Bu sebepledir ki Cenabı Peygamber, son peygamber olmuştur. Ve kitabı, kitab-ı ekmeldir; yâni, kusursuzdur, eksiksizdir. Son Peygamber olan Muhammet Mustafa Sallallahü aleyhi ve sellem" diyerek, doğumlarını, nübüvvet, risalet ve vefatlarını anlatıp "Vücud-i mübarek" olduğunu söyleyerek, doğumunun bugüne tesadüfle (İnşallah bu hayırlı tesadüfdür) diyerek huşu içinde duada bulundular.

Halife seçimi, ayrıntılarıyla anlatıldıktan sonra;

"Emri Hilafet, mileli islamiyece en büyük bir maslahattır. Çünkü efendiler, Hilafeti Nebeviyye, İslâmlar arasında toplumun bağıdır. Biraraya gelmelerinin sebebidir. Allah'ın bir sır ve hikmetidir ki, kuruluşu, daima satvet ve kudretin varlığına bağlanmıştır. Bundan beklenen de, kötülüklerin uzaklaştırılması, asayişin korunması, işlerin düzenlenmesi, savaş ve halkın işlerinin düzenlenmesi ve yürütülmesidir. Bu da ancak satvet ve Kuvvet ile mümkündür. "Adetullah, bu veçh ile cari olagelmiştir."

Halifeler zamanı anlatılırken:

"Hazreti Ömer'in zaman-ı hilâfetinde memaliki islamiye fevkalade denecek derecede süratle genişledi, servet çoğaldı.

Hâlbuki bir milletin içinde servet ve zenginlik olması, insanlar arasında ihtiras doğurur; bu da ihtilal ve fitnenin zuhuruna yol açar." Bu da dinimizde zekât ile ıslah edilmiştir.

Şimdi efendiler, Hilafet makamı korunmuş olarak, onun şânı, saltanat-ı milliyesi ki, Türkiye Büyük Millet Meclisidir. Elbette, yanyana durur. Bütün Türkiye halkı, bütün kuvvasıyla o makamı hilafetin dayanağı olmayı, doğrudan doğruya yalnız vicdani ve dini bir vazife olarak, taahhüt ve tekeffül ediyoruz.."

İslam ve Türk tarihlerinin Halife ve Saltanatın asırlarca yanyana bulunması, tabii hâlindendir. Şu farkla ki:

"Bağdat'da ve Mısır'ın saltanat makamında bir şahıs oturuyordu. Türkiye'de o makamda, asıl olan Milletin kendisi oturuyor. Makamı Hilafetin dahi, Bağdad ve Mısırda olduğu gibi güçsüz, beceriksiz değil, dayanağı Türkiye Devleti olan bir yüksek kişi oturacaktır. Bu suretle Türkiye halkı, bir medeni devlet olarak, her gün daha güçlü, her gün daha mutlu ve müreffeh olacak, her gün daha çok insanlığını ve benliğini anlayacak, kişilerin hıyaneti tehlikesine kendini maruz bulundurmayacak diğer taraftan da makamı Hilafette bütün İslam dünyası, ruh vicdan ve imanının bağlanma noktası, İslam yüreğinin ferahlanma sebebi ve ulviyetinin tecellisi olacaktır.

Bundan sonra makamı hilâfetin dahi Türkiye Devleti için ve bütün âlemi İslâm için ne kadar feyizkâr olacağını da istikbal bütün vuzuhiyle gösterecektir. (İnşallah sedaları..)

Türk ve İslâm Türkiye Devleti, iki saadetin tecelli ve tezahürüne menbâ ve menşe olmakla dünyanın en bahtiyar bir devleti olacaktır." (İnşallah sedaları)

18 Aralık İzmit'deki nutuklarından: "Türkiye Büyük Millet meclisi Hükûmetinin şerî şerif ahkâmından ibaret olan *şura, adalet* ve *ululemre itaat* esasına tevfikan teşekkül ettiğini ve Türkiye Devleti için Hilâfet mevzuu bahis olmayıp, ancak bu *âlemi İslâm* nazar-î dikkate alındığı zaman varolabileceğini, çünkü *makamî Hilâfetin yalnız Türke değil yüce âlemi İslâm'a* aittir. *Alem-î İslâm* elyevm *hal-î esarette* bulunmasına binaen

Hilâfet meselesini hâl ve tesbit edecek seviyeye vasil olunca-ya kadar *"Türkiye Büyük Millet Meclisi'nin makamî Hilâfet'i bir noktaî ümit olarak muhafaza edecektir."*

Bursa'da 23 Ocak 1923'de "Hilâfet'in yalnız Türkiye halkına değil bütün İslâm âlemine şumulü olması hasebiyle *bu makam hakkında bir karar vermek Türk Milletinin selâhiyeti haricindedir."*

İzmir'de: 3 Şubat 1339'da "Bizim dinimiz en makul ve en tabiî bir dindir ve ancak bundan dolayıdır ki son din olmuştur. *Bir dinin tabiî olması için akla, fenne, ilme ve mantığa tetabuk etmesi lâzımdır. Bizim dinimiz bunlara tamamen mutabıktır."*

İzmir'de iken 29 Ocak'ta Mustafa Kemal Paşa ile *Lâtife Hanımın* nikâhları da yapılmıştı. Fevzi Paşa ile ben Gazi'nin şahidi olarak her iki yanına oturmuştuk. İktisat Kongresi henüz hazırlıklarıyla meşgul olunduğundan Balıkesir mıntıkasına seyahatimizde *Lâtife Hanım* da birlikte bulundular.

GAZİ, YÖNETİMDEN UZAKLAŞTIRILMAK İSTENİYOR

5 Şubat'ta, Akhisar'da iken İsmet Paşa'dan, 1 Şubat'ta sulh müzâkeresi inkıtaa uğradığı hakkında şifreli telgraf geldi. Yine bu arada Ankara'dan Meclis ikinci Reisi Ali Fuat Paşa'dan mühim bir şifreli telgraf geldi. Gazinin geçen yıl Millete verdiği söz mucibince bir tarafa çekilmesi şartıyla, kendisine bir saray ve ayda onbin lira muhassesât verilmesi hakkında riyasete bir takrir verilmiştir. Müzâkereye koyalım mı?" meâlinde idi. Gazi buna çok kızdı. Rengi kaçtı. Şifreyi bana da okuttu ve mütâlâamı sordu. O hâlâ hilâfeti uhdesine almaya ve eski mefkûresine kavuşmaya uğraşırken kendisine bu tavsiye pek acı geldi.

Gerçi böyle gıyabında ve bu tarzda ve dış siyasetimiz henüz takarrür etmeden bu teşebbüs doğru değildi. Bunun için mütâlâamı şöylece söyledim.

"Henüz sulhümüz takarrür etmediğinden hal-i harpteyiz

demektir. Bunun için bu meselenin ortaya çıkması mevsimsizdir. Barıştan sonra bu kararı -kimsenin teklifine lüzûm kalmadan- siz verirsiniz!"

Bu cevabımı beğendi. Şifreyi getiren yaveri Mahmut Bey'e (Siirt mebusu ve Milliyet gazetesi sahibi) şu emri verdi:

"Paşa'nın dediği gibi bir cevap yaz."

Mahmut Bey gittikten sonra Mustafa Kemal Paşa'dan bazı mütâlâalarımı söylemekliğime müsaade alarak dedim:

ÖNCE BARIŞ, SONRA PARTİ

"Görüyorum ki başkumandanlık uhdenizde bulunduğu halde siyâsi tek bir fırka kurmakla meşgul olmanız ters etki yapıyor. Bunun memleket dışındaki akisleri daha fena olacağını tahmin ederim. Bunun için barışa kadar bu gibi hareketlerle meşgul olmaktan sarf-ı nazar buyursanız! Bunu Ankara'da fırkayı tesis kararınızı matbuata aksettirmeden önce de rica etmiştim."

Gazi mütalaama cevap vermedi. O hâlâ Ankara'daki havanın hâlini düşünüyordu. Benim bu son mütâlâamı kabul etmediğini, mefkûresine daha şiddetle sarıldığını Balıkesir'de gördüm.

GAZİ'NİN BALIKESİR HUTBESİ

7 Şubat'ta Ulu Cami'de öğle namazını kalabalık bir cemaatle kıldık. Sonra mevlût okundu. Bundan sonra da Mustafa Kemal Paşa minbere çıkarak mükemmel bir hutbe okudu. Bu tarihî hutbeyi aynen yazıyorum:

"Millet, Allah birdir, Şanı büyüktür. Allah'ın selâmeti, âtifeti ve hayri üzerinize olsun. Peygamberimiz efendimiz, hazretleri Cenab-ı Hak tarafından insanlara hakayıkı tebliğe memur resul olmuştur. *Kanunu esâsî cümlenizce malumdur ki Kuran âzimüşşandaki hususdur.* İnsanlara feyz ruhu vermiş olan dinimiz son dindir, ekmel dindir. Çünkü dinimiz akla, mantıka, hakikate tamamen tevafuk ve tetabuk ediyor. Eğer akla, mantıka ve hakikate tevafuk etmemiş olsaydı bununla diğer kavanîn tabiiyeî ilâhiyye beyninde tezat olması icap ederdi. Çünkü bil-cümle kavanîn kevniyeyi yapan Cenab-ı Hak'tır. Arkadaşlar, Cenab-ı Peygamber mesâisinde iki darbe, iki haneye malik bulunuyordu: Biri kendi hanesi, diğeri Allah'ın evi idi. Millet işlerini, Allah'ın evinde yapardı. Hazret-i Peygamberin eser-î mübareklerine iktifâen bu dakikada milletimize milletimizin hal ve istikbaline ait husûsâtı görüşmek maksadiyle bu dar-ı kudsîde Allah'ın huzurunda bulunuyoruz. Beni buna mazhar eden Balıkesir'in dindar ve kahraman insanlarıdır. Bundan dolayı çok memnunum. Bu vesile ile büyük bir sevaba nail olacağımı ümid ediyorum.

Efendiler, camiler birbirimizin yüzüne bakmaksızın yatıp kalkmak için yapılmamıştır. Camiler itaat ve ibadet ile beraber din ve dünya için neler yapılmak lâzım geldiğini düşünmek, yani meşveret için yapılmıştır. Millet işlerinde her ferdin zihni başlı başına faaliyette bulunmak elzemdir. İşte biz de burada din ve dünya için, istikbâl ve istiklâlimiz için, bilhassa hâkimiyetimiz için neler düşündüğümüzü meydana koyalım. Ben yalnız kendi düşüncemi söylemek istemiyorum. Hepinizin düşündüklerinizi anlamak istiyorum. Amâl-î milliye, irade-î milliyye, yalnız bir şahsın düşüncesinden değil, bil-umûm efrad-î milletin arzularının, emellerinin muhassalasından ibârettir. Binaenaleyh benden ne öğrenmek, ne sormak istiyorsanız serbestçe sormanızı rica ederim."

Gazi minberden indi ve mihrabın önünde namaz kıldığımız yerde yanıma geldi. Halkın suallerine cevap verirken şu sözleriyle hutbeyi senâ ile izah etti: "Biliyoruz ki Hazreti Peygamber zaman-ı saadetlerinde hutbeyi kendisi irad ederlerdi. Gerek Peygamber efendimiz ve gerek hülâfâ-î Raşidinin hutbelerini okuyacak olursanız, görürsünüz ki, gerek Peygamberin, gerek hülâfâ-i raşidinin söylediği şeyler o günün meseleleridir. O günün askerî, idârî, malî ve siyâsî, içtimaî husûsâtıdır. Ümmet-î İslâmiyye tekessür ve memalik-î islâmiyye tevessüe başlayınca, cenab-î Peygamberin ve hülâfa-î Raşidin hutbeyi her yerde bizzat kendilerinin irad etmelerine imkân kalmadığından, halka söylemek istedikleri şeyleri iblağa, bir takım zevâtı memur etmişlerdir. Bunlar her halde en büyük rüesâ idi. Onlar cami-i şerifte ve meydanlarda ortaya çıkar, halkı tenvir ve irşat için ne söylemek lâzımsa söylerlerdi. Bu tarzda devam edebilmesi için bir şart lâzımdı. O da Milletin reisi olan zâtın halka doğruyu söylemesi, halkı dinlemesi ve halkı aldatmaması, halkı ahval-î umûmiyeden haberdar etmek son derece haiz-î ehemmiyettir.

GAZİ "HALK PARTİSİ"Nİ AÇIKLIYOR

Çünkü her şey açık söylendiği zaman halkın dimağı hal-î faaliyette bulunacak, iyi şeyleri yapacak ve milletin zararına olan şeyleri reddederek şunun veya bunun arkasından gitmeyecektir," diyerek Padişahların hutbeyi Arapça okutmalarının istibdatlarını idâme için olduğunu; bunun için hutbenin Türkçe olması lüzumunu bildirdi. Lozan'daki sulh müzâkerelerinden de biraz bahisten sonra "Halk Fırkası" hakkındaki suale geçti:

"Bu Milletin siyâsi fırkalardan çok canı yanmıştır. Şunu arz edeyim ki memalik-î sâirede fırkalar behemehâl İktisadî maksatlar üzerine teessüs etmeli ve etmektedir." diyerek bizim gibi zengin olmayan Balkan hükûmetlerinin nasıl kurulduğundan ve nasıl halkın siyâsî ve iktisadî terbiye aldığından haberi yok gibi ifadelerde bulundu. Şu sözleri ilerisi için düşüncelerini göstermek itibariyle dikkati çeker:

"Halk Fırkası, halkımıza terbiye-i siyasiye vermek için bir mektep olacaktır. *Beni çok seven ve hayatımı düşünen bazı arkadaşlarım* bana böyle bir fırkaî siyâsiye teşkil etmemekliğimi tavsiye etmişlerdir. Filhakika vazife-î milliyyenin hitâmında köşeye çekilerek *istirahat etmekliğim benim için bir menfaattir.* *Bunu yapabilmek* için şimdiye kadar istihsal olunan neticelerin tesbit olunduğu gibi devam edeceğine itimâd etmek icap eder.

Fakat bu husûsta henüz endişesiz olamam. Hiçbirinizin de endişesiz olmamanızı tavsiye ederim.

İşte bu nokta-î nazardan milletin içinde bir fert olarak ve tekrar milletin intihabına nail olursam, Türkiye Büyük Millet Meclisi'nde azâ sıfatıyle çalışmayı vazife telakki ediyorum.

Efendiler, ne ben ve ne siz, şahıslarınız üzerinde vaziyetler ihdasına kalkışmayalım. Biz hepimiz o suretle çalışalım ki kuracağımız şey millî bir müessese olsun. Bu da minberde mükemmel bir hutbe okumakla, bu biçim çalışmalara taraftar olmadığım hakkımdaki söylediklerime halk huzurunda cevap verdikleri gibi, apaçık da, "beni çok seven ve hayatımı düşünen bazı arkadaşlarım bana böyle bir fırkaî siyâsiyye teşkil etmemekliğimi tavsiye etmişlerdir.. İlâh Beyanatiyle de benim Temmuz 1921 münakaşalarımızda doğudan yaptığım teklifime (Nutuk, sahife: 372 "Bendeniz zâtı samilerinin bu kabil siyâsî fırkalara... iştiraktan beri kalmasına hasseten taraftarım") ve bu kere Halk Fırkası meselesinde dahi, sulhün takarrürüne kadar olsun Başkumandan sıfatıyla bu kabil ceryanlara girişmemesini tavsiyeme de katî cevabını vermiş oldu.

Gerek mutaassıp bir dil ve eda ile İslâmcılığı ele alması ve gerekse siyâsî bir fırka teşkiline ve onun başına geçmeye karar verdiğini ilân etmesi, bende şu kanaati tamamladı: Napolyon vaktiyle başkumandanlıktan "muhalif fırka yapan bir diktatör başına neler geleceğini görür" fikrine dayanarak, nasıl bir fırka ile imparatorluğa çıktı ise, şimdi de Mustafa Kemal Paşa, aynı suretle Başkumandanlıktan tek fırka ile - önlemekliğime rağmen- hilâfet ve saltanatı almak mefkûresine yürüyecektir. *Bu yeni yolda benim vatan ve millete karşı vazifem de, şimdiye kadar olduğu gibi şimdiden sonra da bu tehlikeli* yolu önlemek olacaktır. Şüphesiz ki samimiyetle ve ikna ile sonuna kadar uğraşmak ve mümkün olmazsa cephe almakla.

GAZİ KONUŞMASININ YANKILARINI YOKLUYOR

Akşam, Mustafa Kemal Paşa, bugünkü beyanatını nasıl bulduğumu sordu. Ben de, kendilerine olan bağlılığım kadar kendilerinden aynı karşılığı gördüğüme dayanak, fikrimi söyleyeceğimi bildirdim ve dedim:

"Dünya işlerini camilere soktuğumuzun acısını çektiğimiz yetmez mi paşam? Millî işlerimizi neden yine camilere sokuyoruz? Ve neden bilhassa siz *Başkumandan olduğunuz halde, dinle hilâfetle bir din adamı gibi,* hattâ daha ileri giderek meşgul oluyorsunuz. Münevverlerimiz, haklı olarak bu gidişi iyi telâkki etmeyeceği gibi, bu yol da esasen tehlikelidir! 1921 Şubat'ında Doğudan teklifimde, birtakım muhafazakârların yine işe karışarak *teceddüt hareketlerinden mahrum kalacağımız* endişesini arz etmiş ve memleketin yüksek mütehassıslarıyla esaslı programlar yapılarak bunların tatbikinde sebat ve sadakat lüzumunu bildirmiştim. Paşam, görüyorum ki siz, din ve hilâfet kuvvetlerine çok ehemmiyet veriyorsunuz!

Şu halde muhafazakârlara dayanmak istiyorsunuz. Size bu vesile ile bir daha o eski teklifimi arz edeyim; Yanımda bir sureti var. (Cep cüzdanımdan çıkarıp verdim) Bir daha lütfen okuyunuz. *Türk Milleti teceddüde muhtaçtır* bunu da mütehassıslarımızla başarabiliriz ve aslâ camilerde değil ve muhafazakârlarla da değil. Din, vicdan kanaatidir; münakaşaya gelmez. İlim adamı olan bizlerin ve hele Sizin bunu ele almanızı kat'iyyen doğru bulmuyorum. Bunu tamâmiyle bir kenara bırakmalısınız!.

Bu mütâlâalarımı dâimâ size açık kalbimle söyleyeceğim."

Mustafa Kemal Paşa mütâlâalarımı samimî karşıladı. Ertesi gün, yaverlerinden naklen benim yaverim Gazinin şu ifadesini bildirdi:

"Ben Karabekir'in bana bu kadar samimî olduğunu zannetmediğimden, çok çekişeceğimi tahmin ediyordum! Hâlbuki O, çok *açık yürekli* ve çok candan bir insanmış! Beraber çalışabileceğimi görerek, memnun oluyorum."

İZMİR İKTİSAT KONGRESİ

Balıkesir-Balya-Edremit-Balıkesir-İzmir seyahatlerini pek samimi geçirdik. Artık dinî bahisler üzerinde pek durulmadı. Manisa istasyonunda istikbale çıkan halk, İzmir Kongresi'nde kendilerinin *"sanayi murahhaslığını"* kabul etmekliğini ve bu suretle harap Manisa'nın imarına yardımını rica ettiler. Halkın bu dileğinin kabulünü şeref bildiğimi, ancak bir cephe kumandanı sıfatiyle mazur olduğumu söyledim. Gazi de mütâlaama hak verdi.

11 Şubat'ta İzmir'e geldik. İktisat Kongresi azalan her taraftan gelmekte idiler. Biz bile Karşıyaka'dan yüzelli murahhasla aynı trende geldik. Ertesi günü Manisa halkının benim murahhaslıklarını kabulümü ısrarla rica ettiklerini ve henüz münhal olan sanayi murahhaslığına kimseyi tayin etmediklerini, vali Aziz Bey bildirdi.

İstanbul'dan gelen murahhaslardan bir heyet de beni ziyaretle şu malûmatı verdiler: Kongrede bini aşan insan toplanacaktır. İstanbul'dan gelirken vapurda işittiklerine göre, bazı ecnebî ajanlar Türklerin askerlikten başka bir şey beceremediklerini cihana göstermek için entrikalar çevirdiklerini ve eğer kongre reisliğini Gazi veya ben deruhde etmezsem, kongrede kargaşalıklar çıkarıp dağıtacaklarını haber verdiler. Ve Gazi Paşa'ya da aynı malumatı vermek üzere ayrıca bir heyetin gitmiş bulunduğunu da ilâve ederek reislik meselesinin hallini benden rica ettiler.

Derhal Gazi Paşa'ya gittim. Vaziyeti anlattım. Biraz önce bir heyetin kendilerine gelip aynı şeyleri anlattığını, fakat Büyük Millet Meclisi Reisi ve başkumandan bulunması hasebiyle kongreye girmesinin ve Reisliği deruhde etmesinin doğru olamayacağını ve bizimle bu hususta görüşeceğini kendilerine söylediklerini bildirdiler. Ve vaziyet bu kadar ciddî olduğuna ve Manisalıların da ısrarına göre, "Siz Kongreye girin ve idare edin," buyurdular.

Kongreye girmeyi kabul ettim. Reislik için serbest reyle seçim yapılmasını bunun için de İktisat vekili Mahmut Esat Bey de dâhil olduğu halde İktisat mütehassıslarından altı namzet gösterilmesini, eğer seçimde zorluklar ve gürültüler olursa, o zaman benim namzetliğimi koymaklığımın münasip olacağını söyledim. Gazi de kabul etti. Bu seferki seyahatimizde ben yanıma bazı İktisadî eserler almış ve mütâlâa etmiştim. Bunun çok iyi olduğunu ve kendilerine de bazı notlar hazırlamaklığımı arzu ettiler. Memnuniyetle yaptım.

KARABEKİR, KONGREYE BAŞKAN SEÇİLİYOR

17 Şubat saat 10'da *Gazi'nin fahri reisliği* altında kongre açıldı. Öğleden sonra 3'deki ikinci celsede de reis seçimi yapıldı. Bize haber verilen tahrik alâmetleri görülüyordu. 6 namzetten hiç birini seçmediler. Nihayet sağdan-soldan bir heyet kollarıma girerek beni riyaset mevkiine oturttular. Büyük tezahüratla müttefikan reis seçildim. Bunun isabeti 24 Şubat'ta görüldü. İşçi Partisi bir münakaşada salonu terk etmek istediler ve Kongre tehlikeli bir vaziyete girdi. Ben de, bir kumandan sıfatıyla, bu ayaklanmayı durdurarak alkışlar arasında sükûneti temin ve müzakereyi devam ettirdim. Nihayet 4 Mart'ta kongre nihayet buldu. Kongre kararlarını derhal bastırıp neşrettiğim gibi yeni harflerle de ikinci basılışını neşrettim. Bir nüshasını ve ayrıca kongre sergisinde malını veya emeğini teşhir edenlere verdiğimiz birinci ve ikinci sınıf madalyalardan bir tane takdim ediyorum. Üzerindeki vecize benimdir. Bu kongre kararları, İstiklâl Harbi'nden sonra başlayacak olan kalkınma hareketlerine *"Halkın dilekleri"* olarak esası teşkil ettiğinden, Türk İktisat Tarihi'nde önemli bir yer tutar.

Ben bir iktisat mütahassısı değildim. Malûmatım umumî idi. Ancak halk içinde çok yaşamış ve ihtiyaçlarını ve kabiliyetlerini aralarında bulunarak görmüş bir insandım. Çok çalışmaktan yılmadığım gibi, muntazam çalışmakta en büyük vasfımdı. Mütahassıslarımızı hürmetle dinlemek ve fikirlerini toplamak da en büyük zevkimdi. İşte bu kudretledir ki, muhtelif yerlerden, muhtelif dertlerle gelmiş âlim, cahil, binden fazla insanı söyleterek millî istekleri -kıymetli divan-i riyâset azâlarının da yardımı ile- tesbit etmeğe muvaffak oldum. Bu hususta mesai arkadaşlarımın imzalarını taşıyan takdirnamelerini aynen yazıyor ve eski harflerle olan aslının fotoğrafını da takdim ediyorum:

TÜRKİYE İKTİSAT KONGRESİ

İn'ikat tarihi 17/Şubat/1923 İzmir.

İZMİR, 25/Mart/339 Pazar

Divani Riyaset

Adet

İlk Türkiye İktisat Kongresi Reisi Alîsi Kazım Karabekir Paşa Hazretlerine

Pek muhterem reisimiz Paşa hazretleri;

17/Şubat/1923 Cumartesi günü binyüz otuz beş murahhasın huzuriyle İzmir'de toplanan ilk Türkiye İktisat Kongresi zât-ı âlilerini riyasetlerine müttefikan intihab etmekle ne derece isabet eylediklerini, daima iftiharla yâd edecektir. 4/Mart/1923 Pazar gününe kadar on altı gün bilâ fasıla ve hummalı bir faaliyetle müzakerelerini yürüten kongreyi, en yüksek bir kardeşlik ve muvaffakiyetle idare buyurmanız memleket hesabına büyük bir başarı olduğunda cümlemiz müttefikiz. Yanıbaşımızda bulunmakla mubahi olanbiz aşağıda imzaları olan arkadaşlarımız kongre sonucundan memnun olduğumuz nisbette zât-ı devletinize mahzun olarak veda ediyoruz. Cenab-ı Hak sizi millete ve memlekete bağışlasın temennisiyle ellerinizi öper ve gönüllerimizde en aziz bir hatıranızı saklayacağımıza emin olmanızı temenni eyleriz; pek muhterem paşa hazretleri.

İstanbul murahhası Zonguldak murahhası Gedus murahhası Kütahya murahhası

Aklîevelzade Müftüzade Alâiyeli-zade
Ahmed Şerif İbrahim Hakkı Mahmut Aka Gündüz
Afyonkarahisar murahhası İzmir murahhası
Manisa çiftçi murahhası
Muallim
M.Şefik Ahmet Sezai Mehmet Kâni
Akhisar ve Kırkağaç Gümüşhane murahhası
ve İstanbul murahhası
Çiftçi murahhası
Anadolu gazetesi sahibi
Lütfü Arif Haydar Rüştü Mahir Arif

İKİNCİ BÜYÜK MİLLET MECLİSİ SEÇİMİNİ LOZAN'DA MÜTTEFİKLER TEKLİF EDİYORLAR

Bazı Ege sahillerini ve mıntıkalarını dolaştıktan sonra, 1 Nisan'da Ankara'ya geldim. Sulh kongresinin kesintiye uğramasından dolayı Ankara'ya gelmiş bulunan *İsmet Paşa, Lozan Sulh Kongresi azâlarının,* Türk Milleti'nin işgaldan kurtulan kısımlarının da reylerini serbestçe kullanacağı *yeni bir Meclis'i görmek arzularını* bildirdi. Birinci Millet Meclisi, mahdut yerlerin serbest reyde intihap olunduğundan *misak-ı millî Türkiyesini* temsil etmiyormuş! Bu hususu önce hususî görüştük. Sonra Grup içtimaında (Maarif Vekâleti binasında) İsmet Paşa'nın izahatiyle Grupça kabul olundu.

Ne kötü bir tesadüftür ki, bugün Trabzon Mebusu Ali Şükrü Bey'in ortadan kaybolması ve bunun Mustafa Kemal Paşa'nın muhafız taburu kumandanı *Topal Osman* Ağanın bir cinayeti olarak ortaya yayılması, Ankara havasında bir samimiyetsizlik ve bir itimatsızlık uyandırmaya sebep oldu. Yeni intihaba karar verildiği bir günde, Ankara'da matbaa açmış ve gündelik siyasî bir gazete çıkarmaya başlamış bulunan bir muhalif mebusun ortadan yok edilmesi, çirkin olduğu kadar tehlikeli bir işti. Bunu muhalif mebuslar doğrudan doğruya

Gazi'den biliyorlar ve tevkif müzekkeresi çıkartmaya kadar da ileri gidiyorlardı.

2 Nisan sabahleyin saat 7'de İstasyonda Başvekil Rauf Bey'in ikamet ettiği daireden Müdafaa-i Milliye vekili Kazım Paşa telefonla yaverine şunu yazdırmış: "Bugün saat 6'dan beri Çankaya'da, Gazi'nin köşkü civarında muhafız taburiyle Osman Ağa taburu arasında müsademe başladı. Osman Ağa ve on kadar maiyyeti maktul düşmüş. Gazi, Lâtife Hanım'la birlikte, istasyonda Rauf Bey'in yanında İsmet ve Kazım Karabekir Paşaların da gelmesini istiyorlar.

Derhal gittim. Gaziyi çok müteessir buldum. Muhafız nizamiye taburunun kendi dairesini delik deşik ettiklerini anlattı. Neticede Osman Ağa taburiyle anlaşırlar mı? diye endişe ediyorlardı.

Kars'tan gönderdiğim, bu bin fedailik "Giresun taburu" tarihinin sonunu böyle görmek beni çok müteessir etti. 14 Kasım'da trenle Ankara'dan Bursa'ya ayrıldığımız gün, Gazi'nin Cevat Abbas Bey'e, Ali Şükrü Bey ve matbaası hakkında söylediği şiddetli sözler ve benim de kendilerini teskinim hatıramda canlandı. Bu aralık muhafız taburu kumandanı İsmail Hakkı Bey geldi. Gazi, endişesini ona da söyledi. Ve "Taburundan emin misin?" diye sordu. O da emin olduğunu söyledi. Nihayet mesele birçok masumun ölümüyle neticelendi. Ali Şükrü Bey'in cesedi de, ertesi günü ortaya çıktı. Telefon telleriyle boğulmuş ve Çankaya gerilerinde bir yere gömülmüş. 4 Nisan da Ali Şükrü Bey'in cenazesi İkinci Grubun elleri üstünde Meclis kapısına getirildi ve ikinci kurban gidiyor diye haykırışmalar oldu. ([10]) İstanbul'dan geçirerek Trabzon'a göndermek istiyorlardı. Bunun şu aralık sebep olabileceği tezahürler, memleket hesabına çok zararlı olabilirdi. Hükûmetin karariyle, İnebolu üzerinden Trabzon'a götürüldü. Akşamüstü de Millet Meclisi'nin karariyle Osman Ağa'nın cesedi Meclis binası önünde asıldı.

---

10 Birinci kurban olarak Trabzon'da öldürülen Kâhya gösteriliyordu.

YENİ SEÇİME GİDİLİYOR

6 Nisan'da istasyondaki Başvekâlet ve kalemi mahsus, binasında yeni intihap için *umdeleri* tesbit ve hazırladık. Gazi riyasetinde bazı vekiller.

Birinci Grup idare heyeti, doğu ve batı cephe kumandanları (Ben ve İsmet) bulunduk. Bu umdeler arasında 1/Kasım/1922 kararı; yani hilâfet Al Osman'da bulunması kaydi de değişmez bir düstur diye tavsif ve imzalandı. Umdeler de İzmir İktisat Kongresi'nde verilmiş olan kararlarda nazar-ı itibara alınmıştı. Bunları aynen yazıyorum:

GAZİ MUSTAFA KEMAL PAŞA HAZRETLERİNİN İNTİHAP HAKKINDAKİ BEYANNAMELERİ

Müdafaai Hukuk Grubu'nun, yeni intihap için kabul eylediği dokuz umde ve bir nokta-i nazarı:

Memleketi ve milleti inhilâl ve izmihlal felaketinden kurtarmak için milletten aldığı yetki ile toplanan *"Türkiye Büyük Millet Meclisi"* hakimiyet-i milliye esaslarına dayanarak bir *"Halk devleti ve hükûmeti"* teşkil etti.

Kabul ettiği milli görevin önemli bölümünü üç yıllık sürekli çalışma ile yerine getirmiş olan Meclis l/Nisan/1924 tarihinde seçimin yenilenmesine müttefikan karar verdi.

Önümüzdeki devrede inşaallah barış kurulacağından iktisadi tekemmülâtını temin her nevi teşkilâtımızı itmam ve ikmal ve bu suretle ülkeyi refaha ulaştırmak gaye olacaktır.

Yeni çalışma döneminde Meclis'in ekseriyetini bu gaye etrafında toplamak ve memleketi hâkimiyet-i milliye dairesinde siyasi teşkilata kavuşturmak için bir *HALK FIRKASI* teşkil edecektir.

Meclis'te elyevm müteşekkil "Anadolu ve Rumeli Müdafaai Hukuk Grubu" *Halk Fırkası*'na intikal edecektir.

Mezkûr fırkanın, halk hâkimiyeti, yenileşme, gelişme ve maddi-manevi kalkınmayı açıklayan ayrıntılı bir programı, bütün üyelerinin tartışma ve değerlendirmesine sunacaktır.

Buna intizaren grubumuz aşağıdaki prensiplerle yeni seçime katılmaya karar vermiştir. Bu prensipler, memleketin en müstacel ihtiyaçları ve birçok uzmanın düşünceleri ve bilhassa İzmir'de bütün memleket mümessillerinden müteşekkil olarak toplanan *İktisat Kongresi* çalışmaları da dikkate alınarak tesbit edilmiştir.

HALK FIRKASININ PRENSİPLERİ

UMDE 1

Hâkimiyet bilâ kayd-ı şart milletindir. İdare usulü halkın mukadderatım bizzat ve bilfiil kullanması esasına müstenittir. Milletin hakiki ve yegâne mümessili "Türkiye Büyük Millet Meclisi"dir. Türkiye Büyük Millet Meclisi'nin haricinde hiç bir fert, hiç bir kuvvet ve hiç bir makam, mukadderat-ı milliyeye hâkim olamaz.

Bu sebeple bütün kanunların düzenlenmesinde her çeşit teşkilatda, idarenin teferruatında, terbiye ve iktisat konularında milli hâkimiyet esasları dahlinde hareket olunacaktır.

İcra vekillerinin vazife ve mesuliyeti kanunu, vilayatın mahall-i umurda manevi şahsiyetlerini ve muhtariyetlerini istimâl edebilmelerini kâfil olan şûralar kanunu vilâyetlerin İktisadî ve İçtimaî münasebetleri itibariyle birleştirilerek, *müfettiş-i umumîlîk teşkili kanunu*, nevahi kanunu süratle intaç ve tatbik olunacaktır.

UMDE 2

Saltanatın ilgasına ve hukuk-ı hâkimiyet ve hükümranlığının ayrılmaz ve devredilmez olmak üzere Türkiye halkının mümessil-i hakikisi olan Büyük Millet Meclisi'nin şahsiyeti mâneviyesinde mündemiç bulunduğuna dair 1/Teşrinsanî/1338 tarihinde Türkiye Büyük Millet Meclisi'nin müttefikan verdiği karar değişmez prensibimizdir.

Dayanağımız, Türkiye Büyük Millet Meclisi olan makam-ı hilâfet, İslâmlar arasında bir makam-ı muallâdır.

UMDE 3

Memlekette emniyet ve asayişin katiyyetle muhafazası en mühim vazifedir. Bu gaye milletin arzu ve ihtiyacına uygun olarak temin edilecektir.

UMDE 4

Mahkemelerimizin bilhassa şeri bir surette adaleti gerçekleştirmeleri temin edilecektir. Bundan başka külliyat-i kanuniyemiz milli ihtiyaçlar ve hukuka göre yeni baştan ıslâh ve ikmâl olunacaktır.

UMDE 5

1- Vergi ve usûlünde halkın şikâyet ve mağduriyetini mucip olan noktalar esaslı bir surette ıslah edilecektir.

2- Tütün ziraat ve ticaretini milletin yararına göre temin edici tedbir alınacaktır.

3- Müessesat-i maliye, çitfçilere, sanayi ve ticaret erbâbına vesair bil-cümle çalışanlara kolaylıkla kredi açmak biçiminde düzeltilip, çoğaltılacaktır.

4- Ziraat Bankası'nın sermayesi arttırılarak, çiftçilere daha kolay ve daha geniş yardım edebilmesi temin edilecektir.

5- Memleketimiz çiftçiliğine ziraat makinaları çok miktarda idhal olunacak ve çiftçilerimizin alât ve edevatı zirâiyeden kolaylıkla istifade etmeleri temin kılınacaktır.

6- Mevad-ı ibtidaiyesi memleketimizde bulunan mâmulât ve maznuâtı memleket dâhilinde vücuda getirmek için, himaye ve teşvikat icrası ve mükâfat itası suretleriyle azami tedabir alınacaktır.

7- Müstacelen muhtaç bulunduğumuz demir yolları için hemen teşebbüsat ve fiiliyata başlanılacaktır.

8- Tahsil-i ibtidâide tedrisatın tevhidi ve bilumûm mekteplerimizin ihtiyacatımıza ve asrî esâsâta uydurulması ve muallim ve müderrislerimizin terfih ve iktan temin edilecektir:

Vesait-i münasebe ile halkın tenvir ve talimine de tevessül olunacaktır.

9- Sıhhat-i umumiyeye ve muavenet-i ictimaiyyeye ait müessesat ıslâh ve tekessür edilecektir ve çalışanları himaye eden kanunlar yapılacaktır.

10- Ormanlarımızdan terekkiyatî fenniyeye muvafık surette istifadeyi, madenlerimizin en nafi tarzda işletilmesini ve hayvanatımızın ıslâh ve teksirini temin edecek esaslar va'z olunacaktır.

UMDE 6

Hizmeti vazife-i askeriye müddeti kısaltılacaktır. Bundan başka okuyup yazmak bilenlerin ve orduda okuyup yazmak öğrenenlerin müddet-i hizmeti bir derece daha azaltılacaktır.

Ordu mensublarının geçim ve refahı özellikle gözetilecektir.

UMDE 7

İhtiyat subaylarının hayat ve istikballerini kendilerine ve memlekete en faydalı bir surette temin etmek esaslı bir hedefimizdir.

Memleketin savunması ve milletin bağımsızlığı uğrunda sakat kalan mensubin-i askerler ve efrad-ı milletin ve eytamın zaruret ve sefaletlerine meydan bırakmayacak tedabir ittihaz olunacaktır.

UMDE 8

Halkın işlerinin çabuk yürütülmesi ve sonuçlanması için, çalışkan, becerikli, dürüst memurların kanun çerçevesinde, düzenle iş görmesine mütevekkif olduğundan memurlar bu açıdan görevlendirilecek ve bütün devlet daireleri daimi teftiş ve murakabeye tabi tutulacaktır. Diğer taraftan memureynin nasp, azl, terfi, masuniyet, mesuliyet, tekaüt ve taltifleri tesbit edilecektir.

Memleket aydınlarından ve çeşitli mesleklerdeki uzmanlardan devlet işlerinde yararlanılacaktır.

UMDE 9

Harap olan memleketimizin süratle tamir ve ihyası zımnında devletçe ittihaz olunacak tedbirlerden başka inşaat ve tamirat için yer yer inşaat şirketleri teşkili teşvik ve temin ve ferdî teşebbüsleri arkalamaya yarar yasalar çıkarılacaktır.

SULH HAKKINDAKİ NOKTA-İ NAZARIMIZ

Mali, iktisadı, idari istiklâlimizi behemahal temin etmek şartiyle, sulhün iadesine çalışmaktır. Bu şeraiti te'min etmeyen sulh muahedesi, kabul olunamaz!

8/Nisan/1339
Anadolu ve Rumeli Müdafaa-i Hukuk Cemiyeti Reisi
Gazi Mustafa Kemal

SEÇİM ÇALIŞMALARINA DAVET

Gazi Mustafa Kemal Paşa hazretleri Müdafaa-i Hukuk şubelerine prensiplerimizi halka anlatmayı tavsiye ediyorlar.

"Anadolu ve Rumeli Müdafaai Hukuk Cemiyeti" vatanın inhilâli düşmanlar tarafından kat'iyen tanzim edildiği bir zamanda fedakâr milletimizin vatanı kurtarmak endişesiyle birleşmesinden vücud bulmuş idi. *"Müdafaa-i Hukuk"* kelimesiyle ifade edilebilen *mukaddes gaye*, her şeyden evvel vatanın dahilen tamamiyetini, hakimiyet-i milliyeyi ve her huduttan bîinsafane hücum eden harici düşmanların vatandan ihracını tahakkuk ettirmeye mâtuf idi. Bu aciz arkadaşımız ilk

andan itibaren en buhranlı ve müşkilâtlı zamanlarda Müdafa-ai Hukuk Cemiyeti'mizin gösterdiği selâbet ve sebat, vatanın kurtuluşunu ve milletin istiklâlini te'min için müessir bir âmil olduğunu şükranla yâd ederim. İstiklâl tarihimiz, *"Anadolu ve Rumeli Müdafaa-i Hukuk Cemiyeti"*ni ve onun muhtar azalarını saygı ile hafızasına işleyecektir.

Cemiyetimizin çalışmaları hiçbir zaman sarsılmayan bir güvene dayalı teşkilatımızın başkanlığı ile şeref duymuş bir arkadaşınız sıfatiyle önümüzdeki çalışma dönemini gözünüzün önüne sermek isterim.

Vicdanımızın maddeleşmesi olan *hâkimiyet-i milliye* ile vatanın yabancılardan kurtuluşun esas itibariyle bu gün bir emr-i vakidir. Şimdi karşısında bulunduğumuz ve filhakika ehemmiyet ve müşkilatı bulunan çalışma dönemi memleket ve milletimizin yükselmesine, gelişmesine bütün vasıta ve kaynaklarımızı bağlamak ve müstakbel vazifelerinin, milletin idare ve terakkisini her memlekette olduğu gibi muayyen bir siyasi çerçeve içinde deruhde ve takip eylemektir. Bu vazifeler dahi vatanın savunması kadar hakiki bir birlik ve beraberlikle, sarsılmaz bir cesaret ve dayanmaya mütevakıftır.

Milletimiz, idare deruhde edecek alanları, seçimle belirlemek kararını vermiştir. *Müdafaa-i Hukuk teşkilâtımız,* milletin bu kararı karşısında mazide isbat ettiği liyâkat ve evsafı ile âtî için de güvenilir olduğunu ve milletin arasında idarede istihkakı bulunduğunu söyleyecektir. Eğer ümidimiz gibi, *Müdafaa-i Hukuk teşkilâtımızın* seçilmiş mutemetleri, milletin itibarına nail olurlarsa, âti büyük millet meclisinde *HALK FIRKASI* nâmı altında memleketin idaresi mesuliyetini deruhde edeceklerdir.

*Müdafaa-i Hukuk Cemiyeti'*nin ve Halk Fırkası'nın takip edeceği gayeler, tecrübeden ve memleketin ihtiyaçlarından mülhem olarak daha sonra ifade ve ilân edilen prensiplerdir. Namzetlerimiz, bu prensiplerin takip ve ikmalini deruhde edeceklerdir. Anadolu ve Rumeli *Müdafaa-i Hukuk Cemiyeti* ve azaları *ben Reisiniz* dahil olduğum halde, *hepiniz umdelerimizi* *milletimize neşr ve izah edelim.* Bin güçlük karşısında cesaretle deruhde ettiğimiz mesuliyet, vatanımızın hayrına oldu. Önümüzde bulunan bu güç çalışma döneminde de vatanımızın hayır ve faydası için mesuliyet almak cesaretimiz ve lâyettezelzüldür. İtimadınızın mütemadiyen isbatı liyakate çalışmış Reisiniz sıfatiyle, cümlenizi yekvücud olarak seçim çalışmasına davet ediyorum. Sizinle daima irtibattayım. Cümlenize selam ve muvaffakiyet temennileri...

Gazi Mustafa Kemal

SEÇİM KAMPANYASI BAŞLIYOR

8/Nisan/1923 tarihinde neşrolunan prensipleri kabul etmiş olan *Müdafaa-i Hukuk Cemiyeti* namzetleri, vakti gelince, cemiyet riyasetinden ilân edilecektir.

Anadolu ve Rumeli Müdafaa-i Hukuk Cemiyeti reisi Mustafa Kemal Paşa imzasıyla 8/Nisan/l923 tarihiyle HALK FIRKASI UMDELERİ'NİN tasnif ve tefsirindeki 5'inci madde aynen şöyledir: "5-İstinatgâhı Türkiye Büyük Millet Meclisi olan makamı Hilâfet beyne'l-İslam bir makarr-ı muallâdır. İslâm dininde bütün namazlar cemaatle eda olunur. Cemaatin bir başı vardır ki cemaatı terkip eden bütün fertler ona bağlanırlar. Bu suretle imam, cemaatın timsali olmuş olur.

Cemaatın fertleri arasındaki tesanüt, imamın şahsında tecelli eder. Her imamın kendi cemaatını namaz esnasında birleştirerek birçok ruhlardan tek bir ruh meydana getirmesinde, küçük bir dayanışma oluşur. İslâmiyette bundan başka bir de büyük bir dayanışma vardır ki bütün ümmeti tek bir ruh haline getirir. Bunun şekli de, bütün imamların, manevi bir surette bir imam-ı ekbere iktida eylemesidir. İşte bu imamlara *"Halife"* nâmı verilir.

O halde, namaz kılınırken yalnız gözümüzün önündeki cemaatın imamda temerküz eden ruhî vahdetini görmekle yetinmemeliyiz. Bilmeliyiz ki bu cemaattan başka, milyonlarca cemaat de aynı zamanda bir *"ümmet"* halinde birleşmişlerdir. Bu birleşme bütün milletin bir büyük imam etrafında yani "Halife"nin çevresinde birleşmesiyle husule gelir. Demek ki küçük imamlar, küçük cemaatları oluşturacak, büyük imam da bütün ümmeti temerküz ettirerek İslâm âlemindeki umur-u dayanışmayı meydana getirecektir. Bundan dolayıdır ki, bütün İslâm âlemi *halife* meselesinde alâkadardır. *Yeryüzünde bir (Hilafet) makamı bulunmazsa, İslâm âlemi kendisini imamesiz kalmış bir teşbih gibi dağılmış, perişan görür.*

HİLAFET, TBMM'E DAYALIDIR

Bu ifadelerden anlaşılıyor ki mutlaka İslâm ümmetinin başında *"Halife"* nâmı verilen şahsî bir timsalin bulunması lâzımdır. Fakat bu yüksek makamı, hangi müslüman millet, kendi içinden bir *şahsiyet seçerek* vücuda getirebilir? Dinen halifenin gayr-i müslim hiç bir devlete tabi olmaması şart olduğundan halifeyi kendi içinden doğuracak milletin mutlaka kuvvetli bir orduya ve tam bir *istiklâle malik* olan *mücahit bir İslâm milleti* olması lâzımdır. Birçok asırlardan beri bu şartları hâiz olan millet Türkiye olduğu gibi, bugün de bu şartları hâiz olan millet, yalnız *Yeni Türkiye'dir.* Buna binaen *Türkiye Büyük Millet Meclisi* bizzat *Halife* hazretlerini muazzez ve muhterem makama istinatgâh yapmıştır.

Bir aralık *Çankaya'da çifte minareli büyük bir cami yapmak* hevesi de uyandı ve gazetelerde neşrolundu.

MİLLETVEKİLLERİNİ BEN SEÇEYİM

Mustafa Kemal Paşa Halk Partisi Reisinin kendisi olduğunu ve uzun vadeli bir programın tatbiki vazifesini üzerine aldığını ilân etmekle 20/Temmuz/1922 *"Başkumandanlık Kanunu"* müzâkeresinde Millet Kürsüsünden vaad ve ilân ettiği *sine-i millette bir fert olarak kalacağı* meselesinden vazgeçtiğini de bildirmiş oldu. Bazı vekillerin de dâhil olduğu bir seçim komitesi teşkil etti ve Reisliğini de kendi üzerine aldı. Bu komitede benim de bulunmaklığımı arzu ettiler. İstasyondaki malûm binada toplandık. Gazi'nin ilk teklifi şu oldu. *"Millet bana güvenoyu versin ve mebusların seçimini bana bıraksın."*

Bu teklife itiraz ettim: *"Milletin size itimat etmesi tabiidir. Fakat bu itimat onun haklarına sahip olmanızı icap ettirmez. Böyle bir seçime seçim denilmez ve bu tarzda toplanacak Meclise de Millet Meclisi denilmez."*

Mütalaamı kabul ederek bana iltihak edenler görülünce, Gazi de bu fikrinden vazgeçti. Fakat her taraftan kendisine en çok emniyet verenler listeye girdiler ve hatta hükûmet yardımı ile seçime arz olundular. *İkinci Grup'tan kimse namzet gösterilmedi.* Hâlbuki bunların çoğu İstiklâl Harbi'ne, ilk gününden beri canla-başla hizmet etmiş insanlardı. Bu hususta aramızda biraz da münakaşa oldu. *Gazi:*

-*"Ben muhalif istemiyorum"*, diyerek kendisine, sözle veya yazıyla en çok sadakat gösterenleri ve Birinci Mecliste; fiiliyatıyla bu emniyeti kazananları ve hemen bütün *karargâhının mensuplarını* namzet gösteriyordu.

-Ben de böyle emre uyan bir Meclisle, dünyaya hakim İtilâf milletlerinin emniyetini kazanamayacağımızı ve dahilde de; Hürriyet mefhumunu kaldıracağımızı ve belki daha şiddetli bir muhalefete yol açılacağını söyleyerek, itiraz ediyordum! Nihayet intihap komitesine gitmedim.

Fakat *Latife Hanım'*la birlikte, kubbeli bağlarda oturduğum havuzlu köşke gelerek beni aldılar ve ayrılmamaklığımı rica ettiler. Ben de artık muntazaman beraberlerinde bulundum.

ALİ ŞÜKRÜ'NÜN CENAZESİ TRABZON'DA OLAY OLUYOR

10 Nisan'da İsmet Paşa İzmir'e gitti. Oradan Lozan'a gidecek! Başvekil Rauf Bey'le araları açık gitmemesi için, hareketinden evvel her ikisi arasında samimi teşebbüslerde bulundum. İsmet Paşa bazı basit fikir ayrılıklarını ileri sürerek anlaşmaya pek yanaşmıyordu. *"Rauf, hükûmette kalırsa kendisinin muhalefete geçeceğini"* söylemeye kadar ileri gitmişti.

18 Temmuz'da Trabzon'dan gelen haberler, *Gazi*'nin çok canını sıktı. *Ali Şükrü Bey*'in cinayeti gazete sütunlarında kendisine atfolunuyordu. Trabzon hakkında Sivas Kongresi sırasında da çok sert hareket etmek istedikleri zaman da ben engel olmuş ve "inandırma her şeyin başıdır" diyerek icap eden iyi tedbirlerle işleri yürütmüştüm. Şimdi vaziyet daha nazikleşmişti. Mustafa Kemal Paşa bana şunu söyledi:

"Trabzon'da kaynayan bir kazan var. Sen bunu vaktiyle söndürmedin. Şimdi de yine kaynamaya başladı. Bu sefer kuvvetli bir yumruk hak ettiler! Bunu, nasıl yapmayı muvafık bulursun? *Müdafaa-i Hukuk merkezinin* büyük su-i istimali de varmış!"

"Gayri kanunî hiç bir icraata taraftar değilim; bilhassa şu aralık. Bunun için emin arkadaşlardan kurulu bir heyet göndeririz. Yolsuzluk varsa tetkik eder; bulur! Halkın sükûnetini bozmak isteyenler hakkında da lüzum görülürse kanuni takibat yapılır," cevabını verdim. Bu tarzı muvafık görüldü.

TRABZONLULARIN MEBUSLUĞUMU İSTEMELERİ

Ben doğup-büyüdüğüm ve feyz aldığım İstanbul'dan mebus çıkmak arzusunda idim. Edirne ve bilhassa Aydın halkı namzetliğimde ısrar ediyorlardı. Mustafa Kemal Paşa ise, iktisat Kongresinde beni murahhaslıklarına ısrarla seçen Manisa'yı muvafık görüyordu. Bu arada Trabzon'dan da başta müftü ve belediye Reisi ve halkı temsil eden muhtelif birlikler ve şahsiyetlerin yetmiş yedi imzasıyla şu telgraf geldi.

Trabzon: 22/6/1339

Ankara'da Şark Cephesi Kumandanı Kazım Karabekir Paşa Hazretlerine... Şark vilâyetlerinden *İstiklâl ve hürriyetini* kazanma yolunda yaptığınız hizmet ve çalışmalara küçük bir karşılığı olmak üzere, Büyük Millet Meclisinde livamızı (ilimizi) temsil buyurmanıza müsaadelerinizi istirham eyleriz, ferman.

İmzalar:

Trabzon'un muhterem ve kahraman halkı Birinci Büyük Millet Meclisi için de şu müracatla mebusluğumu istemişlerdi.(¹¹)

ANKARA'DA YENİ BİR HAVA ESMEYE BAŞLADI

Bir taraftan İkinci Millet Meclisine girebilmek için, bilgi, emek ve seciyesiyle tanınmış olmaktan ziyade, sadakat ve yumuşak başlıkla tanınmış olmak ve türlü vasıtalarla *Gazi'*ye hulûl edebilmek işe yaramıştı. Sözle ve kalemle dalkavuklar, almış yürümüştü. Mektuplarla, şiirlerle, Mustafa Kemal Paşa'ya bir düzine tekrarlanan sözler muayyendi: *"Bizi sen kurtardın, ne emir duyurulursa ayni keramettir."* ve bir sürü methiyeler.

İstiklâl Harbi nasıl başladı, nasıl bir seyir takip etti. Bugünkü durum nedir? İstikbal için planımız ne olmalıdır? Artık kimseyi ilgilendirmiyordu. Biricik düşünce, *Gazi'*nin

---

11   Trabzon: 10/11/1919

(1) On beşinci Kolordu kumandanı Kazım Karabekir Paşa Hazretlerine, Secaya-i vatanperveraneleri ve efkâr-ı hâkimane ve mezaya-i âliyeleriyle bilcümle Türk ve müslümanların ve bilhassa Trabzonluların âmal-ı kalbinde bir mevki-i bülent ihraz eyleyen zât-ı samîlerin vilayetimiz amma mebus intihap eylemek şerefinden bizleri mahrum bırakmayacağınıza emin olarak muvaffakiyat-ı devletleri cevabına muntazır bulunduğumuzu arz eyleriz. Trabzon Halkı.

Gösterilen teveccühlere teşekkürlerimi yazdım. Trabzon halkına verdiğim cevap aynen şudur:

Ankara: 23/6/1339

Trabzon Belediye Riyaseti Vasıtasıyle Muhterem Trabzonlulara, Vazifesinden başka bir şey yapmadığına kail olan Kazım Karabekir, nezih Trabzonluların kendisini mebus intihabı gibi teveccühkâr hislerine karşı derin bir minnet duyar. Tarih, irfan ve iktisadımızın kalbgâhı olup hâlâ hürriyet ve saadetine kavuşmayan doğduğum ye feyz aldığım İstanbul'a namzetliğimi vaz etmiş bulunuyorum. Bende unutulmaz pek samimi hatırât bırakan muhterem Trabzonlulara hürmetim pek kalbî ve ebedîdir. Şark Cephesi kumandanı bulunmaklığım dolayısıyla hizmet mıntıkam olduğundan doğrudan doğruya mebusu olmasam bile herhangi bir vazifede bulunursam bulanayım bir Trabzonlu gibi sevgili Trabzonlular için dahi çalışacağımı samimi ve ihtirakâr duygularımla birlikte arz eylerim.

Şark Cephesi Kumandanı Kazım Karabekir

teveccühünü kazanmak ve mebus olmak ve memleketin nimetlerinden istifade edebilmek idi. İstiklâl Harbi'nin neticesini görünceye kadar, İstanbul hükûmetinin ve Padişahın dalkavukluğunu yapanlar bile günahlarını af ettirebiliyorlar ve yeni devlet kuruluşunun ön saflarında yer alabiliyorlardı. Saadet avcılığı, dehşetli bir yarış halinde başlamıştı.

Tehlike büyüktü; İstiklâl Harbi'nin fedakâr ve feragatli arkadaşlarıyla *Gazi*'nin arasına her gün yeni yeni insanlar giriyor ve yerleşiyordu. Ve artık İstiklâl Harbi'ndeki gibi fikir sahipleriyle iş birliğinden ziyade, mutavaat ve alkışa hazır bir zümreye rolleri verilmeye hazırlık var gibi görünüyordu. Artık *Gazi*, hangi yolu tutacak, *yeni Meclis* onu istediği süratle hangi hedefine götürecekti? Koyu mütnasipler de din ve hele İslâmlık aleyhindekiler de yeni yolda birbiriyle yarışacak bir halde idiler.

Diğer taraftan da Ankara'da yeni bir hava esmeye başladı. *"İslâmlık terakkiye mani imiş."* Halk fırkası *lâdini* ve *Lâahlaki olmalı imiş!* Macarlar ve Bulgarlar gibi ufak milletler bizim gibi, Almanya tarafında bulanarak mağlup oldukları halde, istiklâllerini muhafaza ediyorlarmış. Medeniyete girmişlermiş. Türkiye, İslâm kaldıkça, Avrupa ve hele İngiltere müstemlekelerinin çoğunun halkı İslâm olduğundan, bize düşman kalacaklarmış! Sulh yapmayacaklarmış!..

GAZİ VE KARABEKİR
DİN KONUSUNDA ÇATIŞIYOR

10/Temmuz/1923 Ankara istasyonundaki kalem-i mahsus binasında Fırka nizamnamesini müzakereden sonra, *Gazi* ile yalnız kalarak hasbihallere başlamıştık.

"Dini ve namusu olanlar aç kalmaya mahkûmdurlar" dediler. Kendisini *Hilâfet* ve *Saltanat* makamına layık gören ve bu hususlarda teşebbüslerde de bulunan; *Din* ve *Namus* lehinde türlü sözler söyleyen ve hatta *hutbe okuyan,* benim kapalı yerlerde baş açıklığımla lâtife eden, fes ve kalpak yerine kumaş

başlık teklifimi hoş görmeyen Mustafa Kemal Paşa, benim hayretle baktığımı görünce, şu izahatı verdi:

"Dini ve namusu olanlar kazanamazlar, fakir kalmaya mahkûmdurlar! Böyle kimselerle memleketi zenginleştirmek mümkün değildir. Bunun için önce *din* ve *namus* anlayışını değiştirmeliyiz. Partiyi, bunu kabul edenlerle kuvvetlendirmen ve bunları çabuk zengin etmeliyiz! Bu suretle kalkınma kolay ve çabuk olur."

Gerçi İsmet Paşa da 5/Kasım/1923 tarihiyle bana yazdığı mektupta "Vatanımız ne olacak; bir tek ve asıl mesele budur; sulh olsa da olmasa da" demişti. Fakat iki Lozan arasında Ankara'ya geldiği zaman, kendisinden böyle bir laf duymadım. *Zengin olmak, memur olmak, planlı çalışma ve zamanla* olurdu. Gazi'ye şu mütâlamı söyledim: "Nereden, ne maksatla geldiği bilinmeyen ve üzerinde kendi millî kudretimiz ile işlenmeyen fikirler, millî bünyemizi sarsar. Tanzimatın da bu suretle kurbanı olduk. Bizi kuvvetle çözemeyenler, yaldızlı formüllerle cevherimizi eritebilirler. Savaşla kazandığımızı barıştaki yanlış ve vakitsiz adımlarımızla daha doğrusu Avrupalılara aldanmakla elimizden kaçırdığımızı, onlar pekiyi bilirler. Bunun için ilim ve ihtisasa hürmet etmek ve bilgili ve seciyeli adamlarımızla üzerinde işlenmemiş fikirleri program diye kabul etmemek, yeniden aldanmamak için biricik yoldur.

Kendi millî müesseselerimizde işlenmemiş veya kontrol edilmemiş bayağı fikirlerin tatbiki diğer bir takımdan da tehlikelidir. Emirle yaptırılacak, yani *şiddet uygulanacak demektir.* Bu tarz, belki *itaat* temin eder; fakat *sevgi* asla! Bu hususta kendi tecrübelerimize de dayanarak diyebilirim ki itaat görünüştedir ve muvakkattir."

Mustafa Kemal Paşa; *"Dinî ve ahlakî inkılâp yapmadan önce hiç bir şey yapmak doğru değildir. Bunu da ancak bu prensibi kabul edebilecek genç unsurlarla yapabilirim"* düşüncesindeydi.

"DİNSİZ MİLLETE HAYAT HAKKI YOKTUR"

Ben "dinsiz ve ahlâksız bir millete bu dünyada hayat hakkı olmadığını tarih gösteriyor. Paşam bu yeni akide bizi *Bolşevikliğe* götürür. İngilizler Mütarekenin ilk zamanlarında bizi Bolşevikliğe teşvik ediyorlardı. Demek, bizi başka yoldan yine oraya sürüklemek istiyorlar! Bunun mânâsı açıktır: *Türkiye'yi Ruslarla paylaşmak.* Bu hususta Erzurum'da da ayni fikrimi izah etmiş olduğumu ve daha evvel de *Amasya Kararınıza mani olmuş bulunduğumu* hatırlarsınız. Sonra siz millet kürsüsünden haykırdınız ki: *Sulhtan sonra Millet safları içine çekilerek bir ferd-i millet gibi yaşayacağım.* Halbuki şimdi halkın asla hoşuna gitmeyeceği ve benim bile derin bir uçurum gördüğüm bir formülü, zorla halka kabul ettirecek bir idare kurmaya gidiyorsunuz! Bunu yapmayınız, millî birliğimiz sarsılır. Ve bir asalak tabaka halkın başına geçerek kanını emer. Hiç birimizin hayatı uzun değildir. Bu milletin yeni sarsıntılara tahammülü yoktur. İzmir İktisat Kongresi İktisadî ihtiyaçlarımızı tesbit etti. Bir heyet-i ilmiyyemiz maarif programımızı tesbit edecek. (¹²) Mütehassıs bir askerî heyetle "ordunun ilim ve irfan teşkilatı"nı tesbit ettiriniz. (¹³) Bu suretle plânlı ve programlı olarak İstiklâl Harbimizdeki ruhumuzla yürüyelim. İstiklâl Harbi'ni canıyla başıyla kurtaran milletimize hürriyet ve aşk saadetini de tattıralım."

Gazi beni sükûnetle dinledi. Münakaşayı uzatmadı. Anladım ki, yeni bir muhit yeni bir havaya çekmek istiyor. Fakat daha kesin kararını vermiş değil!..

18/Temmuz/1923'de bu muhitle de temasa geldim. Şöyle ki:

---

12 Ankara'da maarif vekaletinde 15 Temmuz'dan 15 Ağustos'a kadar bir çok çalışmalarla güzel esaslar tesbit etti. Son içtima günü beni de davet ettiler. (Kitap Bayramı) kabulünü teklif ettim ve bunu bir kaç yıldır doğuda çok faydalı olarak tatbik ettiğimizi izah ettim. Alkışlarla müttefikan kabul oldundu.

13 Bu komisyon da 25 Ağustos'ta benim reisliğimde teşkil olundu ve günlerce çalışarak kıymetli layihalar hazırladı.

GAZİ'NİN YENİ ÇEVRESİ

Ankara istasyonundaki kalem-i mahsus binasına gitmiştim. *Teşkilâtı esasiye*'nin tadil müzakeresinin ikinci günü imiş. Benim haberim yoktu. Ben geldiğim zaman müzakere de bitmiş; kısmen de dağılmışlardı. Mevcut azadan *Tevfik Rüştü Bey;*"Ben kanaatimi Meclis kürsüsünden de haykırırım, kimseden korkmam", dedi. Ben ne konuştuklarını bilmediğim için sordum:

"Nedir o kanaat?"

Tevfik Rüştü Bey'in solunda ve Benim hemen karşımda oturan Mahmut Esat Bey (Bozkurt) sert bir cevap verdi:

"İslâmlığın terakkiye mani olduğu kanaati!.. İslâm kaldıkça yüzümüze kimsenin bakmayacağı kanaati."

Mustafa Kemal Paşayı, bu sefer de kimlerin, nerelere götürmek istediği görülüyordu. Ben şu mütâlada bulundum:

"Eskiden beri dinler, aşağı-yukarı, bazı terakki adımlarına engel olmuştur. Fakat *İslâmlığın terakkiye mani olduğu* Avrupa diplomatlarının uydurmasıdır. Bu meseleyi istediğiniz kadar münakaşa edebilirim. Fakat münkaşaya tahammülü olmayan bir mesele varsa, o da din değiştirmek gayretidir. Bence İslâm kalırsak *mahvolmayız; tersine, yaşarız;* hem de yakın tarihlerdeki misalleri gibi, itibar görerek yaşarız; icabında müttefikler bularak yaşarız! Fakat din değiştirme oyunu ile birliğimizi ve selâmetimizi kırarak bizi mahv edebilirler!

Daha yakın tarihlerimizde 1855'de İngiltere, Fransa ve İtalya (Sardunya) devletleri bizi bizimle Ruslara karşı ittifak yaparak harbe girmediler mi? Daha içinden yeni Hristiyan devletleri, İslâm Türk devletiyle ittifak yaparak, *itilâf devletleri*'ne karşı dört yıl harp etmediler mi? Şimdiye kadar yüzümüze kimse bakmadı mı ki bundan sonra tam millî bir devlet olarak ortaya çıktığımız halde, yüzümüze kimse bakmayacaktır."

FETHİ OKYAR: "İSLAMİYET İLERLEMEYE ENGELDİR" DİYOR

Bu sefer de Fethi Bey (Okyar) söze karışarak gayet mütehakkim bir eda ile dedi ki:

-"Evet Karabekir, Türkler İslâmlığı kabul ettiklerinden böyle geri kaldılar ve İslâm kaldıkça da, bu halde kalmaya mahkûmdurlar!"

Gazi, riyâset yerinde Fethi Bey onun solunda idi. Ben de kapıdan girince, hemen onun soluna oturmuştum! Fethi Bey, son olarak bana kesin bir cevap verince, Ben de başımı sağa çevirerek ona ve aynı zamanda Gazi'ye hitaba başladım. Önce Türklerin, İslâm dinini kabul etmeleri sayesindedir ki Bizans İmparatorluğunu ortadan kaldırdıklarını ve bize bugünkü hâkim vaziyeti verdiklerini, aksi halde Bizans medeniyeti ve dini içinde *"Kayseri Rumları"* halinde kalacağımızı anlattım.

Sonra da dedim ki:

"Fethi Bey; bu bayağı fikri şiddetle reddederim. Geri kalmaklığımıza âmil olan şey, bir değildir. Fütuhatçılık, temsil kudreti göstermemek. Avrupa'nın ilim ve fen cephesiyle temassızlık, idarede istibdat gibi mühim sebeblerdir. Aynı yanlışlıkları yapan Hristiyan devletlerinin de yıkılıp gittiğini bilmez değilsiniz! Bu zelzelenin hakiki sebeblerini araştırmayıp, onu gülünç bir sebebe bağlamak kadar, bu (*İslâm terakkiye manidir.*) fikrinizi garip bulurum. Bayağı ve tehlikeli fikrin aramızda da İlmî münakaşaya tahammül edemeyecek kadar taraftar bulmasından, çok müteessir oldum! Fakat Ben de iddia ediyorum ki: *Türk Milleti, ne dinsiz olur, ne de Hristiyan olur. Hakikat budur.* Bir milletin asırlardan beri en mukaddes duygularını bir hamlede atabileceğine inanışınız; objektif bir görüş değil, hülyanızdır! Böyle bir harekete cüret, memlekette kanlı bir istibdatla başlar ve İstiklâl Harbi'nin samimi birliğini de birbirine katar! Nerede ve nasıl karar kılacağını da kestiremesek bile, *millî bir dram olacağından* şüphe etmeyiz!

Mustafa Kemal Paşa'ya hitaben de sözlerime şöyle devam ettim: "Paşam maddî cephemiz zaten zayıftır. Güvenebileceğimiz manevî cephemizi de düşmanlarımızın yaldızlı propagandasına kurban edersek, dayanabileceğimiz nemiz kalır?"*Bizi, silâh kuvvetiyle parçalayamayan düşmanlarımız, görüyorum ki artık fikir kuvvetiyle mahv edeceklerdir.* Buna müsaade edecek misiniz?

Siz ki millete karşı bizi bu hale getiren sebebin istibdat olduğunu, zaferden sonra Milletin tamamiyle iradesine sahip olarak yürüyeceğini millet kürsüsünden dahi defalarca haykırdınız. *Millet Meclisini Tekbirler, selâtlar arasında açtınız!* İslâmlığın en yüksek bir din olduğunu hutbelerle de ilan ettiniz! Hepimizde ayni iman ve kanaatla, aynı yoldan yürüdük! Şimdi ne yüzle ve ne hakla bir kanlı maceraya atılacağız?

Mustafa Kemal Paşa sözümü keserek dedi:

Müzakere çok hararetlendi, burada kesiyorum. ([14])

14 Bay Mahmut Esat Bozkurt. (Atatürk ihtilâli: Türk inkılâp enstitüsü derslerinde) adlı kitabında bu hadiseyi şöyle yazmışlar: (Sahife 429) ikinci teşkilat-ı esasiye hazırlanırken hiç unutmam, ikinci teşkilat esasiye projesi vekillerden ve mebuslardan mürekkep hususi bir heyet tarafından Atatürk'ün reisliğinde Ankara istasyonundaki cumhurreisliği kalem-i mahsus binasında konuşulurken, dinle ilgili maddelerin projeden çıkarılmasını ben teklif etmiştim. Dinle devlet işlerinin birbirine karışmasının Türk milletinin felâket sebebi olduğunu ileri sürmüştüm. Yalnız bizim değil hatta Roma devletinin dahi inkıraz sebebinin Hristiyanlık olduğunu iddia etmiştim. General Kazım Karabekir fikirlerime asebiyetle hücum etti.

Bay Fethi Okyar: Canım böyle şeyleri karıştırmayalım. Biz ihtilâlci miyiz? Yoksa devlet idarecileri miyiz? diyerek meseleyi kapatmak istedi.

Atatürk: Zamanı gelir diyerek madde projede ilka edildi.

Mahmut Esat Bey (hiç unutmam) dediğine göre notlarını günü gününe tutmadığı, sonradan aklına geleni yazdığı anlaşılıyor. Tevfik Rüştü Beyden bahs etmediği gibi Fethi Okyar ve Atatürk'e de söylemediklerini söyletmişler. Kitaplarında, bizim gibi işin içinde bulunanları hayrete düşüren bazı garibeler de vardır. Mesela: Sahife 120'de: (Anadolu'ya geldiğinde ne buldu? Atatürk bir şey bulmadı. Düşmana batıracak bir iğne bile bulmadı...)Halbuki yalnız bütün silah ve teçhizatıyle yeni bir hareket için emre hazır muzaffer doğuda, iki kol orduluk bir kuvvet benim emrimde bulunuyordu.

Sahife: 213 ve 214'de (Erzurum Kongresi sırasında bir gün Atatürk, Erzurum Millet bahçesinde gezinirken millet etrafını almaya başladı. Atatürk'ün yüzüne bakan halk bir ağızdan bağırdı: Yaşasın Cumhuriyet) Böyle bir hadise, Erzurum kongreleri sırasında değil, çok sonraları dahi asla olmamıştır. Eğer olmuş olsa belki cumhuriyetin ilânından sonra Atatürk'ün yaptıkları doğu seyahatında belki olmuştur. Bu garibeleri üniverste kürsülerinden üniversitelilere bile haykırılmıştır ve genç dimağlara inandırılmaya çalışmışlardır.

BARIŞ MÜJDESİ BAYRAMA DENK DÜŞTÜ

23/Temmuz'da Mustafa Kemal Paşa'nın, bana bile haber vermeden, İzmir'e hareket etmiş olduğunu ertesi günü Hacıbayram camiinde Kurban bayramı namazında mutad selâmlık sırasında haber aldık. Bayram namazından ve merasiminden ilk defa savuşmuş oluyorlardı. 25 Temmuz'da Lozan Sulhünün imzalandığı haberini, biz Ankara'da, kendileri de İzmir yollarında öğrenerek sevindik.

26 Temmuz'da Yahşıhan'a kadar bir seyahat yaparak ertesi günü Ankara'ya döndüm. Rauf Bey'le İsmet Paşa'nın arasını bulmak için teşebbüslerimin bir netice vermemesinden çok müteessir oldum.

HÜKÛMET REİSLİĞİM MESELESİ

4/Ağustos/1925 Başvekil Rauf Bey Konya-Sivas seyahatine çıktı. Oradan İstanbul'a gidecek. Başvekâletten de istifa etti. Mustafa Kemal Paşa'nın akşama beni yemeğe davet ettiğini bildirdiler. Bu davetin Başvekâlet meselesinin halli için olduğunu tahmin ettim. Yemekte Erkani Harbiye umumiye reisi müşir Fevzi Paşa, ikinci reis (Millet Meclisi) Ali Fuat Paşa, Millî Müdafaa vekili Kazım Paşa, Dahiliye vekili Feyzi Bey, Ağaoğlu Ahmet Bey, Recep Peker, Celâl Bayar, Kasım İhsan beyler de vardı. Yemekten sonra Latife Hanım da geldi. Mustafa Kemal Paşa şu fikirde bulundular:

KİM BAŞVEKİL OLACAK FETHİ BEY Mİ,? KARABEKİR Mİ?

-"Başvekâlet münhaldir. Fevzi ve Kazım Karabekir paşalarla, Ali Fethi Bey'den birinin başvekil olması icap ediyor."

Fevzi Paşa, şu cevabı verdi:

-"Ordumuz henüz seferberdir. Esasen siyasetle de uğraşmak istemiyorum. Bunun için beni af buyurunuz."

Ben de şu cevabı verdim:

"Ben de asker kalmak istiyorum. Siyasete atılmış kıymetli arkadaşlarımız vardır. Yeniden, ordudan kumandan alınması, ordunun zararına olur. Beni de af buyurunuz."

Fethi Bey de şu cevabı verdi:

"Başvekillik makamını işgale ehliyetim müsait değildir. Aczimi itiraf ederim." Mustafa Kemal Paşa şu cevabı verdi:

"Fevzi Paşa'nın mütalaasını kabul ederim. Şu halde ya Karabekir, ya Ali Fethi Başvekil olmalıdır, ne dersiniz?"

Hazır bulunanlar, benim de mütalaamı doğru bularak Fethi Bey'i teklif ettiler. Fakat Fethi Bey tekrar söz aldı:

-"Başvekâleti idare edemem. Aczimi tekrar ederim" dedi.

Mustafa Kemal Paşa da şu kararı verdi.

"O halde Kazım Karabekir Paşa Başvekâleti kabul etmelidir!"

Mustafa Kemal Paşa'nın, benim üzerimdeki ısrarında samimi olması, ancak 18 Temmuz da teşkilat-ı esasiyye münakaşasında ileri sürülen uçarı fikir karşısındaki mütâlâalarımı kabul etmesiyle anlaşılabilirdi. Aksi halde benim hükûmet reisliğim hırsıyle o tehlikeli yola atılacağımı sanarak bu teklifi yapmış oluyordu. Bunun için kendilerine şu teklifi yaptım:

-"Paşam kat'i kararınızı vermeden önce Fethi Bey'in ve benim 18 Temmuz'daki mütâlâalarımızı düşünmeniz için bu kararı yarın akşam vermenizi rica ederim."

Mustafa Kemal Paşa teklifimi muvafık buldu ve yarın akşam yemeğinde yine buluşmak üzere toplantıya son verdi.

BAŞBAKAN KARABEKİR Mİ?

5 Ağustos akşamı yemeğinde yine toplandık. Yemekten sonra Mustafa Kemal Paşa celseyi açtı:

-"Kararımı verdim. Kazım Karabekir Paşa ile Ali Fethi Bey'den biri kat'î olarak Başvekil olacaklardır. Önce Fethi

Bey'i dinleyelim," dedi.

Fethi Bey şu cevabı verdi:

-"Başvekilliği yapacak iktidarım olmadığını, yani aczimi tekrar ederim."

Mustafa Kemal Paşa kat'î bir tavırla konuştu:

-"Şu halde Başvekil Kazım Karabekir'dir."

Ben de kendilerinden şu ricada bulundum:

-"Paşam, kıymetli teveccühünüze teşekkür ederim. Kıymetli yardımınızla bu vazifeyi başarabilirim. Ancak kararınızı katileştirmeden önce, sizinle yalnızca konuşmak istiyorum."

Mustafa Kemal Paşa, teklifimi kabul etti ve birlikte salonun uzak köşesine çekildik. Benden önce O söze başladı:

-"Karabekir, şunu önce söyleyeyim ki, eğer *ben siyasetten çekilirsem yerime Fevzi Paşa'yı geçiririm.* Şimdi sen mütâlâanı söyle bakalım."

Benim aklıma hiç de Mustafa Kemal Paşa'ya çekilmesini teklif etmek gelmemişti. Onun bu sözüne göre böyle bir teklifi önlediğimi anladım. İster istemez bu meseleyi de görüşmek zaruri oldu. Mütâlâalarımı şöylece söyledim:

- "Eğer vaktiyle söylediklerinize ve Millet Meclisi kürsüsünden dahi beyanatınıza ve Millet Meclisi azalarının bazılarının bu husustaki tekliflerine karşı İzmir'de verdiğiniz cevaba göre çekilmek kararında iseniz, milleti kararında serbest bırakmanızı şerefli tarihimiz için de sizden rica ederim! Yok Başvekilinizi tayin hususundaki kararınıza göre çekilmeyecekseniz, benimle Fethi Bey'in şahıslarından önce, fikirlerimizden hangisini kabul ettiğinizi tesbit ettikten sonra Başvekilinizi seçmenizi rica ederim.

18 Temmuz'da istasyon binasındaki münakaşalarımız malûmunuzdur. Şimdiye kadar defalarca söylediğim fikirlerimi bir daha hülasa ediyorum:

Ben millî istiklâlimiz gibi, millî hürriyetimizi de en mukaddes bir gaye tanırım. Bunun için, medenî hedeflerimizde sür'at, fakat İçtimaî gayelerimizde tekâmül ve taraftarıyım. Ve hiç bir sebep ve bahane ile halkı tazyike ve idareyi istibdada çevirmeye taraftar değilim. Ne Fethi Bey arkadaşımızın ve ne de Hilafet ve saltanatın herhangi bir tarzda yeniden bir elde toplanmasına taraftar olanların fikrinde değilim! Benimle aynı düşüncede olan uzman kişiler ve benimle aynı hız ve aynı intizamla çalışmak kudretinde olan arkadaşlardan yeni bir kabine yaparım. Esaslı bir program da tertip ettikten sonra, el ve fikir birliğiyle samimi çalışırız. Ancak bu şartlar altında anayasa ile kayıtlı olan vazifemi ifa edebileceğimi ümit ederim."

Mustafa Kemal Paşa,

"Eski kabine arkadaşları yerinde kalmalıdır. Çünkü bunları ben başka türlü memnun edemem. Programa gelince, İstiklâl Harbi'nde olduğu gibi ahvale göre yapılmasını lüzumlu gördüğümüz işler hakkında fikirlerimi ben bildiririm. Senin şartların çok ağır. Fethi Bey çok daha müsait fikirde."

Ben, "O halde Beni af edersiniz!" dedim.

BAŞBAKAN FETHİ OKYAR

Mustafa Kemal Paşa, "Haydi artık arkadaşların yanına gidelim" dedi. Bizi merakla gözleyen heyetin yanına gelince, onlara şunu söylediler:

-"Karabekir de kabul etmiyor. Şu halde, Fethi Bey'le aralarında kura çekeceğim; kime çıkarsa, artık o itiraz etmeden hükûmet reisliğini kabul eder. Haydi bakalım hepiniz dışarı çıkın, yalnız Müdafaa-i Milliye Vekili Kazım Paşa (Özalp) bana yardım için benimle kalsın."

Balkona çıkınca, Fevzi Paşa'ya sordum: "Paşam hükûmet reisliğini, siz neden kabul etmiyorsunuz?"

Fevzi Paşa,

-"Oraya insanı düşürmek için getirir de ondan. Ben o oyuna gelemem. Siz, Hükûmet Reisliğini istemediğinize göre, başka bir arzunuz var mı?"

Ben,

-"Eğer siz hükûmet reisliğini kabul ederseniz, Erkan-ı Harbiye Umumiyye Reisliğini isterim."

Alman Heyet-i Islâhiyesi arasında barışta Erkan-ı Harbiye'de çalıştığım gibi savaşta da bütün erkânî harbiye ve kumanda makamlarında vazife gördüğümden yeni ordumuzun kuruluşu, düzenlenmesi ve donatılmasında faydalı olabileceğimi umarım. Mühim olan, diğer bir sebeb de, Gazi'nin tahakkümüne ve tehlikeli kaprislerine karşı size samimi ve enerjik bir yardımcı olurum. Bu suretle İstiklâl Harbi'nde olduğu gibi, Millet için hür ve hayırlı yoldan, hep birlikte ahenkle yürürüz.

Fevzi Paşa:

-Gazi benden kimi başvekil yapayım? diye, İzmir'den ayrılırken sordu. Ben de İsmet Paşa'nın muvafık olacağını söyledim. Onunla iyi anlaşır. Ben de yerimden ayrılmak niyetinde değilim!

-Makamınızın vazifesi daha ziyade ağırlaşacak demektir. Bu tabii zat-ı alinize ait bir mesele kalır. Bir hafta önce hükûmet reisliği ve Erkânî Harbiye reisliği meselelerini hal ettiğinize göre dünden beri bu komedya nedir? Bir de Gazi diyor ki eğer çekilirsem yerime Fevzi Paşa'yı getiririm bu ne demek, bu ne demektir?

Fevzi Paşa -Benden bahsetmesi ağzınızı aramak için olacak. Aramızdaki münasebetin derecesini anlamak istiyor, çekileceği falan yok. Senin başvekâlete tayinini de yine fikrini anlamak için zan ediyorum. Bir müddet sonra Gazi'nin bizleri çağırdığını haber verdiler. Yanına toplandık. Başvekâlet meselesi hakkındaki neticeyi şöyle ilân etti:

-Kura çektik. Fethi Bey'e çıktı. Mübarek olsun.

Fethi Bey'e bu sonuca teşekkürden başka diyecek kalmadı. Alkışlandı, tebrik olundu. İşler bu suretle bittikten sonra dağıldık. ([15])

TEHLİKELİ YOL

17 Ağustos'ta Fırka içtimai yapıldı. (O zamanki Meclis salonu olan bugünkü sekreterlik binasında) Dört yıldır olup bitenlerden çoğunun haberi bile olmayan bu yeni topluluğun -ki bir kaç gün sonra İkinci Büyük Millet Meclisi olarak Milletin mukadderatını ellerine almak şeref ve mesuliyetine mazhar olacaklardı.- İlk dinlemeleri lâzım gelen sözler, şüphe yok ki şunlar olmalı idi: Başarılan işlerin hakikatları, halimiz ve ihtiyaçlarımız ve İSTİKLAL HARBİ'NDE olduğu gibi fikirlere hürmetle yürüyeceğimiz, her işimizde ilme, ihtisasa ve emeğe dayanacağımız, yalancılık ve dalkavukluk ile hazıra konmaya son verilmedikçe hiç bir şubede kalkınamayacağımız

15 Nutkun 134. sahifesinde benim başvekalete getirilmekliğim meselesi yer tutmuştur. Maksadın samimi olmayıp benim 8/Ekim/1418 tarihiyle Erzurum'dan yaptığım bir teklife, şahsım mevzuu bahis olunca, ne derece sadık kalacağımı ortaya koymak için olduğunu 132 ve 133 ve 134. sahifeler okununca, anlaşılır. Ben teklifi sarih bir surette red ettiğim ve asker bırakılmaklığımıda rica ettiğim halde 134. sahifede "bu yapıda olan yüksek ...." demiş olduğuna ve kendisini aynı yapıda gördüğü tabii bulunduğuna göre, şüphesiz kendileri de prensiplerinden hariç kalmadığını açıklar. Halbuki... Kazım Paşa'nın, Çankaya'da, içtima ve müzakere esnasındaki tutumu da oradakiler tarafından manidar görülmekten hali kalmadı. Kazım Karebekir Paşa, esna-i müzakerede "Bu suretle de millete hizmetten çekinmediğini" pek haklı ve münasip olarak dermeyan etmişti.

Bu ifade, bana hükûmet reisliğinin niçin teklif olunduğunu gösterir. Halbuki benim dört yıl önceki teklifim, İstanbul mebusan meclisinde Meclis Riyaseti isteyen Mustafa Kemal Paşa'yı ikaz ve Rauf Bey ve bu say kişilerin İstanbul hükûmetinde hazırlık almaları hakkında idi. Nitekim teklif sebebini de 132. sahifede okuyoruz: ("Vatan ve milletin kurtuluşundan şiddetle mevzuu bahis olan bu devrede, işbu maruzatım etrafında, katî bir karar ile mücehhez bulunmamızı kemali hürmetle istirham eylerim."). Devam eden satırı da okuyalım: (efendiler filhakika, Erzurum'da bulunduğum zamanlarda. Kazım Karebekir Paşa da bu mütalâaya mümasil mütalâalar sert eylemişti.).

Askeri planda görüldüğü gibi Mustafa Kemal Paşa'ya Başkumandanlığı almasını daha İstanbul'da iken teklif etmiş olduğumdan. Erzurum'da şifahan ve sonra da yazı ile yaptığım tekliflerle, onu bu vazifeye bağlamaya çok çalıştım, fakat kabul etmesine rağmen, ilk fırsatta Millet Meclisi reisliğine geçmiş ve başkumandanlığı açıkta bırakmıştı. Bu vaziyetin bize pahalıya mal olduğunu izah etmiştim.

gibi yeni Türk Devletinin temel taşları sayılacak esaslar.

Fakat ne yazık ki taban tabana zıt olmak üzere muazzam eserin ilk tahrip ameliyesi yapıldı: Kürsüye çıkan Mustafa Kemal Paşa, hakikate asla uygun olmayan ve hale de hiç yakışmayan bir takım beyanâtta bulundu: "Erzurum Kongresi esas değildir. Bu Balıkesir Kongresi gibi bir şeydi. Esas Sivas Kongresi'dir. Fakat burada da muhalifler Amerika mandası istediler.." gibi ileri-geri sözler söylediler.

Ne söylerse söylesin alkışlamaya hazır olanların başında yeni Meclis'e seçilen bütün karargâh heyetiyle hazıra konmuş yeni devletliler vardı. Yeni Türk Devleti'nin kuvvetli temeli atılacağına hakikatlere ve hadiselerin yetiştirdiği şahsiyetlere karşı vurulan bu tahrip kazması coşkun alkışlarla eşit olundu.

Mustafa Kemal Paşa, kendisini bağrına basan ve başına kadar da çıkaran Erzurum Kongresi'nin toplanmasında fikir ve emeği olmadığından, onu en tehlikeli ve karanlık günlerde toplayan ve himaye edenleri ve topyekün azalarını küçültüyor ve Sivas Kongresi azalarını da -kendisini işin içinden sıyırarak- Amerika mandası istediler diye lekeliyordu. Bu suretle bütün İstiklâl Harbi'nin fikir ve iş banisi olarak ortada yalnız kendisini bırakıyordu.

"HER ŞEYİ BEN YAPTIM" FELSEFESİ

Hâlbuki kazanılan zaferlerde ve erişilen Türkün Kurtuluş Bayramında derece derece herkesin hissesi vardı ve herkes, gördüğü hizmet derecesinde sevinmek ve övünmekde haklı idi. Bu hakikatleri ve yüksek fikir ve kabiliyetleriyle millî şahsiyet olmuş bulunan kimseleri millete ve cihana göstermek ve bu suretle yeni devletin bünyesinde -haklı olarak- onlara karşı sevgi ve saygı uyandırmak ve bu suretle bir takım türedilere, dalkavuklara meydanı açık bırakmamak vazifesi, birinci derecede millî ve askerî baş olarak tutulmuş bulunan Mustafa Kemal Paşa'ya düşüyordu. Bu onun tarihî ve ahlakî borcu idi. Bu borcu ödemekle O, *Millet* ve *Tarih* karşısında daha yükselecek ve insanlığın da en büyük payesini kazanacaktı.

Yazık ki Mustafa Kemal Paşa, bunu yapmadı ve hatta tersini yaptı. Kendini en yüksek bir makamdan mahrum ettiği kadar, fedakâr ve feragatkâr arkadaşlarında da daima artan ızdıraplar yarattı.

İşte 11 Ağustos'ta İkinci Büyük Millet Meclisi bu hava içinde açıldı. 13 Ağustos'ta İsmet Paşa heyetiyle birlikte Ankara'ya geldi. Parlak merasimle karşılandı. Bugün Millet Meclisi'nde de Mustafa Kemal Paşa, mevcut 196 reyden biri eksik olmak üzere reisliğe seçildi. Tutacağı yeni yol hakkında, nutkunda şöyle söyledi:

"Efendiler, bugüne kadar istihsal eylediğimiz muvaffakıyat, bize ancak terakki ve medeniyete doğru bir yol açmıştır.

Yoksa terakki ve medeniyete henüz ulaştırmış değildir. Bize ve çocuklarımıza düşen vazife, bu yol üzerinde tereddütsüz ilerlemektir."

14 Ağustos ictimaında da Fethi Bey eski kabine azalarından mürekkep yeni kabinesine, Meclis'ten (güven oyu) aldı. 9 Ağustos *"parti grubu"* içtimaında verilmiş olan karara rağmen, mevcut 190 menustan 183'ü Fethi Bey'e rey verdi. Bana 3. Fevzi Paşa'ya da 2 rey verilmiş, birer de müstenkif kalmıştı.

Fethi Bey de nutkunda *Mustafa Kemal Paşa'*nın beyanatıyla ayarlı olarak tutulacak yeni yol hakkında şu sözleri söyledi:

"Şimdiye kadar servet-i tabiiyemizi inkişaftan alıkoyan kapitülasyonlar kaldırılmıştır. Ve millet mukadderatına bizzat el koymuş ve saray ve Babıali'nin kötü etkilerinden kurtulmuştur.

O halde milletin yükseliş ve gelişmesi için, önünde hiç bir mani kalmamıştır. Böyle bir vaziyet karşısında bu müsait fırsatlardan ne suretle istifade edeceğimizi görmek için, cihanın gözleri bize dönmüş olacaktır. Fakat bu zincirin kırılmış olmasına rağmen, biz, yine yerimizde duracak olursak, yine ileri gitmeyecek olursak, bu zincirleri kırmak için şimdiye kadar dökülen kanlara, çekilen zahmetlere yazık olmaz mı? Bunun için kat'iyyen ileri gitmek için ve memleketimizi her medenî memleketin hâiz olduğu şeraiti hâiz bir memure haline getirmek için derin ve kararlı olmaklığımız lâzım gelir."

Yeni yolun açılış merasimi ne zaman ve ne tarzda olacağını merakla bekliyordum. 18 Temmuz'da, İslâmlığın terakkiye mani olduğunu haykıran Fethi Bey ve arkadaşları bu maniayı nasıl ve ne zaman kaldıracaklardı? Hükûmet programıyla mı? Yoksa Gazi'nin herhangi bir hamlesiyle mi?..

KUR'AN'IN TÜRKÇEYE ÇEVRİLİŞİ

Bu bekleyişim uzun sürmedi. Hemen bu akşam (14 Ağustos) heyet-i ilmiyye şerefine Türk Ocağı'nda verilen çay ziyafetinde *İLK TEHLİKELİ HAMLE* göründü.

Şöyle ki: Ziyafete Mustafa Kemal Paşa da, Ben de davet edilmiştik. Vekillerden kimse yoktu. Hayli geç gelen Mustafa Kemal Paşa, heyet-i ilmiyyenin şimdiye kadar ki mesâisi ile ilgili görünmeyerek "Kuranı Türkçeye aynen tercüme ettirmek" arzusunu ortaya attı.

Bu arzusunu ve hatta mücbir olan sebebini, başka muhitlerde de söylemiş olacaklar ki, bugünlerde bana Şer'iye Vekili Konya Mebusu Hoca Vehbi Efendi vesair sözüne inandığım bazı zâtlar, şu malûmâtı vermişlerdi:

"Gazi, Kur'an-ı Kerim'i bazı İslâmlık aleyhdarı zübbelere tercüme ettirmek arzusundadır. Sonra da Kur'an'ın Arapça okunmasını, namazda bile yasaklayarak bu tercümeyi okutacak! Ve o zübbelerle işi alaya boğarak, güya Kur'an'ı da, İslâmlığı da kaldıracaktır!

Etrafındaki böyle bir muhit kendisini bu tehlikeli yola sürüklüyor." Bazı yeni kişilerden de sözettikleri gibi, bu akşam da bu fikre ayak uyduran bazı kimseler görünce, bu tehlikeli yolu önlemek için Mustafa Kemal Paşa'ya şöyle cevap verdim:

-"Devlet Reisi sıfatıyle din işlerini kurcalamaklığınızın içerde ve dışardaki tesirleri, çok zararımıza olur. İşi alâkadar makamlara bırakmalı. Fakat rastgele şunun-bunun içinden çıkabileceği basit bir iş olmadığı gibi, kötü politika zihniyetinin de işi karıştırabileceği gözönünde tutularak, içlerinde Arapçaya ve dinî bilgilere de hakkiyle vakıf değerli şahsiyetlerin de bulunacağı yüksek ilim adamlarımızdan mürekkep bir heyet toplamalı ve bunların kararına göre tefsir mi, tercüme mi yapmak muvafıktır, ona göre bunları harekete geçirmelidir."

-"Din adamlarına ne lüzum var, dinlerin tarihi malumdur. Doğrudan doğruya tercüme edivermeli!..." gibi bazı hoşa gider bir fikir ortaya atılınca buna karşı: -"Müstemlekeleri İslâm halkıyla dolu olan büyük milletler kendi siyâsi çıkarlarına göre Kur'an'ı dillerine tercüme ettirmişlerdir. İslâm dinine ve Arapça diline hakkıyla vakıf kimselerin bulunmayacağı herhangi bir heyet, tercümeyi meselâ Fransızcasından da yapabilir.([16]) Fakat bence, burada Maarif programımızı tesbit için toplanmış bulunan bu yüksek heyetten, vicdanî olan din bahsinden değil, müsbet ilim cephesinden istifade hayırlı olur. Kur'an'ın yapılmış tefsirleri var, lâzımsa yenisini de yaparlar. Devlet otoritesini bu yolda yıpratmaktansa, Millî kalkınmaya hasretmek daha hayırlı olur, dedim. Mustafa Kemal Paşa beyânâtıma karşı hiddetle bütün içini ortaya döktü:

-"Evet Karabekir; Arapoğlunun yavelerini Türk oğullarına öğretmek için Kur'an'ı Türkçeye tercüme ettireceğim ve böylece de okutturacağım! Tâ ki budalalık edip de aldanmakta devam etmesinler!"

İşin bir heyet-i ilmiye huzurunda berbat bir şekle döndüğünü gören Hamdullah Suphi ve Ruşen Eşref beyler:

-"Paşam çay hazır, herkes sofrada sizi bekliyor" diyerek bahsi kapatabildiler. Bizler de hususi masadan kalkarak sofraya oturduk ve yedik-içtik. Fakat heyet-i İlmiyenin bütün azası üzgün görünüyordu. Şüphe yok ki, yakın günlere kadar Kur'an'ı ve Peygamberi her yerde medh ve sena eden ve hatta

---

16 Bir müddet sonra böyle bir tercüme de ortaya yayıldı. Bir müddet sonra da bazı camilerde bu Türkçe tercümeden mukabele okutuldu ise de, iş, ancak *ezanın Türkçe olması* şeklinde kalabildi.

hutbe okuyan bir insandan bu sözleri beklemek herkese eza veriyordu.

"KİTAP BAYRAMI" TEKLİF EDİLİYOR

15 Ağustos heyet-i İlmiyenin son içtima günü olduğundan müzakerelerde Benim de bulunmaklığım için kendilerinden bir davetiye aldım. Büyük memnunlukla bu son müzâkereye iştirak ettim. Maarifimiz hakkında benim de mütâlâalarımı dinlemek arzusunu gösterdiler. Hâkimiyet-i Milliye gazetesinde intişar etmiş bulunan mütâlâalarım ve İzmir İktisat Kongresi'nde kabul edilen kararlardan. Maarifimize taallûk eden kısımlar hakkında izahat verdikten sonra ([17]) şu noktaya dikkatlerini çektim:

-"Halk az okuyor. En yüksek tahsil görenler bile, mekteplerini bitirdikten sonra pek az okuyorlar. Bunun sebepleri arasında, intişar eden kıymetli eserleri bilmemek ve tanımamak ve tedarik edememek en önde gelir. Bunun için bir kaç yıldan beri doğuda pek faydalı bir surette tatbik ettiğimiz *KİTAP BAYRAMI* gününün yaygınlaştırılmasını teklif ederim. Bugün matbaalar ve kitapçı dükkânları donatılıyor. Herkes, eşine-dostuna, onların ve kendi çoluk-çocuğuna, halk ve mektep kütüphanelerine, takatine göre kitap hediye gönderiyor veya götürüyor! Bugünü takip eden haftaya *"Çocuklar Haftası"* denerek, fakir çocuklara mümkün olan her türlü yardımlar yapılıyor. Bugünü, Peygamberimizin doğum günü olan *mevlûd kandili* olarak kabul ettik. Sebebi, ilmi araştırmak ve öğrenmek için en kuvvetli ve en beliğ şu iki emrini bir düzüye hatırlamak içindir: *"İlmi beşikten mezara kadar isteyiniz. İlim Çin'de dahi olsa isteyiniz."*

Beyanatım bütün heyet-i İlmiyenin sürekli alkışlarıyla, itiraz edilmeden ve başka bir mütalaa şart olunmadan, ittifakla kabul olundu.

Bu *kitap bayramı* teklifim ve *Heyet-i İlmiyece* de *müttefiken*

---
17 "Çocuk Davamız" adlı eserimde tafsilat vardır.

kabulü hariçde de umûmî bir sevinç uyandırdı. Ecnebî muharrirler de böyle bir bayramın doğuda maarifin tamimi için çok feyizli neticeler vereceğini beyanla beni tebrik ettiler; gazetelerine telgrafla bildirdiklerini söylediler. (Fakat yazık ki bir çok tekliflerim gibi bu da Fiiliyata çıkarılmadı.

KARABEKİR EĞİTİM KONUSUNDA
TEKLİFLER YAPIYOR

Akşam *Maarif vekili* Sefa Bey *Heyet-i ilmiye* azası şerefine verdiği ziyafete Beni de davet etti. Orada mütehassıslarımızla daha serbest görüşebildim. Şu mütalaama mütehassıslarımız kıymet verdiler:

Nereden geldiği bilinmeyen ve üzerinde kendi millî kudretimizle işlenmeyen fikirler, millî bünyemizi sarsar, hırpalar. Harben kazandığımızı sulhdeki yanlış ve dikkatsiz adımlarımızla elimizden almanın usûlünü müstemlekeci devletler pekiyi bilirler! Bunun için mütehassıslarımızca üzerinde iyi işlenmemiş programlarla memleket işlerini yürütmek, asla millî kalkınmayı temin edemez! Hele, din ve ahlâk meselelerinde atılacak yanlış adımların, gençliği zübbeleştireceğini ve sonunda Türk Milleti'nin harp kabiliyetini yıpratacağını, halkı tereddiye sürükleyeceğini ve memlekette sefalet ve sefahati arttıracağından mevcudiyetimizin tehlikeye düşeceğini, İstiklâl ve hürriyetimizin muhafazası için ilmi esaslara dayanarak fikir ve elbirliği ile yürümek lüzumunu izah ettim.

Bu konudaki konuşmalarda bana hak verdiler. Dün akşamki ağır beyânatın sözde kalmasını hepsi candan diliyordu. Herhangi dinî ve ahlâki inkılâp zihniyetini, ne ilme ne de ilim adamlarına dayanamayacağına göre, nereden geldiği belli olmayan bu tehlikeli fikrin fiiliyât sahasına çıkabilmesi her şeye elverişli bir muhitle, pek yaman hadiselere yol açacağı, herkesi düşündürüyordu.

GAZİ, İSLAMİYETİ ÖVÜYOR MU, YERİYOR MU?

16 Ağustos'ta İsmet Paşa ile görüştüm. 18 Temmuz'da teşkilat-ı esasiyye münasebetiyle Fethi Bey ve arkadaşlarıyla yaptığımız *"İslâmlık terakkiye manidir."* münakaşasını ve *Gazi'*nin yakın zamanlara kadar her yerde *İslâm dinini, Kur'an'ı ve Hilâfeti meth ve sena* ettiği ve hatta pek fazla olarak Balıkesir'de minbere çıkıp aynı esaslarda *Hutbe* dahi okuduğu halde, dün gece heyet-i ilmiye karşısında Peygamberimiz ve Kur'an'ımız hakkında hatır ve hayale gelmeyecek biçimde konuştuğunu anlattım ve bu tehlikeli havanın Lozan'dan yeni geldiği, hakkındaki kanaatin umumi olduğunu da söyledim.

İsmet Paşa, Macarlar, Bulgarlar aynı saflarda *İtilâf devletlerine* karşı harp ettikleri ve mağlup oldukları halde, istiklâllerini muhafaza etmiş olmaları Hristiyan olduklarından, bize istiklâl verilmemesi de İslâm olduğumuzdan ileri geldiğini; bugün kendi kuvvetimizle yıllarca uğraşarak kurtuldukça da İslâm kaldıkça müstemlekeci devletlerin ve bu arada bilhassa İngilizlerin daima aleyhimizde olacaklarını ve istiklâlimizin daima tehlikede kalacağını bana anlattı. Ben de ona bu fikre iştirak etmediğimi şu mütâlaalarıma dayanarak söyledim:

"Böyle bir fikrin doğuracağı hareket, milletin başına yeniden daha korkunç ve daha meş'um bir istibdat idaresi getirecektir. Daha kazanamadığımız millî neşe kaçacak, birçok emekle kurulan millî birliğimiz de bozulacaktır! Biz içerde birbirimizi boğarken, bize bu Kurtuluş yolunu gösteren politikacılar *"Türkler, Hristiyan oldular" diye bütün İslâm âlemini bizden nefret ettireceklerdir."*

Bu suretle bizi cezalandırmak için İslâm âlemi ruhlarında isyan duyacaklardır. Artık İtilâf devletleri Yunan ve Ermeni kuvvetleriyle başaramadıkları, emellerini, İslâm ordularını ve hele Arapları, "Salli âlâ Muhammed" diye üzerimize saldırmakla elde etmeye kalkışacaklardır. *Sultan Mahmud* devrinde, *"Türkler Hristiyan oluyor"* diye Arap ordularını Anadolu içlerine sevk eden ve bu orduları idare eden, Fransızlar değil miydi? Türk donanmasının Mısır'a teslimine sebep olan politika oyunu, aynı değil miydi? Öteden beri bir taraftan hükûmete *"Avrupalı olun; Batı hayatını aynen alın, başka kurtuluş yolunuz yoktur."* derler; diğer taraftan da attığımız adımlara çelme takmak için içerde *halkı isyanlara teşvik ederler* ve İslâm âleminde de *"Türkler Hristiyan oluyor"* diye aleyhimize nefretler uyandırırlar.

Esasen imkânsız olan bir işi yapıyor görünmek bile maddî-manevî bütün kudret kaynaklarımızı mahv ve harap eder. Neticesi bu işi benimseyeceklerin hayatları ve prestijleri de kâfi gelemeyeceğinden, kendi elimizle Milleti anarşiye sürükleriz. Neticede *Bolşeviklik ceryanları* arasında mahv olmak veya *müstemleke olarak* istiklâlimizi kayp etmek de çok uzun sürmez! Mustafa Kemal Paşa'nın son beyanatı, bütün ilim adamlarımızı hayret ve korku içinde bırakmıştır! Çok vahim neticeler doğurabilecek olan bu fikri, hep bir arada müzakere ve münakaşa etsek, millet ve memleketin çok hayrına olur. Lozan bize istibdat ve tehlike göndermesin!

LOZAN ANLAŞMASINDA İSTANBUL NEDEN BAŞKENT?

İsmet Paşaya, bir noktanın daha aydınlatılmasını sordum: Lozan Sulh Muahedenamesinden boğazların tabi olacağı usûle dair mukavelenamenin 8. maddesi aynın şöyledir: "Madde 8- Payitahtın ihtiyacatı için İstanbul, Beyoğlu, Galata, Üsküdar ile Adalar dahil olduğu halde İstanbul'da ve mezkûr şehrin civar kurbunda azamî on iki bin kişilik bir asker gücü bulunabilir. İstanbul'da bir tersane ve bir Deniz üssü muhafaza edilebilecektir."

Hâlbuki daha 12/Teşrin-i sanî/1337 (1921)'de. Erkân-î Harbiye-i Umumiye Reisi Fevzi Paşanın, Boğazlar hakkında ne düşünüldüğü sorusuna cevap olarak; *"İstanbul'un makam-ı saltanat* olacağı kaydının kaldırılarak *makam-ı hilâfet* denilmesini" teklif ettiğim gibi, yine teklifim üzerine *saltanat ilga'* ve *hilâfet Al Osman'da* ve İstanbul'da bırakılmıştı.

Bu, kanun halinde kabul olunmuş ve İkinci Büyük Millet Meclisi'ne esas olan Halk Fırkası umdelerinde de yer tutmuştu. En sonra da 11/Aralık/1922'de Mustafa Kemal Paşa karşısında "Payitaht neresi olmalı?" diye ortaya atılan sualde, onun arzusu ne ise onu yapmak isteyenlere karşı "*İstanbul hilâfet merkezidir. Ankara da hükûmet merkezi. Payitaht tabiri artık kalkmıştır,* demiştim. Bu sefer karşımıza, İstanbul'un payitaht olduğu sulh muahedesiyle çıkıyor! Bunun sebebi nedir?"

İsmet Paşa iyi dinledi, fakat hiç çevap vermedi. Bunu, Mustafa Kemal Paşa'nın arzusuyla yaptığına benim şüphem yoktu. Nitekim bir müddet sonra, onu bu arzularından ebediyen uzaklaştıracak bir teşebbüste bulunmaya mecbur kaldım. Az aşağılarda gelecektir.

KUBBELİ KÖŞK'DE DİN TARTIŞMASI

19 Ağustos Pazar akşamı Mustafa Kemal ve İsmet Paşalar -Lâtife Hanım ile birlikte- bana akşam yemeğine geldiler. Keçiören'e giderken sağ tarafta kubbeli köşk denen mevkide, bol suyu ve büyücek havuzu olan bir köşkte kira ile oturuyordum. İsmet Paşa, Lozan'da iken Mustafa Kemal Paşa, Lâtife Hanım'la birlikte, bir kere daha bana akşam yemeğine gelmişlerdi.

Münakaşayı, İsmet Paşa ile ben yaptım! Mustafa Kemal Paşa sükûnetle bizi dinledi. Mustafa Kemal Paşa, Lozan'dan da aldığı hızla, ne İktisat Kongresi'nin ve ne de heyet-i İlmiyenin hazırladığı programlara ilgi göstermeyerek müthiş bir inkılâp hamlesi teklif etti:

-"*Hocaları toptan kaldırmadıkça hiç bir iş yapamayız.* Bugünkü kudret ve prestijimizle bugün bu inkılâbı yapmazsak, başka hiç bir zaman yapamayız." İlk Fethi Bey Grubu'ndan sonra da Mustafa Kemal Paşa'dan işittiğim bu yeni inkılâp zihniyetini İsmet Paşa bir çırpıda tamamlıyordu. Aradaki zaman fasılaları kendiliğinden ortadan kalkarak, bu üç şahsiyetin üç maddelik programları kulaklarımda tekrarlandı:

1- *İslâmlık terakkiye manidir; 2- Arapoğlunun yavelerini Türklere öğretmeli. 3- Hocaları toptan kaldırmalı!*

NE OLMAK İSTİYORSUNUZ:
HRİSTİYAN MI, DİNSİZ Mİ?

"Peki, amma ne olmak istiyorsunuz?" dedim. *Hristiyan mı, dinsiz mi?* Hiç birine imkân olmamakla beraber her iki yol da, hem tehlikeli hem de geridir! Münevver Hristiyanlık âlemi ilim zihniyetine daha uygun yeni bir din esasları araştırırken bizim, onların köhne müessesesini benimsemekliğimiz müthiş tehlikesiyle beraber, geri bir hareket olur! *Dini kaldırmak* ise yeni müthiş tehlikesiyle beraber medeniyet âleminin nefret ettiği geri bir yol olduğundan *maksatsız bir hareket* olur. Bir milletde *duygu birliği, itikat birliği ve menfaat birliği* olmazsa, *idare edenlerle edilenler* arasında bir uçurum açılır ve bu uçurum, günün birinde *millete mezar* da olabilir! Ben her fırsatta söylediğim gibi, dinle uğraşmanın bizi daha ziyade terakkiden alıkoyacağı ve daha ziyade geri götürebileceği kanaatındayım. Dini olduğu gibi bırakmalı ve *hükûmet, ne buna tesir yapmalı* ve ne de *tesiri altında kalmalıdır!* Biz millî istiklâlimiz gibi, millî hürriyetimizi de en mukaddes gaye tanımalıyız ve bunun zevkini bütün millete tattırmalıyız.

Bunun için medenî hedeflerimizde sür'at, fakat içtimai gayelerimizde tekamül yolunu tutmalıyız. Ben taassuptan uzak ve terakki sever bir insan olduğumu eserlerimle de gösterdim! Zaten yakından biliyorsunuz. Din hakkındaki düşüncemi doğuda iken çocuklar için yazdığım "Öğütlerim" başlıklı eserimde de üç yıl önce neşretmiş bulunuyorum. Müsaadenizle okuyayım.

"Din ve Mezhep" öğüdünü okudum.[18] Sükûnetle dinle-
diler. Hiç cevap vermediler. Bahis de kapandı.

Mustafa Kemal Paşanın büyük bir dikkat ve sükûnetle
beni dinleyişinden ve ara-sıra İsmet Paşa'yı süzmesinden ve
ayrılırken de bana karşı gösterdiği samimiyetten çıkardığım
mana, beni haklı bulduğu idi. Fakat mütâlaalarıma hak ver-
mekle, tekrar, *"mefkûre hatırasına"* döneceğini, hiç de aklıma
getirmemiş idim!

ESER KİMİN İMİŞ?

21 Ağustos'ta Büyük Millet Meclisi'nde Lozan Sulh Mua-
hedesinin müzakeresinde Hariciye Encümeni reisi Yusuf
Kemal Bey nutkunda, şunları da söyledi: "... Bütün bu işin
başından nihayetine kadar endişeli zamanlarda -belki de hiç
meyüs olunmamıştır ya- meyusiyet geldiği anlarda, daima ve
daima bunu demir eliyle tutan büyük Türk evladına, bütün
Türklük nâmına demelidir ki sana yalnız minnet, şükran de-
ğil Mustafa Kemal Paşa bu senin eserindir ki bu eser Türkün
hürriyet ve istiklâlidir."

Hariciye Encümeni zabıt kâtibi Tevfik Rüştü Bey de şu-
nu söyledi: "Encümen reisimiz Yusuf Kemal Beyefendi tara-
fından büyük reisimize hitaben irat edilen samimi hitabeyi
bütün encümen arkadaşlarım nâmına arz ve tekrar etmeyi bir
vazife bilirim."

---

18 "Din ve Mezhep" öğüdünün hülâsası şudur: Dinin kısaca tarihi,
dinsizlik ve din değiştirmenin bir milleti harap edeceği, müstemlekecilerin
İslâm aleyhtarı olmalarının sebebi, halkın en büyük teselli ve inzibat kuv-
vetinin din olduğu, din ve mezhebin ancak mabetlere bırakılarak hayata
karıştırılmaması lâzım.

Şu satırları aynen alıyorum: "Bazı ecnabî diliyle İslâmlık aleyhinde ya-
zılan kitaplar, bilhassa müstemlekelerden yetişebilecek İslâm gençlerinin
ahlâkını bozarak ortaya tefrike düşürmek maksadıyla kaleme alınmıştır. Bu
kitapları okuyup da şuna-buna telkinat yapmak, budalacasına bir cinayet-
tir. Bir çocuğa veya bir adama din aleyhinde telkinde bulunmak, biçarenin
dimağını neşterle kazımak demektir ki, hemen kangren yapar! Halbuki din,
bir millet fertlerinin perçinidir. *Dinin gevşediği yerlerde, birlik perçini de gev-
şemiş demektir."*

Celse bittikten sonra Yusuf Kemal Bey koridorda Bana şu sözleri söyledi:

-"Paşa sizi de tebrik ederim. Bu eserde en büyük hisse sizindir."

Ben de kendisine şu cevabı verdim:

"Millet kürsüsünden en küçük bir hisse vermeniz, daha kıymetli olurdu!"

23 Ağustos Perşembe günü İsmet Paşa, nutkunu söyleyecekti. Meclis bahçesinde kendilerine Yusuf Kemal Bey'in beyânâtını hatırlattım ve bana karşı hususi cümlesini de söyledim. Ve eğer İsmet de her şeyi Gaziye, millet kürsüsünden bahşederek tarihe karşı haksızlık edeceği gibi, istikbal için Gazi'ye istediğini yapabilecek bir kudret vermiş olacağını ve bunun önüne hiçbirimizin geçemeyeceğini anlattım. "Her şeyi ben yaptım" diyebilen bir adamın, bundan sonra da "Her şeyi ben yapacağım" iddiasıyla ne tehlikeli maceralara atılabileceğine tekrar -çünkü ötedenberi bu bahis üzerinde mutabık idik- Enver Paşayı misal göstererek, İsmet Paşanın dikkatini çektim!

İsmet Paşa; "Merak etme mühim noktayı unutmam" demekle beraber, millet kürsüsünden bu husustaki sözleri aynen şunlar oldu:

"Arkadaşlar!

Bir vazife-i esasiye ifa etmek için şunu da söylemek isterim; gerek savaş sırasında ve gerekse Barış konuşmaları sırasında sevk-i kaderle ağır mesuliyetler altında bulundum. Ağır mesuliyetler altında memleketin hayat-ı menâfiine taallûk edebilecek ağır kararlar vermek vaziyetinde bulundum ve bunların hepsinde, merkezi idareden ayrı olarak, ya düşman karşısında veya sulh müzakeratında olduğu gibi Avrupa ortasında idim. -Siyasi tabir ile- siyasi muhasımlar arasında bulundum. Bu kadar ağır mesuliyetleri almak için ve bunların içinde en büyük müşkilât karşısında dahi, hedefe karşı yürümek için, malik olduğum, *kuvvet kaynağı bilhassa* Büyük Millet Meclisi Reisi Mustafa Kemal Paşa'dır.

Arkadaşlar! Yalnız şahsî bir minnet ve şükran ifade etmek için söylemiyorum. Vazife ve iş nokta-i nazarından bir hakikati ifade etmek için söylüyorum: İnsan çok bunaldığı zamanda en muvafık tedbirin daha büyük ve samimi birisi tarafından teyid edilmesine muhtaçtır. Büyük ve karışık vaziyetler içerisinde en büyük tedbir o kadar basittir ki, ekseriya onu bulmak çok müşkildir. Fevkalâde karışık, dolaşık bulutlarla kaplı bir muhit içerisinde yol gösterecek bir sağlam görüş lâzımdır. *Bu sağlam görüşü, gerek muharebe hayatında ve gerek sulh hayatında bize gösteren, Mustafa Kemal Paşa olmuştur. Aldığım vazifelerde muvaffakiyet hâsıl olmada, gerek harpte ve gerek sulhte başlıca âmil olarak Mustafa Kemal Paşayı muvacehe-i millette ifade ediyorum."*

GAZİ, TEK ADAM OLUYOR

Mustafa Kemal Paşa, bu takdir yarışlarını büyük bir zevkle dinledikten sonra, millî ve askerî işlerimizin temelini kuranları, canla-başla çalışanları kısaca olsun millet kürsüsünden millete ve tarihe tevdiye artık lüzum görmedi. Bundan en çok, etrafına topladığı değersiz kimseler istifadeye koyuldu. Mustafa Kemal Paşa'dan başka ortada kimse bırakılmadı: *O, kurtardı ve O kurtaracak* teranesi, hazıra konmak isteyen dalkavukların dillerinde destan oldu.

Artık her akşam âleminde onun yüzüne karşı methiye yarışı aldı yürüdü. Bütün bu muhiti, *İkinci Millet Meclisi'nde* kazanmıştı. Meclis'in çehresi pek garipti: Sarıklı sarıksız, muhafazakârlar, terakki taraftarları, din ve ahlâk aleyhtarı zübbeler sun'î bir birlik gösteriyorlardı. Meclis umumi heyetiyle Mustafa Kemal Paşa'nın emrine ram idi. O sağa da gitse, sola da gitse, hep beraber ona ayak uyduracaklardı. Dışarıda kendi emekleriyle hayatlarını fakirce kazanabilen bu zümre, pek az müstesnasıyla, şimdi devlet hâzinesinden zenginleşiyor ve ihsanlara da gark oluyor, aristokrat bir tabaka halini alıyordu. Bunlar da mensuplarını, memuriyetlere kayırarak veya kazandırarak, etraflarında tabakalar teşkil ediyorlardı. İşte

Cumhuriyet hükûmeti, Türk Milletine *feyzini* bu suretle dağıtıyordu!

Trenlerle demir fabrikalarına götürülen maden curufunu, mıknatıslayan çelik levhalar, nasıl bir vinçle vakumlarla kendisine çekip yapıştırıyorsa; Mustafa Kemal Paşa da, bütün İstiklâl Harbi'nin banisi sıfatını takınınca, böyle bir kudret sahibi olmuştu. Onun çekemediği mahdut ağır parçalardı!

İstiklâl Harbimiz'in bu şuursuz ve sunî neticesinden müteessir olanlar, VATANSEVERLER VARDI. FAKAT ÇOK AZLIKTI.

ASKERLİĞİ TERCİHİM VE BİRİNCİ ORDU MÜFETTİŞLİĞİM

Birinci Büyük Millet Meclisi'nde olduğu gibi İkinci Meclis'te dahi askerlerin aynı zamanda mebus olabilecekleri henüz meriyette bulunan teşkilat-ı esasiyye icabatıydı. (Yeni teşkilât-ı esasiyyede bunun kaldırılmasını komisyonda şifâhân ısrar ettiğim gibi, yazıyla da resmî makamlara teklif ettim; bu aynen görülecektir.) Ben askerlikte hizmeti, hale daha uygun buldum. Fakat üzerimde -İstanbul mebusluğu da duracaktı. Askeri vazife olarak İsmet Paşa'nın da sulhden önce muvafık gördüğü Erkân-ı Harbiye-i Umumiye riyaseti verilmiyor idi. Ordu müfettişi kalacaktım. Fakat bunda da bir şart vardı: *Eğer doğuda kalmak istersem, Ankara'da oturacaktım!* Ordu müfettişlerinin kendi mıntakalarında oturması lüzumunu, bana bu teklifi yapan İsmet Paşa'ya izah ettim.

"Şu halde Birinci Ordu Müfettişliği'nin merkezi Ankara olduğundan bunu kabul edersiniz" dedi. (¹⁹)

"Peki," dedim. "Yalnız bir kere doğu cephesini dolaşmak, işlerimi devretmek ve orduma ve o muhite veda etmek için oraya gitmek isterim."

---

19 Nutuk, sahife: 484: "Kazım Karabekir Paşa da, daha evvel aynı mülâhazatla politikadan hoşlanmadığını, hayatını askerlik mesleğine hasretmek istediğini dermeyan ederek Meclis'ten ayrılmış, ordu müfettişi olarak Birinci Ordu'nun başına geçmiş bulunuyordu.

Reisliğim altında teşkil olunmuş bulunan "Orduda, ilim ve İrfan Teşkilat-ı Askeriyye" komisyonunda hazırladığımız lâyihayı Erkân-ı Harbiye-i Umumiye Reisi Fevzi Paşa'ya takdimden sonra doğu seyahatına hazırlandım.

1 Eylül'de veda ziyaretlerimi yaptım. İsmet Paşa benim bu seyahatimi muvafık bulmadığını söyledi.

Sebebini sordum. Aynen şöyle söyledi:

"Kazım, çok korkuyorum seni Erzurum'da vuracaklar!.."
Ben de ona şu cevabı verdim:

"Beni ne Erzurum'da vurabilirler ve ne de bir Erzurumlu Beni başka bir yerde vurur."

GENELKURMAY BAŞKANLIĞI KONUSU:

Mustafa Kemal Paşa, öğle yemeğine beni alıkoydu. Ordunun barış teşkilatı üzerinde görüştük. Bir ordu Başmüfettişliği makamının, barıştaki lüzûmunu izah ettim. O, Erkân-ı Harbiyye-i Umumiyye reisinin başkumandan demek olacağı fikrinde idi. Üzerinde çok masa işleri toplanacak olan Erkân-ı Harbiye-i Umumiyye reisinin ordularla ve harp sahalarını tedkiklerle uğraşacak az zamanı olacağını söyledim. Harpte başkumandanlığı yapacak zatın, barışta daha faal olmasına ve orduyu elinde tutmasına araziye iyi hakim olmasına; harp sahalarındaki halkın mesai ve ihtiyaçlarıyla yakından ilgili olmasına, bütün İktisadî işlerin bir harp tehlikesiyle sıkı bağlanmasına ihtiyaç olduğunu ve Erkân-ı Harbiye-i Umumiyye reisinin bu vakitleri bulamayacağından yıllarca sonra bir harp çıkarsa çok hazırlıksız bizi yakalayabileceğine dikkatlerini çektim.

Çok yazık ki bu teklifimi benim Fevzi Paşayı başmüfettiş yaptırarak Erkân-ı Harbiye-i Umumiyye riyaseti makamını kendime hasretmek manasında telâkki eder bir karar aldılar. Şahsî feragatimi belirtmek istemekliğim de bir netice vermedi. (Mebusluk vazifemi görmek üzere Meclis'e geldiğim zaman da. Milli Müdafaa bütçesinde bu esası müdafaa ettim.

Zabıt Ceridesi: 29, 26/1/341 8, 19/3)1341)

Hükûmet merkezinin artık Ankara olmasının askeri, siyasi ve tarihi lüzumunu izahla Lozan Sulh Muahedesindeki kaydın tashihinin muvafık olacağını da bildirdim. Bu hususda düşüneceklerini söylediler. (Nutuk, Sahife: 484 ve 485'de: 13/Ekim/1923 tarihinde uzun müzakere ve münakaşalardan sonra "Türkiye Devleti'nin makarri idaresi, Ankara şehridir" kanun maddesinin kabulü hakkında tafsilat var.)

Söz sırası doğu seyahatına gelince, Mustafa Kemal Paşa, bana şunu söyledi: "Paşam dikkat et, Erzurum mebusları aramızı bozmaya çalışıyorlar.""Aramızdaki samimiyetin, İstiklâl Harbi'nin binbir zorluğu ve tehlikesi karşısındaki müşterek azmimizle daha ziyade perçinleştiği kanaatini besliyorum. Herhangi üçüncü bir şahsiyetin, buna dokunmaması için çok hassas bulunuyorum.

Feragatimi ve açık yürekli olduğumu, herkesten çok siz gördünüz ve tecrübe ettiniz. Bundan böyle de yine böyleyimdir. Fikir ayrılıklarım olsa da içten sevgi ve saygı duygularım asla azalmayacaktır. Sizden dileğim de -bir kere de doğudan yazdığım gibi- yeter ki sizin bana itimadınız azalmasın,"

dedim. Ve aramızı bozmaya çalışan Erzurum mebuslarının kimler olduğunu sordum. İsmet Paşa ile Rauf Bey'in arasındaki soğukluğu kaldırarak, İstiklâl Harbi erkânının samimi birliğini tutmaklığımızı da diledim.

Mustafa Kemal Paşa, "Rauf Bey'in, İsmet Paşa'nın aleyhinde söylediklerinin İsmet onda birini bilmiyor. Bize gelince, ikimizde dikkat edelim" dedi ve sorduğum isimlerden bahsetmedi.

ACIKLI VAZİYET VE DOĞU SEYAHATİM

Çankaya'dan teessürle ayrıldım. İsmet ve Mustafa Kemal Paşaların sözleri kulaklarımda çınlıyordu. Daha önce, birbiriyle görüşmüş, bana söylenecek sözlerde anlaşmış oldukları, apaçık görülüyordu.

"Erzurum mebustan aramızı açacak, Erzurum'da beni vu-racaklar!...cümleleri böyle sıralanınca, beynimde bir şimşek çaktı; fakat kendimi bu şimşeğin tesirine bırakmadım. Çabuk toparlandım ve kendi kendime:

"Hisle değil hesapla halolunmalıdır" dedim.

İkametgâhıma gelince güvendiğim Erzurum mebuslarından ve silah arkadaşlarımdan bir kaçını çağırttım ve onlara, bütün geçen hadiselerin, bilmedikleri safhalarını anlattım:

Doğu harekâtı hakkındaki muhaberelerimizi okudum. Celâleddin Arif meselesinde o zamanki Erkân-i Harbiyye reisi olan İsmet Beye (İnönü) "Bu zâtla Mustafa Kemal Paşa'nın arası nasıldır? diye sorduğum şifreye aldığım cevapta, "iyi olmadığını, önce bana hücumla beni düşürdükten sonra, Erzurumlular vasıtasıyla Mustafa Kemal Paşa'yı düşürmek istediklerini" bildirdiğini söyledim. Hasbihallerimizde Mustafa Kemal Paşa'nın fırka kumandanlarımdan Halid Bey'e şifre ile,"Celâleddin Arif'le, Karabekir'in arasını aç" dediğini ve Erzurum'a ilk geldiği zaman, Halid Bey'le görüşmelerinde de ona: "Seni de Beni de İstanbul hükûmeti istiyor; bir gün Kazım bizi tevkif ederek gönderebilir. Birbirimizi tutalım ve daima muhabere edelim. İcap ederse, onun vücudunu kaldırır, yerine sen geçersin" tavsiyesini tesbit ettik.

EnverPaşa'nın -bazı arkadaşlarıyla- Moskova'da *"Halk Şûrâlar Hükûmeti"* diye programlar bastırıp Anadolu'ya soktuğu zaman, Erkân-i Harbiye-i Umumiyye reisi Fevzi Paşa'nın: "Bunların isyan çıkaracağı, gelirse *Enver Paşa'nın* tevfiki" emrini ve bu arada Batı cephesi kumandanı İsmet Paşa'nın 24/5/1337 şifresini ve cevabımı okudum.

"Enver Paşa'nın *İslâm İhtilâl Cemiyeti"* namiyle gizli bir teşkilâtı genişleterek orduyu ele almak fikrini takip ettiği, anlaşılıyor. Bunlar tabii şark ordumuzdan başlarlar. Bizim Garp cephesindeki harekâtımız çok uzayabileceğinden, Şark'ta Ruslar da uzun müddet serbest kalırlar. Hasılı, ittihatçılar, Ruslar, Erzurum'un mahut müfsitlerinin her biri başka maksat için, Şark ordumuza hücuma gideceklerdir. Bu hücumların hepsine engel olan, yalnız sensin! Bu yüzden bütün oklar, sana dönüyor. Açık tedbir ve hücumlardan endişe etmeyiz! Fakat, *ihanet* ve *hileye* gelmekten endişe ederim. Kendine gayet sağlam bir muhit temin etmeli ve son derece kuşkulu olmalısınız!." Buna karşı cevabım: "Mevkiimin nezaketini tamamiyle takdir ederek muhitimi ve ordumu sağlam tutuyorum.."

GAZİ-KARABEKİR SÜRTÜŞMESİ

Bunlara rağmen Mustafa Kemal Paşa'nın ittihad ve terakki merkezi umumisinde azalık yapmış bulunan Ardahan mebusu Hilmi Bey'i, bana haber vermeden Trabzon yolu ile Enver Paşa'ya göndermek istediğini, Hilmi Bey'in de Trabzon'daki münasebetsizliğini haber alınca, bana karşı itimatsızlığın doğuracağı vehamet belirten şifremi ve cevabını okudum. Ve bugünkü mülâkatımda kendilerine hatırlattığımı da söyledim ki, aynen şunlardır:

Başkumandan Mustafa Kemal Paşa Hazretlerine,
Kars 23/11/ 1921

Zâta mahsustur.

Ardahan mebusu Hilmi Bey'in Zât-ı samilerin aleyhinde ve Enver Paşa lehinde Trabzon'da yaptığı münasebetsizlikleri takiben bir mebusa yaraşmaz bir lisanla çektiği telgrafların ve kat'iyen tarassut ve takip altında bulunmadığı ve yazdığı telgrafların çekilişine hiç bir makamca engel olunmadığı halde, yalan uydurarak Ankara'ya velveleye vermesinin reyi istihdaf etmiş olduğunu söylemeye gerek yoktur. Her şeyden evvel bendeniz zât-ı samilerinin itimadı tammını ve *İstiklâl Harbi için bilâ-ivaz çalışan denenmiş kişilerin yekvücud birleyerek vaktiyle İstanbul hükûmeti eliyle yapılamayan fenalıklara ve anarşiye meydan verilmemesini istirham eylerim. Nereden idare edildiğini kestiremediğim aleyhdar ceryanla birbirimize itimatsızlık olursa, genişleyebilir ve bunca zamandan beri istiklâlimizi muhafaza için döktüğümüz kanları boşa çıkarabilir.* Kuvvetli bir hükûmetle iş görülecek bir zamanda yine Envercilik devrine alet olmak isteyenler, nazarımda irfan ve ehliyetleriyle tutamadıkları mevkileri çetecilikle iktisaba çalışanlardır. Bu insanların her türlü riya, ikiyüzlü adlatmacalarda bulunabileceklerine Hilmi Bey'in durumu şahittir. *İtimadınızı tekrar* rica ile, bu kabil kışkırtmalara karşı fedakâr ve faziletkâr mevcudiyetlerimizle vaziyet alınması lüzûmunu arz eylerim.

Şark Cephesi Kumandanı
Kazım Karabekir

Cevabı:

Ankara 26/11/1921

Şark Cephesi Kumandanı Kazım Karabekir Paşa hazretlerine, zata mahsustur:

Hilmi Bey seyahati ve Envercilik işaretlerinizi büyük bir önemle dikkate aldım. *Aramızdaki sevgi ve güven sonsuz olur.* Mevkiinizin, kuvvetinizin en ufak bir azalmaya uğraması aynen şahsım hakkında ve kutsal amacımız hakkında en büyük darbeye düçar olması kadar gözümde önemlidir. Fesatçılara karşı gerekli durumu almakta asla tereddüt edilmeyecektir kardeşim.

Başkumandan M. Kemal

KARABEKİR HUZURSUZ

Meclis'te bazı doğu mebuslarının ve bu arada yeni kurtardığımız vilâyetler mebuslarının da bana ve orduma teşekkür edeceklerine, aleyhimizde Meclis'de beyanatta bulunuşlarını anlattım. Ve kurtarılan yerlerde halkın yerleşmesini, beslenmesini, hastalarına bakılmasını, asayişini ve adliye teşkilâtının ikmalini ne büyük süratle başardığımızı belirttim. Ve bu hususta Adliye Vekâleti'nden gelen takdirnameyi de okudum:

Şark Cephesi Kumandanı
Kazım Karabekir Paşa Hazretlerine,
Şifre Ankara 27/11/1337

Gerek, şahsen ve gerek askerlik itibariyle hâiz bulunduğunuz müzayatın evvelden beri taktirkârı bulunuyorum. O havalide teessüs etmekte olan adliyeye karşı göstermekte olduğunuz yardım ve korumalarınızdan ötürü vekâlet namına arz, teşekkür ederim efendim.

Adliye Vekili
Refik Şevket

Karskalesi etrafındaki tehlikeli bir unsur olan Rus malakanlarını Türk unsurlarıyla mübadele muvaffakiyetimizi; bütün doğu yollarındaki köprülerin istihkâm müfrezelerimizle tamir veya yeniden yaptırdığımızı; köyleri, kasabaları ve bilhassa Erzurum'u, Sarıkamış ormanlarından büyük yardımlar yapılarak harabiyetten kurtardığımızı, kurtarılan yerlerde, bakımsız çocukları da, ÇOCUKLAR ORDUSU TEŞKİLATI'na alarak hayat ve istikballerini kurtardığımızı, karşılıklı görüştük, konuştuk.

BATI CEPHESİNE YAPILAN YARDIM

Doğu cephesi harekatını az kayıplave süratle bitirerek Batı Cephesi'ne yaptığımız yardımın, Gümrü ve Kars Konferanslarıyla temin ettiğimiz doğu sulhunun ve menfaatlerinin üzerinde de biraz durduk. Sonra 10/Ocak/1922'de Beni Müdafaa-i Milliye Vekâleti'ne almak ve yerime Şevki Paşa'yı tayin etmek hakkında Mustafa Kemal Paşa'nın arzusuna doğudaki nazik vaziyetin icabını kendilerine ve Fevzi Paşa'ya yazarak, son zafere kadar doğudan ayrılmadığımı da görüştük. Elaziz valisi *Ali Galib*'in vurdurulması teşebbüsü, *Mustafa Subhi* heyetinin Trabzon'da uğradığı feci âkibet; sonra onun mürettibi olan Kahya'nın 8/Temmuz/1922'de öldürülmesi ve arkasından: "Herif Sivas mahkemesinde berat kazanmıştı. Bunu askerler öldürdü," diyerek orduya leke sürülmesi ve 20 Temmuz Başkumandanlık müzakeresinde, işe büyük Millet Meclisi'nin el koyarak Trabzon'a üç mebus göndermeleri ve işi bu kanaldan da orduya ve dolayısıyla bana tevcih etmek istemeleri fakat sonra bu işin Ankara'dan gönderilen Osman Ağa'nın adamları tarafından yapıldığının ortaya çıkışı, bunu çıkaran Trabzon Mebusu Ali Şükrü Bey'in boğuluşu, Osman Ağa ve bazı adamlarının öldürülüşü, hep bir sinema şeridi gibi önümüzden geçirildi. Sıra bugünkü mülakatlara geldi.

Bana ne söylediler ve ben ne cevaplar verdim, aynen söyledim. Ve artık Doğu Cephesi'nde bırakılmak istenmediğimi, fakat bir emir de vermedikleri için Doğu Cephesi kumandanı sıfatiyle bütün doğu cephesini dolaşacağımı ve bu arada Erzurum'u da -Kars'a gidip gelirken- iki defa ziyaret edeceğimi söyledim. Ve apaçık şu sualleri sordum: "Kimlerdir, benimle Mustafa Kemal Paşa'nın arasını açacak ve kimdir beni Erzurum'da vuracak?"

DEHŞET VERİCİ GERÇEKLER

Ortaya dökülen hakikatler dehşet verici oldu:

1- Meclis'te bir düzüye bilhassa doğu mebusları, aleyhime tahrik olunmuştur.

2- Orduda bazı astların ve bu arada bilhassa fırka kumandanlarından Halid Bey ([20]) aleyhine teşvik olunmuştur.

3- Meclis vasıtasıyla Trabzon'da Kahya'nın katli hadisesi. Bana yıkılmaya çalışılmıştır.

4- Sen zaferde Trabzon'da bulunuşumdan endişe edilerek, Erzurum mebusu Asım Bey Erzurum'a gönderilmiş ve benim vaziyet alarak memlekette ikilik yapacağım korkusu ile kolordu kumandan vekili Rüştü Paşa ([21]) ve Erzurumlular aleyhime teşvik edilmek istenilmiş!

5- Ben doğudan Ankara'ya gelirken, Kastamonu'ya beni öldürmek üzere bir fedai gönderilmiş. Bu adam, Ankara'dan gelen bir Türk'tür! Kendisine, bir Ermeni olduğu ve bir Amerika torpidosuyla İnebolu civarına çıkarıldığı öğretilmiş! Misafir kaldığım hükûmet konağının abdesthanesinde yakala-

---

20 Halit Bey Meclis'te öldürüldü.
21 Rüştü Paşa İzmir'de asıldı.

nınca, rezalet meydana çıkmış ve ört-bas edilmiş!

6- "Karabekir'e itimadımız yok" diyerek Beni kendi yakın muhitiyle bir düzüye takip ettirilişim; bu işe memur edilenlerin başında mebus ve asker İhsan Bey (Bahriye vekilli de yapan) bulunuyormuş!

7- Otuz kişi Gazinin etrafında toplanmış imiş. Teşkilât-ı esasiyye ne demek? Gazi istediğini yapar, diyorlarmış! (bu kabil beyanat sonraları Hakimiyet-i Milliye sütunlarında görüldüğü gibi, bizzat Gazi de Konya'da nutuklarında daha sertini de söylediler!)

8- Bugünkü vaziyette Gazi, Erzurum'dan, "Karabekir'i istemeyiz" diye bir telgraf çektirmeye ve mümkün olmayan bir sû-i kasda uğratılmama çalışıyormuş! ([22]) Tıpkı vaktiyle İngiliz Rawlingson'un gülünç teşebbüsü gibi. Şu neticeye vardı ki: Bunlar, tarihin nice emsalini gösterdiği birer ruhî hastalıktan gelir. Baş olan, değil kendinden, üstün olan hatta kendine denk hizmet edenleri bile çekemez! Onların himmet ve feragatıyla yükseldiği yeri, onlardan birinin kapacağı vehimesi ile -ruhî istidadına göre- onları kötülemekten, onları yok etmekten zevk alır.

İsmet Paşa'ya verdiğim cevap, Erzurumlu arkadaşlarımın çok hoşuna gitti. İstiklâl Harbine nasıl birlikte başladıksa, ölünceye kadar da benden ayrılmayacaklarına söz veren bu mert arkadaşlarım, benim: "Beni ne Erzurum'da vurabilirler ve ne de bir Erzurumlu Beni başka yerde vurur" sözüme şunu da eklediler: "Sana uzanacak eli de, onu uzatacakları da, yirmi dört saat içinde Erzurumlular bulur, çıkarır ve yok eder."

---

22 Nutkun 17. sahifesinde: "Şarkta aleyhindeki fikrî ve fiilî tezahürattan dolayı ifa vazifeye imkan göremediğinden Ankara'ya gelmeye mecbur olan" demekle olsun benden bir hınç almış oluyorlar."

Demek ki nutuklarında hizmetlerimden tek bir kelime bahsetmeyerek bir düzüye tenkitler, aleyhimde bir düzüye propagandalar, nihayet tevkifim ve hapsim; üç kere evimin aranması bütün mesaimin mahv edilmesi, kırk beş yaşında eski kanunla emekliye çıkarılmam ve mütemadi tarassut altında bulunduruluşum ile lâzimi kadar hınç alınamamış!

KARABEKİR'İN ÇOCUKLARI

1 Eylül Akşam 20'de hareketi mukarrer olan trenimiz 2 Eylül gece saat 4.45'li barıkılmış, Eskişehir'den Konya'ya gidecek bir süvari alayım hamil trenle birleştik. Afyonkarahisar'a kadar birlikte geldik. Burada doğudan getirdiğim çocuklar müfrezesiyle buluştum. İstanbul'dan sonra Bandırma yoluyla İzmir seyahatlarını da yapmışlardı. Şimdi Adana'ya kadar seyahat edecekler sonra büyük kısmı Bursa'ya; doğuda yakın kimseleri olanlar da Erzincan'a döneceklerdi. Her gittikleri yerde 'büyük sevgi ve takdirler kazandıklarını müfreze kumandanlarının raporlarından olduğu kadar mahalli gazetelerden de takip ediyordum. Bu sefer Afyonkarahisar, Konya, Karaman, Ereğli seyahatlerini birlikte yaparak halkın ve maarifçilerin coşkun takdirlerini gördüm Bu takdirlere doğunun ve sahillerimizin her yerinde ve Ankara'da da bizzat şahit olmuştum. Bu Çocuklar Müfrezesiyle Çumra kanalını da dolaştık. Sultan Hamid, buralara, muhacir yerleştirmek için Alınanlara yaptırmış! Bir milyon iki yüz bin altına mal olmuş! Sıtma feci bir halde.

Manevi babaları olduğum bu yavrulan 10 Eylül'de ceddimin yurdu olan Karaman'ın Kasaba (diğer adı Gaferyad) nahiye merkezine de götürdüm. Babamın da doğduğu ve on altı yaşına kadar içinde büyüdüğü bu şirin köy, bugün yalnız kapı ciheti kalmış bulunan bir sur içinde, bir çok çeşmeleri, camileriyle tarihi bir manzara arzetmektedir. Daha önceleri bir kaza merkezi olduğu halde nahiye haline indirilmiş. Sultan Fatih zamanında Karaman Beyliğinin kaldırılmasına yardım eden ceddim, buraların tımarına sahip olmuş, Yavuz Selim'in İran seferine de yüzlerce süvari ile iştirak ederek Çaldıran muharebesinde büyük yararlıklar göstermişler. Ve hayli esir ve ganimet ile döndükleri için yurtlarını ihya etmişler! Tımarlık usulünün kaldırıldığı tarihlere kadar görülen varlık, gitgide sönmüş, ilk zamanlarda hükûmetin ısrarıyla surlardan bir takım kapılar açılmış, daha sonraları da tam harabî başlamış.

14 Eylül'de Ben Niğde'ye, Çocuklar Müfrezesi de Adana seyahatine ayrıldık. Bu havalinin bir çok yerleri bataklık. Yol boyunca köyler susuzluktan feryadda. Abriz Kaynak ve şelâlesini hayretle temaşa ettim. Burada susuz yerlere su almak, bataklıkları kurutmak ve hiç değilse bataklıklar içindeki köyleri aralarından kaldırmak imkânım Nafia ve iktisat vekâletlerine yazdım. Çümra kanalının halini de bildirmiş ve iktisat vekâletinin alâkadar olmasını Konya'dan yazmıştım.

Ereğli, Niğde, Kayseri, Bünyan, Sivas, Tokat, Amasya, Havza, Samsun seyahatleriyle orta-Anadolu'nun ümran, Maarif, sıhhi ve içtimai durumunu görmüş oldum. En çok mektepleri ziyaret ve muallim ve talebe ile temaslarda bulunarak hali ve ihtiyaçları tedkik ettim.

Samsun'dan vapurla 26 Eylül'de hareket ettik. Giresun'u da ziyaretten sonra 28 Eylül'de Trabzon'a çıktım. Otomobil seyahatiyle yol boyundaki askeri müesseselerimizi teftişle 1/Ekim'de Erzurum'a geldim. Her geçtiğim yerde olduğu gibi, burada da halk candan tezahüratla karşıladı.

Erzurum, Benim pek küçük yaştan tanıdığım bir yerdi. Burada bir havuza düşerek başım yarılmış ve bir avuç kanım Erzurum'un iç topraklarına karışmış idi. Sonraları gerek Cihan Harbi'nden ve gerekse İstiklâl Harbinden çok derin hatıralarım vardı.

KARABEKİR ERZURUM'DA

Erzurumlularla birlikte ızdıraplı ve sevinçli nice günler yaşamıştım. Türk istiklâlinin ve hatta mevcudiyetinin kurtuluş temelini burada birlikte kurmuştuk. Bu tatlı hatıraları Beni Erzurumlularla karşılıklı sevgi ve saygı bağlarıyla kenetlemiş olduğundan, burada karşılaştığım halk ve ordu birliklerimle daha derinden duygulanmıştır. Halk arasında her tarafı dolaştım. Mülki, askeri bütün müesseseleri ziyaret ettim.

Teftişlerimi ve mevki-i müstahkem hakkında yeniden tedkiklerimi de yaptım. Buradaki sanayi takımları çocuklarının fena hale gelmiş olan elbise ve çamaşırlarını yenilettirdikten sonra 3 Ekim'de Sahra treniyle Hasankale vesairedeki müesseselerimizi de teftişle Horasan'da kaldım. Ertesi gün Sarıkamış'a geldim.

Çok samimi tezahürler arasında büyük bir boşluk göze çarpıyordu. Mektepleriniz Erzincan'a, sanayi takımlarıyla Erzurum'a nakledildiğinden buralara bir ıssızlık ve bir hüzün çökmüştü. Bir iki müessesede, az sayıda çocuk kalmıştı.

6 Ekim'de trenle Kars'a gittim. Kıtalarımızla birlikte bütün halk istasyona dolmuştu. Dört bin kadar nüfus kalmış. Kars'ı daha harap ve halkı daha az buldum. Sokaklar da vine çıplak ve sefil çocuklar görülüyordu. Kimsesizleri, çocuklarımızın teşkilâtına aldırdım. Diğerlerine icap eden yardımları yaptırdım.

Bugün, İstanbul'un kurtulduğu gündü. Parlak surette kutladık. 1918'de İtilâf orduları tarafından işgal edilmiş bulunan İstanbul 1785 gün gibi uzun zamanlar esaret altında kalmıştı.

Doğduğum ve feyz aldığım ve bugün de mebusu bulunduğum İstanbul'un kurtuluşunu, Kars kalesinde kutlamak bana ayrıca bir zevk veriyordu. Hemşehrilerimi buradan tebrikve bir daha elemli günler görmemelerini diledim.

Kars Kalesi'ni ve müesseselerini teftiş ettim. Bir harp oyunu yaptırdıktan sonra, arazi üzerinde zabitlerimiz Kars'ın kırk beş yıl evvel Ruslar tarafından nasıl zabtolunduğunu ve Bizim de Cihap Harbi'nde ve İstiklâl Harbi'nde Kars'ı, nasıl zabtettiğimizi anlattım. Kars'ın siyasi ve askeri ehemmiyetini belirttim ve *"Varlık"* gazetesinde tefrika edilen *"Kars tarihi"*ni okumalarını da tavsiye ettim. Bir kaç gün *Kars*'ta ve dönüşte *Sarıkamış*'ta meşgul olduktan sonra trenle 12 Ekim'de Erzurum'a geldim. Burada tekrar dört gün kalarak mevki-i müstahkemin bilhassa Palandöken mıntıkasında tedkiklerde bulundum. 3008 rakımlı 2 numaralı tabyaya yeni kar yağmıştı. Rusların buralarda açtığı galerileri de tedkikten ve ilerisi için alınacak tedbirleri de, kale kumandan ve erkân-ı harbiyyesine tesbit ettirdim.

KURTULUŞ SONRASI ENDİŞELER

Erzurum'da bu defa halkla daha yakından temaslarda bulundum. Bütün dolaştığım orta Anadolu ve sahiller halkı gibi doğuda dahi İstiklâl Harbi'nden muvaffakiyetle çıktığımızdan ve Türk camiasının istiklâlini kurtuluşundan dolayı sevinçler içindeler. Fakat bundan sonrası ne olacağı hakkında umumî bir endişe var. Sanki söz birliği etmişler gibi, endişelerini şu tarzda ortaya atıyorlar: "Gazi emrine râm bir Meclis kurdu ve hükûmet yaptı. Birinci Büyük Millet Meclisizamanında yapamadığını bu sefer yapacak!.. Padişah ve halife olmayı kurmuş. İstiklâl Harbi'nde canla-başla çalışanları da ortadan kaldıracakmış." Bana her yerde büyük sevgi ve saygı gösteriliyor ve dert yanılıyordu. Sahillerde apaçık Gazi'ye aleyhdarlık da görülüyordu. Erzurum'da ise, kongre sıralarından başlayarak vaziyeti bilenler ve zaferden sonra kongre azasını bile Meclis'e almadığını görenler ve hele bana karşı Erzurumlular vasıtasıyla Erzurum'da yapmak istediği marifetler, çok kötü surette aleyhdarlığı yapıyordu.

SALAHATTİN ADİL PAŞANIN MEKTUBU

Ben, Gazi'nin hilâfet ve saltanatı almak meselesinin henüz Anadolu'ya yayıldığını sanıyor ve heyet-i ilmiyye huzurundaki ağız tecavüzüne bakarak, yeniden eski mefküresine döneceğini, hiç de sanmıyordum. Bunun için bu endişeyi gösterenleri teskin ve aleyhdarlığı gidermeye çalışıyordum. Fakat Erzurum'dan ayrılacağım sırada Müdafaa-i Milliye müsteşarı Selahaddin Adil Paşa'dan aldığım bir mektup, Beni hayretlere düşürdü. Mektup şöyle idi: "Ankara'dan ayrıldığınız çok fena olmuştur. Şarka gitmenizin sırası değil idi. Gazi, tekrar hilâfet ve saltanatı almak için teşebbüslere girişmiştir. Bu tehlikeli işi ancak siz burada önleyebilmiştiniz. Erkân-ı Harbiye-i umumiyye reisi Fevzi Paşa'ya tahriren bildirdim ve mesuliyetini belirttim. Ne Meclis ne de kimse Gazi'nin bu arzusunu önleyecek halde değildir."(Nutuk, sahife:

515: "... *Son dakikalarda, hilâfetin tarafımdan deruhde edilmesi teklifinde bulundular.*" Bir kaç satır aşağıda: "*..ehli İslâm Benim halife olmamı istiyormuş.*"

Salahaddin Adil Paşa, Meşrutiyet'in ilânından önce istibdadın olanca şiddetiyle hüküm sürdüğü bir zamanda, İstanbul Harbiye Mektebi'nde muallim iken delâletimle İttihad ve Terakki Cemiyetine girmekte ufak bir tereddüt dahi göstermemişti. Sonraları da daima kendisine güvenilir, doğru ve mert bir insan olduğunu göstermişti.

Ben geçtiğim yerlerdeki endişeleri İkinci Büyük Millet Meclisi'ne alınmayan *İkinci Grub*'un propagandası sanmıştım. Belki de yine böyle idi. Fakat *Gazi*'nin de tam bir tek adam rolü almak için kâh müteassıpları, kâh zübbeleri memnun edecek sözlerle iskandiller yaparak azimli bir kararla harekete geçeceğine de şüphe yoktu. İstiklâl Harbi'ni emirler vererek idare ettiği zannıyle, bundan sonrasını da kat'î emirleriyle -kimsenin bir fikir ve himmetini görmeyi gereksiz sayarak- yürütmek istiyordu.

Milletin en yakın tarihini, ibret alınacak çok hadiseler bulunduğundan dosdoğru bilinmesi lâzım gelen tarihini ört-bas edip, ona istenilen bir şekli vermek ve ilerisi için de bu çürük mesnede dayanarak bir ilham kaynağı olmak, Türk Milleti için çok tehlikeli olacaktı. Fakat ne yazık ki bu tehlikenin önüne ancak ben, hayatıma da mal olsa, durabilecektim. Çok düşündüm ve teftiş yerlerimi bildiren şifremde ([23]) Fevzi Paşanın dikkatini çekmeyi muvafık buldum. Onu tafsilat istemeye mecbur edecek tarzda bu şifreyi yazdım.

Erkân-ı Harbiye-i Umumiye Riyasetine,
Erzurum 16110/1339

---

23 Erzurum'dan 5 Ekim de de şu şifreyi yazmıştım:

Erkân ı Harbiye-i Umumiyye Riyasetine

Yarınki 6 Ekim'de Kars'a gideceğim. İki gün kadar kolordu ve kale Erkânına kale seyahati ve harp oyunu yaptırıp Sarıkamış'a avdet ve iki gün Sarıkamış'ta, iki gün de Erzurum'da kaldıktan sonra, Erzincan'a hareket edeceğimi arz eylerim.

Şark Cephesi Kumandanı
Kazım Karabekir

Zâta mahsus.

Erzurum teftişini bitirdim. Yarın 17/10/1029'da Erzincan'a hareket edeceğim. Halkın samimiyet ve merbutiyetini her yerde pek yüksek buldum.

Ancak hükûmete karşı aleyhdarlık uyandırılmak için dedikodular yaratılmasına çalışılmakta olduğunu arz eylerim.

Şark Cephesi Kumandanı
Kazım Karabekir

KARABEKİR PAŞA'NIN TEFTİŞLERİ

17 Ekim'de otomobil ile Erzincan'a hareket ettim. Ruslardan kalan sahra şimendöferini, kükürtlü kömür ocaklarına kadar uzattırıyordum. Dört kilometrelik balat ve ray işi kalmış!

Mamahatun'da Ruslar çekildikten sonra Taşnaklar tarafından müthiş katliâm yapılmıştı. Bunu sıcağı sıcağına burayı kurtardığımız zaman gözlerimle görmüştüm. Şehitlerin doldurduğu büyük bir çukur, şimdi biraz kabarık bir yerdi. Buraya bir taş olsun dikmemişlerdi. Her yıl buranın kurtuluş gününü bile kutlamadıklarını öğrendim. Halkı toplayarak bu kusurlarının tashihini anlattım. Fakir mektep çocuklarına da yardımda bulundum.

18 Ekim'de, cephe mekteplerimizin de şeref verdiği Erzincan'a geldim. Çoluk-çocuk Beni uzaklardan karşıladılar. Kurbanlar kestiler ve öz evlâtları gibi beni bağırlarına bastılar.

Sevinçli gözyaşları döktüler. Cihan Harbi'nin son yılında, kışın en şiddetli günlerinde Erzincan'ı kolordu ile nasıl kurtardığım hakkında hatıralar söylediler.

Cephemin hemen bütün kıta ve müesseselerini teftiş etmiş bulunuyordum. Zâbitlerimiz vazifelerinden başka bir şeyle uğraşmadıklarını ve her fedakarlığa hazır bulunduklarını memnuniyetle gördüm. Yalnız, cephenin atamasına rağmen, Ankara'da hâlâ açıkta tutulan bir hayli zâbit vardı. Bunun için teftiş raporuna bunları da aldım ve başkumandanlığa da şöylece bildirdim:

Erzincan 18/10/1339
Başkumandan Gazi Mustafa Kemal Paşa Hazretlerine,
Erkân-ı Harbiye-i Umumiye Riyasetine,

18/Ekim/1923'de Erzincan'a geldim. Hemen bütün Şark Cephesi kıtaatını teftiş etmiş bulunuyorum. Yakından temasla gördüm ki zabıtamız vazifeleriyle meşgul ve samimi hissiyatla dopdoludurlar. Açıkta kalanlar, uzun müddet bu halde bırakılacakları endişesiyle üzgündürler. Bir an evvel tayinlerine delâlet buyurulmasın! rica eylerim.

Şark Cephesi Kumandanı
Kazım Karabekir

19 Akşamı Fevzi Paşa'dan vaziyet hakkındaki şifreye şu cevabı aldım:

Zâta mahsustur.
Şark Cephesi kumandanlığına,
ANKARA 18, 19/10/1923

C: 16.10.1923 ve zâta mahsus şifreye: Bahis buyurulan dedikoduların kimler tarafından ne suretli ikâ edilmekte olduğuna dair tafsilat itasını rica ederim, efendim.

Erkân-ı Harbiye-i Umumiyye Reisi
Fevzi.

Erzincan'da bir hafta kadar kalmak zaruri idi. Bir kaç günümü bizim Cephe mekteplerine hasredecektim. İki günlük halkla temaslarımdan gelecek hakkında aynı endişeleri duydum. Bana karşı gösterdikleri samimiyet, gün geçtikte artıyordu. Askerî daireden Ulu camiye giden yola halk, benim adımı koydular ve 21 Ekim'de Erzincan fahri hemşehriliğini kabulümü istediler. Memnuniyetle kabul ettim. Hemşehrileri olduğum hakkında mazbata da verdiler. Bu suretle doğunun ilk kurtardığımız şehri olan Erzincan'ın hemşehrisi oldum.

Küçük yaşlarımda dahi Van'da, Harput'da ilk tahsilimin başlangıcını görmüş, üç yıldan fazla bir zaman hemen her tarafını dolaşmış ve üstelik Erzurum'da, bir avuç kanım da akmış bulunduğundan doğu ile bağlılığım, unutulmaz çocukluk hatıralarıyla da derin ve samimi idi. Sonraları Harb-i Umumi'nin son yıllarında, hemen bütün cephelerinde kumandan bulunuşum ve doğunun kurtarılması ve Sarıkamış-Kars ve ötelerine kadar muzaffer yürüyüşümüz ve en son da İSTİKLAL HARBİ NİN İLK TEMELİNİ ERZURUM'DA ATIŞIMIZ ve ilk muvafaakıyetli hareketin yine doğuda yapılarak Anavatan istiklâlinin temini; onları başaran halk, ordu ve kumandanları arasında unutulmaz hatıralar ve samimi duygular yaratmıştı. İşte Erzincan fahri hemşehriliği bu nurlu demetin kudsî bir bağı idi.

Şunu da kaydedeyim ki, en eski Türk ırkından olduklarını daima sözle ve yazıyla işaret ettiğim Kürtler de en zayıf zamanımızda dahi içten ve dıştan yapılan türlü tahriklere rağmen, bana olan sevgi ve güvenlerini daima göstermişler ve Milli hükûmetimize karşı sadakatten ayrılmamışlardı. Fakat İkinci Büyük Millet Meclisi'ne ikinci Grup'tan kimse alınmamak hatasına, bunların sadakatle hizmet eden bir iki mebuslarının alınmaması hatası da eklenmişti. İkinci Büyük Millet Meclisi doğunun gözünü doyurmuyor ve onlarda endişe uyandırıyordu.

Hususiyle kâh Cumhuriyet kurulacak, başına Gazi geçecek; kâh Gazi hilâfet ve saltanatı alacak havadislerinin yayılması, aklı erenlerde Gazi'nin millî iradeye hürmet etmeyerek emrine râm bir Meclis'le, keyfi ne isterse onunla oynayacağı kanaatini uyandırmıştı! Seyahat ettiğim mıntıkalarda duyduğum ve gördüğüm endişeleri ve en son da Selahaddin Adil Paşa'nın mektubundan aldığım intibaı Fevzi Paşaya şu şifre ile bildirdim. Bu suretle Ankara'dan ayrılırken verdiği şu vazifeyi de tamamlamış oldum: "Halkın ve ordunun fikirlerini anlayıp kendilerine bildirmek."

GAZİ ÜZERİNDE SÖYLENTİLER

Zâta mahsustur.
Erkân-ı Harhiye-i Umumiyye Riyâsetine,
Erzincan 21/10/1923
C. 18/19/10/1923 Tarih ve 3368 numaralı şifreye:

Seyahat ettiğim Orta Anadolu ve bilhassa sahillerde yapılmakta olan propagandalar, doğrudan doğruya Gazi Paşa hazretlerinin şahıslarına müteveccihtir.

Dedikodunun esasını, Gazi Paşa'nın Meclis'te, her emrine amade muayyen bir zümreye istinaden milli iradeyi bazice ederek mütehakkimane idaresi rivayetleri teşkil ediyor. Trabzon'a geldiğim vakit, Cumhuriyet şeklinin kabul edilmek üzere olduğunu gazeteler yazdılar. Ve bu havadis dedikoduların artmasını mucip oldu.

Büyük Millet Meclisi, şeklî hükûmetinin Türklüğün ibda ettiği en güzel bir tarz idare olduğu kendileri tarafından beyan edilirken; Nation muhabirine, idare şeklimizin gitgide Avrupa Cumhuriyetlerinden farksız bir şekil alacağını söylemeleri, garip bir tezat teşkil ettiği söylenmeye başlandı. Ve bir hükümdar lâzımsa, bunun hanedana saltanattan olması gibi münakaşalar oluyor. Bu kabil dedikodular Kars'da dahi yaygındı. Trabzon'da çıkan mizahî *KAHKAHA* gazetesinin 4/Ekim/1923 tarih ve 85 numaralı nüshası bu noktadan pek manidar görülmeye lâyıktır. İstanbul gazetelerinin son günlerdeki tenkidleri büsbütün dedikoduları arttırmaktadır. Arz ederim.

Şark Cephesi Kumandanı
Kazım Karabekir

"Kahkaha" gazetesindeki resim, millet de, Millet Meclisi de, hükûmet de hep Gazi şeklinde gösterilerek, artık "O" ne isterse yapacak, üst tarafı kukla gibi oynatılacak, fikrini tasvir ediyordu.

MEVLİT VE KİTAP BAYRAMI

23 Ekim, Mevlût kandili günü idi. Bugünü biz, "Kitap Bayramı" olarak doğuda usûlümüz üzere, kutladık. Bu arada Erzincan'ın bütün mekteplerine de icap eden yardımlarda bulunduk. Bugünleri, beş yıldır ordumuzun himayesinde yetiştirdiğimiz çocuklarım arasında, onlara faydalı olarak geçirmekliğim, bana büyük bir vicdan hazzı veriyordu. Fakat 26 Ekim'de Erzincan'dan ayrılırken o yavrucukların gözyaşları bana da çok tesir etti.

Spikür yolundan ilk olarak geçiyordum. Erzincan'a, ovasına, ona karşı heybetli birer kuruluşu olan Keşiş dağı ve Munzur dağlarının karlara hürümmüş yüksekliklerine baktıkça, Erzincan'ın kurtuluş hareketini hatırlıyordum. Spikür'ün kuzey yamacına geçerken, bütün bu heybetli manzara kayboluyor ve o heyecanlı hareket günleri de, bir kitap sahifesi gibi çevriliyordu.

En tepedeki karakola, Erzincan'dan bir saat kırkbeş dakikada çıkmıştık. Yol adî güzergâhtı. Fakat zararsızdı. Kuzey yamacı elli beş zikzak, her birinin uzunluğu elli metre kadar. Kavisler dar ve berbat. Bu güzergâh (1889)'da yapılmış, Ruslar istilâda tanzim etmişler. Akşam Gümüşhane'ye geldik. Burada, Bursa'dan gelen bizim çocuklardan küçük bir müfrezeye rastgeldik. Onlar da biz de sevindik. Halka bir kaç "*şarkılı hareket*" oyunu gösterdiler ve bütün ayrıldığım arkadaşlarımın teessürlerini, biraz olsun giderdiler. 27 Ekim sabahı biz Trabzon'a, onlar da Erzincan'a ayrıldık.

27 Ekim'de Trabzon'a geldim. Halkı, bir ay öncekinden daha çok heyecan ve endişe içinde buldum. Bir taraftan Ankara'dan gelen mektupların, diğer taraftan da İstanbul gazeteleri neşriyatının buna sebep olduğunu gördüm.

Heyet-i Vekile'ye ve hele bunun reisi olan Fethi Bey'e (Okyar) hücumlar oluyor. Tecrübesiz ve değersiz insanların iş başına getirildiğini Mustafa Kemal Paşa Tek adam olmak için, kasten işi anarşiye sürüklediğini; "istiklâlimizi kurtardık fakat hürriyetimizi kaybedeceğimizi" apaçık gelip bana da söylüyordu. *Tanin, Tevhid-i Efkâr* gazeteleri, *Karagöz* mecmuası yazılarla, resimlerle bu endişeyi yayıyorlardı. *"İleri"* gazetesi de *Gaziye,*"diktatörlük" teklif ediyordu. Trabzon'daki *İstikbal* gazetesi ve *Kahkaha* mizah mecmuası da endişeleri büyütüyor ve tek adam hâkimiyetine karşı mücadele ediyordu. Efkâr-ı Umumiyye, İstiklâl Harbi'nin yarattığı şahsiyetlerin itilip atılmasına ve yerlerine ne idükleri bilinmeyen şahısların getirilmesine karşı isyankâr bir ruh gösteriyordu. Trabzon muhiti -zaten ilk günden beri- Mustafa Kemal Paşa'ya karşı çok hassas idiler. Şimdi Tekadam olacak diye büsbütün köpürüyorlardı.

"HÜRRİYET ELDEN GİDİYOR"

29 Ekim'de Trabzon Müdafaa-i Hukuk Merkez heyeti, ziyaretime gelerek istikbâl hakkındaki endişelerini şöylece bildirdiler: "İstiklâlimizin sevincine doymadan, hürriyetimizi elimizden alıyorlar. Padişahların istibdadından nice kurbanlar pahasına uzun yılların emeğiyle kurtulan bu millet, şimdi bir kumandanın idaresine mi girecek? Haniya, Başkumandan olurken Büyük Millet Meclisi'nde gösterilen endişelere karşı, *zaferden sonra sine-i millete bir fert olarak gireceği* hakkında millet Kürsüsünden verilen söz nerede? O endişeyi gösterenleri bu sefer mebus bile yaptırmadı. Daha Sivas Kongresi sıralarında onun, Tekadam olmaya yönelmesinden ve geleceğimizden endişe ettiğimizi size bildiriyorduk ve siz de buna meydan vermeyeceğinizi yazıyordunuz. İşte bugün etrafına toplanan dalkavuklar hatta basınla bile, apaçık onu tek bir adam olmaya davet ediyorlar. Bunları, etrafına toplayan kendileridir. Bugün yok yere estirilen anarşi havasının da sebebi budur."

Kendilerini teselliye çalıştım. Bu aralık Bakanlar Kurulu'nun dün istifa ettiği haberi geldiği gibi, bana gelen bir şifrede de, benim Birinci Ordu Müfettişliği'ne (Merkezi Ankara, İstanbul, Eskişehir ve Balıkesir'deki kolordular mıntıkasında) tayinimi bildiriyordu. Benim, doğudan alındığıma çok üzüldüler. Hükûmetin başına kimin getirileceği ve istikbalimizin ne olacağı hakkındaki sohbetlerimizde İsmet Paşa'nın hükûmeti teşkil etmesi ihtimalini kuvvetli gördüğümü ve benim de Ankara'da bulunmakla, çok eski ve samimi hukukumuz dolayısıyla, hürriyet ve hâkimiyet-i milliyemizin korunacağına ümidim olduğunu belirttim. Ve daha bir hafta kadar da Trabzon'da misafirleri bulunacağımı söyledim. Yarın, 30 Ekim Kars'ın kurtuluşunun yıl dönümünü kutlamak için hazırlıklar da -benim tesellime eğlenerek- bir sevinç havası yarattı.

CUMHURİYETİN İLANI-KARS'IN ZABTI AREFESİ GÜNÜ

30 Ekim sabahı telefonla Bahriye müfrezesi Kumandanı bana şunu sordu: "Şimdi Ankara'dan Müdafaa-i Milliye'den 29 Ekim tarihli açık bir telgraf geldi. *"Cumhuriyet ilân olunduğundan, yüz bir pare top atın"*, diyor. Ne emir buyuruluyor?

"Vali ile görüşüp size emir veririm" dedim. Telefonla Vali Beye sordum. Kendisine henüz bir işar vaki' olmadığını hayretle bildirdi. Askeri makamların da bir şeyden haberi yoktu.

Ben hem mebus ve hem de bir ordu kumandanı olduğum halde, bana da kimse bir şey bildirmemişti. Bu vaziyet, haklı olarak halkı da orduyu da telaş ve endişeye düşürdü. Daha dün yüreklerine ferahlık verdiğim zâtlar, benden bu şeklin manasını soruyorlardı. Bu vaziyette tabii Cumhuriyetin ilânını ertesi günü dahi kutlayamadık. Bugün, Kars'ın zabtı yıl dönümünü, sultanî mektebi (lise) meydanında asker, halk ve mektep çocuklarıyla birlikte kutladık. Bu mektebi ziyaretle saatlerce meşgul oldum. Akşama kadar hâlâ ne vilâyete ve ne de orduya hiç bir işâr vaki' olmadığından Ankara'ya şu şifreyi yazdım:

Erkân-ı Harbiye-i Umumiyye Riyâsetine,
Trabzon 30/31.10.1923
Makina başında

Zâta mahsustur.

30 Ekim sabahı vasıl olan 29 tarihli açık bir emirle; Müdafaa-i Milliye'den Müfreze-i Bahriyye'ye verilen emirde "Cumhuriyet ilân edildi, yüz pare top atın deniyor. Fakat ne cihet-i mülkiyeye ve ne de askeriyyeye bu babta bir emir gelmediğinden bir şey yapılamıyor. Vaziyetten haberdar edilmekliğimi rica eylerim.

Kazım Karabekir

CUMHURİYET TOPLARI ATILIYOR

31 Ekim sabahı ajanslarla beraber vilâyete de tebligat geldiğinden top atılmasına emir verdim. Hükûmet avlusunda resmi bir surette kutladık. Belediye reisi Vali Bey'e, aksi nutuk söyleyecekler de olabilir, bunun için, hiç nutuk söylenmese münasip olur. Vali Hazım Bey de muvafık bulmuş. Yalnız bir dua okundu. Mülkî ve askerî heyetler, mektep çocukları, bir bölük asker, pek az da halkın ileri gelenleri bulundu.

Ajans şu malûmatı veriyordu: Mustafa Kemal Paşa reisicumhur olmuş, İsmet Paşa'yı başvekil tayin etmiş. Kabineye itimadda yüz atmış mebus bulunmuş ve müttefikan itimad reyi vermişler.

İsmet Paşa'nın başvekilliğe getirileceğini biliyordum. Cumhuriyet ilânıyla artık hilâfet ve saltanat mefkûresine son verildiğini görerek her iki habere de sevindim. Çünkü artık hâkimiyet-i milliye devam edecek ve diktatörlüğe meydan verilmeyeceğini umdum. Bu duygularımla şu tebrik telgraflarını yazdım.

Türkiye Cumhuriyeti Reisi
Gazi Mustafa Kemal Paşa Hazretlerine,

Trabzon 31.10.1923

Hâkimiyet-i milliyenin tam manası ile telakki edilecek olan Cumhuriyetimizin necip milletimiz hakkında saadetler getirmesini temenni eder, cumhur riyasetinizi tebrik ile Cenab-ı Haktan muvaffakiyetler dilerim efendim.

Kazım Karabekir

Başvekil İsmet Paşa Hazretlerine,

Milletin bilâ kayd ve şart hâkimiyeti telâkki edilecek olan Cumhuriyetimizin ilk başvekilini tebrik ve muvaffakiyetlerini dilerim.

Kazım Karabekir

İsmet Paşa'nın cevabı pek samimi olarak şöyle idi: *Trabzon, Kazım Karabekir Paşa Hazretlerine,*

Tebrikat-ı devletlerine ruhumun bütün samimiyetiyle arz şükran eder ve yüksek başarılarınızın sürmesi ve yücelmesini dilerim.

İsmet.

Mustafa Kemal Paşa, Trabzon'dan çekilmiş diğer tebriklere de verdiği sathî cevabın bir suretini de bana yazmıştı. Fevzi Paşa'dan bir 1 Kasım sabahı şu cevabı aldım:

İSMET PAŞA BAŞBAKAN

Kazım Karabekir Paşa Hazretlerine,

Ankara 31/10/1923

Makina başında

Zâta mahsustur.

C. 30/31/10 ve Zâta mahsus şifreye:

Fethi Bey'in riyasetindeki Heyet-i Vekile'nin müttefikan istifasıyla tevellüd eden buhranın halli emrinde Meclisce ceryan eden müzakeratta yeni Türkiye Devletinin zaten cihanca malum olması lâzım gelen mahiyetinin beynelmilel maruf unvaniyle yad edilmesi lüzumunu meydana çıkarmış ve bunun üzerine 29 Ekim 1923 akşamı saat yediye kadar devam eden tartışmalar neticesinde, Türkiye Cumhuriyetinin ilânına ([24]) ve Gazi Paşa hazretlerinin 158 rey ile bu Cumhuriyetin riyasetine intihabına, müttefiken karar verilmiştir. Reisicumhur Büyük Millet Meclisi Heyet-i Umumiyyesi tarafından ve kendi azası arasından bir devre için intihap olunacak ve başvekil, reisicumhurca ve diğer vekiller, başvekilce yine Meclis azası meyanından tefrik edilmek suretiyle teşkil kılınacak kabinenin heyet-i umumiyyesi Meclis'in tasvibine arz edilecektir. Meclis için, ayrıca bir reis intihabı lâzım gelecektir. Bu karar üzerine reisicumhur hazretleri başvekalete İsmet Paşa'yı

---

24 Cumhuriyete nasıl karar verildiğini dikkatle Nutuk'tan okuyalım: (Sahife: 488) Çankaya'ya gitmek üzere Meclis binasını terk ederken, koridorlarda bana intizar etmekte olan Kemalettin Sami ve Halid Paşalara (her ikisi de benim maiyyet kumandanlarımdır. K.K.) tesadüf ettim... Benimle mülakat için geç vakte kadar orada intizarda bulunduklarını anlayınca akşam yemeğine gelmelerini müdafaa-i Milliye vekili Kazım Paşa'ya tebliğ ettim, İsmet Paşa ile Kazım Paşa'ya ve Fethi Beye de Çankaya'ya benimle beraber gelmelerini söyledim.

Çankaya'ya gittiğim zaman orada, beni görmek üzere gelmiş Rize mebusu Fuad, Afyon mebusu Ruşen Eşref beylere tesadüf ettim. Bunları da yemeğe alıkoydum. Yemek esnasında; Yarın cumhuriyet ilan edeceğiz, dedim. Hazır bulunan arkadaşlar, derhal fikrime iştirak ettiler. Yemeği terk ettik. O dakikadan itibaren, suret-i harekât hakkında, kısa bir program tesbit ve arkadaşları tavzif ettim. Tesbit ettiğim program ve verdiğim talimatın tatbikatını göreceksiniz.

Efendiler, görüyorsunuz ki, Cumhuriyet ilânına karar vermek için Ankara'da bulunan bütün arkadaşlarımı davet ve onlarla müzakere ve münakaşaya asla lüzum ve ihtiyaç görmedim. Çünkü onların zaten ve tabiatan benimle bu hususta hemfikir olduklarına şüphe etmiyordum. Halbuki o esnada Ankara'da bulunmayan bazı zevat selahiyetleri olmadığı halde, kendilerine haber verilmeden ve rey ve muvafakatleri alınmadan, cumhuriyetin ilân edilmiş olmasını vesile-i iğbirar ve iftirak addettiler. Benim emrimde bir kolordu kumandanı olan Kemalettin Sami Paşa'ya Fırka Grubu'nda ve Meclis'te roller yaptırıyor. (Nutuk, sahife: 491) sonra da bu gibileri aleyhimize tahrik ediyor. Halbuki selahiyetleri olmadığı söyledikleri arasında hem mebus hem de kolordu kumandanları da vardır. Cumhuriyetin ilânından sonra dahi bunu Bahriye müfreze kumandanlığından haber aldığımı teessürle yukarıda tafsil etmiştim. İstiklâl Harbinin en tehlikeli günlerinde sonuna kadar feragat, fedakâr arkadaşlarının rey ve irşadına ihtiyaç gösteren Mustafa Kemal Paşa, artık muzaffer bir başkumandan sıfatıyle maiyyet kumandanlarına Cumhuriyeti dikte ettirmiştir. Eski arkadaşlarının rakip olabileceği endişesiyle sun'î şahsiyetler icadı da lazım gelmişti. Bunun için eski arkadaşlarını kötülemek lâzımdı; bunu da hakkıyle yapmıştır.

intihap buyurmuşlar ve İsmet Paşa da Nafıa için Muhtar Bey (Trabzon) ve Dahiliye için Ferid Bey (Kütahya)'dan maada eski hükûmet erkânından ibarettir bakanlar kurulu teşkil ve Meclis in tasdikine iktiran ettirerek işe başlatılmıştır, efendim.

Erkân-ı Harbiye-i Umumiyye Reisi
Fevzi.

Dikkate değer mesele Meclis'in 291 azasından rey esnasında 158'in bulunuşudur. Kabine'nin diğer azası şunlardı: Sıhhiye: Refik Bey (İstanbul), Dahiliye: Ferid Bey (Kütahya), Maliye: Hasan Fehmi Bey (Gümüşhane), Müdafaa-i Milliye: Kazım Paşa (Karasi), Erkân-ı Harbiye-i Umumiye: Fevzi Paşa (İstanbul), Şer'iye: Mustafa Fevzi Bey (Saruhan), Adliye: Seyyit Bey (İzmir), İktisad: Haşan Bey (Trabzon), Maarif: Safa Bey (Adana).

1 Kasım 1923 günü umumi seferberliğin son günü olarak bir kanunla ilân olundu. Bugün İdman Birliği'ne çaya davetli idim. Trabzon gençlerinin zaten yaradılışta çevik olan vücutlarının büsbütün çelikleştiğini bilirdim. Bugün de boks, güreş vesaire hareketlerini iftihar ve sevinçle seyrettim. Müdafaa-i Hukuk heyetinin, akşam beni ziyaret etmek arzusunda olduklarını söylediler. Akşam da ziyaretime geldiler. *Reisleri Barutçu Ahmed Bey* benim 1919 yılı Nisan'ında Trabzon'a geldiğim zaman Güzelhisar'daki dairemde kendilerini teşci ettiğimi ve İstiklâl Harbi Esası'nı nasıl hazırladığımı ve belediyenin istediği 50 kalem eşya için aynen, "İstiklâl Harbi'ne lâzım olan malzemeyi bizzat seçeyim, üst tarafını fazlasıyla veririm" dediğimi ve İngiliz donanmasından korkularına karşı, kendilerini nasıl yatıştırdığımı anlatarak İstiklâl Harbi'nin Erzurum Kongresi'yle tarafımdan nasıl hazırlandığını ve daha sonralara ait bildiklerini, vesikalarıyla birlikte, neşre hazır olduğunu söyledi. Acele etmemelerini rica ettim.

DOĞUDAN AYRILIŞIM

Resmî ve hususî veda ziyaretlerimi yaptım. Mıntıkamın askerî ve mülkî makamlarına şu vedanâmeyi de yazarak 4 Kasım 1923'de tamim ettim:

Birinci Ordu müfettişliği vazifesiyle şarktan ayrılıyorum. Şark mıntakasında üç senesi sebavetimde ve yedi senesi de milletimizin her türlü ızdırabatiyle titreyerek vazife başında olmak üzere hayatımın on senesi geçmiştir. Hemen her tarafı bende unutulmaz hatıralar bırakan şarka ve bugünkü Baas badelmevti yaratan fedakâr halkına ve ordusuna karşı hürmetim ve samimiyetim pek derin ve ebedidir.

Muhterem halkımıza veda ederken, geçmiş günlerde el ve kalp birliğiyle mazhar olduğumuz muvaffakiyetleri anmakla beraber Cenab-ı Hakk'a yalvarıyorum ki bu masum halk bir daha felâket görmesin. Çektikleri azap ve ızdırap bitmiş olsun ve artık ebedi saadetten ayrılmasınlar. Kahraman orduma, kara ve deniz silâh arkadaşlarıma veda ederken, her birlerini bağrıma basıp yüksek alınlarından ruhumla öpüyorum. Ve onların şerefle dolu menkıbelerini yad ederek mazide olduğu gibi istikbal için de bütün Şark mıntıkasına yaslanmış pek heybetli bir arslan timsalinin dimağıma ebedi hatlarla nakş edildiğini görüyorum.

Şarkın İlim ve İrfan Ordusu ile olan samimi arkadaşlığı da yâd ederek, heyet-i talimiyesiyle birlikte Şark çocuklarının gözlerinden öperek veda ediyor ve Cenab-ı Hak'tan kendilerine daimi sıhhat ve zekâ diliyorum.

En nihayet muhterem şehitlerimizin ordumuza emanet ettiği masum yavrularına veda ederken pek şefkatli bir baba muhabbetiyle herbirlerinin gözlerinden öpüyor ve bu yavrularımı silah arkadaşlarıma emanet ediyorum.

Halkı, ordusu, memurları velhasıl küçüklü-büyüklü vazifesini yapmış Şark ailesinin bir ferdi sıfatiyle vicdanen müsterih, fakat ayrılıktan müteessir olarak veda ediyorum. Cümleye samimi selam ve kalbi ihtiram.

Kâzım Karabekir

"HAVA LATİF, DENİZ DURGUN"

5 Kasım akşamı Giresun vapuru ile Trabzon'dan ayrıldık. Hava lâtif, deniz durgun olduğundan seyahatimiz pek güzel geçti. Bütün bu seyahatlerimde beraberimde bulunan yaverlerim ve bir kaç karargâh zabitimi de birlikte götürüyordum.

Her iskelede belediye ve hükûmet erkânı halk namına beni karşılayarak davet ediyorlardı. Evvelce çıkmadığım Giresun ve Ordu'ya 6 Kasım'da, Ünye'ye de 7'de çıktım. Halkla ve mektep çocuklarıyla konuşmalar yaptım. Mektep ve müesseseleri de ziyaret ettim. Geçtiğim her yer gibi buraları da baştan aşağı donatılmış, halk ve çocuklar iskele ve meydanlara dolmuş bulunuyorlardı. Çıktığım yerlerde ziyafetler hazırlandığından halkla birlikte yemek yiyorduk. Çıkmadığım yerler bize yemiş ve çiçek demetleri ikram ediyorlardı. İleri gelenler benden havadis soruyorlardı. Herkesteki merak ve endişeyi İstanbul gazeteleri daha çok artırmış bulunuyordu.

İSTANBUL VE TRAKYA TEFTİŞLERİM

Vapurumuz seyahat programına göre 9 Kasım'da İstanbul'a varması lâzım gelirken bir gün gecikme ile gelmesi hakkında seyr-i sefhain umum müdürlüğünden emir aldığını süvarimiz bana bildirdi. Bunun sebebini o da ben de aynı tahmin ettik. Sonra da bu tahminin doğru olduğunu esefle öğrendik. Bana karşı hazırlanmış olan büyük halk karşılamasını boşa çıkarmak için imiş!...

10 Kasım sabahı vapurumuz Boğaz'a girdi. Kavak'ta ayrı ayrı istikametlerde Rauf Bey ve Rafet Paşa ve İstanbul gazete muhabirleri vapurumuza çıktılar. Bugünkü gazetelerinden de birer nüsha verdiler. Her biri bir sual soruyor. Beni arkadaşlarımla görüşmeye ve beş yıldanberi görmediğim bu şirin yerlerimizi seyretmeye fırsat vermiyorlardı. Endişeleri Cumhuriyet'in ilanı şeklinden doğuyordu.

"Bir sabah top seslerinden endişe ile uyandık. Meğer Cumhuriyet ilân olunuyormuş. Ankara'dan gelen haberler

Mustafa Kemal Paşa'nın yeni topladığı bir muhitle tam bir diktatörlüğe gittiğidir. Millî hakimiyet yerine şahsî hükümranlık kurulmuştur. İstiklâlimizi kurtaranlar hürriyetimizi boğacaklar mıydı?"

Gazetecilere kısaca şu cevabı verdim: "Ferdî veya zümrevî tahakkümler bir milleti mahv için kâfi esaslardır. Buna misal isterseniz biz ve bütün Müslüman hükûmetleridir. Hepsi birer müstebit idareden uyuşmuş kalmışlardır. Milletin kuvveti hakkın kuvvetidir. Bunun da manası Cumhuriyet ifade eder."

Rauf Bey'le Rafet Paşa'dan öğrendiğimde, Cumhuriyet adı altında bir şahsî hâkimiyetin kurulmuş olduğu ve halk ve basının da yeni kurtuldukları bir baskı döneminden diğer bir yenisine düştüklerinden feryat ettikleridir!

İstiklâl Harbi'nde birinci derecede vazife gören bu arkadaşlar dahi, sabahleyin top sesleri ile uyandıktan sonra, Cumhuriyet'in ilân olunduğunu öğrenmişlerdir. Mustafa Kemal Paşa, mefkûresi olan *Hilâfet ve saltanat* makamına geçmesini arkadaşlarının önlediğini görünce, *Cumhurreisliği*'ne de mani olacakları endişesiyle işi çabucak bitirmek suretiyle, Millet Meclisi'ni bile toplayabildiği 118 kişiye dayanarak cumhureisliğine geçmiştir. İşin daha vahim ciheti de mevkiinde kalabilmek için, eski arkadaşlarını, *Cumhuriyet aleyh*darı ve Padişah taraftarı göstermesidir!. İstiklâl Harbi'nin ön saflarındaki arkadaşlara halkın ve gazetecilerin şikâyeti ve vaziyet hakkında endişeli sualleri işi daha kızıştırıyor. Mustafa Kemal Paşa, şerefimizle ve hatta canımızla oynamaktadır. Ankara ile bazı İstanbul gazeteleri gittikçe artan bir tecavüzle, çarpışmaktadırlar.

COŞKUN KARŞILAMA

Büyükdere önünden geçerken, beş yıl önce bu iskeleye İngiliz bayrağı çekildiği günkü duygularımı hatırladım. İskelede halk ve mektep çocukları el ve mendil sallayarak sevgilerini gösteriyorlardı. Kandilli Kız Lisesi talebeleri, vapur oraya yakın geçtiğinden seslerini de duyuruyorlardı. Bu coşkun istikbal, hürriyet aşıkı vatandaşlarımın aynı zamanda manalı bir tezahürü idi.

Tam öğle ezanı okunurken vapurumuz Galata rıhtımına yanaşmaya başladı. Büyük bir kalabalığın ön safında, resmî makam şahsiyetleri, bildiklerim, bando ve merasim müfrezesi duruyordu. Halkın coşkun haykırışları ve alkışları arasında rıhtıma ayakbastım. Kucaklaştık. Teşekkürlerimi sundum. Ve harpten önce de, müfettişlik dairesi olan Beyazıt'taki Harbiye Nezareti dış kapısının solundaki köşke geldim. (Belediye Tokatlıyan'da bir daire hazırlatmış. Fakat bir kaç gün önce gönderdiğim yaverimle, İstanbul tarafındaki bu müfettişlik dairesinde kalmak arzumu bildirmiştim.)

Öğleden sonra bütün İstanbul gazetecileri de, ziyaretçiler arasında geldiler. Endişeleri aynı idi. Üstelik şu suali de soruyorlardı: "Bir kaç gündenberi deveran eden Hilâfet meselesi hakkındaki mütâlâanız nedir?"

"Bundan malûmatım yoktur. Gelir gelmez Ankara ile İstanbul gazeteleri arasında bir anlaşamamazlık olduğunu anladım. Fakat bu anlaşamamanın esasına henüz muttali olamadım", diyerek bu bahsi kapatıyor ve Cumhuriyet'in feyzinden bütün vatandaşların istifadesine çalışmaklığımız lüzumunu ileri sürüyor ve benim de Cumhuriyetçi olduğumu, kumandanlık vazifesiyle meşgul bulunduğunu anlatıyordum. Fakat uhdemde İstanbul mebusluğu da bulunduğundan bu sıfatla kendilerini tatmin etmekliğimi ileri sürüyorlardı.

İstanbul'da İstiklâl Harbi arkadaşlarımızdan İkinci Ordu müfettişliğine tayin olunan Ali Fuat Paşa (Cebesoy) ve siyasi mümessil sıfatiyle İstanbul'da vazife gören Adnan Bey'le de görüştüm. Hepsi de Mustafa Kemal Paşa'nın bu hareketinden teessür duymuşlardı ve istikbâlde keyfi hareket edeceğinden endişeli idiler. Halka ve matbuata karşı zor durumda bulunduklarını ve bu sevinçli günlerin herkese zehir edildiğini anlatıyorlardı. Ankara'dan esen havanın, istibdat kokusuyla meşbu' olduğunu, intihaba esas olan umdelerin ikinci maddesine rağmen, Osmanlı hanedanı aleyhine de atıp tutmalar başladığını ve ilk gündenberi kendisini tutan bizleraleyhine Mustafa Kemal Paşa'nın fikri ve fiili aleyhdarlık uyandırmaya başladığını öğrendim. Koca İstiklâl Harbi! Daha sevinçlerine doyamadık. Uğrunda fedakârlık edenleri ne çabuk elem ve ızdıraba düşürdün!

DIŞLANAN KARABEKİR SUSUYOR

Mustafa Kemal, Fevzi ve İsmet Paşaların bir arada üçlü resimleri bastırılmıştı. İstiklâl Harbini bu üç başın idare ettiği propagandası yapılıyor. Doğu cephesi harekâtı küçültülüyor. Adeta İstiklâl Harbi, çerçevesinden, benimle birlikte çıkartılıyordu. Feragat ve fedakârlıklarıyla bu davaya hizmet edenler yerine yeni şahsiyetler belirtiliyordu.

Mustafa Kemal Paşa, Meclis Reisi olarak sağına FethiBey'i, Başvekil olarak da soluna İsmet Paşa'yı almış. Her üçünün de dillerine doladıkları bir yolculuğa çıkmışlardı. Erkân-ı Harbiye Reisi Fevzi Paşa da, ordu ile arkalarından sessiz sedasız yürüyecekti.

Uzun harp yıllarının elem ve ızdırapları ve acı-tatlı binbir hatıralarıyla vücut bulan milli birliğimiz ve milli selâbetimiz, milli seciyemiz ve millî hürriyetimiz, şimdi son muvaffakiyetlerin sarhoşluğu ve ihtirasiyle gevşeyecek, çözülecek, bozulacak mı idi? Bu hal, silahla emellerine kavuşamayan düşmanlarımızı er geç emellerine kavuşturacak bir parçalanmaya, bir yıpranmaya, bir çöküntüye sebep olmayacak mı idi?

Bu düşünceler, yalnız benim değildi. İstiklâl Harbi'nin başından sonuna kadar en ön saflarda vazife alanlar da, iradelerine sahip olan şahsiyetler de böyle düşünüyorlar ve endişe ve ızdırap duyuyorlardı. Ben bu vaziyette de şu kararı verdim: İstanbul ve Trakya'daki teftişlerim ile meşgul olmak. Sonra Ankara'ya giderek uzlaştırıcı ve birleştirici bir ruhla fikir birliğini temine çalışmak.

İşin zor tarafı, Cumhuriyet nâmı altında kurulmaya başlayan baskı idaresini samimi cepheden önleyemezsem tutulacak yeni yolun intihabı idi. Çünkü istibdadı lanet etmiş, her ne nam altında olursa olsun ondan nefret etmiş ve milletin bin bir fedakârlıkla yetiştirdiği şahsiyetleri boğan ve yerlerine sadık kölelerden sahte şahsiyetler koyan o meşum kuvveti yaşatmamak için yüzlerce defa yemin etmiş. (İlk İttihad ve Terakki manastır ve İstanbul teşkilatında) bir insandım.

İstibdada alet olamazdım. Sulhten sonrası için vaad olunan milli hâkimiyet ve hürriyet yerine tepeden inme bir başkumandanlık tahakkümü Bizans imparatorlarının tarihinde bıraktıkları kötü bir izdi. İstiklâl Harbi'nin birinci derecede mesul bir şahsiyeti ve milletin hürriyetine çocukluğundan beri and içmiş bir vekili sıfatıyla, karşıma dikilenlerin suallerine ve endişelerine haklı cevaplar vermek, kolay bir şey değildi! Hilafet ve saltanatı almak için koyu bir mümin çehresiyle minberlere kadar çıkıp, hutbeler okumak, muvaffak olamayınca bizzat meth ve sena edilen mukaddesata dil uzatmak ve bunları alt-üst etmek üzere bir tek adamlığa çıkmak gibi iki tehlikeli ifratın birinden diğerine atlamak, herkesin yapabileceği bir iş değildi. Fakat bu felaha doğru bir gidiş de sayılmazdı.

TEK ADAM KORKUSU

Geldiğim günkü şikâyetler arasında, "Hükûmetin İstanbul matbuatına karşı şiddetle hareket edeceği" endişesi de vardı. Fakat kimsenin de bundan yıldığı yoktu. 12 Kasım gazetelerinde tebliği resmiye benzer Anadolu Ajansı'nın şu beyanatını okudum, bunu gazeteler şöyle yazmışlardı:

DEVLET VAKARINA YAKIŞIR SÖZLER

Türkiye Cumhuriyeti Basın Hürriyetine hürmetkârdır ve hürmetkâr kalacaktır!

Ankara 11 Kasım (a.a.) -İkdam gazetesinin 9 Kasım 1923

nüshasında (Hükûmet İstanbul'daki, muhalefet ceryanlarına bilhassa matbuata karşı şiddetle harekete hazırlanıyor.) serlevhasiyle hükûmetin matbuata karşı şiddetli ve faal tedabir ittihazına hazırlanmakta olduğu ve bu hususta muhtelif projeler düşünüldüğü hissedildiği hakkındaki neşriyatını Anadolu Ajansı tamamen red ve tekzip eder. Türkiye Cumhuriyeti en müşkil dakikalarında bile Basın hürriyetine tamamen riayet etmiştir. Sulh devresinde Basın hürriyetini kısıtlayacak hiç hir harekete teşebbüs etmesi mutasavver değildir. Türkiye Cumhuriyeti, Basın Hürriyetine hürmetkârdır ve hürmetkâr kalacaktır. (^{25})

KARABEKİR İSTANBUL'DA

İki hafta İstanbul'da kaldım. Bütün askeri müesseseleri ve kıtaları teftiş ettim. Erkan-i Harbiye mektebi (Harp akademisi), Harbiye, Kuleli askeri lisesi gibi askeri mekteplerden başka Haydarpaşa'da Tıp Fakültesi, Beyazıt'ta Darü'l-fünün (Üniversite), Sarıyer'de Orman âli mektebini, Darü'l-Şafaka, Galatasaray lisesi, Çapa kız sanayi mektebi, darü1-fitan'lar ve bazı diğer mektepler de beni davet ettiklerinden onları da ziyaret ettim. Ticaret Odası, Amele Birliği gibi bazı teşekküllerin de davetlerinde bulundum. Orman mektebi âlisi, 15 Kasımda Beni davetinde bana "fahri müderrislik" diplomasını verdi. İdman Birliği Gençleri de 16 Kasım gösterilerinde fahri reislikleri mazbatasını verdiler. Bugün İstanbul'un tanınmış gazetelerinin (Tanin, Tevhid, Efkâr, Vakit, Vatan) sahip ve başyazarları ziyaretime geldiler. 18 Kasım İstanbul halkı namına da, bana bir kılınç hediye edildi. Ecnebi Ateşe militerleri de bugünlerde ziyaretime geldiler."

Mektep ve müesseselerimizi ziyaretlerimdeki sözlerim şu esaslara dayanmıştır: Türk Birliğinin kudreti, milli enerjimizin tam inkişafı lüzum, vazife aşkı, sağlam seciyenin ehemmiyeti ve bizi askeri istilalarla idarelerine alamayan büyük

---

25 Bu vaad ve ilana rağmen iki hafta sonra İstanbul'a bir İstiklal Mahkemesi gelmiş ve mutbuata karşı şiddetini göstermiştir.

devletlerin fikir ve iktisat istilalariyle bunu yapmaya çalışacaklarından mütehassıslarımızın ve münevverlerimizin çokuyanık ve çok faal olmaları, topyekun kalkınma ihtiyacı, halkımızın yerli mallarına olduğu kadar milli fikirlerimize kıymet vermeleri lüzumu...

HALİFE: "İSTEMEZLERSE GİDERİM" DİYOR.

12 Kasımda Halife Mecid Efendi'yi ziyaret ettim. Beni birbuçuk saat yanında alıkoydu. Gözlerini daimi yere dikiyor, ara sıra öteye beriye bakıyor ve bir düzüye, babası Abdülaziz'in iyiliğinden ve Vahidettin'in kötülüğünden bahsediyordu. Bir kaç kere müsaade istedimse de salıvermedi ve sonunda korkak bir eda ile şunu söyledi:

"Benim bu Sarayda Resim takımlarımla bir iki bohçam var. İstemezlerse bunları alır giderim!.."

Bu sözleriyle ve hal ve tavriyle, tehdit edildiğini anlatmak istiyordu. Gerek arkadaşlarımdan ve gerekse gazetecilerimizden aldığım havadislerle de karşılaştırınca, Mustafa Kemal Paşa'nın çıkamadığı bu makamı yıkmak kararını vermiş ve fiiliyata da geçmiş olduğuna şüphem kalmadı.

Milli hükûmetimizin kuruluş günkü tamimindeki dindarane sözleri ve fiili hareketleri (Nutuk, sahife: 73) İkinci Büyük Millet meclisi intihabındaki umdelerin ikinci maddesindeki taahhütleri (Hilafetin Al-Osman'da kalması değişmez düsturdur) ve hele hilafetin kudsiyetinden ve lüzumundan her yerde bahsetmeleri ve Balıkesir'de hutbe bile okumalarıyla, şimdi yürüdüğü istikamet, milletçe ne kadar çirkin bir iş olarak telakki olunacağını Ankara'ya avdetimde kendisine anlatmaya karar verdim.

Tanin gazetesinin 11 Kasım nüshasındaki şu satırlar bütün seyahat ettiğim yerlerdeki şikâyetlerin bir hülasası gibi idi:

"Arkadan arkaya verilmiş bir karar karşısındayız. Millet-Meclisi'nin bu kadar kayıt altında kaldığını, hariçte verilen kararları tescil mevkine indirildiğini görmek cidden elim oluyor. Hilafet bizden giderse, beş on milyonluk Türkiye Devleti'nin, âlemi İslam içinde hiç ehemmiyeti kalmayacağını, Avrupa siyaseti nazarında da, küçük ve kıymetsiz bir hükûmet mevkiine düşeceğimizi anlayabilmek için büyük dirayete lüzum yoktur. Milliyetperverlik bu mudur? Hakiki milliyet hissini kalbinde duyan her Türk, makamı Hilafet'e dört el ile sarılmak mecburiyetindedir... Hanedanı Osmani de kabul edilmese ve binaenaleyh ilelebet Türkiye'de kalması, tahtı temine girmiş Hilafet'i elden kaçırmak tehlikesini icat etmek akıl ve hamiyet ile hissi milliyet ile zerre kadar kabili telif değildir."

RAFET PAŞA İLE SOHBET

12 Kasım akşam yemeğine Kalamış'taki Rafet Paşa'ya davetli idim. Rauf Bey ve Sabri Bey (Ziraat Vekili, merhum) de vardı. Bu zat Mustafa Kemal Paşa'nın son günlerde itimadını kazanmış görünüyordu. Hasb-ı hallerimizde gerek Rauf Bey'in ve gerekse Sabri Bey'in bu günlerde Ankara'ya gidişlerinde Gazi Paşa'ya samimi olarak Milli birliğin sarsıntıya uğradığını ve bunun tehlikesini anlatmalarına karar verdik.

13 Kasım akşam yemeğine Halife beni ve Adnan Bey'i davet etmişlerdi. Gittik. Romanya'dan gelmiş bir İslam cemaatı heyeti de vardı. Esaslı bir bahis açılmadı.

14 Kasımda Rauf Bey Ankara'ya gitti. Haydarpaşa garında Ali Fuat, Rafet Paşalarla Adnan Bey, ben ve birçok zatlar uğurladık. Yazık ki Rauf bey'in samimi temaslarından bir netice hâsıl olmamış ve bilakis 22 Kasım Fırka Grubunda ona karşı şiddetli hücumlar tertip olunmuştur. İşin daha yazık ciheti de Benim 16 Aralıkta Ankara'ya dönüşümden sonraki samimi teşebbüslerimde, fiilen aleyhimize olan propagandaları durduramamış, şerefimize ve hatta hayatımıza karşı diller ve eller uzatılmış ve bizi kendilerinden ayrılmaya sebep olmuştur. Bunları aşağı bahislerde göreceğiz. (Nutuk'un 483'üncü sahifesinden itibaren yazılara da dikkat edilirse, aşağı yukarı vaziyet anlaşılır.)

EDİRNE KURTULUŞ BAYRAMINDA

24 Kasımda trenle Edirne'ye hareket ettim. Edirne'nin kurtuluş bayramını kutlamak için beni bir heyet davet etti. Ankara'dan Büyük Millet Meclisi reisi Fethi Bey reisliğinde bir mebus heyeti de gelmişti. Bir kaç gün önceleri de Fethi Beyle görüşmüştüm. 22 Kasım gecesi Fatih belediyesinin akşam ziyafetinde beraberdik. Ondan da, Gazi Paşa nezdinde samimi birliğin hırpalanmamasına, ifrat fikirlerin tepeden inme bir şeklin mucip olabileceği tehlikeleri önlemeye çalışmasını rica etmiştim.

Fakat seyahatta gördüğüm hali, ricalarımın aksine fikirde olduğunu, bana anlattı. Gerçi kendileriyle Ankara'da fikir çarpışmamız olmuştu. Fakat kendi fikirlerinin yürümesi için İstiklal Harbi'nde kendilerinden çok daha büyük fedakârlıklar yapan arkadaşların hakları olan mevkileri işgalden sonra, onları küçük görmek ve göstermek ne arkadaşlığa ve ne de insanlığa yakışırdı.

24 Kasım sabahı saat 8'de Sirkeci'den trenimiz hareket etti. İstasyonlarda Halk ve mektepleri karşıya çıkmış buluyorduk. Fethi Bey, heyeti, 12 mebusdu. Meclis Reisi olduğundan, daima lazım gelen hürmeti gösteriyor ve ilk önce onun inip binmesine dikkat ediyordum. Ben, hem mebusdum hem de üniformalı ordu müfettişi idim. Fethi Bey'i tanıyan yoktu. Hadımköy'e karşılayıcılar arasına indiğimizde, oranın Maarif müdürü, Fethi Bey'i ben sanarak asker kumandanlığıyla İrfan kumandanlığının bir şahısta toplanmasının kudsiyetinden, doğuda binlerce yetim çocuğunu kurtardığımdan dolayı takdirlerde bulundu. Ve İstanbul'da gördüğü bu çocukların terbiyesini hayranlık ile tasvir etti.Fethi Bey iki kelime ile bu adamın kendi arkasında duran Ben olduğumu söylemek kadar cömert olmadı. İltifatlara karşı teşekkürlerini beyan etti...

Muradlı'da kız mektep çocuklarının en başta duranının göğsünde hamail gibi asılmış geniş bir kırmızı kurdela üzerine beyaz yazıyle "Yaşasın Ermenistan Fatihi" yazılmıştı. Önde Fethi Bey, arkada biz giderken Kütahya Mebusu Nuri

Bey bu çocuğa sordu:

"Ermenistan fatihini tanır mısın?" dedi. Çocuk da Beni gösterdi:

"Evet, tanırım, işte," dedi ve tesirli ve samimi bir kaç söz de söyledi. Bütün heyet bu çocuğun önünde bu konuşmaları dinlerken Fethi Bey yürümüş gitmiş, bütün mekteplerin ve halkın ve zabıtan heyetinin önünden geçip istasyonda hazırlanan büfeye girmiş bulunuyordu. Kimse farkında olmamış ve takip etmemiş. Bu yavrucuğun hitabesinden sonra biz de istikbalcilerin önünden geçmeye başladık.

Tekirdağı'nda mütarekenin ilk günlerinde kolordu kumandanlığı yaptığım gibi Trakya mıntıkası Beni Edirne'de Balkan Harbinden önceki ve harp esnasındaki vazifelerimden de tanırlardı. İstiklal Harbi'nde de mebusları idim. Gayet tabii ve içten gelen bir sevinçle Beni görünce alkışlamaya ve "yaşa," diye adımı anarak haykırışmaya başladılar. Fethi Bey, bu vaziyeti iyi idare edebilir ve halka hitaben Benden bahisle iki söz söyleyebilirdi. Fakat o, bunu yapmadı. Trene bindikten sonra yemek sofrasında mebusların içinde Bana şöyle çıkıştı:

"Biz iki heyet halinde gidiyoruz. Edirne'ye de böyle mi gireceğiz? Bu nasıl olur paşam?"

Fethi Bey'in çok teessür duymuş olduğu renginin kaçmasından da görülüyordu. Halbuki çok haksızdı. İstiklal Harbi'ndeki hizmetlerimi bile resmi makamlar örtbas etmekle meşgul iken ve kendilerine yol gösterdiğim ve başıma çıkardığım arkadaşlarım dahi fedakarlığımı, vefakarlığımı ve feragatimi hiçe indirici propagandalar yaparken, halkın akli selimi elbette ki daha uzaklardaki hakikatlere nüfuz ederek olan-biteni öğrenmiş bulunuyorlardı.

Siyasi teşekküllere veya sivrilmiş şahsiyetlere yaslanarak mihaniki bir kuvvetle emeksiz, en yüksek makamlara atılanları tanıyacak ve sevecek-bugünde yarın da-halk kitlesi olamaz. Onları ancak iktidar mevkiinde kaldıkları müddetçe, resmi ve menfaat gören muhitler tanır ve onların elleri, dilleri alkışlar. Milletin içinde Milletin varlığı için ömrünü yıpratan ve milli hayat mücadelesinde yoğrula yoğrula bir şahsiyet haline gelen insanlar ise her nereye düşürülürse düşürülsün, halk onu can ve yürekten sevmiş ve ona kalbinde sevgiden bir taht kurmuş ve dimağında nurdan bir hale çevirmiş olduğu için, o kimseyi bu çökmez sahada aynı sevgi ve saygı ile yaşatırlar. Bu gibi şahsiyetleri sevmez görünen, ancak resmi ve menfaat gören muhitlerdir. Ve bu muhitler ki bazan emre ram olarak O şahsiyetleri küçültmeye, kötülemeye -vicdanlarına uygun olmayarak- yeltenirler.

"FETHİ BEYİ YÜZBAŞILIĞINDAN TANIRIM"

Ben Fethi Bey'i daha yüzbaşılık devrimde Manastır'dan tanırım. Bunun için kendisine cevabım samimi bir arkadaş ruh ve edasıyla şöyle oldu:

"Fethi Bey, Ben sizi hak ve hürriyet sever tanırım. Gerçi Milletin istikbali hakkındaki düşüncelerimiz ayrıdır. Fakat fikirlerimiz ne olursa olsun duygularımız samimi kalmalıdır. Duygularımız bozulunca birbirimizin her işini kötü görürüz.

Ben sizden samimi kalmayı yalnız sizin için değil makamınız icabı başkalarına dahi tesir yaparak umumi havanın böyle kalmasına yardımınızı rica etmiştim. Bugünkü hadiselerde benim suçum yoktur. Meclis reisi sıfatiyle, trenden ilk önce siz iniyorsunuz. Resmi tezahürle halkın içten gelecek coşkunluğunu taktir ederek, hiç değilse görülen bir örneğinden ibret alarak sizin halktan önce davranmanız daha uygun olmaz mı idi? Beni halka tanıtır gibi davransanız, büyüklük sizde kalır. Halbuki siz Hadımköyde beni siz zanniyle yapılan hitabeye bile teşekkürle karşılık verdiniz! Edirne'de herkes beni daha çok tanır ve daha da çok sever; çünkü daha eski hizmetlerimi de yakından bilirler. Karşılıklı samimi duygularımız eksilmesin. Ben Babaeski'de kıtalarımı teftişle meşgul olacağım ve Edirne'ye otomobil ile gideceğim. Dönüşte de yine otomobil ile Kırklareli'ne gideceğim ve bütün Trakya'da kıtaların teftişiyle meşgul olacağım. Edirne'de daha ziyade Balkan harbindeki kale muharebelerini yerlerinde tedkikle vakit geçireceğim. Beraber bulunacağımız yerlerde de lütfen işi hüsni idare buyurunuz. Her halde tekrar ediyorum samimi duygularımız bozulmasın."

Fethi Bey sözlerimden sükûnet buldu ve söylediğine de pişmanlık duydu. Yolculuğumuz da daha samimi bir hava içinde geçti. Ben daha evvelce tamim ettiğim askeri teftiş programı mücibince Alpullu'da maiyyet kumandanlarımla birlikte heyetten ayrıldım. Buradaki teftişlerimi yaptıktan sonra otomobil ile akşama doğru Edirne'ye vardım. Şehrin doğu mahrecinde Hacılar Ezani mevkiinde mektep çocukları, halk ve bildiklerim tarafından samimi karşılandım. Fethi Bey heyeti de benden biraz sonra trenle Meriç kenarındaki istasyona çıktılar. Onlara da ayrıca daha resmi istikbal hazırlanmış. Şehir baştan aşağı donanmış. Halk neşe içinde. Bana Lisede, Heyete de belediyede yer hazırlamışlar. Yemeklerde birleşiyorduk.

25 Kasım Edirne'nin kurtuluş günü kutlandı. Hususi ve heyet halinde bana gelen ziyaretçiler, Edirne şimendiferinin ve hele Maraş Köprüsü yakınındaki Çörek Köyünün Yunanistan'a terk edilmesinden çok zarar gördüklerini yana yakıla anlatıyorlardı. Şimendöferin Edirne'nin can damarı olduğundan dolayı behemahal hududumuz içinde bırakılması lüzumunu İsmet Paşa Lozan'da iken ısrarla Mustafa Kemal Paşa'ya söylemiştim. Bunu Edirne mebusları da bildiklerinden Edirne'de şayi olmuştu. Çörek köye gelince muahede metninde Türkse Türk'e, Rum'sa Yunanistan'a kalacağı kabul olunduğundan Yunanlılara bırakılmış ve hududda Edirne'nin burnunun dibine sokulmuştu. Edirneliler buna çok içerliyorlardı. "Yüzbaşılık zamanında yıllarca Edirne'de hizmet eden İsmet Paşa Çörek Köyünün Türk mü Rum mu olduğunu bilmiyormuydu ki sulh muahedenamesine böyle bir kayıt koydurdu" diyorlardı.

KARABEKİR'E YAPILAN TEZAHÜRAT

Bu meselelerin de eklenmesiyle tezahürlerde benim tabii

büyüklükteki bir resmim bir sırığa levha halinde takılarak gençlerin elinde gezdiriliyor ve ismim her tarafta heyecanla haykırılıyordu. Halkın gittikçe kabaran heyecanı başka isimlerin anılmasına karşı sönük akisler buluyordu.

Belediyedeki kabul resimleri ve tezahürlerden sonra halkla birlikte Sultan Selim Camii avlusuna geldik. Kapı önünde hazırlanan kürsüden nutuklar söylendi. Dindarane sözler ve batı Trakya'daki mezalim yad edilerek "Batı Trakya'mızı istiyoruz," denildi. Fethi bey de resmi cevap verdi.

Halk benim de söz söylemekliğimi arzu ve ısrar ettiler. Ve gittikçe haykırışmaya başladılar. Bu vaziyet karşısında Fethi Bey de bunu ısrarla istedi. Sürekli alkışlar arasında kürsüye çıkarak, şunları söyledim:

"Muhterem Edirneliler! Ben sizin en yakın bir hemşehriniz gibi bir kaç söz söyleyeceğim. Çünkü sizin içinizde beş yıllık gençlik hayatım geçmiştir. Balkan felaketinde de Ben burada sizinle çırpındım. Son seneler zarfında çektiğiniz çileler de pek büyüktür. Cenabı Allah, bundan sonra sizi her halde mesut edecektir.

Bugün bizi kurtarmış olan yegâne kuvvet Türk'ün birliğidir. Bütün Millet yürekten can-ciğer olup, el ele verirse her halde memleketimiz bugünden daha mesut bir halde yaşar. Bundan sonra en büyük vazifemiz yüzyılın icap ettirdiği terakkiyata sarılmak ve cehaletten kurtulmak olmalıdır. Bütün millet elbirliği ile ve azimle koşmalıdır. Bunu da unutmamalıdır ki Edirne'nin çok kuvvetli kaleleri sükut etti. Fakat Sultan Selim Camii, bu muazzam abide sükût etmedi. Türk'ün en büyük kalesi bu mübarek mabet ve onun şerefelerinden fışkıran ilahi seslerdir. (Bu aralık minarelerden yanık seslerle selatü selam okunuyordu.) Bizler bu ilahi sayeye bütün ruhumuzla sığınmalıyız!

Efendiler!

Türk'ün Birliği ve dini, bu iki muazzam kuvvet bizi saadete erdirecek ve Allah'ın inayetiyle hüzünlü yaşlarımızı dindirecektir."

Halkın ve münevverlerin ruhlarını canlandıran bu sözler çok şiddetle alkışlandı. Arkasından dua okundu. -Bundan sonra camiye girdik- İstanbul'dan gelen meşhur sesti hafızların mevludunu dinledik. Öteden beri dıştan ve içten temaşasına bir türlü kanamadığım bu Mimar Sinan'ın cihan değerabidesine bugün de hayranlıkla baktım, durdum ve ruhumu huşu ile bu billur seslerle kana, kana doyurdum.

Benim eski tanıdıklarım bana gece için de hususi bir âlemde bu ses ziyafetini kendi musikimizle de sunarak çok tatlı saatler yaşattılar. Ben de çok kıymetli hatıraları bulunan sevgili Edirne'mizin, bu yeni Yüksek hatıralarına daima karşımda asılı bulunan bir resim levhası hediyesi de eklendi: Doğu cephesinde hayat ve istikballerini kurtardığım kimsesiz yavruları nasıl sefaletten kurtardığım ve ne hale koyduğumu tasvir eden bu levha o yavruları kollarımı açarak şefkatlerimi gösterdiğimi tasvir etmektedir.

ASKERLERİ SİYASETLE UĞRAŞTIRMAK TEHLİKELİDİR

Memleketin gezdiğim her yerinde gösterilen tezahürlerden, Mustafa Kemal Paşa'nın kuşkulandığını ve Cumhuriyet ilanı ve Reisliğine seçilmesinin de kapatma tarzında aceleye getirilmesinin bu kaygıdan ileri geldiğini ve bu son Trakya seyahatinde ve hele Edirne'de coşkun tezahürlerin sebep olacağı endişeyi ve bundan türlü kötülükler doğabileceğini, çok eski arkadaşlarım olan mebus heyetinin bazı zatlarından öğrendim.

26 Kasımda Fethi Beyle de bunu açık görüştüm. Halkın heyecanını önlemek imkânsızlığını ve benim de bir yere çekilip oturmaklığımın da bir dargınlık gibi telakki olunarak daha yenilemeyecek hadiselere yol açabileceğini konuştuk. Şu halde, geri kalan tek bir çareyi Fethi Bey'e teklif ettim: "Meşrutiyet'in ilanından sonra, Selanik'te toplanan birinci İttihad ve Terakki Kongresine yaptığım ve sonra da ısrarla üzerinde

durduğum askerlerin siyaset ile uğraşmaması esasına tekrar dönmeliyiz. Zaruri olarak Birinci Büyük MilletMeclisi zamanında fiili hizmetteki askerler aynı zamanda mebus da olabildiler. Fakat artık sulhe kavuştuk. Cumhuriyet Hükûmeti'nin normal olarak yürüyebilmesi için, asker arkadaşların ya mebusluğu veya askerliği tercih etmeleri usulünü, yeni teşkilat-ı esasiyyeye koymalıdır. Bu hususta İstanbul'a döner dönmez Büyük Millet Meclisi Reisliğine ve askeri makamlara yazıyle de teklif etmek fikrindeyim. Bu suretle ben askerlikte kalmayı tercih ederim. Ortada endişe edecek bir şey de kalmaz."

Bu mütalaam, Fethi Bey'ce olduğu kadar işiten diğer asker ve mebus arkadaşlarca da isabetli göründü.

Bugün Edirne'nin eski hatıralarımı canlandıracak yerlerini dolaştım. Asker ve mebus arkadaşlarım ve bazı Edirneli eski bildiklerim benden Edirne kale muharebeleri hakkında malumat istediler.

Muhasaranın son haftalarında kale kumandanlık karargahı olan ve erkan-ı harbi bulunduğum kale ihtiyat fırkasının da karargahı olan Hıdırlık tabyasına çıktık. Buradan bütün kale muhiti ve uzaklara kadar arazi görülüyordu. Muhtelif cephelerdeki taarruzi ve tedalüi muharebelerimiz hakkında umumi malumat verdim. Eski ve yeni hududları da arazi üzerinde gösterdim. Pek sıkıcı ve tehlikeli olan yeni hudud ve hele Rum olduğu meçhul olmayan Çörek Köyü'nün Rum ise Yunanlılara kalacak kaybı uğruna hududun Yunan cihetinde kalmasının elemini, Edirneliler avuç içi gibi önümüzde duran vaziyetini görerek elem ve ızdıraplarını bir daha söylediler.

Koca Edirne! Meriç, Arda, Tunca nehirlerinin birleşmesi ve çok uzaklara kadar geniş ufku bulunması ve bağrında koca bir pırlanta gibi yükselen Mimar Sinan'ın şaheserini taşıması yalnız Türkiye'mizde değil bütün dünyada emsalsiz bir şehirdir. Balkan Harbi'nden önce nüfusu 100.000'i aşıyordu. İki piyade, bir süvari fırkasını, topçu vesair kıtalarla heybetli bir askeri garnizondu. Şimdi nüfusu 40.000 kadardır. Evvelce mevcut Yahudiler de 18.000 kadardı. Ve ticaret ellerinde idi.

Şimdi onlar da çekilmişler, pek az kalmış. Umum Trakya'da ancak halen 300.000 nüfus kaldığını öğrenmekle elem duydum.

27 Kasımda mebuslar heyeti trenle ayrıldılar. Bunları uğurladıktan sonra öğleden önce davet olunduğum nümune ilk mektebi ve erkek lisesini ziyaret ettim. Öğle yemeğini talebe arasında yedim. Öğleden sonra kale hattını dolaştım ve birçok muharebeler yaptığımız yerlerde şehid ve gazilerimizi andım. Yıllarca içinde çalıştığım Yanık Kışlayı da ziyaret ettim. Bir zamanlar en ufak örümcek için çıkıştığım bu yerler şimdi benden intikam alıyormuş gibi her taraftan örümcek ağları sarkmakta idi. Bütün bir fırkayı bağrında taşıyan ve faaliyetlerin türlüsüne sahne olan bu koca kışla şimdi harap bir türbe duygusunu veriyor. Akşam belediyede eski bildiklerimle yemek yedik.

KARABEKİR OKULLARI TEFTİŞ EDİYOR

28 Kasımda öğleden önce yine mekteplerle meşgul oldum. Kız lisesi, darü'l muallimeynler, ana mektebi, sanayi mektebi bu arada idi. Öğleden sonra vedalarımı yaptım. Ve saat 2.30'da otomobiller ile Kırklareli'ne hareket ettik. Samimi uğurlandık. Beraberimde kıtalarını teftiş ettiğim kolordu kumandanı Şükrü Naili Paşa ve yaverlerim vardı. Defalarca atlı seyahatlar yaptığım bu yerleri, o hatıraları yaşatarak geçtik. Samimi bir istikbal hazırlayan Kırklareli'nde halk ve asker arasına karıştık. Burası da daha yeni canlanıyor. Balkan Harbi'nden önce 17.000 nüfus varken, bugün 5.000 kadar. Bunun da 611'i Rum, 361'i Bulgar, 390'ı Yahudi.

29 Sabahı süvari alayım ve iki grup halinde kışlalarını ve dört pavyon halinde güzel hastahanesini teftiş ettim. Öğleden sonra otomobillerle Babaeski'ye geldik. Buradaki Süvari alayını ve kışlasını da teftiş ettim. Evvelce 1000 ev iken, bugün 350 ev kalmış.

Akşama yakın Lüleburgaz'a geldik. Halk her tarafta aynı

duygu ve aynı merakla yıllarca gençliğimin en faal devresinde sık sık gördükleri, beni görmeye çıkmış bulunuyorlardı. Dertlerini, kederlerini, sevinçlerini anlatmak, dinletmekten büyük zevk duyuyorlardı. Burası da evvelce 1800 ev iken şimdi 500 kalmış. Babaeski'de olduğu gibi buranın tarihi, şirin kubbeli camilerinin kurşunlarını Bulgurlar almış ve minarelerini de yıkmışlar! Ve dehşetli facialar yapmışlar. Burada 60 ev Yahudi var. Her yerde faizcilik ve ihtikârla Türkleri emip duruyorlar. Bulgar ve Yunan istilalarında onlara daha büyük sedakatle hizmet ettiklerinden ezilmek şöyle dursun daha zenginleşmişler.

TAŞHAN

30 Kasım, süvari alayını ve oturdukları Taş Han'ı teftiş ettim. Mektepleri de ziyaret ettim. Müdür, on yıldır burada imiş. Çalışkanlığı ile çocuklara bal ve tenekecilik öğretmiş. Feyizli bir yol tutmuşlar, çok memnun kaldım. İstasyonda Un fabrikasını da gezdik. Evvelce bir Rus'un imiş. Şimdi milli emlaktan bir Türk kiralamış. Günde yüz çuval un öğütüyor.

Gruptan sonra trenle Muradlı'ya hareket ettik. Oradan da otomobillerle Tekirdağ'ına gittik. Çoluk-çocuk halk sokaklara dökülmüşler. Mütarekenin ilk zamanlarında burada kolordu kumandanı olduğumdan ve fakirlere, kimsesizlere ve kimsesiz çocuklara anbarlarından yardım ettiğinden, bağlılığımız sıkı ve oldukça da yeni idi. Burada da aralarına karışarak samimi hasbihaller yaptım.

1 Aralık, Tekirdağ'ındaki kıtaları teftiş ettim ve tatbikat yaptırdım. Kışlaları ve hastahaneyi de teftiş ettim. Öğleden sonra resmi ziyaretler ile beraber, Türk Ocağı ve mektepleri ziyaret ettim. Kasabada 12.000 nüfus kalmış. Evvelce 21.000 Rum ve 12.000 Ermeni vardı. Kaçmışlar, 2.000 Yahudi ve 300 kadar Ermeni kalmış.

2 Aralık, Otomobillerle Çorlu'ya, ertesi gün de Hadımköy'e geldik. Aynı tezahürler ve aynı hasbihaller. Buralarda

da askeri teftişlerimi ve mektepleri ve ziyaretlerini yaptım. Çorlu da 3000 nüfus kalmış. 600 kadar Yahudi, 33 Ermeni, 9 Rum. Bu azınlıklar her kasabada olduğu gibi ticaret ve sanayi ile yaşıyorlar. Hadımköy'de Çatalca müdafaa hattını da dolaştım. Terkos'da su fabrikasını da gezdik. Fransız Mühendisleri işletiyor. 1884'de tesis olunmuş. Mevcud sekiz silindirden altısı tarihte, ikisi de 1908'de kurulmuş yeniler daha ufak fakat aynı kuvvette. Beheri yüz beygir kuvvetinde. (Bu mühim müessesenin Türk Mühendislerine teslim olunması lüzumunu Ankara'da ilgili makamlara arzettim.)

5 Aralık akşamı Tayakadın'a geldik. Ertesi sabah bu civar araziyi, köyleri ve köylüleri görmek üzere atlarla yola çıktık. İhsaniye ve civar köylülerle görüştük; bir köy düğününe de rastladık. Pehlivan güreşleri seyrettik. Halk çok neşeli ve çok samimi, akşam Pirinçci Köyünde kaldık. Gece köylülerle sohbet ettik. Çocuklar "Muhammediye" kitabı okuyorlar. Birçok hurafeler bellemişler. Bir kaç saat bunların zararlılarını ve anlayabilecekleri müsbet varlıklar anlatarak, istifadei musahabeler yaptık. Her tarafta olduğu gibi gayri Türkler kazancı kendilerine hasrettirmek için halkın ruhunu öldürmüşler. İstanbul'un yanı başındaki bu köylere, onbinlerce münevverden hafif bir ışık bile sızdırılmamıştır. Gaflet içinde uyumuşuz.

Misafir kaldığımız iki katlı yeni bir evin sahibi olan seksen yaşındaki hanım ve ondan on yediye kadar dört torunu bize ne saflıklar anlattılar. Bu aile kömürcülükle geçiniyor. Hanım dedi ki, "Bu gavur sanatı amma ne yaparsın geçinmemiz bu yüzden!.." Bu köylüler İstanbul'a ara sıra indikleri zaman olsun şevklerini kırmadan, neşelerini kaçırmadan neler anlatılmaz ve neler gösterilmez. Hâlbuki başıboş dolaşıp gidiyorlar. Bu köy, yeniçeriler zamanında yapılmış; asıl ismi Birinci imiş sonraları yanlış telaffuzla Pirinçci olmuş!

7 Aralık yine atlı seyahatımıza devamla Kemerburgaz-Bahçeköy'e, buradan da otomobillerle Kalendersaray'daki

Dar'ül-itamı ziyaretten sonra Hürriyeti Ebediye Tepesi'ndeki şehitlerimizi ziyaret ettik. Oradan da Beyazıt'daki daireme geldim. Ve daha Tayakadın'da yazdığım şu teklifimi şifreli telgraf olarak gönderdim:

KARABEKİR TEKLİF EDİYOR:
"YA POLİTİKA, YA ASKERLİK"

Büyük Millet Meclisi Reislisine,
Erkan-i Harbiye-i Umumiyye Reisliğine,
Müdafaa-i Milliye Vekaleti'ne,

İstanbul 7.12.1923

Asker-Mebusların Meclis'te fırka siyasi mücadelelerle ülfet ettikten ve icabında ordunun en büyük makamları olan Erkân-i Harbiye-i Umumiyye Reisini ve Müdafaa-i Milliye Vekilini sorguya çektikten ve kendisinde her hangi siyasi bir kanaat tebellür ettikten sonra, ikinci intihapta orduya avdetlerinin zabtü rabta vuracağı darbenin, ne elim olacağı teemmül buyurulmalıdır.

Binaen-aleyh asker mebus arkadaşların, ya mebusluğu veyahut askerliği tercih ederek diğerinden affedilmeleri, selamet-i millet ve memleket namına elzem olduğunu arz eylerim. Bu husus Teşkilati Esasiye'nin bu babtaki noktasına da tevafuk etmiş olur.

İstanbul Mebusu ve Birinci Ordu Müfettişi
Kazım Karabekir

Bu Teklifime yalnız Fethi Bey tahriren şu cevabı verdi:
Türkiye Büyük Millet Meclisi Riyâseti
Başkitâbeti 1714

Ankara
12.12.1923

Birinci Ordu Müfettişi ve İstanbul Mebusu
Kazım Karabekir Paşa Hazretlerine,
7/12/1923 Tarihli Şifreye Cevaptır.

Teşkilât-î Esasiyye Kanununun tâdili münasebetiyle ait
olduğu Encümende görülmekte olduğuna nazaran azâ-yı ki-
ramın bu bâbdaki kanaat ve tarzı hareketlerini sınırlayacak
şekilde şimdiden bir muamele îfâ edilemeyeceğini, saygı ile
arz eylerim, efendim. ([26])

Türkiye Büyük Millet Meclisi Reisi
Ali Fethi.

---

26   Bu tarihten on bir ay sonra hâdiselerin tesiri altında şahsî emirle
bu yola dönmek vakit ve zamaniyle işi kavramamak değil midir? Mebus
kumandanlara verilen emirleri okuyalım: (Nutuk, sahife: 518)

Şifre Makine başındadır.

1: Bana olan itimad ve muhabbetinize istinaden gördüğüm ciddî lüzum
üzerine derhal mebûsluktan istifanamenizi telgrafla Meclis Riyasetine bil-
dirmenizi teklif ederim. Mühim olan vazife-î askeriyenize bilâkaydü şart
hasr-ı mevcudiyet etmek, sebebî şayanı kayıttır.

2: Erkân-i Harbiye-î Umumiyye Reisi Müşir Fevzi Paşa hazretleri aynı
lüzuma mebnî teklifim üzerine istifanamesini vermiştir.

3: Üçüncü Ordu Müfettişi Cevat. K. 1 İzzeddin. *K.* 2 Ali Hikmet, K. 3 Şük-
rü Naili K. 5. Fahreddin. K. 7 Cafer Tayyar paşalar hazerûtına yazılmıştır.

4: Telgraf başında keyfiyetten haberdar etmenize muntazırım.
30/10/1922

Reisi Cumhur
Gazi M. Kemal

Sebep soran Üçüncü Ordu müfettişi Cevat ve 7'inci Kolordu Kuman-
danı Cafer Tayyar paşalara, ertesi 31 Ekim makina başında şifre de şöyledir:
"Kumandanların Mebus bulunmaları orduda emri kumandada matlup in-
zibat ile gayri kabil-i telif olduğuna kanaat hasıl olmuştur. Birinci ve ikinci
ordu müfettişlerinin vazifelerinden istifa ederek Meclise avdetle orduları
münasip görülmeyen bir zamanda başsız bırakmış olmaları bu mütâlaayi
teyid eder. Daire-î intihâbiyeniz halkı, ordunun selâmet-î inzibatı için itâ
buyuracağınız karardan elbette memnun olur. İşarıma nazaran kararınızın
bildirilmesini rica ederim.

Reisicumhur
Gazi M. Kemal

Her iki zât da mebusluğu tercih ettiklerini bildirmişlerdir.

İSTANBUL'A BİR İSTİKLAL MAHKEMESİ GELMİŞ!

8 Aralık sabahı Ankara'dan bir İstiklâl Mahkemesi geldiğini ve Kolordu kumandanı Şükrü Naili Paşa, heyetin istikbaline Haydarpaşa'ya kadar gitmiş olduğundan, şimdi de heyetin, ona ziyareti iâdeye gittiğini; yaverlerim haber verdi.

Ne Ankara'daki üst makamlar, ne de İstanbul'daki astı bir kumandanım, bu heyetin geleceğini bana bildirmemişlerdi. Bu heyet, benim bulunduğum yerin yanından eski Harbiye nazırının odasında oturan Şükrü Naili Paşa'ya ziyarete giderken ve dönüşlerinde bana uğramamışlardı.

Heyetin reisi, Meşrutiyet'in ilanından sonra Edirne'ye gittiğim vakit, tanıdığım topçu Yüzbaşı İhsan bey idi. Ne resmî sıfatıma ve ne de şahsî hukukumuza zerre kadar riâyet etmeyen Ankara'daki şahsiyetler, Cumhuriyet ilânında olduğu gibi, bu seferde bulunduğum yere bir İstiklâl Mahkemesi ([27]) gönderdikleri halde, bana haber vermemeleri çok ağır bir hava yaratıyordu! Bunun Reisine de bu yolda emir verilmiş olacak ki ne çok eskiden tanıştığımıza ve ne de astımı ziyarete giderken, bir Ordu Müfettişi sıfatıma hürmeten beni ziyarete gelmediler!..

KARABEKİR'E KARŞI: TEDBİR

Bu çirkin vaziyeti Ankara makamlarına protesto ettiğim gibi. Şükrü Naili Paşayı da çağırtarak neden dolayı bana haber vermediğini sordum. Bu zat cevabında, "Ankara'nın size haber vermemiş olacağı aklıma gelmemişti," diyerek işin içinden çıkmak istedi. Bunun askerce bir cevap olmadığını, Hay-

---

27 Bu İstiklâl Mahkemesi nin gönderilmesine sebebin ne olduğunu Nutuk, 511'inci sahifesinden okuyalım: İstanbul'daki "bazı gazetelerin memleket ve Cumhuriyet menafi aliyesini ihlâl eder tarzda devam eden neşriyatı da, orada öyle bir hava yaşattı ki Meclis, İstanbul'a bir İstiklal Mahkemesi göndermeyi zaruri addetti."

Sonraları Bahriye vekilliğine kadar yükseldikten sonra "Yavuz ve Havuz" sûî istimâllerinden ağır mahkûm olan bu İhsan bey'dir. Mustafa Kemal Paşa tarafından benim hareketimi gizlice kontrole memur bulunduğunu yukarıda açıklamıştır.

darpaşa'ya giderken olsun, bana haber verebileceğini kendisine ihtar ettim. Benim kanâatim Mustafa Kemal Paşa'nın Selanik'te çocukluğundan beri arkadaşı olduğundan husûsî bir itimâda mazhardı. Ondan bu hususta diğer makamlar gibi bana haber vermemesi, bu suretle beni küçük düşürmek emrini almıştı. Fakat benim, mevkiimin şeref ve selâhiyetinden en ufak bir şeyi ihmâl etmeyeceğimi arkadaşlarım şimdiye kadar çok görmüşlerdi.

Şu halde maksadın beni tahrik ederek beraber çalışmaya imkân bırakmamaya çalışmak olduğu apaçık görülüyordu. Ben tabiî mümkün olduğu kadar sabır ederek ve samimi ve feragatli çalışmakta devam edecektim. Fakat İstiklâl Harbi'ni zaferle kapadıktan sonra işe İstiklâl Mahkemeleriyle başlamayı, hele Başvekil İsmet Paşa'ya hiç de yakıştıramıyordum. Sonra bu benim en eski ve en samimi arkadaşımdı. Benim Erkân-i Harbiyeî Umûmiye Reisliği'ne getirilmekliğimi güya düşünüyordu. Vaktiyle doğu hareketini muvaffakiyetle bitirdiğimi tebrik ederken Bana EN YÜKSEK MEVKİLERİN MEVCUT olduğunu yazıyordu!..

Şimdi iki satır bir şey yazmıyor, ağızdan bir şey göndermiyor. Hatta resmi sıfatıma, resmi hakkıma riayetsizlikleri hoş görüyordu. Sulhten sonra onların uçarı fikirlerini ben tehlikeli bir dış entrikası buluyordum. Demek onlar bu yolu, İstiklâl Mahkemeleri'ne dayanarak, durdurmakta ısrar ediyorlar ve başta benim gibi vefakâr ve feragatli bir arkadaşlarını da açık ve mertçe olmayarak sinsi bir usul ile ezmekten çekinmeyeceklerdi. Benim şimdilik yapacağım şey Ankara'ya dönüşte bilhassa İsmet Paşa ile çok açık konuşmak olacaktı. Sonrasını da hadiseler tayin edecekti. İstiklal Mahkemeleri'nin vazifesini herkes gibi ben de gazetelerde okudum. İstanbul gazetelerini susturmak, için hoşa gitmeyen gazete sahiplerini sorguya çeken bu İstiklal Mahkemesi İkinci Millet Meclisi'nin itimâdından ziyâde Mustafa Kemal Paşa'nın emrine kul olan zâtlardı. Fındıklı sarayı salonunda münevver kadın-erkek İstanbul halkını hayli güldürdüler.

ERKAN-1 HARBİYE-İ UMUMİYYE REİSİ
İSTANBUL'A GELDİ

Veba vukuatı olduğundan, sekiz gün İstanbul'a giriş çıkış men'edilmişti. Güya 12 Veba vakası çıkmış! Ben bile 12 aralıkda Ankara'ya gitmeye karar verdiğim halde bu ilan üzerine kalmıştım. Geçen dört gün zarfında, deniz müesseselerimizi ve Yavuz zırhlısını (Sathî olarak 1914 Cihan Harbi'nden az evvel Almanların elinde iken İstanbul'u ziyarete geldiği zaman gezmiştik.) ve bu arada davet olunduğum ticaret ve Halkalı Ziraat Yüksek mekteplerini vesâir bazı mektepleri de ziyaret etmiştim. Evvelce ziyaretime gelmemiş olan ateşe militerlerden Amerika, Romanya ve Lehistanınkiler de geldiler. Askeri hasbihallerde bulunduk.

3 Aralık, Erkânı Harbiye-i Umumiyve reisi fevzi Paşa İstanbul'a geldi. Veba karantinası ilan olunan bu tehlikeli mıntıkaya gelmesi, herkesi hayrete düşürdü. Ve karantinanın halkın sıhhati için değil, İstiklal Mahkemesi'nin bir tedhişi olduğu anlaşıldı.

Fevzi Paşa'yı Pendik'ten karşıladım; rahatsız değildi. İstiklâl Mahkemesinin daha kötü bir vaziyet doğurmasından endişe ederek geldiğini ve benimle de görüşmek arzusunda bulunduğunu anladım. Tahakkümle ve İstiklal Mahkemeleri'yle kurulan Cumhuriyetin sevgi değil nefret uyandırdığını söyledim. Ve kazandığımız prestiji, bu mahkemelerle kaybetmekte olduğumuzu ve bu mahkemelerin devamı, memlekette fikir, enerji ve ahlak prensiplerinin başında gelen sevgi ve saygı duygularını öldüreceğini ve hele birbirimize karşı tekerrür eden itimatsızlığın memlekette çok zararlı neticeler doğuracağını, uhdemizde mebusluğun bulunması, yapılan işlerde bizim de oyumuz var gibi telakki olunacağından, dürüst bir hareket olmayacağını izah ettim. Fevzi Paşa bana hak verdi ve İstiklal Mahkemesi'nde müstenkif kaldığını söyledi.

15 Aralık'ta Erkan-ı Harbiye Mektebini ziyaret ettim. Akşam da Kadıköy'de Müşir Fevzi Paşa'yı ziyaret ettim. Üç saat

kadar görüştük. Yarın Ankara'ya gideceğimden veda ettim. 16 Aralık sabah 9'da trenle hareket ettim. Haydarpaşa'da uğurlama merasimine Fevzi Paşa'da gelmişti. Samimi sözler söyledi. Fakat bir üzüntüsü olduğunu hissediyordum. Bunun ne olduğunu çok geçmeden yolda öğrendim. Şöyle ki:

-Gebze'de, merkezi Bakişehir'de olan emrimdeki kolordu kumandam Kemaleddin Sami Paşa ile iki fırka kumandam Osman Paşa (Kotagel) ve Halis Bey (Bıyıktay) da bana mülakatı oldular. İstasyonlarda hazırlanan kıtaları teftiş ettim. Ve bu kumandanlar kendi mıntıkaları nihayetinde ayrıldılar. Doğudan Batı Cephesi'ne göndermiş olduğu Osman Paşa'nın On ikinci fırkasına, deniz yolu ile doğuya hareket etmesi emri verildiğini gördüm.

Kışın Trabzon'dan sonrası çok zordu. Daha evvel gönderilmeyip şu aralık gönderilmesine olduğu kadar bana haber verilmemiş olmasına da diğer geçen hadiselerdekinden ziyade şaştım. Şifahen de Fevzi Paşa bir şey söylememişti. Derhal Trabzon'un askeri ve sivil makamlarına bu fırka için kalın eldiven ve çorap vesaire hazırlamalarını rica ettim. Üçüncü Ordu müfettişliğine de bildirdim.

ANKARA, ORDU MÜFETTİŞİ KARABEKİR'DEN ŞÜPHELENİYOR

Asıl tarihi rezaleti Kemaleddin Sami Paşa ile yalnız kalınca öğrendim. Fevzi Paşa'nın imzasını taşıyan zata mahsus bir emirde: Eğer İstanbul'da Padişahlık lehine bir isyan çıkarsa kolordusuyle İstanbul üzerine harekete geçmesi emrolunuyordu... On ikinci fırkaların alelacele doğuya şevki de bu fırkanın doğu zaferlerinde emrimde bulunması dolayısıyle her hangi bir harekette benim emrime geçeceği endişesi imiş.

Ankara'daki Cumhurreisi, başvekil, ve Erkani Harbiye Reisi yani Mustafa Kemal, İsmet ve Fevzi paşalar gibi her birine karşı ayrı hukukum, ayrı feragatim ve ayrı samimiyetim vardı; bir arada düşünüyorlar ve karar veriyorlar ki İstanbul'da bir ihtilal çıkacak ve bir Padişah ordusu kurulacak ve ben bunu idare edeceğim!..

Bu karara karşı, şu tedbirler kararlaştırılıyor:

Maiyyet kumandanım olan merkezi Eskişehir'deki Dördüncü Kolordu kumandanı Kemaleddin Sami Paşa yani maiyyet kumandanım kumandasındaki bir ordu İstanbul üzerine yürüyecek... Bu kolorduya mensup olan fakat doğudan geldiğinden bana iltihakı tehlikesi bulunan Osman Paşa fırkası derhal vapurlarla doğuya iade olunacak... Erkani Harbiye-i Umûmiye reisi Fevzi Paşa da bizzat İstanbul'a gelerek, ahvali gözleri ile görecek ve icabını yapacak...

Fevzi Paşa gözleriyle görüp kulaklarıyla ahvâli anladıktan ve benim, orduyu siyasetten ayırmaya uğraştığıma da kani olduktan sonra, atılan bu adımı benim haber alacağımı tahmin ederek, hiç değilse Ankara'ya hareketim sırasında münâsip bir şekilde bana haber vermemesi çok defalarda gördüğü askeri nüfuzumun derecesini ölçemeyerek belki duymaz mı sandığını yoksa Mustafa Kemal ve İsmet Paşaların teveccühlerini kayıp mı edeceğine inandığını kestiremedim.

Her ne olursa olsun bu bir skandaldı. Cumhuriyet idaremize ve bunu ellerine alanlara asla yakışmadı. Kemaleddin Sami Paşa'nın aldığı emri, amiri olan bana bildireceğini hesaba katmayanlar bu zatın daha Harb-i Umûmî'den önce maiyyetimde istihbarat şubesinde çalıştığını ve benim pek eski bir arkadaşım olduğunu bilmeli idiler! İsmet Paşa, bunu bilirdi. Bunu yakinen bildiğine göre, işi başka bakımdan düşünmek zaruretinde kaldım: Beni ordudan istifaya mecbur etmek için sebepler hazırlamak! Şimdiye kadar bu gibi sebepler, numara alacak kadar çoğalmıştı. Bunu ben ap-açık birinci derecede İsmet Paşa'ya, ikinci derecede Fevzi Paşa'ya ap-açık söylemeye karar verdim.

KARABEKİR ANKARA'YA GİDİYOR

17 Aralık öğleden sonra saat 4'de Ankara'ya vardık. İstas-

yonda Başvekil İsmet Paşa, Rauf Bey, Müdafaai Milliye Vekili Kazım Paşa, bazı vekiller, mebuslar, Efgan sefiri ve karargâh heyetiyle ihtiram kıtası vardı. İsmet Paşa, samimî görünüyordu. Mustafa Kemal Paşa; üçüncü defa olarak bugün rahatsızlık geçirmiş.

Akşam yemeğini Rauf Bey'le ikametime tahsis olunan Erkan-i Harbiye dâiresinde Etlik cihetindeki Ziraat mektebi'nde) birlikte yedik. Hasbihallerimizin esasını, yeni üçlü manzumenin, yani Mustafa Kemal, İsmet ve Fevzi Paşaların bize karşı aldıkları cephe teşkil etti.

Açık görülen manzara şu idi: Mustafa Kemal Paşa ilk İstiklal Harbi arkadaşlarından kaçıyor ([28]) İsmet Paşa da onu kaçırıyor, Fevzi Paşa da uysal ruhu ile bu yolculuğa katılıyor ve İstiklal Harbi'nin üç kurucusu gibi görünmesi de ayrıca ona bir haz verdiğinden, O da bizim uzaklaştırılmamıza ve küçültülmemize yalnız seyirci değil, bizzat amil de oluyordu.

İstiklal Harbi'nin ilk kurtuluş yılındaki menfi hareketler bu suret ile yalnız saklanmıyor, bizim hizmetlerimiz, bizim fedakarlıklarımız da onların hesabına geçirilmiş gibi oluyordu!.. Bizim bu tahlilimize kuvvet veren bir çok deliller vardı. Hele Mustafa Kemal Paşa'nın, İsmet Paşa'ya: "Benden sonra senin gelmen için, lazımını yapmalıyız," dediğini arkadaşlarımız kulaklarıyla duymuşlardı.

Bu vaziyet karşısında gerçi ne yapsak boştu. Fakat sonuna kadar samimi bağları kırmamaya ve dost-düşmana karşı milli birliği korumaya çalışmak da vazifemizdi. Husûsiyle, Türkler ancak başları sıkıya gelince birleşirler ve ancak askeri bir kudret teşkil edebilirler. Medeni bir hükûmet kuramazlar, çünkü ruhlarında tahakküm ve istibdat kökleşmiştir. Başa gelen oğlunu, kardeşini bile, zan ve vehim uğruna öldürmekten zevk alır!.. gibi telakkileri yeniden canlandırmamaya çalışmamız milli bir borçtu.

28 Nutuk, sahife: 483: Fuat Paşa bana şöyle bir sual tevcih etti: "Senin şimdi apoterslerin kimlerdir, bunu anlayabilir miyiz?.." "Benim apoterslerim yoktur. Memleket ve Millete kimler hizmet eder ve hizmet ve liyakat kudretini gösterir ise apoters onlardır."

Bu düşünce ile Rauf Bey ile İsmet Paşa'yı barıştırmayı ve Mustafa Kemal Paşa ile samimi görüşmeyi birinci plana aldım. Rauf Bey de, bu fikrimi kabul etti ve İsmet Paşa'ya karşı gayet samimi davranacağını ve kusuru varsa söylendiği anda ona tarziye vereceğini bildirdi.

KARABEKİR GAZİDEN RİCA EDİYOR

18 Aralık resmi ziyaretlerimi yaptım. İsmet Paşa, yerinde yokmuş; kart bıraktım. Mustafa Kemal Paşa, öğle yemeğine çağırdı. Hasbıhallerimizde kendilerine samimi duygularımıza emniyet etmesini beyandan sonra iki ricada bulundum:

1- Ordunun siyasete karışmaması için, kumandanların aynı zamanda mebus olmamaları hakkındaki teklifimin kabul buyurulması;

2- İstanbul'a gönderilen İstiklal Mahkemesi, "namı" ve "şahısları" bakımından halka çok fena tesir ettiğini, eğer bu şekil devam ederse, eski hafiyelik devri aynen başlayacağından normal idare şeklinden ayrılınmaması ve adliyemize itimat olunması ve ona kudret verilmesi.

İstanbul'da, korkulacak bir şey olmadığını, gazetecilerin, kendilerini göstermek için ve satışlarını çoğaltmak gayretiyle açtıkları münakaşa da Ankara'daki Yenigün gazetesinin amiyane atıp-tutmalarını herkes Cumhuriyet hükûmetinin ve hususiyle sizin emrinizle yapılıyor telâkkisi; halkı çok mütessir ettiğini; bunun için Ankara gazetelerinin çok ağır başlı hareket etmeleri lüzumunu belirttim. Ve bütün bunların üstünde bana olan itimadının kırılmamasını, ne emirleri olursa ap-açık tebliğ buyurmalarını hasseten rica ettim.

İTTİHATÇILARLA HESAPLAŞMA

İstiklal Mahkemesi'nin eski Ankara valisi Abdulkadir (²⁹), eski İstanbul mebusu Şükrü (Enver Paşa'nın yaveri, binbaşı) beyleri İstiklal Mahkemesi, tevkif etmek istemiş; saklanmışlar. Binbaşı Arap Mesud, Rize oteli müştecir ve katibi, diğer bir kaç kişi nezaret altına alınmış... Birçok tanıdıklarım ziyaretime gelerek, Mustafa Kemal Paşa'nın bu milletin hürriyetini kurtaran İttihad ve Terakki Cemiyeti'nin eski azâsını mahvetmek istediğini söylediler ve sebep olarak da Hürriyetin ilanından önce kendisine cemiyette yüksek bir mevkii verilmediğinden kırgın olduğunu, eski İttihad ve Terakki düşmanlarının da bir düzüye onu teşvik ettiklerini ileri sürdüler! Bunların teşvikleri şu mahiyette imiş: Eğer Mustafa Kemal Paşa her hangi arzusunu zorla Millete kabule kalkışırsa, hürriyete yeminli olan eski İttihad ve Terakki mensupları tekrar teşkilatlarını canlandırır ve icraata geçebilirlermiş...

"Yenigün" Ağır neşriyatının önünü alarak İstanbul matbuatını da sükûta getirebilmek için, bu gazetenin sahibi Yunus Nadi Bey'e memlekete fenalık yapmakta olduğunu anlattım. Tanin gazetesinde de "matbuatın vebası" diye pek ağır ve acı bir makale vardı. 19 Aralıkda Yenigün artık tecavüzlerden vazgeçmiş göründü. Her gün küfürler saçan baş makalesi iktisadi idi.

20 Aralıkda Rauf Bey ziyaretime geldi. Düzelmeye doğru adım atacağımız hakkındaki ümitlerimi söyledim. İsmet Paşa'nın samimi duygularını görerek çok sevindim. İsmet Paşa'ya yazdığım tezkereyi gösterdim; memnun oldum. Tezkere aynen şöyledir:

---

29   İttihat ve Terakki fedailerinden olan ve mesleği erkan-i harp namzedi olan bu zat, İstiklal Harbinin son yılında Ankara valisi olacak kadar itimad kazanmıştı. İzmir suikast teşebbüsü hâdisesinde alâkalı sayılarak Ankara'da envai hakarete uğramış ve asılmıştır!..

Kardeşim İsmet,

Memleketin selametine ve zâtının şerefine ait olacak olan İstanbul meselesi hakkında behemehâl seninle yalnız görüşmek isterim. Nerede ve ne zaman?

20/12/1923
Kazım Karabekir

"YARIN 5'DE GELİRİM"

İsmet Paşa'ya yaverimle gönderdiğim bu tezkereyi alıp okuduktan sonra, on dakika gezerek düşünmüş; sonra yaverime şunu bildirmiş: "Yarın akşam beşte gelirim."

21 Aralık akşam beş buçukta İsmet Paşa bana geldi. Dokuzu geçene kadar, yani üç buçuk saat görüştük. İlk şikâyetim, gerek Cumhuriyet ilanında ve gerekse İstanbul'a İstiklal Mahkemesi gönderilmesinde, bana haber verilmemesini bir itimatsızlık eseri telakki ettiğimi söyledim.

"Trabzon'a emin bir adam göndererek vaziyeti sana bildirmemekte hata ettiğimi kabul ediyorum," dedi.

İstiklal mahkemelerinin memleketin emniyet ve İktisadî hayatını hırpalayacağını ve harice karşı da cumhuriyet idaresinin İstiklâl mahkemeleriyle tutunabildiği zannını vereceğini, nitekim İstanbul iktisadiyâtının sarsıldığını ve iş uzarsa, bazı iflâsların da vukua geleceğini izah ettim. Ve öteden beri Mustafa Kemal Paşa'ya da yazdığım veya söylediğim şu düsturu İsmet Paşa'ya da tekrar ettim:

"Sevgi ve saygı ikna ile kazanılır. Korkutmaktan, sindirmekten doğacak, ancak nefrettir."

Bu esâsta uzun uzadıya görüştük. İstiklal mahkemeleriyle işe başlamalarından Mustafa Kemal Paşa'ya ve kendisine karşı kalplerdeki büyük sevginin sarsıldığını ve hele bu mahkemeler keyfi kararlar verirlerse, değil İstanbul'un, bütün vatandaşların endişeye düşerek aynı duygulara kapılacaklarını; bunun için bu mahkemenin hiç bir tesire kapılmadan adilane iş görmesini ve işi çabuk bitirip geri gelmesini ve artık bu ve şu sebeplerle bu mahkemeleri bir vasıta olarak kullanmamalarını ve meselenin Türk milletinin ve Türk vatanının şerefi olduğunu ve Cumhuriyet idaremizi zayıf gösterecek olan bu cebir ve şiddet vasıtası yerine, halka Cumhuriyetin t'eyz ve hürriyet getirdiğini fiilen göstermekliğimizin lüzumunu izah ettim. Meselâ İstanbul'da 49.000 okuyan çocuğa karşı, hemen aynı sayıda okumayan) çocuk bulunduğunu;([30]) bir iki, ilk mektep açılmasını, bakımsız çocuklara bir gece yatılı iş mektebi açılıvermesinin, İstiklal Mahkemesi'nden çok daha hayırlı bir iş olacağını da söyledim.

KARABEKİR PAŞA'NIN YORUMLARI

Cumhuriyetin ilanını İstanbul'un gazetecileri dahi top seslerinden öğrenecek kadar aceleye sebebin münakaşaya meydan verilerek sözü ayağa düşürmemek için olduğu mütalaasından çıkan mana, gazetecilerin cumhuriyetin aleyhte yazacakları değil, Reisicumhurluğa namzet olabilecekleri yazmaları ve bu arada Mustafa Kemal Paşa'ya da. Meclis kürsüsünden verdiği sözü hatırlatarak, onun namzetler arasında göstermemeleri kaygusu olduğu anlaşılıyordu.

Milletseverlik, hürriyetseverlik icabı bu idi. İşin bu suretle tabii gitmeyip, kapatma tarzında oluşu, haklı olarak o kaygıyı doğurduğunu ve kırgınlıkların, çekişmelerin bundan ileri geldiğini; İstiklal Mahkemesi ortaya çıkarılınca, artık kimsenin bunda şüphesi kalmadığını da İsmet Paşa'ya söyledim. Ve bundan sonrası için karşılıklı mevkilerimizin şerefine hürmet edilmesi ve şahsi samimiyet bağlarımızın sıkı bulundurulması için uyanık bulunmamızı rica ettim. Rauf

---

30 İstanbul'daki okuyan ve okumayan çocukların sayısı şöyle idi:

24.000 Resmi Maarif Mekteplerinde

7.000 Hususi Mekteplerde.

18.000 Ecnebi Mekteplerinde

49.000 Okuyanlar

48.400 Okumayanlar.

Bey'le de eski samimiyetin devamı lüzumunu ileri sürdüm. İsmet Paşa mütalaalarıma hak vermekle beraber, Rauf bey meselesinde, onun güya "İsmet, benim hasmi canımdır" dediğini işittiğini söyledi. Ve bunu bana olsun tekzip etmesini istedi.

İSMET PAŞA:
"MUHALEFETE GEÇERİM" DİYOR

"Rauf Bey bana değil, sana dahi tekzip eder. Ve hatta ileri-geri olanlar hakkında seni memnun edecek tarzda tarziye de verir. Arda menfaatleri için veya kötü huyları icabı, dedikodu yapanlara inanmayınız," dedim.

"Ben Rauf Bey'le anlaşamam! Eğer kabine Büyük millet Meclisi ekseriyetinin itimadımı kazanamazsa, Rauf Bey hükûmetin başına geçsin! Ben de Muhalefete geçerim," cevabını verdi.

"Bu felaket olur. Eski arkadaşları birbirinden ayırarak birliğimizi zaafa uğratmak ve her birimize ayrı, ayrı hükmetmek arzusunu görüyorum. Bu hal şahıslarımız için olduğu kadar, Milletimiz için de tehlikeli bir iş olacaktır. Benim tavassut edeceğim bu samimiyeti kabul edin ve birliğimizi sıkı tutmaya siz de himmet edin," dedim.

İsmet Paşa;

"O halde *muhalefete geçmem; fakat bir tarafa çekilirim. Rauf Bey ile görüşemem ve anlaşamam.*" diyerek kesin cevabını verdi.

Mesele pek nazik bir noktaya geldi. Rauf Bey'le kırılma, açık sahada geçmiş idi. Bunun devamı, çirkin ve zararlı olmakla beraber, her iki taraf birbirinin kararını bildiğinden, şahsi ve Milli davada buna göre hareketini ayarlayabilirdi. Fakat benim vaziyetim böyle değildi. Yüzüme karşı itimat ve samimiyet gösterişlerinde bir eksiklik yoktu! Fakat az zamanda, üst üste yığılan kararlarda işler beni küçük düşürecek ve hatta beni kötüleyecek bir yolda gidiyor idi. Bunun için İsmet Paşa'ya şunu sordum:

"Bana karşı neden itimatsızlık gösteriliyor? Ve yıllarca iki kardeşten ileri samimiyetle birbirimize bağlı olduğumuz halde, sen neden bunu önlemiyorsun? Ve bana da mütâlâanı açıkça söylemiyorsun?"

"Cumhuriyetin ilanı, İstanbul'a İstiklal Mahkemesi'nin gönderilmesi gibi işlerden sana vakit ve zamaniyle haber verilmemiş olması, itimatsızlıktan ziyade ait olduğu makamların hatası telakki olunmalıdır. Bununla beraber sana, Trabzon'a emin biriyle vaziyeti bildirmediğime hata ettiğimi evvelce de söylemiştim. Yoksa sana itimatsızlık gösteren yoktur. Ve hele buna beni de karıştırmaklığın haksızlıktır."

"Pekiyi. Daha yakın olan İstanbul'a biri gönderilemez mi idi? Yahut görüşmek arzusuyle beni çağırtmaz mı idiniz? Mesele itimat var mı, yok mu derecesini çok, hem de pek çok aşmış ve tam bir skandal halini almıştır. Milli bir cinayeti bugün önlemiş bulunuyorum. Bunu size anlatmak ve tekerrürüne mani olmanızı istemek için dün size acı bir mektup gönderdim. Bugün de yalnız, baş başa görüşmek fırsatını bularak, daha acı görüşüyorum. Benim emrimde bir kolordu kumandanı olan Kemaleddin Sami Paşa'ya verilen emirden, başvekil sıfatiyle haberiniz olacağı tabiidir. Bunu Mustafa Kemal, Fevzi paşalarla birlikte hazırladığınızı da öğrendiğim için, üzerinde fazla durmayacağım. Fakat skandalın şümulü bundan daha geniştir. Bundan sizin haberiniz olacağını kabule sana olan sevgim manidir.

GAZİ, İSTANBUL'DA AYAKLANMA İHTİMALİNE KARŞI TEDBİR ALIYOR

İstanbul'da bir Padişahlık ihtilali çıkarmak için Mustafa Kemal Paşa'nın uğraşmakta olduğunu işitmiş, inanmamıştım. Fakat bana dahi haber vermeden bir tedib kuvvetinin hazırlanması ve emrimdeki bir zâtın ona kumandan tâyin edilmesi ve İstiklal mahkemesi'nin de pek amiyane hareketleri, buna şüphe bırakmıyor. Demek bana ve istiklal Harbi'nin ilk gününden itibaren fedakar ve vefakar unsurlarını da içine alabileceklere bir imha pususu kurulmuş!... Fakat İstanbul'dan, ne kendiliğinden ve ne de teşviklerle böyle bir hareket asla çıkmayacaktır. Çünkü bilenler bilmeyenleri uyanık bulundurmaktadır. Mesele bu komploların başka yerlerde ve başka işlerde de yapılıp yapılmayacağıdır. Bizim Şeref ve hayatımızla oynayanlar, bilmelidir ki, aynı zamanda kendilerininkilerle de oynamaktadırlar.

Açık yüreki olalım: Hele benle senin aramızdaki samimiyeti, bütün ordu ve bütün halk biliyor! Bunun için eğer benim ordu müfettişliğim dahi hoş görülmüyorsa, emre amade bir kumandan sıfatıyle çekilip bir köşede oturabilirim. Fakat hem fiili hizmette bulunmak, hem de dost şerrine maruz kalmak istemem! Bu hususta söylenmesine daha lüzum olan birçok sözlerin neler olacağını dimağlarımız bir birine aksettirebilir. Eğer dürüst çalışmaklığımıza imkân bırakılacaksa, üzerimizden mebusluk sıfatının alınması için yaptığım teklifin kabulü ve delâletinizi de rica ederim."

Renkten renge giren İsmet Paşa kısaca şöyle cevap verdi:

Kazım, ne söylesen haklısın. Ankara'da askeri vazifenle meşgul olmanıza taraftarım. Kumandanların aynı zamanda mebus bulunmamaları hakkındaki fikrinizi takdir ederim ve buna çalışacağım.

ASKERİ VAZİFEME DEVAM

İlk iş Ankara'daki kışla ve hastahaneleri ve kıtaları teftiş ettim. Müesseselerin içlerinde ve etraflarında temizlik ve bakımı çok az bulduğumdan bu hususları her yerde yaptığım gibi temin ettim. Ordunun elbisesizliği ve ihtiyaçların münakaşa usulünde gayri Türklerin bütün işleri ellerine aldıklarından onların zenginleşmelerine karşılık Türk halkının istifade edemediğini görerek 24 Aralıkta Müdafaî Milliye Vekâleti'ne bu hususlarda tekliflerde bulundum. Elbiselerin hâki boyaması masraflı olduğu kadar da rengin güneşte atmasından az zamanda çirkin bir hale gelmesine sebep olduğunu, bunun için siyah-beyaz yünün karıştırılmasından kolayca meydana gelecek boz rengin kabulünü teklif ettim. Bu süratle yerli fabrikalarımız ve hatta el tezgâhlarımız bile, bu kumaşı dokuyabileceklerini ve gayri Türklerin bütün Ordu işlerini ellerine almalarının, halkımızı fakir düşürdüğünü ve mütekaitlerin, müteşebbislerin iş tutamadıklarını tekliflerimde izah ettim.

KARABEKİR – RAUF ORBAY GÖRÜŞMESİ

29 Aralıkda kumandanların aynı zamanda mebus olmamaları hakkındaki teklifime meclis reisi Fethi Bey'in cevabı geldi. Bunu aynen yukarda kaydedmiştim. Demek İsmet Paşanın bu husustaki çalışması da boşa çıkmış.

28 Aralık'da Rauf Bey ziyaretime geldi. İsmet Paşa'nın iddia ettiği "İsmet hasmi canımdır" sözünü bir yerde sarf etmediğini ve samimiyeti kendisi bozmadığını, şerefiyle temin etti. Vaziyetin nezaketini ve şimdilik sükûnetle vazifelerimize devamdan başka yapılacak bir şey kalmadığını söyledim.

30 Aralıkda Ben Doğu Cephesi kumandanlığım sırasında Erzurum'da Valilik yapan Sabit Bey ve bu gittikten sonra da yine doğuda fırka kumandanlarım olan Rüştü ve Halid Paşalar, (birincisi İzmir'de asıldı. İkincisi bundan evvel mecliste öldürüldü) ziyaretime geldiler. Her üçü de ikinci Meclis'te mebus idiler. Meclis'in asla birinci Meclise benzemediğini, tamamıyle Mustafa Kemal Paşa'nın emrine râm büyük birekseriyeti olduğunu ve başkumandanlık karargâhının yaverleri, emir zabitleri, hatta alaylılarıyle bir askeri karargâha da benzediğini teessürle anlattılar. İstiklal Harbi sırasında çevrilen entrikaların daha geniş mikyasta devam ettiği ve edeceği hakkında bilgi ve kanaatlarını da anlattılar ve doğu harekâtı sırasında bilmedikleri askeri ve siyasi noktalar hakkında görüştük. Askerlerin aynı zamanda mebûs olmamaları hakkındaki teklifime aldığım cevabı da kendilerine gösterdim ve vaziyetin nezâketini idrak ederek çalışmak ve sükûneti bozmamaya son derece özen göstermek lüzumunu da izah ettim.

31 Aralık akşamı Reisicumhur Gazi Paşa İzmir'e gittiler. İstasyonda uğurladım. Trende biraz havadan sudan görüştük. Dâhiliye Vekili Ferid Bey de dün İstanbul'a gitmiş. Maarif Vekili ve Erkânı Harbiye-î Umûmiyye Reisi de oradalar. Tramvaylarda hanımların yerini ayıran perdeleri polis müdürü kaldırtıyor.

1340 (1924) YILI

1 Ocakta Meclis Reisi Fethi Bey, bir mebûs heyeti ile Adana'nın kurtuluş gününün kutlanmasına gittiler. 2 Ocakta Maliye Vekâletine Abdülhalik Bey (Renda) tayin olundu.

İstanbul'da İstiklal Mahkemesi tutuklu gazetecilerden Tanin sahibi Hüseyin Cahid, Tevhidi Efkâr sahibi Velid ve İkdam sahibi Cevded beylerle bir müdürü mesulün beratlarına karar vererek tahliye etmişler. Yalnız avukat Lütfü Fikri Bey'i, beş sene kürek cezasına mahkûm etmişler.

RAUF BEYİN İFŞAATI

3 Ocakta Rafet Paşa İstanbul'dan geldi. Birlikte Rauf Bey'i ziyaret ettik. Rauf Bey, Dâhiliye Vekili Ferit Bey'in bazı mebusların mektuplarını çalmak için verdiği mahrem bir emrini okudu. Bundan Başvekil ve hatta cumhurreisinin haberi olacağı ve hatta onların emri olmadan Dâhiliye Vekili'nin bu işe cüret edemeyeceği üzerinde karar kıldık.

Mütarekenin ilk zamanlarında İsmet Paşa bana Erzurum'a yazdığı mektubunda, Ferid Paşa Hükûmeti'nin mektuplarımızı açtırdığı şüphesini yazıyor ve "mundar bir idare" diye bu işi nefretle yâd ediyordu. Şimdi bu işi daha geniş mikyasta ve milletin mebuslarına kadar başvekilliği zamanında kendisi yaptırıyordu. Damat Ferid müstebit bir hükümdarın sadrazamı idi. Fakat kendisi Cumhuriyet'in birinci başvekili.

İSMET PAŞA İLE KONUŞMALARIM

4 Ocak'da İsmet Paşayı Çankaya'daki ikametgâhında ziyaret ettim. Yalnız görüşebilmek için iki saat kadar kaldım. Dâhiliye Vekilinin emir suretini gösterdim. Ve vaktiyle bizim mektuplarımızı açtıran Ferid Paşa Hükûmeti hakkındaki yazısını hatırlattım. Haberi yokmuş gibi davrandı. Fakat daha ziyade mahrum emirlerin elimize nasıl geçtiğine hayret ve teessür duydu. Dedim ki: "Saltanatın her fırsatta mundar istibdada kaydığını görmüş ve ona isyan etmiş insanlarız! Hâkimiyeti Milliye diye haykırdığımız Cumhuriyet devrinde de aynı hastalığın arazını görmek insana yeis veriyor. İşin en feci tarafı da saltanat istibdadına karşı vatansevenler bir saf kurmuştuk. Şimdi bu saflar bozuluyor ve birbirini ezmeye çalışıyor. Eğer bu meşum istibdat şu, bu vesile ile yine bir kâbus gibi milletin üzerine çökecekse, bütün emeklere yazık olacaktır.

Mustafa Kemal Paşa'yı bu yola sevk edenlerle, Sultan Hamid'i kızıl sultan yapanlar arasında zerre kadar fark olamaz! Çünkü neticede yine bir sürü hırsız, dalkavuk, bir saray erkânı gibi bir klik teşkil edecek ve milletin olgun başlarını boğdurmakla tarihimizin yüzünü kızartacaklardır. Seni, bütün bu görüntüyü önleyecek ve Mustafa Kemal Paşayı temiz bir yolda yürütecek mevki ve kudrette görerek, endişelerimi ve sana düşen tarihi vazifeleri, açık söylüyorum. Bu sana olan yüksek sevgimin icabı olduğu kadar, bir memleket borcudur da. Karşılık, benim üzerime düşen vazifeleri de sen sayabilirsin.

İSMET PAŞA KARABEKİR'İ HAKLI BULUYOR.

İsmet Paşa mutadı olduğu veçhile beni haklı buluyor göründü. Vaziyette selah şöyle dursun bir ordu müfettişi sıfatıyla Şura-yı Askeri'nin tabii azası olarak da bilmekliğim icap eden mühim askeri işlerden de haber vermiyorlardı. Gazetelerden veya ağızdan mühim siparişleri haber alabiliyordum. Bunu Erkan-i Harbiyye Reisi ve Müdafaa-i Milliyye vekillerine de şikâyet etmiştim. Bundan başka gençliğin beden terbiyesi için geçen sene benim riyasetimdeki komisyondaki tekliflerimizde ehemmiyetli noktalar vardı. Bu hususu da ısrarla öne sürüyor ve Ankara'da örnek alacak bir stadyum yaptırılmasına uğraşıyordum. 6 Ocak İstanbul'dan gelen Türkiye İdman cemiyetleri İttifakı reisi Sami Bey ziyaretime gelmişti. Bununla istasyona giden yolun iki tarafındaki sahaları dolaştık. Şehre de yakınlığı dolayısıyle sol taraftaki sanayi (Büyük havuz yapılan saha) en uygun bulduk. Bunu ilgili arkadaşlara söyledim.

Bugün 6 Ocak İsmet Paşa'ya da bir mektup yazdım ve "Orduya ait işlerden ve hele Tayyare mühimmat fabrikaları hakkında gazetelerde gördüğüm bir takım şirketlerin talip oluşundan resmen bizlere haber verilmemesinin mahzurlu olduğunu ve işlerin Enver Paşa'nın zamanı gibi dar bir çerçeve içinde yapılmasının önüne geçilmesini" rica ettim. Gariptir ki 8 Kanun-i Samîde Büyük Millet Meclisi'nde mühim bir kanun müzâkere ve kabul olundu: Piyade ve Nakliye sınıfları için askerlik müddeti bir buçuk; topçu, süvari, hava, sanayi, otomobil ve fenni kıtalar ve musika için iki, jandarma için iki buçuk, denizciler için dört sene, hizmet-i maksura erbabının dokuz ayını silah altında mütebakisini mezun bırakmak kararı."

Hâlbuki bu işler Şura-yı Askeri'de müzâkere olunmak ve mütehassıs heyetin kararı alınmak lazımdı. Hâlbuki teklifimize rağmen hala Şura-yı Askerîyi bile toplamıyorlardı. Devletin müdafaasına taalluk eden mühim kararlar ve müthiş masraflar başlamış bulunuyordu.

İSMET PAŞA, KARABEKİR'İ ZİYARET EDİYOR

10 Ocak akşamüstü İsmet Paşa beni ziyarete geldi. Üç saat kadar görüştük. Rauf Bey'in kendisine karşı samimi duygular beslediğini, asla söylemediği çirkin sözleri, bazı arabozanların, kendi çıkarları için uydurmuş olacaklarını, İstiklal Harbi

erkânının sulhten sonra daha samimi bulunmaları vatan ve millet hayrı için pek lüzumlu olduğu halde, bugünkü vaziyetin devamının pek çirkin olduğunu söyledim. İsmet Paşa anlaşmadan kaçınıyordu. Gayet garip olmak üzere şu sözleri söyledi:

"Haydi, her şeyi unutup da Rauf Bey'le anlaşayım; fakat ilerisi için düşüncelerimiz bir birine uymayabilir ki birlikte çalışmak imkânı olsun! Mesela O, Yavuz zırhlısının tamirinde ısrar ediyor; ben ise, ona verilecek para ile başka işler yapılması fikrindeyim."

Hayretle şu cevabı verdim:

"Bu, ayrılığı ve husûmetin devamını icap ettirecek bir sebep mi? Her şubede müsbet ve açık programlar tesbit ederek el birliğiyle üzerinde yürümek lazımdır. Bu arada donanma meselesi de elbet bir şekil alır. Siz açık söylemiyorsunuz. Fakat herkesin kanaati şudur: Mustafa Kemal Paşa'yı siz Lozan'dan aldığını: ilhamlarla bir inkılâba teşvik ediyorsunuz ve bunda İstiklal Harbi'nde ilk Mustafa Kemal Paşa'yı tutan arkadaşlarının uzakta kalmalarını ve hatta ezilmelerini istiyorsunuz! Bu arada ben de dahil olduğum halde mahvımıza kadar yürümek isteyenler görülmektedir.

Dikkat edin: Bu, milletin istikbali için çok zararlı olacak! Türk Tarihinin de utanılacak bir faslı olacaktır. Emeksiz külah kapan sekiz on kalem sahibiyle, yirmi otuz Allahsıza dayanıyorsunuz!

Efkari umumiyyede günden güne düşüyorsunuz! En parlak ve en sevinçli ve en hür günlerimizi, en karanlık, en kederli ve en müstebit günlerin takip edeceğinden, her aklı başında vatandaş endişe duymaktadır. Ben sana karşı olan uzun yılların sevgisi tesiriyle her şeyi açık söyleyerek kardeşlik vazifesini yazıyorum."

"Seni kuşkulandıracak yeni bir delil mi var? Mektubunda Enver Paşa'nın zamanı gibi oluyor diyorsun, bundan bir şey anlamadım." diyen İsmet Paşa'ya dünkü Hâkimiyeti Milliye gazetesindeki İnönü Muzafferiyetinin yıldönümü münasebetiyle Mustafa Kemal, Fevzi ve İsmet Paşaların beyanatı başlıklı yazıları ve buna karşı gazetenin de mütalaasını gösterdim.

Doğu Zaferi sıfıra erdirilmiş, adeta İstiklal Harbinden çıkarılmış, hele İsmet Paşa'nın beyanatı, sanki Kars'ın zabtı, Ermeni ordusunu da İnönü'ne getirmiş gibi suçlu bir hareket derekesine indirilmiş!

"İstiklal Harbi böyle mi oldu A Paşam?" ([31]) dedim." Beni küçültmek için Türk Milletinin tarihini yalanlıyor. Sizlerin gördüğü Büyük işlerin daha parlak görünmesi için bu günahı işlemeye ne lüzum var? Benim en gücüme giden canım kadar sevdiğim senin de, hakikate ve bu arada, bana verinceye kadar bu millete en tehlikeli günlerde canla başla hizmet edenlerin şeref ve canlarına karşı vaziyet almandır!

Bu işin gideceği yer, Fransa büyük inkılâbının kin ve iftiralarla dolu kanlı ve mundar tarihidir. Hiç birimizin hayatı uzun yıllar sürecek değildir. Kuvvetli bir parti, kuvvetli bir Millet Meclisi yerine bir askeri karargâh kurulması, çok tehlikeli neticeler verebilir. Birçok kıymetli başları boğarak yapabileceğiniz işler, yine birçok başların boğulmasıyle altüst olabilir. Bunun için dayanılacak kuvvet, sözde olduğu kadar, iş sahasında da olmalıdır. Bugün Meclis'te Büyük Mütehassıslar yok gibidir. Buna karşı, birçok zabit vardır. Bunların orduya çıkarılması hem Meclis'i bunlardan kurtarmak, hem de ordu saflarındaki boşlukları doldurmak bakımından faydalıdır. Bu suretle şahsi arzular yerine, ilmi programlar tanzim olunabilir ve milli bir cephe ile yeniliğe bürünebilir."

---

31 İstiklal Harbi Yıllarca bu üç resmi zat -ki her biriyle ve hele İsmet Paşa ile uzun silah arkadaşlığımız vardı- tarafından bir düzüye ört-bas edilerek yalnız batı cephesi gibi gösterilmiştir! Bu senenin Dumlupınar merasiminde Müşir Fevzi Paşa'nın, aynı tarzdaki nutkundan sonra kendisine pek acı söyledim. 1933'de İstiklal Harbi hakkındaki münakaşalarımız matbuata döküldü. Altı mektupla hayli hakikatleri yazdım. Fakat Mustafa Kemal Paşa'nın Bolşeviklik ilanı fikrine gelince yazdırmadılar. Eser yazdım. Yaktılar. Köşkümü basarak evrakımı aldılar. Bunların tafsilatını da okuyarak hadiselerin içyüzünü göreceğim. Bu işler de bu üç arkadaşın aynı makamları işgalleri zamanında vukua gelmiştir.

İSMET PAŞA BAŞBAKANLIKTAN DÜŞERSE, PARTİ KURACAK

Bu sözlerden sonra Fransa Büyük inkilabına ait eserlerden çıkardığım, iki makaleyi okuttum. "Kanlı bir yoldan yürüyenlerden ibret alalım," dedim. İsmet Paya sabit bir fikrin esiri idi. Uzun musahabelerimizin sonunu yine şöyle bağladı:

"Kazım, Eğer hükûmetten çekilirsem muhalif bir parti yaparım" Onun bir endişesini seziyorum: Mustafa Kemal Paşa'nın kendisinden başkasını başvekil yapması ihtimali, onu düşündürüyordu. Kabinesinde bazı tadilata razı oluyordu. Fakat Başvekillikten çekilmeye tahammülü görülmüyordu. Derhal muhalif parti yapacaktı. Ben işi tatlıya bağlamak için dedim ki:

"Ne yaparsan yap. Yalnız her işinde samimiyeti siyasete hâkim kıl. Bir de benim askeri sahadaki mesaime yardım et, bana bunlar yeter. Bakınız geçen yıl (5 Haziran 1923'de) müfettişi umumîlik kanunu, Müdafaa-i Milliye'ee tanzim olundu. Benim de mütalaam alındı. Hala meclise gönderilmedi.

Bunun gibi Şura-yı askeri kanunu da lâyihamıza ve ricamıza rağmen çıkarılmıyor. "Yüksek Müdâfaa Meclisi" teşkiline de yanaşılmıyor. Yani Cihan Harbi'nin ortaya koyduğu harbin modem sevk ve idaresi hakkında bir şey hazırlanmıyor; eski zihniyetle ordu kurulur mu? Bir düzüye layihalar ver, ama her şey yine eski tas, eski hamam. Bu vaziyette ben ne yapacağım? Hükûmet reisi sıfatiyle, size şikayet ediyorum, biraz da bizim askeri işlerimizi yürüterek bize ferahlık verseniz!..."

Bir hafta kendi teftişlerim ve işlerimle uğraştım. Ricalarımdan hiç biri ortaya çıkmadı. Bilakis, Meclis Reisi Fethi Bey 17 Ocakta Beni Meclis'e çağırtmıştı. İstanbul'un iktisadi işleri için, İstanbul Mebûsları toplanacak imiş; benim de bulunmaklığımı lüzumlu görmüşler! (Ay sonuna kadar bir kaç içtima yapıldı.)

Geçen yıl hazırlandığı halde, hala meclis'e sevk olunmadığını öğrendiğim müfettişi Umumilik Kanunu'nun bir an önce çıkarılması lüzumunu Müdafaa-i Milliyye Vekâletiyle Erkan-i Harbiye-î Umûmiyye Reisliğine yazdım. Şifahen de bu makamlara bunun ve diğer şuraların lüzumunu anlattım. Bana Hak veriyorlar. Fakat işler yürümüyor.

30 Kanun-ı Sanide ajansla Türkiye Cumhuriyetinin nüfusu ilan olundu: 12.787.000.

MÜHİM BİR GÖRÜŞME

Ankara'nın Amerika Mümessili Mister Bornes'in beni ziyaret etmek istediğini bildirdiler. İstanbul Mebuslarının içtimai devam ettiğinden Meclis'e gidiyordum. Bu zatın da burada görüşmeyi muvafık buldum. Görüştük. Mütarekeyi müteakip Kars'ta bulunmuş. Erkan-i Harp yüzbaşısı imiş. İstiklal Harbi'nden, kongrelerimizden ve milli hükûmetimizden ve doğu harekâtından sitayişle bahsettikten sonra, Sivas Kongresinde Mustafa Kemal Paşa'nın Amerika ayanına müracaatla bir heyeti gönderilmesini ve Amerikan Mandası istediklerini söyledi. Bu işin yanlış anlaşılmış olacağını, çünkü kuvvetimizle istiklalimizi kurtarmış olduğumuzu anlattım.

"Hayır, yanlış bir anlama yok. Harbord'un raporunda apaçık beyan olunmuştur. Erzurum'a geldikleri zaman, sizin bunu şiddetle reddetmeniz ve halkın da sizin ile birlikte oluşu işi durdurmuştur," dedi.

"Bu Raporun suretini bana getirtir misiniz? Mesele kalmamakla beraber tarihi bir vesika olduğundan görmek isterim."

"Getirtirim," vaadini verdi. ([32])

Bu Zat, benimle görüşmek istemesini şahsımı görmek ve benimle tanışmak arzusundan ileri geldiğini söyledi. Ve pek samimi ve hürmetkâr bulundu. Mustafa Kemal Paşa'nın şim-

---

32 Sivas Kongresi'nin, *"Amerika ayanına"* Mustafa Kemal ve bir kaç diğer imza ile yazdıkları telgraf ve gelen heyet Reisi Harburd'un raporunu, matbu, İngilizce ayan zabıtlarını da okudum ve tercüme ettirdim. Sivas Kongresi bahsinde yazmıştım.

di neler yapacağını ve kimlerle çalışacağını da herkes gibi merak ediyordu. Bu hususu kapattım. Çünkü neler yapacağını veya yapabileceğini ben de bilemiyorum. Yalnız kimlerle, ne kadar çalışacağını tahmin ediyordum.

İBRET ALINACAK İKİ ÖLÜM

4 Şubat ajansı, Amerika'nın Cumhurreisi Wilson'un dün öldüğünü ve Sovyet Rusya Devlet reisi Lenin'in (21 Ocak'da ölmüştü) yerine Kamenef Yoldaş'ın tayin olunduğunu ilan etti. Wilson, Amerika namına ortaya attığı insanca sulh şartlarına ne derece riâyet olunduğunu gördük! Bu devlet reisinin programı, fiiliyat sahasına dahi çıkamadan öldü ve tarihe gömüldü. Lenin'inki bakalım ne kadar yaşayacaktır?

İnkılâpçılar mikyası kendi kafalarının istidatı ile ölçtüklerinden, bu inkılâplar çok defa yapılırken de yıkılırken de, birçok masum insanların hayatına mal olup gitmektedir! Bahtiyar o milletlerdir ki, bünyelerine uygun inkılâplara mazhar olurlar ve onu benimserler. Çünkü hiç bir liderin hayatı o inkılâbı kökleştirmeye yetecek kadar uzun değildir!

Bu iki ölüm vesilesiyle ilk fırsatta Mustafa Kemal ve İsmet paşalarla bu hususta bir daha görüşmeye karar verdim. Çünkü tasarladıkları dini inkılâba ömürleri yetmeyecektir. Esasen kudretleri de buna kati gelmeyeceğini daha önceki münakaşalarımızda söylemiştim.

İZMİR'DE HARP OYUNU

5 Ocak'da Ankara'da, Etlik'de, aşağı İncirlik'te metrüke müzayedesinden bir köşk almış ve 23 Ocak'da buraya taşınmıştım. Buradan, Cebeci sırtlarındaki Müfettişlik dairesine atla bent deresinden gidip gelmek, pek zevkli! 6 kilometre kadar mesafe 3 çeyrekte alınabiliyor. Günde 12 kilometrelik at binmek de kâfi geliyor. Sıhhat ve neşem için de öteden beri bundan çok fayda görürdüm.

9 Şubat'ta yine böyle bir kuvvet ve neşe ile daireye geldiğim zaman, beni hayrete düşüren bir haber aldım: Başvekil İsmet Paşa, Müdafa-i Milliye vekili Kazım Paşa ile birlikte bu sabah trenle İzmir'e hareket etmişler. Biri samimi, diğeri resmi cepheden haber vermeyişleri, bir yan çizmek oluyordu. Husûsiyle bu gidişin İzmir'de hepimizin bulunacağı bir harp oyunu için olduğunu öğrenince, sıvışma kabilinden olan bu gidişi daha garip buldum...

11 Şubat'ta Ben de Erkan-i Harbiye Reisi'mle birlikte, hazırlandık ve gece yarısından sonra Ankara'dan ayrıldık. 12 Şubat'ta Eskişehir'de, İstanbul'dan gelen Fevzi Paşa'yla birleştik. Buradaki Kolordu kumandanı Kemaleddin Sami Paşa'yı da beraber aldık. Afyonkarahisar'da, Konya'dan gelen İkinci Ordu müfetişi Ali Fuat Paşa ve Erkan-i Harbiye reisi ve kolordu kumandanları da trenimize bindiler. 13 Şubat akşamı Manisa'da Üçüncü Ordu Müfettişi Cevat Paşa ve İstanbul'dan ve Balıkesir'den gelen benim kolordu kumandanlarım da bizimle birleştiler. Yatsı vakti İzmir'e geldik. Biz rıhtımdaki Naim Palas Oteli'ne, diğerleri de başka otellere yerleştiler.

14 Şubat'ta askeri mahfelde birleştik. Meseleler verildi: İtalyanların Adalarda asker topladığı ve bizim de Ege sahillerimizi müdafaa hazırlığı esasında! İtalyan Ordusu Başkumandanı Ali Fuat Paşa, bizim ordunun başkumandanı da ben! Vazifeler 24 Saat zarfında hallolunacaktı. Sonra da askeri mahfelde harita üzerinde Erkan-i Harbiye Reisi Fevzi Paşa tarafından idare olunacaktı. Reisicumhur Gazi Mustafa Kemal ve Başvekil İsmet Paşalar da hazır bulunacaklardı."

GARİP BİR HARP OYUNU

İki mühim nokta pek garibime gitmişti: Biri mademki mesele harita üzerinde hal olunacaktır; ne diye bu kadar masraf yapıldı ve rahatsızlık gaye alındı? Ankara'da daha rahat ve daha istifadeli olurdu. İkincisi de, meselelerde, harp oyunlarında ve manevralarda, daima kırmızı ve mavi taraf denir ve şu bu devlet diye isim bildirilmezdi. Çünkü bu şayi' olacağından, dış ve iç siyaset bakımından mahzurlu ve hatta tehlikeli sayılırdı. İzmir'de toplanmak ve İtalyanların Ege sahillerine çıkacağını apaçık ortaya koymanın her halde bir sebebi olacaktı. Bunu Fevzi Paşa'dan sordum ve harp oyunu bittikten sonra arazide seyahat yapılmasını teklif ettim. Mesele Ankara'da tertip olunmuş, kendisi de yolda okumuş! Bunun için kendi malumatı yokmuş ve hatta reyi bile alınmamış! Seyahat hakkında da bir arzusu yokmuş!..

Şubat'ta vazifelerin hallini vermek üzere, askeri mahfele toplandık. Ben vazife raporuna düşmanların sarih söylenmesi mahzurunu da yazarak, öteden beri bizim dostları kırmızı, düşmanları mavi diye yad ettiğimizin bir usul olduğunu ve her devletin daima böyle renklerle mesele ve manevralar yapmasının siyasi bir nezaket olduğunu izah ettim ve apaçık İtalyanlardan bahsetmenin dış ve iç mahzurlarını da zikrettim.

Bu beyanatım siyasi bir münakaşanın açılmasına da sebep oldu. Önce harici vaziyetimiz hakında İsmet Paşa bir hülasa yaptı. Ve İtalyanların yakın bir düşman olduğunu belirtti! Sonra, Mustafa Kemal Paşa buna hitaben: "Karabekir Paşa'nın mütalaasını da dinlemek faydalı olacak," diyerek beni söze davet etti.

Ben, on sene için bir harp ihtimalini yok gibi gördüğümü ve Almanların da silahlanması veya umumi silahlanma tahdidi kararı bu müddetten sonra olacağından, vaziyeti o zamanki büyük siyasi teşekküller zaviyesinden tedkik edeceğimi ileri sürdüm. Ve İtalyanların geçen Cihan Harbinden elleri boş çıkmış olmaları, bu sefer onların Almanlarla iş birliği yapmaya mecbur kalacaklarını ve Almanlara dayanarak önce Arnavutluğu işgal etmeleri ve buna göre inkişaf edecek vaziyeti münakaşa edeceğimi ve İtalyanların Türkiye'ye saldırmalarında kendileri için bir kazanç değil, bir felaket olabileceğini hesaba katmış olacaklarını izah ettim. Gazi bana sordu:

"Arnavutluk İtalyanları tatmin eder mi?"

"Adriyatik Denizi'ni kapatmak ve Balkanlar'da bir köprübaşı kurmak için bu ilk hedef olur. Bundan sonra Korsika Adası'nı ve Tunus'u ikinci hedef olarak ele almaları, akla gelir. Bu suretle Akdeniz'e hâkim olmak ve İtalya'yı emniyette bulundurmak isterler;" diye izah ederken Gazi sözümü keserek sordu:

"İTALYA, FRANSA İLE SAVAŞMAZ"

"Hiç İtalyanlar, Fransızlarla harbi göze alırlar mı?"

Şu cevabı verdim: "Bu yeni bir cihan harbinin çerçevesi içindeki hedeflerdir. On senelik bir sükûn devresinden sonra, ne Almanya ve ne de İtalya bu günkü mahdut iktisadi sahalarında yaşayamayacaklarından, yeni siyasi terkiplerin başlaması zaruri olacaktır. Fransızların kara ordularını İngilizlerin donanmalarını, sınırlamak şöyle dursun, kuvvetlendirmekte olduklarından, Almanların da silahlanması ve İtalyanlarla birlikte talihlerini bir daha denemeye kalkışmalarını, akla çok yakın buluyorum.

Bu harbin ne zaman başlayacağı kestirilemezse de silah yarışına, bundan on sene sonra, yani (1934)'de başlanacağına şüphe yoktur. Çünkü o tarihte milletlerarası konferansta ya bütün milletler de Almanya gibi silahsızlanacak veyahut Almanyada silahlanmakta serbestlik kazanacaktır. Silah yarışı bir kere başladı mı, bunun ucu elbette ki yeni bir cihan harbine gidecektir. Bunun da çok uzak olmadığını ve her halde bizlerin bunu da göreceğimizi kuvvetle sanıyorum. Bundan şu neticeyi çıkarıyorum: İtalyanların tek başlarına bize saldırmalarında menfaatleri yoktur. Ve bizim de bunların saldıracaklarından endişemiz yoktur. Yalnız daha kuvvetli orduların günün birinde bize saldırmak ihtimallerini göz önünde tutarak Milli Birliğimizi sıkı ve samimi tutmalı ve ordumuzu da bir düzüye kuvvetlendirmeliyiz."

Gazi Mütalaarıma iştirak etmedi ve şu mütalaada bulundu:

"Gerçi İtalyanlar, Tunus emellerini ancak bir harbi umumide tahakkukuna cüret edebilirler. Fakat biz, İtalyanlar memleketimiz üzerinde emeller beslediği ve bunu da yakında tahakkuk ettirmeye çalışacakları kanaatindeyiz. Ben de, İsmet Paşa da, diğer arkadaşlar da böyle düşünüyoruz!"

İşte İzmir'de askeri mahfelde, Ordu müfettişleri ve Erkani harp reisleri ve kolordu kumandanları önündeki münakaşalarımız böyle oldu. Akşam bütün bu heyet Gaziye davetli idik. Yarın da harp oyunu başlayacaktı.

19 Şubat'tan 22 Şubat'a kadar dört gün, harp oyunu devam etti. Ben sonuna kadar Türk Ordusu başkumandanı kaldım. İtalyan Ordusu kumandanlığını, üçüncü ordu müfettişi Cevat Paşa da kısmen ifâ etti. Son günü işe Fransız ordusunun seferberliği de karıştırıldı. Ve bu bizim lehimize olarak gösterildi. Nihayet 21 Şubat'ta, hep bir arada iken harp oyunu Fevzi Paşa tarafından tenkid olundu. Akşam da yine Gaziye yemeğe davete gittik.

Sofrada "İlerisi için neler yapılması lazımdır?" diye Gazinin sorduğu suale bütün askeri kumandanlardan aldığı cevap şu oldu: "Milli Birliğimizi sıkı ve samimi tutmalı ve ordumuzu da bir düzüye takviye etmeli," diye bir kaç gün evvel ortaya koyduğum düsturun tekrarı.

GAZİ ANKARA'YA DÖNÜYOR

Ben harp oyununun cereyan ettiği arazide bir seyahat teklif ettim. Gazi, o akşam Ankara'ya döneceklerini bildirdi. Gazi ve İsmet Paşaları istasyonda uğurladık. Müdafaa-i Milliye Vekili de beraber gitti.

22 Şubat'ta belediye henüz İzmir'de bulunan kumandan ve maiyetlerine bulunduğum Naim Palas otelinde bir ziyafet verdi. Henüz İzmir'de bulunan Fevzi Paşa'ya bir arazi seyahati rica ettim. O da yarın kendisinin İstanbul'a dönerek istirahat müddetini tamamlayacağımı bildirdi. İş benim erkani harbiye reisim ile yaverimle bir kaç mıntıkayı ziyaretime kaldı. Fevzi Paşa'yı da 23 Şubat gecesi istasyonda İstanbul'a

uğurladık. Maiyeti de Ankara'ya döndü.

Ben, 1 Mart'a kadar İzmir'de kaldım. Bütün müesseseleri dolaştım. Verem mücadele heyeti benim reisliğimi rica ettiler. Ve benim reisliğimde bir toplantı da yaptılar. Yetim evlerini de ziyaret ettim. Yiyecek ve kıyafetleri zararsız, fakat tahsil ve terbiye, pek geri. Çocuk yuvası da zararsız, fakat çocukların tırnakları çok kirli ve etraf örümcekti. Üç-dört yaşındaki bir kaç yavrunun bana sarılarak:

"Babamız!," diye çırpınmaları, beni titretti ve hepimizin gözlerini yaşarttı. Bütün bakımsız ve kimsesiz yavruları devlet himayesine alarak sıhhat ve istikballerini kurtarmak güç bir şey olmadığı halde, bu yavrucuklara lazımı gibi ehemmiyet verilmemesine çok acıdım. Bunları olsun arkadaşlarımız gelip görmeli ve sevindirmeli idiler. Ankara'ya dönüşümde, yine bu yavrular için ilgili makamlarda teşebbüslerde bulunacağım.

Şubat'ta, Aydınlı çiftçi Cemal Bey'in kızı İclal hanımla nişanlandık. Bir çiftçi kızıyla ve Aydın mıntıkasından evlenmeyi, küçüklüğümde okuduğum Murad Bey'in "Turfa mı Turfanda mı" romanından sonra, büyük bir arzu gibi duyardım. ([33]) Bugün, birbirimizi gördük, sonra da nişanlandık.

28 Şubat'ta Seyyid köydeki Tayyare Mektebini ve kıtalarını ve tamirhanesini ziyaret ettim. Büyük zatlardan, şimdiye kadar kimse gelmediğini söylediler; ve İtalyanlardan alınmış bulunan işe yaramaz tayyareleri göstererek şikayette bulundular.

Tayyare Müfettişliği, "Bunlar eski sistemdir işe yaramaz" dediği halde Müdafaa-i Milliye Vekâleti bir levazım binbaşısına bunları satın aldırmış! Üzerlerine sürülmüş sathi boyaların altından Harb-i umumi'de kullanılmış eski tayyareler olduğu görülüyordu. (Ankara'ya dönüşümde bu şikâyetleri icap edenlere söyledim, fakat olan olmuş, bir netice çıkmadı.)

---

33 Bu yüksek ruhlu eşimin, hayatımın saadetleri gibi ızdıraplarını da aynı kudret ve aynı neşe ile birlikte yaşadığını, aşağılarda okuyacağız.

HİLAFET'İN LAĞVİ VE OSMANLI HANEDANININ SINIRDAN ÇIKARILMASI

29 Şubat gazetelerinde, Büyük Millet Meclisi'nde, Osmanlı hanedanının memleketten hudud dışı çıkarılması ve Hilafetin Meclis'ce intihabı cihetine gidileceği hakkında müzakereler olduğunu, gazetelerde okuduk. Askerlikçe manasını bulamadığım İzmir harp oyununun bir "Siyasi oyun" olduğu anlaşıldı.

1 Martta trenle Balıkesir'e geldik. Erkan-ı Harbiye reisimle birlikte, mıntıkamı ve kıtalarımı teftiş ediyorum. 3 Mart'ta otomobillerle Edremit'e gittik. Her yerde halk, belediye ve hükûmeterkanı samimi karşılıyordu. Askeri ve iktisadi diğer müesseseleri de dolaştım. Bugün Kolordu kumandanı Ali Hikmet Paşa, dâhiliye vekâletinden valilere yapılmış olan bir tamimi Balıkesir valisinin kendisine gönderdiğini söyledi. Ve aynen aşağıya kaydettiğim suretini de verdi. Tıpkı Cumhuriyetin ilanında olduğu gibi, Hilafetin lağvı ve hanedanın hudut dışı edilmesi kararı da bir kaç kişi arasında kararlaştırılıyor ve Halife, benim mıntıkamda olmasına rağmen, bana bu hususta bir haber dahi verilmiyordu. Biz bu mühim işi de madurlarımızdan ve onlar da sivil makamlardan öğreniyorlardı.

Bu hareket tarzından benim kadar diğer asker arkadaşlarım da teessür ve elem duyuyorlardı. Hususiyle daha neler yapılacağını kimse kestiremediğinden, herkesin endişe ve hiddeti artıyordu. Millet meclisi'nin vereceği karar, daha evvelinden valilere tamim olunuyor. Hem de o meclis ki, prensipte bir madde halinde, Hilafetin Osmanlı hanedanına ait olduğunu değişmez bir karar olarak kabul ederek milletten rey almış bulunuyordu. (^{34})

---

34   Suret: Millet meclisinin bütçe münasebetiyle teşkilatı, devletin akıl ve mantıka tevfikan basitleştirilmesi ve milletin gereksiz ağırlıklar almaksızın inkişaf-i mefkure ve medeniyesine hizmet olunması emeline bazı İslahata taraftar olduğu tezahür etmiştir. Bu hususta henüz millet meclisinin kesin karar-ı taayyün etmemekle beraber, ıslahatın hutut-ı eşasiyyesi berve-i atidir:

Memlekette adalet ve Maarifte vahdet temin olunacaktır. Milletin ter-

HANEDAN ÜLKE DIŞINA ÇIKARILIYOR

4 ve 5 Mart'ta Edremit'deki Baliye'ye civar kıtaları teftiş ettim. 5 Mart ikindi vakti Baliye'ye geldik. Baliye maden tesislerini de gördüm.

6 Mart'ta da aldığımız tarihi haber şudur. 5/6 gece yarı-

---

biye ve tedrisatı umumiyyesine memur olan bilcümle mekatip ve medaris bütçesiyle memureyin ve mensubeyniyel beraber Maarif vekaletine rabt olunacaktır. Bu suretle mevcut mekatip ve medaris muhafaza olunarak ci- het-i irtibatları tahvil ve bu babta bi't-tabi müftü, İmamlar ve hatip ve müezzinlerin mahsus medariste ibka edilecek ve umum aliyye-i din için darülfünunda daimi heyet-i müderres ihdas edilerek, ulumu diniyyede cidden mütehassis ulema yetiştirilmesi esababt istikmal kılınmış olacaktır. Bu suretle vazife-i idariyesi kalmayan seriyye vekaleti, kabineden yani idare-i siyasiyeden nezih edilecek ve Türkiye'ye mütehassis olmak üzere bir baş müftü tayin olunacaktır.

İşbu baş müftü, umumi diniyyede en yüksek makam olarak hürmet ve kuvvetini tezyit etmiş olacaktır. Cumhuriyetin dini, resmi dini İslam olarak mahfuz olduğundan, teşkilatın isabet ve kuvveti zahirdir. Evkaf idaresi bir müdüreyn-i umumi halinde başvekalete rabt olunacaktır, kezalik siyasetle iştigal etmesi lazım olmadığından, şimdiye kadar kabineye dahil olan erkani Harbiye-i Umumiyye reisi de kabineden ve idare-i siyasiyeden ihraç olunacaktır.

Millet Meclisi saltanatın ilgası kararını verdiği zaman, bir halife intihaç ve ibka eylemiş ve sabık hanedan itimatnamesini halile muhafaza eylemişti. O günden beri vukubulan tecarip bu kararın menafii milliyyeye muvafık olmadığını göstermiştir. Halifenin vücudu dâhil ve hariçte Türkiye siyasetinin iki başlı olduğunu irade ettiğinden bu hal vahdeti milliye esas kavmine muhalif bulunmuş ve devletin harici ve dâhili siyasetinde mevcudiyetinde bir eseri zaaf ve teşettüt olduğu sabit olmuştur. Bu vazifeyi takdir eden ve istiklal-i milliyyi muhafaza uğrunda ve imanına payan olmayan hilafetin halifei hazırdan nezile kendisinin sakıt hanedan evlat zuhuriyle birlikte emsali bilcümle hükûmeti Cumhuriyede olduğu veçhile hududu milli haricine çıkarılmasını lüzumlu görmektedir. Bu karar ittihaz olunursa kendisiyle bilumum azai zükuru milletin kendilerine vuku bulacak müzavenet nakdiyesiyle selamet-i vatan namına hudud haricine ibat edileceklerdir. Esasen Hilafet hükûmet demek olduğundan hükûmeti cumhuriyenin tesisiyle Hilafetin sebebi vücudi kalmamış olduğu muhakkaktır. Balada mebhus İslahatın esasları bunlardır. Matbuat vesaire münasebetiyle vilayetiniz dahiline gelecek yanlış havadislerin şuyuuna mümanaat edilmesi ve ahalinin halet-i ruhiyesine göre meselenin idaresiyle beraber her hususta müteyakkız bulunulması ehemmiyetle tavsiye olunur. 26/29/2/1340

Dahiliye Vekili
Ferid.

sından sonra Halife Çatalca'dan Eksprese bindirilmiş ve hudut dışına çıkarılmış! Hanedandan yüz kadar erkek ve kadında çıkarılmaktadır. Kabinede de bazı değişiklikler olmuş. Reis ve Hariciye Vekili, yine İsmet Paşa. Kabinede kalanlar: Müdafaai Milliye Vekaleti'nde Kazım Paşa (Karasi), Dahiliye'de Ferid bey (Kütahya) mâliye de Abdülhalik bey (Çankırı), Ticaret'te Haşan Bey (Trabzon), Sıhhiye'de Refik bey (İstanbul), Nafıa'da Süleyman Sırrı bey Kabineye yeni girenler: Ziraat'a Zekai Bey (Aydın), Adliye'ye Necati Bey (İzmir), Maarife Vasıf Bey (Saruhan), İmara Celal Bey (İzmir).

Bu havadisleri herkes gibi Ben de ajanstan öğrendim. Ordu müfettişliği ve İstanbul mebusluğu sıfatlarıma olduğu kadar devlet ve millet işlerinde canla-başla çalıştığıma ve Mustafa Kemal, İsmet ve Fevzi Paşalara karşı yaptığım yardımların derecesine ve samimiyetine de zerre kadar hürmet ve riayet olunmadığının bu da açık ve acı bir misali idi. (³⁵)

35 Nutuk'un 41'inci sahifesinden hilafetin lağvı kararını okuyalım: "1340 senesi ihtidasında, büyük mikyasta, bir ordu harp oyunu yapmak takarrür etmişti. Bu harp oyununu İzmir'de yapacaktık. Bu münasebetle Kanun-ı Sami 1340 senesi ihtidasında, İzmir'e gittim. Orada iki ay kaldım. hilafetin lağvı zamanının geldiğine orada iken hüküm vermiştim," diyerek Başvekil İsmet Paşa'nın 22/1/1340 şifresini ve cevabını aynen yazıyor. İsmet Paşa'nın şifresinin hülasası şudur: "Bazı gazetelerde makam-ı hilafet'in vaziyeti ve halifenin şahısları hakkında sûî telakkiyâta müsait haksız neşriyattan ve İstanbul'a gelen hükûmet erkânının kendisiyle temastan kaçınmalarından halifenin duyduğu teessürle tahsisat meselesi." Aynı günde Mustafa Kemal Paşa cevabında halifenin tavrı ve hareketlerini beğenmediğini anlattıktan sonra aynen şunları yazıyor: "halife ve bütün cihan, kati olarak bilmek lazımdır ki mevcut ve mahfuz olan halife ve halife makamının hakikatte, ne dinen ve ne de siyaseten hiç bir mana ve hikmet-i mevcudiyeti yoktur. Türkiye Cumhuriyeti safsatalarla mevcudiyetini, istiklalini tehlikeye maruz bırakamaz. Hilafet makamı, bizce en nihayet, tarihi bir hatıra olmaktan fazla bir ehemmiyeti haiz olamaz... İstanbul'da, Milletin boğazından kesilmiş paralarla yapılma bir çok saraylar ve bu sarayların içindeki bir çok kıymetli eşya ve levazımat, hükûmetin vaziyeti adem-i tesbit yüzünden mahv ve heder oluyor. Halife mensupları, sarayların en kıymetli levazımatını Beyoğlu'nda, şurada, burada satıyorlar diye rivayetler vardır. Hükûmet bunlara bir an evvel vazu'l-yed etmelidir. Satılmak lazım ise hükûmet satmalıdır."

Nutuktan şu satırları da okuyalım: "Bu muhabereden sonra harp oyunu münasebetiyle İsmet Paşa ve Müdafai Milliye vekili bulunan Kazım Paşa da İzmir'e gelmişlerdi. Erkan-ı Harbiye-i Umumiye Reisi Fevzi Paşa da zaten

Emr-i vakilere karşı arkadaşlarım herkes gibi benim de boyun eğeceğimi sanıyorlardı. Bir gün minberlere kadar çıkıp Hilafet makamının kudsiyetinden ve halifenin lüzumundan bahset; herkes boyun eğsin, dinlesin; bir gün de ani bir karar ver, "hilafet kaldırılmıştır, Halife Hudud dışı edilecektir." de; yine herkes boyun eğsin, dinlesin! Bunun gibi, bir gün İslam dinini ve Kur'an'ı göklere çıkar; bir gün de onları kaldırmaya yürü!

Bütün dünyaya ve tarihe ve hele kendi halkımıza karşı çok çirkin ve çok saygısız olan bu hareketlerin bizim gibi ordu müfettişliği ve aynı zamanda mebus olanlara bile haber verilmemesi, bu makamları da hiçe sayacak kadar artan istihfafın korkunç bir görünüşü idi. Hürmeti, samimiyeti kaldırıyor, dalkavukluğu, hafiyeliği genişletiyordu. Hanedanın birden bire hudud dışı edilmesi, onların tasarrufunda bulunan tarihi ve kıymetli birçok eşyanın da yok pahasına toptan Yahudilerin eline geçmesine sebep olması, herkesin haklı olarak yeis ve elemini arttırıyordu.

Gazeteler bu hususta şehir emanetini kabahatli bularak tenkitler yazıyordu.

Siyasi bakımdan da birçok kazançlar temini imkânı varken bunları hiç kaale almadan Hilafet'in lağvı işi de ayrıca tenkide uğruyordu.

"KRAL HÜSEYİN, HALİFE OLMUŞ.."

8 Martta trenle Bandırmaya geldik. Ve iki gün burada teftişlerle meşgul oldum. Mektepleri de gezdim. Gerek maa-

---

orada bulunuyordu. (Yanlıştır. Fevzi Paşa İstanbul'dan Eskişehir'de bize katılmıştı. K.K.). Hilafetin ilgası lüzumunda, kanaatlarimiz mutabık idi. Aynı zamanda şer'iyye ve Evkaf vekaletini de ilga ve tedrisatı tevhid eylemek kararında idik.

1924 senesi martın yedinci günü meclisin tarafımdan küşadı icap ediyordu. 23 Şubat 1923 (1924 olacak. K.K.) günü Ankara'ya avdet etmiş idik. Orada icap eden zevatı, kararımdan haberdar ettim..."

Daha aşağılarda da Hilafetin kendisi tarafından deruhde edilmesi teklifinden bahsediyorlar.

rifimizin her taraftaki seviyesini görmekve gerekse istikbalime çıkan halk ve mekteplere karşı bir ziyaret lüzumundan dolayı her yerde hükûmet makamıyle beraber belediye ve mekteplere de gidiyordum. Temizlik ve intizam temini içinde bu ziyaretlerim çok da faydalı oluyordu.

Gelen İstanbul gazetelerinde dikkate değer şu havadis herkesin teessürünü mucip oluyordu: "6 Mart'ta Mekke Şerifi Kral Hüseyin Halife ilan olunmuş." Bunun hakkında Fransız gazetelerinden naklen de şu satırlar var: "Halifeliğini ilan eden Mekke Şerifi Kral Hüseyin Harb-i Umumi'de İngilizlerden 1.200.000 İngiliz lirası aldığı ve 1915'de İngilizler ile muahede yaparak 30/Ağustos/1916'da İstiklalini ilan ettiği..." Bunun Türk Halkını tahrik için olduğuna şüphe yok.

İkinci Havadis de, İstanbul matbuatının hilafetin ilgasını ve hanedanın hudud harici edilmesini doğru bulduklarını yazmakla beraber, asırlarca saraylarda toplanan ve kısmen tarihi kıymetleri bulunan hanedan eşyasının yok pahasına Yahudiler tarafından satın alınmasını, teessürle karşılıyorlar. (36)

KÖYLÜ VE HALK ÜZGÜN

Münevverler, ileri-geri tenkit ediyorlar; fakat orta sınıf halkda, teessür görülüyor. Köylü ve o hizadaki halk henüz bir şey duymamış!

10 Mart'ta, Akdeniz vapuru ile beş saatta Mudanya'ya geldik. Burada halk ve mektepler samimi tezahürat yaptılar. Yemekten sonra mektepleri ve piyade alayını teftiş ettim. Tirilya'daki darü'l-eyfamı da, otomobil ile yarım saatlik sahilin

---

36 Bir hafta sonra İstanbul'a dönüşümde hanedan eşyasının bir gece içinde Yahudiler tarafından ucuzca satın alındığını ve bunların da bu eşyayı satmakta olduklarını öğrendim. Hatta kolordu kumandanı Şükrü Naili Paşa dahi bir oda takımı satın aldığını bizzat bana söyledi. Ben de ilgili zatlara bildirdim. Bu münasebetsizliğin 1944 yılı son aylarında Ankara'da bir tecellisini de öğrendim: Son halife Mecid Efendi'nin altın kakmalı kılıcıyla av tüfeğini bir paşazade apartman kirasını ödeyemediğinden satılığa çıkarmış! Kılıcı İngiliz sefareti, av tüfeğini de bir Türk yüzlerce liraya satın almışlar.

latif yollarından geçerek teftiş ettim. Bir yıldır, pek fena halde imiş; yeni müdür uğraşıyor.

Burada otuz kadar zabit çocuğu var. Künyelerini aldım. Bu kabil çocukların askeri idadilere naklini üç ay evvel teşebbüs ettiğim halde bir şey yapılmadığını hayretle gördüm. Çocuklarla iki saat kadar meşgul oldum. (Zabit çocuklarını Bursa idadisine naklettirdim) Akşam Mudanya'da askeri kulüpte zabitlerimizle musahabeler yaptım.

11 Mart otomobil ile Bursa'ya gittim. Yolda ziraat mektebini de ziyaret ettim. Bursa'da benim, doğu yetimlerinin kurduğu Işıklar Askeri idadisi başta olmak üzere, samimi tezahüratla karşılandım. 17 Mart'a kadar askeri, mülki ve Halk müesseselerini ziyaret ettim. Askeri idadilerin mazrife devri hakkında emir gelmiş! Herkes bundan müteessir! (Bu hususta gerek askeri vazifemde ve gerekse, sonra Millet Meclisi Kürsüsünde hayli uğraştım. Tekrar ciheti askeriyyeye iadesine muvaffak olduk.)

FEVZİ PAŞA İLE TARTIŞMA

17 Mart'ta Bursa'dan trenle iki saatta Mudanya'ya ve buradan vapurla İstanbul'a geldim 19 Mart'ta Kadıköy'deki evinde Erkan-i Harbiye-i Umûmiye Reisi Fevzi Paşa'yı ziyaret ettim. Üç saat kadar görüştük.

Kendilerine Sivas Kongresi'nden sonra, Kumandanlar içtimai sırasında Sivas'a geldikleri zamanki sözlerini hatırlattım. Ve şimdi Mustafa Kemal Paşa'yı çok yanlış yollara kendilerinin sevk ettiklerini, pek acı bir dil ile söyledim. Ve misal olarak da 16 Aralık'da İstanbul'dan Ankara'ya giderken, dördüncü Kolordu kumandanı Kemalettin Sami Paşa'ya verilen emri gösterdim.

Bana şu cevabı verdiler: -"Heyeti vekilede bana sordular ki, İstanbul'da bir vaka çıkarsa, ne yapabiliriz? Ben de cevap olarak dedim ki; Çorlu, Bursa ve İzmit'deki fırkaları birleştirerek hareket ettiririz. Yazılı olarak bir şey yazmadım." Ben

"Emrimdeki Dördüncü Kolordu kumandanı Kemalettin Sami Paşa'ya verilen emir, zat-i samîlerinin imzâsını taşıdığını zannediyorum. Bu kere, İzmir'e harp oyunu diye topladınız; halbuki orada güya hilafetin lağvına ordu karar vermiş gibi bir manzara hasıl olmuştur. Bana ve diğer bazı arkadaşlarımıza bu hususta tek bir kelime söylenmediği halde, astlarımız da dahil olduğu halde, bir kısım kumandanlara pek ala malumat verilmiştir. Rastgeldiğim mebuslar, kumandanların İzmir'de siyaset oyunu yaptıklarını ve Büyük Millet Meclisi'ne karşı mütehakkim bir vaziyet aldıklarından şikâyet ettiler. Ordu kumandanları arasına ikilik konulmuştur. Aleyhimizde Padişahçı, halifeci diye dedikodular,-yazık ki en yüksek makamlardan- çıkıyor."

FEVZİ PAŞA DA ŞİKÂYETÇİ

Fevzi Paşa –"Hilafet'in lağvı hakkındaki fikrini Mustafa Kemal Paşa bana da İzmir'de söyledi. Ben, sizin de haberiniz var zannediyorum!" Ben –"Astlarıma emir veriyor; astlarımla mühim işler görüşülüyor; bana haber verilmiyor! Tabii bu işleri yapanlar, kendilerine sebep soranlara karşı bir şeyler söyleyecektir. İşte bu sözler çok haksızdır ve elbette sokak propagandası haline dökülecektir. İşin vahim ciheti, arzu ettiğiniz hükümranlık tamamiyle kurulmuş ve İstiklal Harbi'nin en fedakâr unsurlarının ezilmesinde ve bir takım dalkavukların milletin başına bela olmasında, sizin de yardımınız esirgenmemektedir.

Askeri işlerde olsun, bizi tamamiyle uzaklaştırıyorsunuz! Hani ya, 4 Haziran 1923 tarihli Şura-yı Askeri Kanunu, hani ya, 5 Haziran 1923 tarihli Müfettiş-Umumilik Kanunu, Hani ya, 1 Ağustos 1923 tarihli Orduda….tım ve İrfan komisyonu" layihasının dilekleri? Bütün bunların yerine 3 Mart 1924 tarihli Erkan-ı Harbiye-i Umûmiye Kanunu'nun 9'uncu maddesi, Gazinin emrine -sizin vasıtanızla- bütün orduyu da vermiş bulunuyor.

Bu şekilde ordu keyfi idarenin tam bir aleti olacaktır. Nitekim tecellisi de görülmektedir. (9uncu madde: Reisicumhura niyabeten ordunun hazerde emir ve kumandasına memur en yüksek makam askeri olmak üzere Erkan-ı Harbiye Umumiyye riyaseti tesis olunmuştur. Erkan-i Harbiye-i Umûmiyye Reisi vazifesinde müstakildir).

Paşam, pekâlâ siz de biliyorsunuz ki, bütün gençliğini müstebitler ve diktatörlerle mücadele ile geçirmiş insanlardanım. Bir milleti, ancak demokrasi esasları mesut yaşatır ve birlik ve kuvvet yaratır. Keyfi idareden nefret edenlerden iken, şimdi bizler de böyle bir idarenin muhafızları sırasına düşünülüyoruz.

Geçen sene Çankaya'da Başvekillik meselesinin münakaşasında (4 ve 5 Ağustos) Erkan-ı Harbiyye reisliğinin keyfi idareye karşı olan rolünü ve bu makamın tarafınızdan işgaline devam arzusuna karşı mesuliyetin büyüklüğünü arzetmiştim. Müfettişi umumilik makamı da ihdas olunmadığından, gerek ordunun teknik terakkilere uygun olarak yetiştirilmesinde ve gerekse tesir edilebilen bir Millet Meclisi ile Milletin Hürriyet haklarının alınmasında makamınızın mesuliyetinin çok büyük olacağı hakkında dikkatinizi bir kere daha çekmeyi, bir arkadaşlık ve bir makam borcu bilirim. Bu hususta gerek sizinle ve gerekse Gazi ile Ankara'ya dönüşümde tekrar görüşmek niyetindeyim. Neler yapılacağını kat'îolarak bilmek, değil benim, her millet ferdinin de hakkıdır.

Pekâlâ, takdir buyurursunuz ki, eğer İstiklal Harbi'nde Mustafa Kemal Paşa'nın karşısında, onun her arzusunu yapacak bir insan olsaydım, bugün vardığımız noktada olamazdık!

Bu bakımdan dahi ilerisi için neler düşünüldüğünü bilmek ve fikirlerimi söylemek, sarih hakkımdır. Bu hakkımı, icap ederse Millet kürsüsünden de kullanabilirim! Size hürmetim büyüktür. Bunu fiilen de göstermişimdir. Beni ihmal ederek yalnız kalmayınız. Şahsi ve millî felâketlerimize karşı bu hâl, büyük hız verebilir."

KARABEKİR'E HAK VERİYOR

Fevzi Paşa, halim Şahsiyetinin ve uzun gençlik erkan-i harp hizmetini Şemsi Paşa gibi (Manastır'da Hürriyeti boğmaya geldiği zaman öldürülen) cahil ve müstebit bir Arnavudun maiyetinde geçirmesi gibi talihsizliğinin esiri olarak, dediği dedik bir amire karşı durabilecek bir yapıya malik değildi. Yukarıya ve aşağıya karşı uysal olmak ile, oturduğu makamda rahatça vakit geçirmekten ileri bir şey düşünmüyordu. Bunun için beni de haklı buluyordu. Mesele, Erkan-i Harp Mektebine verilecek konferansa nakletti.

Erkânı Harp Mektebi'nde, doğu harekâtı hakkında konferans vermekliğimi, ilk İstanbul'da görüştüğüm zaman istemişti. İlk konferansın istihbarat namı altında casusluk esasları olmasını ve diğerlerini de hazırlayacağımı söylemiştim. Birinci konferansı o zaman vermiştim. 23 Mart'ta da Harb-i Umumî'de ve Mütâreke'deki doğu hareketleri hakkında konferans verecektim. Bunda kendileri de bulunmak arzusunu gösterdiler.

23 Mart saat 10'da konferans başlayacaktı. Fevzi Paşa ile birlikte, Erkân-ı Harbiye Mektebinin bulunduğu eski Harbiye Nezareti (^{37}) üst katında Beyazıt'a bakan cephedeki salona girmek üzere idik. Kapıyı açacağım sırada. Paşamız bana şu tavsiyede bulundular. Tavsiye bir rica şeklinde idi. Fakat usulen bu bir emirdi:

FEVZİ PAŞA'DA SÜRPRİZ DEĞİŞME

"Paşam doğu harekâtının yalnız askerî kısımlarından bahsedersiniz; ileri geri uzun muhaberelerden katiyyen bahsetmemenizi rica ederim", hayretimden donakaldım. Bu bir amirin emri idi. İtaata mecburdum. Fakat konferans vereceğim kimseler, Türk ordusunun mukadderatını ellerine alacak olan genç erkân-ı harp zabitleri idi. Bunlardan bu işleri sak-

---

37 Şimdiki üniversite merkez binası

lamak büyük bir cinayetti. (38) Her hakikati bunların öğrenmesi hakları idi. Bizim de bunları öğretmek vazifemizdi.

İşin diğer bir kötülüğü de, görüştüğümüz iki gün evvel, bunu bana söyleyerek konferansı o esasta hazırlamak mümkün olurdu. Şimdi doğu hareketinin sebepleri, o zamanki umûmî haller ve şartlardan ayrı olarak, konferans kürsüsünde uyduracaktım. En basit bir hâdiseyi bile anlatırken, "Neden çıktı, nasıl çıktı. Ve nasıl idare olundu" diye üç fasla ayırmak en basit bir İlmî usûldür. Şimdi ben "Nasıl İdare olundu"yu anlatabilecektim. Bunda da aldığım emirlerden bahsetmekten kaçınacaktım.

Fevzi Paşa acaba münakaşa ederim veya konferanstan vazgeçerim diye korktuğundan mı bunu bana daha önce söylemedi. Yoksa Mustafa Kemal Paşa'dan yeni bir emir mi aldı? Bilmem. Fakat hareket tarzı doğru değildi. İstedikleri tarzda konferansı başka birine verdirmeliydiler. Bu tarz, bir nevi oyun oluyordu. Bunu anladığım halde, ne yapabilirdim?

Genç erkân-i harplerin kapısı önünden geri dönemezdim. Onlara çirkin bir misal de göstermemek için Mareşal ile münakaşa da edemezdim. Şu halde, içten gelen bir memnuniyetsizliğin yankısı olan bakışlarım ve tavrımla: "Emriniz üzere işi kısa keserim efendim," dedim.

Öğleden evvel iki saat bir çeyrek, öğleden sonra da bir buçuk saat konferanslarım devam etti. Tabii emrolunan çerçeve içinde!

---

38 Bu cinayet uzun yıllar devam etti. Harp Okulu'na ve Harp Aka- demisi'ne bile, bir çok hakikatler saklanarak ve bir kısmı da tahrif olunarak İstiklal Harbi masal haline getirilerek okutuldu. Tarih diye yazılan kitaplarda efsaneleştirilmiş olduğundan gerek mekteplerde okutulması ile ve gerekse bunu bir kaynak diye alan tarihçilerimiz ve ediplerimiz işi büsbütün çığırından çıkarttılar ve zavallı gençliğin fikri uyuşturuldu. 1933'de neşriyatıma müsaade olunmadı. Yazdığım ve üç bin nüsha olarak bastırdığım eser de yaktırıldı. 3'üncü defa olarak evim basıldı. Dört çuval evrakım alındı. Birçokları yakıldı. Mustafa Kemal Paşa'nın ölümünden sonra da hakikatlerin ortaya çıkmasından endişe edenler türlü entrikalarla işi ört bas etmekte devam ettiler.

"ŞİMDİ SIRASI DEĞİL"

Bugün Şevket Turgut Paşa, vefat etmiş. Arnavutluk isyanında kumandanımızdı. Fevzi Paşa ile, Beşiktaş'ta Akaretlerdeki ikametgahına gittik. Fakr ve zarûret içindeki ailesine yardım için Başvekil İsmet Paşaya, Fevzi Paşa ile müşterek bir telgraf çektik. Bu suretle, yarın için cenaze merasimini ve Fatih Camii avlusuna gömülmesini temin ettik.

Gerek bugün ve gerekse 24 Mart cenaze merasimi buluşmalarımızda Fevzi Paşa ile tekrar görüştüm: Erkan-i Harp zabitlerimizden ve tarihçilerimizden dahi hakikatleri gizlemek ve her şeyi Mustafa Kemal Paşa yaptı diye yayılan dalkavukluk yarışına, ordu kumandan ve erkan-ı harbiyyesini de iştirak ettirirlerse, neticenin pek vahim olacağına dikkatini çektim. Fevzi Paşa: "Tarihi hakikatler gizlenemez; nasıl olsa ortaya çıkar amma, şimdi sırası değil!" [39] diye uzun boylu mütalaa serd ettiler. Hülasası: Eğer İstiklal Harbinin bütün hakikatleri şimdi ortaya çıkarılırsa, Mustafa Kemal Paşa'nın nüfuzu kırılırmış. Hâlbuki ona, fikirlerini tatbik için kuvvet vermeli imişiz! Eğer fikirleri tatbik sahasında muvaffak olmazsa, bu muvaffakiyetsizliği yüklenmemeli imiş!...

Ben bu fikirde olmadığımı, milli dâvanın, şu bu kaprislerin veya hariçten gelen fikirlerin, kendi ilim adamlarımızın üzerlerinde işlemesine fırsat verilmeden İstiklal Mahkemeleriyle halkı, matbuatı sindirerek, tatbikinin çok zararlı olacağını ve sürü, sürü dalkavukların zararlı olabilecek fikirleri -hazıra konmak için- alkışlayacaklarını, kadınlık ve gençliğin tereddiye sürükleneceğini; iktisadi sahada, görünüşte yapılmış olanların, hakikatte millî bünyeyi büsbütün zaafa düşüreceğini izah ettim.

Ordumuzun da bu cereyana sürüklenmesi, istikbâlde tutunacak bir dayanak kuvvetimizin kalmamasına sebep olacağından, ordumuzu her türlü siyasî ceryanlardan uzak tutmak

---

39 "Şimdi sırası değil" sözünü sanki bir parola gibi 1933'deki neşriyatıma karşı İngilizce Yakın Şark mecmuası da yazdı. 1939'daki beyanatıma karşı da aynı parola etrafa yayıldı: ŞİMDİ SIRASI DEĞİL!

lüzûmunda ısrar ettim. Husûsiyle hem mebûs, hem de kumandan şeklinde iki yoldan keyfî idârenin muhafızı vaziyetinin çok çirkin olduğunu söyledim. Ve "şimdilik sırası değil" diye hakikatlerin tahrif edilmesine müsaade olunmamasını ısrarla istedim.

Fevzi Paşa, usulen mütâlâalarıma iştirak eder göründü. Fakat kumandanların aynı zamanda mebûs olmamaları hakkındaki teklifime, ancak Büyük Millet Meclisi'nin karar verebileceğini -Tabiî Fethi Bey'in cevabı gibi, söyledi. (Aşağıda görülecektir ki fiiliyatta ne modern teşkilât kabul olundu ve ne de tarih nâmı altında, değil İstiklal Harbini, bütün bir maziyi yalanlayan ve kötüleyen kitapların neşrine ve hattâ mekteplerde okutulmasına karşı bir teşebbüs yapıldı.)

TEFTİŞLER TEFTİŞLER:

25 Mart'tan 4 Nisana kadar İstanbul'daki kıtaları, kışlaları, askeri mektep ve müesseseleri ve bu arada darul-eytamları da teftiş ettim. Heybeli Ada'daki Bahriye Mektebini ve vaki' davetler üzerine yüksek sivil mekteplerimizi de ziyaret ettim.

1 ve 3 Nisan günleri vaki rica üzerine Pangaltı Harbiye Mektebi'nde daha muhtar bir surette her iki doğu harekatı (1334 ve 1336 "1918 ve 1920") hakkında talebeye konferans verdim.

4 Nisan'da trenle İzmit'e hareket ettim. Burada ve Adapazarı'ndaki kıta ve müesseselerimizi ve vaki' davet üzerine mektepleri teftiş ve ziyaret ettim.

8 Nisan'da dahi Eskişehir'de de aynı vazifelerimi gördükten sonra 9 Nisan'da da Ankara'ya geldim. Trenimiz Eskişehir'den mutaddan üç saat sonra hareket ettiğinden Ankara'ya da bu kadar geç geldik. Mutad merasim kıtası ve maiyyetim erkânından başka birçok samimi arkadaşlarım ve bu arada İsmet Paşa da beni karşılamaya gelmişlerdi. Samimi musafahalar yaptık.

İsmet Paşa'nın bu samimi karşılayışı bana ferahlık verdi.

Her şeyi onunla yeniden görüşebilirdim.

12 Nisan'da Hariciye Vekâleti'ndeki makamında kısaca görüşebildiğim İsmet Paşa, iki hafta kadar rahatsız yattığından, ancak 30 Nisan'da Çankaya'da ikamet ettiği dairede görüşebildim. Hâlbuki daha evvel 13 Nisan'da Gazi beni akşam yemeğine çağırmış böylece onunla İsmet Paşa'dan evvel görüşmüş olduk. Bana karşı gün geçtikçe aldığı soğuk tavrını, bu akşam garip bir surette gösterdi! Şöyle ki:

"PAŞAM, MÜŞİR ÜNİFORMASINI PROVA EDİYOR."

Emrettiği saatte Çankaya'daki köşklerine gittiğim halde başyaveri (Bozok, mebûs) Salih vasıtasıyla beni, kendisinin bulunmadığı çalışma odasına aldırdı. Bir saattan fazla burada yalnız kaldım. Arasıra Salih gelip:

"Gazi biraz meşgul, bir emriniz varsa yapayım," diyordu.

Artık sıkılmaya başladım ve sordum:

"Ben davetli olduğum halde, benim bulunamayacağım meşguliyeti, nedir?" Salih, tabii bellediğini söyledi: "Terzi Altın Makas'a elbise yaptırıyor." Müşîr" üniformasının şeklini tesbit ediyorlar. Siz canınız sıkılırsa burada Gazi'nin yazı masasında resimli albümler var; seyrediniz. Sizin, uzun zaman beklediğinizden ben de mahcubum. Fakat ne yapabilirim, öyle emrettiler!"

Terzi Altın Makas denilen adam, bizim de Harbiye ve erkân-i harp sınıflarından tanıdığımız bir Rum terzi idi. Bayezıt'da Mercan yokuşunda, büyük bir dükkânı vardı. Zabit çıkan sınıflara, toptan, maaştan kesilmek üzere elbise de yapardı! Gazi'nin bu Rum terzi ile üniformasını tesbit etmesi, çok acı bir şeydi.

Üniformalarda ordu kumandanlarının da fikri alınmak, her devlette usuldür. Şurayı Askeri'nin vazifelerinden sayılır. O kadar ısrarıma rağmen Şura'yı Askerî, Müfettiş-i Umumîlik gibi lüzumlu makamlar tesis olunmadığı halde, bu Rum terziyle üniforma kararlaştırması, çok garibime gitti. Masanın üstündeki albümlerin de neler olduğunu görmek merakına düştüm. Zaten "görmekliğim" emrolunmamış mıydı?

ANADOLU HEDİYESİ ALBÜMÜ

Ne tuhaf. Üstte 5 numaralısı olmak üzre. "Anadolu Hediyesi başlıklı albümlerdi. Bu numaranın kabında Benim Resmim var. İçersinde Mustafa Kemal Paşa'ya ait bir çok resimler de var. 6'ıncı sahifeyi bana hasretmiş. Aynen şu yazılar var:

"Kazım Karabekir Paşa, şüphesiz yakında mücahedeyi Milliyenin İkinci Gazi ve müşiri ünvan ve payesini kazanacak olan bu güzide kumandan, geçen sene Ermenistan seferini kemal-i muvaffakiyetle ikmâl ettiği zaman, hem bu günkü (Kars) muhedenâmesinin esasını hazırlamış hem de Batı cephesinde bugün de düşmana indirilmekte olan darbeler için vücudu lazım olan savaş malzemesini tedarik eylemiş, hem de arkadan her an beklenebilen bir taarruza uğramamak için doğu hududumuzun emniyetini temin etmişti. Bu itibarla Kazım Karabekir Paşa da askeri ve siyasî büyük hizmetler ifasına muvaffak olmuş bir ünlü bir kumandanımızdır. Mustafa Kemal Paşa, nasıl Güney ve Batı hududlarımızm emniyeti olmuş ise. Kazım Karabekir Paşa da, öylece Doğu hududlarımızın ve sancaklarımızın güven ve teminatıdır.

Kazım Karabekir Paşa, Harb-ı umûmî'de arkadaşları arasında gözeçarpan ve sivrilen muktedir ve genç kumandanlarımızdandır. Çanakkale müdafaa-i kahramananesinde Irak muharebelerinde, daha sonra Kafkas Cephesi'nde, fevkalâde yararlıklar göstermiştir. Kendileri (Brest-Litovsk) muahedesinden sonra, Rus ordusu Kafkasya'yı tahliye ettiği vakit Ermeni çeteleri ile kıtaatını kati mağlubiyetlere uğratarak (Kars'ın) kurtarılmasını temin eden kumandandır.

Bu genç kumandan, mütâreke esnasında nice dilaverlerin kanı pahasına zabtedilen bu yerleri, tekrar bırakmak mecburiyetinde kalmış (Ben bırakmadım. Ben İstanbul'a çağrıldıktan sonra, Şevki Paşa zamanında bırakılmış. K.K.)

Daha sonra 1920 senesi nihâyetinde Ermenistan'a karşı icrâ edilen harekâtta elimizden alınan toprakları tekrar istirdat eylemiş ve ermeni ordusuna bu defa kat'î ve kahhar bir darbe indirmiştir.

Doğu cephesi'nin güzide kumandanı yalnız iyi bir asker, mümtaz bir kumandan değil, aynı zamanda muktedir bir idare adamıdır da. Mütareke'nin bidayetinden beri Erzurum ve havalisini fevkalade hüsn-i suretle idare etmiş, hastahaneler, mektepler açmış, Ermenilerin harap ettikleri bu güzel cüz-i vatanı imâra çalışmıştır.

Türk Milleti Kazım Karabekir Paşa gibi rical yetiştirmiş olmakla ne kadar iftihar etse sezâdır."

Son sahifesinde de "Ali Ekrem" imzalı ve "Şark Ordusu" başlıklı bir şiirin son mısraları şöyledir:

"Şark dağları uğuldarken,

Sanki diyar, binler yaşa!

Bizi, bize bağlı tutan

Kazım Karabekir Paşa!"

Artık benim de sabrım tükenmişti ki, Salih Bey tekrar gelerek: "Gazi Paşa, buyursunlar diyor!" dedi.

GAZİ, SICAK DAVRANIYOR

Yanına girdiğim zaman, elimi sıkarak mühim meşguliyetini söyledi: "Sizi fazla beklettim. Amma, bizim terzi ile yeni yaptırmakta olduğum müşir elbisesi hakkında görüşüyorduk. Seni sıkılırsın diye çağırmadım!" Ben:

"Eğer benimle bunun yarısı kadar zaman ilgilenmek lütfunda bulunursanız; şu iki belge üzerinde görüşmek rica edecektim," diyerek biri "Gazi M. Kemal" imzasını ve 1339 (1923)-7-1 tarihli mebusluğumu bildiren tezkerenin diğeri de benim imzamı taşıyan ve 1335 (1919) tarihli Harbiye Nezaretine (o zaman nazır Cevat Paşa idi) Şura-yı Askeri teşkili hak-

kında yazdığım resmî ve husûsî tekliflerimin suretini Gazi'ye
[40-41] alaylı bir bakışla sordu:

"Nedir bunlar? Müfettişi umûmîlik layihası ise, o makam başkumandanlık demektir. Bu hazerde ve seferde benim makamımdır. Hazerde bana niyabeten Erkan-ı Harbiyye-i Umûmiye" Reisi, yani müşir Fevzi Paşa bu vazifeyi görecektir. Bunu Erkan-i Harbiyye Riyaseti kanuniyle de tesbit ettik. Siz hâlâ bu makamı ve o rütbeyi mi kurcalıyorsunuz?"

Ben,

"Hayır efendim! Ben bugünkü mevkiimde üstüme düşen vazifelerden uzak bulundurulmakta olduğumdan şikâyet

---

40 Bir fikrin ve saniyen de bir varlığın karar ve bekası tasarlanmış olduğundan, ordunun her şahsi ve şahs-i manevisi ancak mühim icraatın bir değil, bir çok zâtlara dayanması ile korunabilir; ve ancak bu suretle bugün atanan yarın kovulmaz ve bu günün hakkı yarının lütfü veya bilakis bugünün kahrı, ferdanın gadri sayılmaz. Bir söz ile, bir milletin yazısı bozulmaz. Kalesi yıkılmaz, silahı değişmez. Kısa bir kararla veya her hangi bir tesirle hesapsız taarruz yapılmaz. Başka bir zâtı, başka bir heyeti, başka bir milleti memnun etmek için bir başkaları imhâ veya ihya edilmez.

Harbiye Nezaret-i celîlesinde evvelce olduğu gibi bir Şura-yı Askeri(*) teşkili ve mühim kararlar ve icraların buradan geçirilmesi ve tesbit edilmesi lüzumunu bu suretle arz ettikten sonra, tarz-ı teşkili hakkında dahi fikri acizanemi arz ediyorum:

Halen bizde istifa eden bir Harbiye Nazırı veya Erkan-ı Harbiye-i Umûmiyye reisi, başladığı işi bırakıp gidiyor. Muhiti muârız ise, daha ayrıldığı gün, bu iş hemen ya kalıyor veya tersine dönüyor. Buna göre çekilen nazır ve Erkani Harbiyye Reisi, behemehal şurayı askerî azası ad olunmalıdır. Azanın esâs kısmı, nezâreti celîlede hâl-i faaliyette bulunan rüesa olmalıdır. Pek mühim ve esâslı kararların daha kuvvetli tesbiti için, gelip gitmesi basit olan kolordu kumandanları dahi, üçüncü kısım azâyı teşkil etmelidirler.

41 Şurayı Askeri, Harbiye Nazırının riyâsetinde teşekkül eder. Erkan-ı Harbiye şube müdürlerinin müzâkere umurunu zabt etmek icap eden husûsâtı sâireyi ihzar etmek, layihaları tertip etmek gibi husûsatta sahibi rey olmamak üzere celselerde bulundurulmalarını dahi pek faydalı addederim.

Nizamnamesine gelince, mevcut olan hakkında şuray-ı askeriye aza olabilecek zevâtten talep olunacak düşüncelerin cem ve tesbitinden ibarettir.

Napolyon'un "İşin çıkmamasını isteyeni Meclisi askeriyeye versin," sözünün kötü sonuçları görüldüğünden, bunun sürmesi ve tekrarlanmasına engel olacak tedabirin arzını bir vazife telakki ederek,, işbu lâyihayi arz ediyorum. İcabının icrası menut-ı rey-i nezâretpenahîleridir.

14.üncü Kolordu Kumandanı
Kazım Karabekir

ediyorum. Taktim ettiğim vesikalardan biri benim Büyük Millet Meclisi azâlığına seçilişimden dolayı kıymetli imzanızı taşıyan iltifatnâmenizdir. Diğeri de Şura-yı Askerî teşkili lüzumu hakkında öteden beri yazdığım ve söylediğim fikirlerimdir.(⁴²) Son günlerde ne siyâsî ve ne de askerî teşebbüs ve kararlarınız hakkında, fiiliyata çıkmadan önce bir haber dahi alamıyorum. Uhdemdeki mebûsluk ve askerlik vasıflarından hangisi arzu buyuruluyorsa, orada mevkiimin hak ve mesuliyeti olan vazifeyi görmek istiyorum! İstiklâl Harbi'nde, her iki selâhiyetimi hüsnü istimâl ettiğimi "ve her zaman takdirlerinize layık hizmet gördüğümü, her zaman büyük bir zevkle hatırlıyorum. Başkumandanlık meselesine gelince; benim şahsım kaale alınmayarak şunu arz edeyim ki, istiklal harplerinde reisicumhurumuzun aynı zamanda başkumadan OLMASI, ÇOK MAHZURLU OLACAKTIR. (Busözleri Meclis Kürsüsünden dahi söylemek mecburiyetinde kaldım. Zabıtlarda aynen görülecektir) Her tarafta siyasi münasebetlerimiz kesilmiş bir halde iken sırf dâhili işlerle uğraşmak yüzünden, zâtı samileri İstiklal Harbi'nde askeri planımızın icabı gereği, Başkumandanlığı zamanında uhdenize alamadınız ve bu yüzden batı ordusu çeteciliğe döküldü. Ve İstiklal Harbi de beyhude yere en az bir yıl uzadı."

"BİR MİLLETDE BİR GAZİ OLUR"

M. Kemal Paşa;

"Muntazam tuttuğunu işittiğim hatıratını vesikalarıyle birlikte getir de bir göreyim. Hiç bir tarafta herkes gibi benim İstiklal Harbi'nin banisi olduğumu ve Türk Milletini ölümden kurtararak ona İstiklalini bahşettiğimi söyleyeceğine, kendini de benim payeme çıkartacak propagandalar yaptırıyorsun! Bir millete ancak bir Gazi olur. Bu yürüyüşe ayak uydurmaya

---

42 Harbi Umûmîde Almanlar bile, müteaddit defalar Meclis-i ali-i askerîsini toplamış, azîm istifâdeler etmiştir. Şuray-ı askeri Ordu ve Kolordu daha aşağı kumandanların esna-yı harbde yapmaması lazım gelen meclis-i harp olmadığını ayrıca arz eylerim.

çalış. İstiklal Harbini, nasıl emirlerimle başardıksa, bundan sonrası da ondan başka türlü olamaz! Ben, sana şerefli bir vazife düşünüyorum; İçerde Fethi Bey var, birlikte konuşalım."

Birlikte büyük salona girerken, akibet elimden hatıralarım, vesikalarımın alınmasına kadar giden, Mustafa Kemal Paşa hakkında Sivas'ta iken Fevzi Paşa'nın söylediği sözler, hafızamda canlandı:

"Evet! Acaba kendisini, şeref ve hayatını kurtararak, omuzlarımda yükselttiğim bu zat, bir gün benim hayatıma da kast edecek mi idi?"

Terfi müddetim çoktan geldiği halde, aldırış etmeyen, aleyhimde bir düzüye

"-İstiklal Harbi'nde nasılsa doğuda bulundu. Bana müşkilât göstermekten başka bir şey yapmadı.

Propagandasını yapan ve etraftan laf taşıyanları eksilmeyen Mustafa Kemal Paşa, bugün de benim hatıratıma el atmak kararında idi. Buna muvafakat edemezdim. (Hatıratımı elden almak için üç kere evimi bastırıp arattı. 3 bin nüsha eserimi yaktırdı. Ve bir hayli evrakımı aldı. Fakat O ancak bir gölge yakalamıştır.)

GAZİ, MUSUL KONUSUNU AÇIYOR

Salonda, Fethi Bey de eşiyle mevcuttu. Gazi:

"Haydi, size yukarı katta kütüphanemi gezdireyim," diyerek Fethi Bey'le beni beraberine alarak yukarı çıkardı.

Latife Hanım'ın da birçok zarif ciltli, kıymetli kitaplarını taşıyan ve bütün duvarları kaplayan kitapları temaşa ederken Gazi dedi ki:

Yüksek Huzurunuza

(Özel Mektup)

Düşünebildiklerimi arz ediyorum.

Birinci Dünya savaşından önce başaramadığım maruzatımı yüksek huzurlarınıza sunuyorum. Ordumuzda ve dolayısı ile milletimizin işaretleri ve nihayet sorumsuzcasına danışmalarla iş görmenin açtığı acıklı yaraları kapatmak, devamını olsun engellemek için bütün varlığı ile sürekli çalışan zat-ı nezaret penahilerinin acizlerine yüzvermelerinden cesaret ederek maruzatımı ilişikte takdim ediyorum.

Halen bu buhranlı anlarda ordumuza en büyük bir iyilik, gelecek için en esaslı bir varlık olacak olan 'Şura-yı Askeri', ihya edilir ve güçlendirilirse, biz askerlerin sonsuz bir şeref ve takdirini sağlamış olacağınızı acizane arz eyler, teveccühlerinizin devamını dilerim, Paşa Hazretleri...

Kazım Karabekir

Harbiye Nazırı Cevat Paşa'ya takdim ettiğim bu layihadaki sözlerin, Enver Paşa'nın yaptığı veya yıktığı işler hakkında idi. Meğer, Mustafa Kemal Paşa da ona imrenerek, daha dehşetli bir yol yutacakmış!.

"Musul hakkında Haliç Konferansında Fethi Bey siyaset yolu ile muvaffak olamadı. Sıra Karabekir'e geldi. O, bu meseleyi asker kuvvetiyle başaracaktır!" Ben, "İngilizler'e harp açmak, felâketli bir iş olur. Yunanistan'ın yapamadığını bu sefer İtalyanlara teklif edebileceklerini hesaba katarak İzmir Harp oyununda tehlikeyi belirttiğiniz halde, şimdi böyle bir istilaya kendimizin sebebiyet vermesi doğru olur mu?

Lozan'da Musul meselesinin halli sonraya, fakat siyasi bir yoldan halle bırakılmadı mı? Bu meseleyi daha öne alarak, Hilafetin lağvında acele buyurulmamak idi. Eğer mütalaam sorulsaydı, belki bu teklifimi siz de kabul buyururdunuz. Bugün İstiklal Harbi zamanından daha zayıf bir halde olduğumuzu iddia edebilirim. Herhangi bir muvaffakiyetsizliğin, bilhassa Kürdlük mıntıkasındaki akisleri pek zararlı olabilir. Doğunun ıslahına yazık ki hiç ehemmiyet verilmiyor. İçtimai düzenimiz dolayısıyla ahlaki durumumuz da, günden güne her tarafta bozuluyor."

Benim gazi ve müşirliğimden bahseden albümü bana göstermekten bir maksadı da galiba Beni Musul hareketini yapmaya iştahlandırmak olacaktı. Buna kıymet vermediğimi görünce, işi kısa keserek dedi ki:

"Sen bu işleri İsmet ve Fevzi Paşalarla görüşürsün. Haydi, artık salona inelim!"

RAMAZANDA RAKI İÇEN BAKAN

Benim neler anlatacağımı Gazi aracı kişilerden öğrenmek istiyordu. Fakat mutavasıtlar bilmem aynen söyler miydi? Kendisi, emrine ram birçok yeni mebuslarının yaptıklarından ve atılan vakitsiz ve düzensiz veya yanlış adımlardan, halkın ruhunda yarattığı isyanı anlamayacak kadar gurur ve alkol sarhoşluğundan dimağı hasta mı idi? Ben bilhassa en yakın amirim ve eski bir arkadaşım olmak dolayısıyle Fevzi Paşa ile sık, sık ve hayatımın en samimi arkadaşlarımdan biri olan İsmet Paşa ile de her fırsatta görüşür, düşünce ve görüşlerimi apaçık anlatırdım. Halkın mukaddes duygularının nasıl hırpalandığına yeni bir misâl de çok geçmeden ortaya çıktı:

Maarif vekili Vasıf Bey, sinema gazinosunda (Şimdiki Şehir lokantası yerinde idi) rakı istiyor! Ramazan içindeyiz. Garson şu cevabı veriyor:

"Ramazana hürmeten polis, açıkça içki içmeyi yasak etti. Rakı getiremem!" Bu cevaptan hiddet buyuran bu zât, garsona bir tokat atıyor ve kendisinin Maarif Vekili olduğunu söylüyor!...

Garsonlar da ona karşı grev yaparak, hiç biri masasına servis yapmıyorlar. Halkın ve garsonların gülümsemeleri ve aşağılayıcı bakışları altında, Maarif Vekilimiz sıvışıp gidiyor.

(43) Başka türlü yolsuzlukların da bazı vekâletlerde vukuu, halk arasında çok fena sarsıntılar yapıyordu. Aklı başında olan birçok kimselerden ayıplamayı duyuyordum: "İstiklal Harbi'ni bunun için mi yaptık?"

Gazi yemekte ve sonra Cumhuriyet Orkestra şefi Zeki Bey idâresinde, dört kişilik bir oda musikisinin lâtif konserini dinlerken, samimî ve ciddî bulundu. Musul meselesinin siyasî yoldan hâl olunamayacağını Fethi Bey'in tekrar, tekrar beyân ettiği, Haliç Konferansı'nda, İngiliz delegelerinin sözlerinden anlaşılıyordu. Daha ilk sözde:

"Musul, Kraliyet hükûmeti için pek lâzımdır," diye ilk ve son sözlerini söylemişler!

Fethi Bey'in:

"Bizim cumhuriyet Hükümet'imiz için de, pek lazımdır," tarzındaki cevabına hemen yine aynı cevabı vermişler.

Gazi, Fethi Bey'i dinledikçe düşünceye dalıyordu. Bilmem Hilâfet'i lağvetmekte acele ettiğini söylememişse hak mı veriyordu? Yoksa henüz kuvvetini muhafaza eden askerî mantıkla, işi kuvvetle neticelendirmeyi mi düşünüyordu? Geç vakit, Fethi Bey eşiyle müsaade alarak kalktı. Ben de artık Gaziyi kendi kafasıyla yalnız bırakmayı muvafık görerek, müsaadelerini alarak ayrıldım.

ANAYASA TARTIŞMALARI

20/Nisan/1924 Büyük Millet Meclisi Teşkilati Esasiyye Kanununu kabul etti. Üç maddesi, şimdiye kadar Gazi ile aramızda münakaşalı mevzuular olduğundan, burada kayda değer:

---

43 Bunun daha sonraları ne derecelere çıktığını da işittik. Bu hususta günü gününe hâtıralarını yazanlar da olduğunu öğrendik. İbret için milletin huzuruna konmasını şerefli bir vazife saymalıdırlar.

Ben gençliğin terbiyesi ve milli bünye ve seciyemizin kuvvetlendirilmesi vazifesi' olan Maarifimiz hakkında hayli yazdığım ve söylediğim için, burada misâl olarak Maarif vekilini gösterdim. İzmir İstiklal Mahkemesinde dahi bilhassa Maarifimizin yıkıcı ellere verilmesinden duyduğum teessürü söyledim.

Madde- 2 Türkiye Devleti'nin dini, din-i İslâmdır. Resmî lisanı Türkçe'dir.

Madde-40 Başkumandanlık Türkiye Büyük Millet Meclisi'nin Şahsiyeti mânevîyesinde mündemiç olup, Reisicumhur tarafından temsil olunur. Kuvây-ı harbiyenin emri kumandası, hazerde kanununa tevfikan Erkân-ı Harbiye-i Umûmiyye riyâsetine ve seferde, icrâ vekilleri heyetinin inhâsı üzerine, Reisicumhur tarafından nasp edilecek zâta tevdi olunur.

Madde- 86 Harp halinde veya harbi icâp ettirecek bir vaziyet hudusunda veya isyân zuhurunda veyahut vatan ve cumhuriyet aleyhinde kuvvetli ve fiili teşebbüsât vukuunu müeyyet kat'î emârat görüldükte, İcra vekilleri heyeti, müddeti bir ayı tecâvüz etmemek üzere umûmî veya mevziî idârei örfiye (sıkıyönetim) ilan edebilir ve keyfiyyet hemen Meclis'in tasdikine arz olunur. Meclis İdâre-i Örfiyye müddetini indel icap tezyit veya tenkis edebilir..."

(Madde 2) Hakkında Teşkilât-ı Esasiyye Komisyonundaki çetin mücadelelerimizi, yukarda yazmıştık. Bu maddeyi kabul etmeleri, hele şu aralık çok isabetli olmuştur. Çünkü protestanlık propagandası yapanları gayretlerini Türkler Protestan oluyor şeklinde istismâr edenler, içten ve dıştan Halkı var kuvvetleriyle tahrik ediyorlardı. Bu Madde herkesin ağzına ve kulağına güzel bir tıkaç oldu.

Ben bu maddeyi görünce, Mütalaalarıma Gazi'nin hak verdiğini görerek memnun oldum. İstiklal Harbi'nde birçok zorluklar ve fedakârlıklarla temin edebildiğimiz Millî birliğimizi, dıştan bir düzüye gelen ve içte de el bulan propagandalarla sarsmak gaflet ve ahmaklıktan başka bir şey değildi.

(Madde 40) Bence çok sakattı. Bu şekilde Türk ordusunun müterekki memleketler ordusuyla ve tekniğiyle bir hizada yürümesine imkân olamayacatı. Husûsiyle Millî Müdafaa Vekâleti Meclis'e karşı, Resûl bir makam olduğu hâlde, bu madde mücibince Erkan-ı Harbiyye Riyâseti'nin -Bunun başında uysal bir zât oturduğu müddetçe de- Reisicumhurun bir kalem-i mahsûsu hâline getirilmiş oluyordu.

(Madde 86) Bu madde çok muvafıktı. İstiklâl mahkemeleri, Fransa büyük İnkılâbında dahi bir meclisin muayyen azâlarının ne dehşetli istibdada ve keyfî arzulara alet olduğunu biliyorduk. Ben İstiklâl Harbi'nde Doğu Mıntıkası gibi çok hassas bir sahada, İstiklâl Mahkemeleriyle iş gördürmedim. Millet istiklâline kavuştuktan sonra; artık hiç bir yerde bu mahkeme görülmemeli ve bizim İstiklâl Mahkemeleri de tarihe karışmalı idi. Bu hususta Gazi ile ve diğer arkadaşlarla hasbihallerimizde ve benim doğu cephesindeki sıkıyönetim ile iş görebilmekliğim misâli iyi tesir etmiş olacak ki- bu madde, ilerisi için bu tarzda Teşkilat-ı Esasiyye'ye girmiş oldubundan çok memnunluk duydum.

Yazık ki Başvekil İsmet Paşa, Teşkilatı Esasiyyenin bu sarih hükmüne rağmen bir müddet sonra İstiklâl Mahkemelerine bir cankurtaran gibi sarılanların başında geldi. Meclis kürsüsünden çok şiddetli karşıladım. Fakat ne yazık ki İstiklâl Harbi'nin ileri gelenleri sayılan birçok kimseler de, ben de aralarında olduğum hâlde -bi İstiklâl Mahkemesine verildik. Mahkeme azâları kimlerdir? Ve neler yaptılar, kimleri asdılar; bu başlı başına Türk Milletinin öğrenmesi lâzım gelen bir Tarih parçasıdır. Ben bildiklerimi ayrı bir eserde gösterdim.

İSMET PAŞA'YI ZİYARET

23/Nisan Millî bayram günü, Meclis'te Gazi'yi ve Hükûmet erkânını tebrik ettik. Meclis önünde (Bugünkü sekreterlik binası) geçit resmi yapıldı. Kaç gündür bu geçit resmine iştirak edecek kıtaların teftiş ve provalarına mekteplerin de getirilmesini her tarafa rica ettiğim halde aldırış etmediler. Bu şerefli günde bazı mektepler, Meclis karşısına seyirci olarak getirilmişti. Kılıksız ve cansız duruşları -Geçen yıl benim doğudan getirdiğim çocukları görenlerce- çok büyük teessüre sebep oldu.

Böyle günlerde değil mektepler, bütün halk dahi vatandaşlarımıza zevk ve heyecan verecek bir canlılıkla geçit resmine iştirak etmeleri lüzumunu, Gazi ve Fevzi Paşalara söyledim.

30 Nisan'da iki haftadan beri hastalığı devam eden İsmet Paşa'nın ziyaretine gittim. Öteden beriden görüşürken, söz maarifimize intikal etti, dedim ki:

"En kuvvetli olması lazım gelen bu cephemi, en zayıf ve gittikçe de sarsıntıda, herkes en yüksek yerlere kendi adamını kayırıyor, fen mühim mektepler, tecrübesiz gençler ve hatta ahlaksızlar elinde; hatta vekâletin kendisi de.

Maarif vekili, Maarifi hırpalıyor. Bu ne acı tecelli diyerek dün Maarif vekili Vasıf Beyin sinema gazinosundaki mârifetini anlattım. Ve herkesin bu rezaleti nefretle anlattıklarını söyledim. Kendisi de işitmiş.

Bana şu susturucu cevabı verdi:

"Siyaset bu!"

Arkasından, Mebusluktan istifâ eden Refet Paşa'nın, Akşam gazetesindeki beyanâtını nasıl bulduğumu sordu ve "Rauf olsaydı, o da karışırdı" dedi. (Rauf Bey hastalığından dolayı Avrupa'da idi.) Ben:

"Elimden geldiği kadar arkadaşlar arasında eski samimiyeti korumaya çalıştım. Kabul etmeyen, siz olduğunuz halde, yine benden mütâlaa soruyorsunuz. Ben askerlikten başka bir şeyle uğraşmayacağımı söyledim, artık politika işlerine beni karıştırmayınız."

YİNE MUSUL KONUSU

İsmet Paşa biraz sükûttan sonra bambaşka bir zemine geçti:

"Kazım, Musul boş! Şunu işgal ediversene!"

"Bu hareket, İngilizlere karşı "ilansız bir harp" demek olur. Oradaki kıtaların az da olsa, hava kuvvetleri üstündür;

kısa bir zamanda takviye edebilirler! Sevk olunacak kuvvetlerimizin muvaffakiyetini de ümit etmem! Fakat işin tehlikeli ciheti, bu hareketin İngilizlerin bütün sahillerimizde faaliyete geçmelerine mucip olur! İşin daha felaketli ciheti de Ermeni ve Yunan ordularıyla yapamadığını, bu sefer Suriye'den Fransızlarla ve İzmir'den de İtalyanlarla yapmaya kalkışmasıdır! İzmir Harp oyununda, İtalyanların böyle bir hareketi misâl olarak yaptırıldığı halde, şimdi onun fiilen tatbikini mi görmek istiyorsunuz? Yunanistan bile derhal doğuyu, Trakyayı işgale can atacaktır. Bu suretle tarihî ayıplarından kurtulmak isteyecektir. Nitekim İzmir Harp oyununda, bu hareket de hesaba katılmıştı.

Bundan başka cihan efkari umumiyyesinde Türklerin her fırsatta harbe atıldıkları ileri sürüleceğinden siyasî ve askerî düzenimiz ve neticede, Musul uğruna kazandığımız İstiklalimiz de tehlikeye düşer. Lozan Muahedesi'ni siz yaptınız. "Barış yolu ile hal olunacağını, olmazsa, Cemiyet-i akvam Meclisi'ne gidileceğini ve askerî harekât yapılmayacağını; siz imzanızla kabul ettiniz! Bu sulh muahedenâmesini Büyük Millet Meclisi de tasdik etti; Reisicumhur Mustafa Kemal Paşa da tasdik etti. Bana geçen günü Mustafa Kemal Paşa da böyle bir teklifte bulunduğu zaman, Ona da uzun uzadıya bu mütâlaaları arzetmiştim; Siz hükûmet Reisi sıfatıyla onun böyle bir arzusuna karşı sulh muâhedesinin buna ait olan 3'üncü maddesini okuyarak benim serdettiğim tarzda mütâlaa beyân edeceğinize, Musul'u işgal etmeye kalkıyorsunuz! Hem de bunu, bana yaptırmak istiyorsunuz! Benim asıl garibime giden şudur:

Filistin'de hezimete uğrayarak bir solukta Suriye'yi terkederek mütarekeye can atanlar, Anadolu İstiklal Harbi'nin felaketimize sebep olacağı iddiasında bulunurken ve Ankara hükûmeti şeklinde de Ermenilere karşı hareketin dahi başımıza belâlar getireceği kanaâtını beslerken, şimdi İngilizlere ve dolayısı ile bütün müttefiklerine meydan okuyorlar! Bir zamanlar yılgınlık hastalığına tutulanların şimdi gurur illetine yakalarını kaptırdıklarını görüyorum. İstiklal Harbi'ne, elimdeki orduma ve kuva-yı milleyeye güvenerek iş başına getirdiğim arkadaşlarımı, şimdi bu gurur illetinden nasıl kurtarıp işin, millî bir felâkete sürüklenmesini önleyebileceğimi düşünüyorum. Tarihin ne garip cilvesi bu!"

KÜRTLER TEHLİKELİ OLABİLİR

Bu uzun sözlerime biraz da şu malûmatı ekledim:

Öteden beri İmadiye ve Çölemerek civarındaki köylerde (Londra Başpiskoposu mürahhası) nâmiyle İngiliz misyonerleri Nastorîleri aleyhimize yetiştirmişler ve teşkilâtlandırmışlardır. Cihan Harbi'nde, bunları adam etmek mümkün olamadı. Bunlarla da bize çok zorluklar çıkarabilirler!

Bundan başka Kürdlük ıslahı için ilk tedbirler dahi alınmamıştır. Bu hususta, benim de muhtelif zamanlarda mühim tekliflerim olmuştur. Bu Kürdlerle de tehlikeli işler yapabilirler! Bunların İstiklâl Harbi'mizde pek baş kaldırmamaları bizzat aldığım esâslı tedbirlerle beraber, küçüklüğümden beri çevreyi tanıyorsun ve bu çevre cihan harbinde de emrimde bulunduğundan, onlar da beni yakından tanıdılar. Ve mütarekede bana karşı saygılı kaldılar. Onlara karşı, şahsî itimâd da, tedbirler kadar tesirli olur! Ne dâhiliye ve ne de Millî müdafaa vekâletleri, onlarla bilerek meşgul değillerdir.

Hülasa: Askerî Muvaffakiyet, ümit etmiyorum. İç ve dış siyasî vaziyetlerin felâketli bir şekle sürükleneceğine ise, hiç şüphe etmiyorum! Mustafa Kemal Paşa'ya da söyledim: Siz Musul'u, Hilafeti lağvda acele etmeyerek herhangi bir, şekilde almaya belki muvaffak olurdunuz; fakat doğu işlerini birinci derecede idare eden bir arkadaşınız sıfatiyle bana bile haber vermeden bir emri vâki yaptınız. Şimdi işi devlet adamlarına yakışmayacak bir tarzda ve hem de işi benim başıma dolayarak halletmek yoluna gidiyorsunuz! Ben kati olarak bu vazifeyi kabul etmem! Size de tavsiyem: Bu uçuruma milleti sürüklemeyiniz! İmzaladığınız Lozan Muahedesinin 3'üncü maddesini tekrar, tekrar okuyun ve Mustafa Kemal Paşa'ya da okutun! Bugün bu iş benden ziyâde sizin birinci derecede göreceğiniz bir iştir.

SÖYLEDİKLERİM ÇIKINCA

İsmet Paşa, arkadaşlığımızın başından beri benim herhangi bir hâdise hakkındaki mütâlâalarımı can kulağıyla dinler ve bana hak verirdi. Meşrutiyeten sonra İttihad ve Terakki Erkânı'nın yanlış hareketlerini ve bunun neticesinde İstanbul'da bir irtica hadisesinin çıkacağını, daha sonraları Arnavudların isyan edeceklerini ve hatta cemiyete mensup zabitlerin de bu işlere karışarak çok fecî sahneler yaratacaklarını ve bizim bunlara karşı almaklığımız lazım gelen vaziyeti hâdiseler de teyid edince, İsmet Paşanın bana olan güveni çok artmıştı.

Harb-ı umûmiye takadüm eden günlerde de yürüdüğümüz yolun varacağı akibeti çizebilmek ve hele mütarekede İstiklal Harbini kendi gücümüzle başaracağımız iddiamın hakikatte çıkması onu bana daha çok bağlamış görünüyordu. Şahısları iyi tanıyarak ve tahlil ederek hâdiseleri vaktinden evvel bulduğum kanaâtı hayranlıkla ifade ederdi. Bunu bir münasebetle yukarılarda da söylemiştim.

İşte şimdi tam milletin rahat ederek medeniyet yolunda hız alacağı bir sırada yeni hadiseleri kolay bulduğundan mı, yoksa Mustafa Kemal Paşa'nın kuvvetli iradesine artık oturduğu makamın da nüfuzu eklenerek yeniden daha mı kudretli bir cazibe yaptığından mı nedir; bana karşı mühim hâdiselerde yan çizmeğe başladığı gibi, uzun boylu çene çalarak söylediğim şu Musul hareketini önlemek hakkındaki mütalaalarım da pek hoşuna gitmedi.

Gösterdiği tavırdan ve tek kelime ile mütalaalarıma cevap vermeyişinden bunu anladım. İsmet Paşa, üzgün göründü ve uzun boylu sustu. Bu halde, müsaadesini isteyerek ayrıldım.

MUSUL'UN İSTİRDADI KONUSUNA
FEVZİ PAŞA ŞAŞIYOR

4 Mayıs Ramazan Bayramının ilk günü idi. Reisicumhur Gazi Mustafa Kemal Paşa'yı herkes gibi ben de, Çankaya'daki köşkünde tebrik ettim! Erkan-ı Harbiyye-i Umûmiyye reisi ve müdaafai milliyye vekilini de makamlarında tebrik ettim.

Bugün Fevzi Paşa beni Etlik'de aşağı İncirlik mevkiinde köşkümde ([44]) iadei ziyarete geldi.

Fevzi Paşa'ya, İsmet Paşa'nın bana Musul'u almayı teklif ettiğini, bunun daha önce de Gazi tarafından yapıldığını anlattım. Hayret etti ve bana şu cevabı verdi:

"Tuhaf şey! Benim böyle bir şeyden haberim yok. Böyle bir hareket yapılacağı hakkında, benimle bir şey görüşmemişlerdi."

Bu cevaba benim hayretim daha büyük oldu. Çünkü, askerî ve siyâsî mühîm işler, bu üçler arasında görüşüldüğü ve kararlaştığına geçen misallerine bakarak, benim kanaatim vardı. Bunun için, kendilerine kısaca şöyle söyledim: "Paşam, Musul hareketi felâketle neticelenir. Esasen herhangi bir hareket yapmayacağımız hakkında, imzalı ve tasdikli bir muahede ile bütün dünyaya karşı söz vermişizdir! Bu hususta, bilhassa İsmet Paşa'ya uzun uzadıya mütalaalarımı söyledim.

5 Mayıs'da Gazi Mustafa Kemal Paşa, Müdâfaai Milliyye vekili Kazım Paşa ile köşküme iadei ziyarete geldiler, Musul işinden kısaca açtım. Renk vermediler. Lozan sulh muahedenamesinin 3'üncü maddesini önlerine açmıştım. Çok iyi bildiklerini andırır bir tavır aldılar.

Bu vesile ile, bu maddeyi aynen buraya kaydediyorum:

MADDE-3

"Akdeniz'den İran hududuna kadar Türkiye'nin hududu aşağıda tesbit edilmiştir:

---

44 Burasını Tekaütlüğümden sonra Hükümet İstimlâk ederek otomobil kıtasını yerleştirdi.

Evvelâ Suriye ile:

20 Ekim 1921 tarihinde akd olunan Fransa-Türkiye and-laşmasının 8'inci maddesinde açıklanıp, ve belli hududdur.

"Saniyen Irak İle:

"Türkiye ile Irak arasındaki Hudud Dokuz ay zarfında Türkiye ile Büyük Britanya arasında SURET-İ MÜSLİHANE-DE (görüşerek) tayin edilecektir."

Tayin olunan müddet zarfında iki hükûmet arasında uyuşma husule gelmediği takdirde, ihtilaf, CEMİYET-İ AK-VAM MECLİSİNE arz olunacaktır."

Hatt-ı hudud hakkında ittihaz olunacak KARARA İNTİ-ZAREN TÜRKİYE VE BRİTANYA

"Hükûmetleri mukadderati kat'iyyesi bu karâra bağlı olan arazinin hali hazırında her hangi bir değişikliğe sebep olacak mahiyette HİÇBİR HAREKÂT-İ ASKERİYE VEYA SAİREDE bulunmamayı, mütekabilen taahhüt ederler."

ÇATALCA MÜSTAHKEM MEVKİ KALMALIDIR

İstiklal Harbi'nin tecrübelerine göre artık Çatalca hattının bir ehemmiyeti olmadığı fikri ortaya çıktı. Deniyordu ki, Ege sahillerine çıkan kuvvetin Anadolu içlerine kadar yürümesi, Marmara sahillerinin, Çanakkale Boğazı'nın ve bütün Trakya ve İstanbul'un ve Karadeniz Boğazı'nın düşman istilâsına düşmesini mücip olduğu görüldü. Şu hâlde Çatalca hattına büyük masraflara luzûm yoktur. Bu masraf seyyar orduya sarf olunmalıdır!

Ben bu fikre muarız bulundum. Sebebi de şudur: İstikbâlde, Anadolu'yu istilâ etmek isteyecek ordular, mutlaka denizlere hakim olan İngiltere veya onun yardım veya bitaraflığını temin edecek olan İtalya veya Fransa'nın olacağını kabul etmek, çok mahdut bir düşünce olur. Bunlar, Lozan Muahedesi'ne sadakat gösterdiğimiz müddetçe, bize saldırmak ve bizi istila etmek için kolay, kolay sebep bulamazlar, fakat Balkanlardan veya Karadenizden bir istila gelebilir.

Eğer bizim İstanbul'u müdâfaya niyetimiz olmadığını Çatalca hattına ehemmiyet vermemekle göstermiş olursak, o cihetten istila hırsını arttırmış oluruz! Bunun için, Çatalca'yı mevki-i müstahkem kabul etmek ve bir düzüye tahkimine ehemmiyet vermek lazımdır.

Bu mütaalaamı Erkan-ı Harbiyye Reisi Fevzi Paşaya arz ettim ve bu ehemmiyeti belirtmek için, o mıntıkada on günlük bir atlı kumandan seyahati yaptıracağımdan müsaadelerini rica ettim. Muvafakat buyurdular.

Ve kendileri de bu seyahatta bulunmak arzusunda bulundular. Hazırladığım seyahat meselelerini kendilerine taktim ettim.

19 Mayısta, birlikte Ankara'dan trenle İstanbul'a hareket ettik.

20 Mayıs öğleden sonra, ikamet ettiğim kolordu dairesinde (Eski Harbiye Nezareti, şimdiki üniversite) seyahata iştirak edecek olan kumandanlara meseleleri verdim. Erkan-ı harbiyemden başka kolordu kumandanlarım ve Trakya'daki piyade ve Süvari Fırka kumandanlarım bu seyahata iştirak edecektir.

22 Mayıs'ta trenle Sirkeci'den hareket ettik. Sinekli'de çadırlı ordugâha girdik. Ve haritadan meselelerin ilk başlangıcını halle başladık. Geceyi çadırlarda geçirdik.

AT SIRTINDA HARP OYUNU

Burada şunu da kaydedeyim ki, Sirkeci istasyonu başta olmak üzere her istasyon çok kirli bir halde idi. Hat komserine ve her istasyonda ilgili memurlara şiddetli ihtarda bulundum.

Paçavraların, kâğıt parçalarının ve envai süprüntülerin rüzgârların keyfine tabi' olarak oradan oraya yer değiştirmesinin ancak onları yakmakla önü alınacağını söyleyerek hepsini yaktırttım.

Bu tarzda temizlik, öteden beri mıntıkamın her tarafında harp içinde dahi yaptırdığım bir işti.

23 Mayısta atlı seyahata başladık. 31 Mayıs'a kadar süren bu seyahatımızda Çayırdere-Karaman Dere-Belgrad-Çiftlik köy- Dağ Yenice-Çatalca arasındaki müstahkem hattının ilerisindeki araziyi ve müstahkem hattı ve Çilingir köy-Arnavutköy-Kartal Tepe-Büyük Derbent-Kara Kaya-Şamlar-Hacı Maşlı-Haraççı-Hadım Köy arasındaki geri arazide işledik. Kuzey ve güney mıntıkalarında daha önce seyahat ve incelemelerde bulunmuştum.

31 Mayısta trenle İstanbul'a döndük. İtalyanların Rodos adasında kuvvetler toplamakta olduğu hakkında şayialar duyduk. Bunun, bizim Musul'a karşı yapmak tasavvurunda bulunduğumuz harekete karşı bir tehdit başlangıcı olabileceği hakkında, Fevzi Paşa'nın dikkatini çektim.

2 Haziran'da karargâhımda (Eski Harbiye Nezareti binasında, Nezaret salonunda) seyahatimizin tenkidini yaptım. Çatalca Hattının ehemmiyetini belirtmiş ve müstahkem mevzi olarak derinliğine kuvvetlendirilmesi lüzumunu ortaya koymuştuk.

Bu husus ve hattın üzerinde ve gerilerinde orman yetiştirmek ve Terkos cihetine doğru cepheyi kapayan orman kısmında atış sahalarını temizlemek üzere bu müstahkem mevkii emrinde, bir orman müfrezesi teşkili lüzumunu şifahen izah ve bir layiha ile de Erkan-ı Harbiye-î Umûmiyye Riyaseti'ne bildirdim.

KÖYLER PERİŞAN

Bu seyahatta köylerimizin temiz olmadığını; birçoğunun sıtmalı olduğunu; camilerin, mekteplerin havasız ve ziyasız olduğunu; çeşmelerin kuyuların etrafının batak olduğunu; halkın ve mektep çocuklarının sık sık münevverlerimiz tarafından sıhhî ve içtimai müsahabelerle uyandırılmaya muhtaç olduğunu; köylere medeni bilgileri ve milli tarih menkıbelerimizi anlayacakları bir dil ile yazılmış kitaplar dağıtılması lüzumunu, halkla ve çocuklarla konuşarak gördük.

Öteden beri askerî seyahatlerimizde bu medenî borcumuzu da ödemeyi vazife bildiğimden seyahat arkadaşlarım da bu tarzdaki teftiş ve halkla temaslarımdan bu lüzumu gördüler. Merkeze avdetimizde ilgili makamlara bu içtimai durumumuz hakkında lazimi gibi malumat verdik.

6 Haziran, Musul meselesinin cemiyet-i Akvama gittiğini ve bizim baş mürahhasın Fethi Bey olduğunu öğrendik.

İşin Lozan Muahedesi mucibince hallolunacağı şıkkına memnun oldum. Sözlerimin iyi kabul edilmiş olmasını düşünerek müsterih oldum.

Gerçi Cemiyeti akvam'a giden bu meselenin, elbette ki İngilizlerin istediği şekilde hallolunmayacağına şüphem yoktu. Fakat yukarıda izah ettiğim veçhile, hata, daha önceden yapılmıştı.

İstanbul'daki teftişlerimle de bir kaç gün meşgul olduktan sonra 12 Haziran gece yarısı trenle Ankara'ya hareket ettim. Yolda bazı teftişler dolayısıyle 14 Haziran'da Ankara'ya geldim.

14 Haziran öğleden sonra, Erkan-i Harbiyye-i Umûmiyye Reisi Fevzi Paşa'yı ziyaret ettim ve İzmir'e "Evlenmek için" gitmeye izin rica ettim. Fevzi Paşa ahvali karışık gördüğünü, Musul meselesinin Temmuz başında Cemiyet-i Akvam'da müzakeresi ihtimali olduğunu, o zaman İtalyanların bir şey yapmalarından korktuklarını izah ederek bu izinin şimdilik muvafık olmadığını söyledi.

Balıkesir mıntıkasında seyahat ve o mıntıkadaki kolordumu teftiş etmek ve her hangi bir İtalyan çıkarmasına karşı mıntıkamda icap edecek tedbirleri yerinde hazırlatmak teklifinde bulundum. Bunun da münasip olmayacağını, ancak Ankara yakınlarında teftişte bulunmaklığımda beis olmadığını söyledi.

Fazla ısrar etmedim. Bir İtalyan teşebbüsünden korkutuyorsa, yerinde tedbir çok mühimdi. Fakat cemiyet-i Akvam'ın kararını kabul ettikten sonra, ne diye İtalyanlar bize saldıracaktı!

İngilizlerle dostluğumuz devam ettiği müddetçe, İtalyanların daha dün imzaladıkları muahedeyi yırtmaları mümkün olur mu idi?

KÜRTLERİN ISLAHI MESELESİ

Her fırsatta Kürtlerin ıslahı meselesini öne sürerdim. Bugünlerde birçok yüksek rütbeli zabitlerimiz açıkta kaldıklarından, bana şifahi veya yazı ile şikâyette bulunuyorlardı. Doğu cephesinden de on beş değerli subayımız bunlar arasında idi. Bunlardan, Kürtlük mıntıkasında Kaza kaymakamlıklarında istifade olunmasını -evvelce de Erkan-i Harbiyye-i Umûmiyye riyasetine teklif etmiştim. 16 Haziran'da bu yeni müracaatlar üzerine, bu teklifimi yeniledim.

19 Haziran'da Dâhiliye Vekili Recep Bey (Peker) ziyaretime geldi. Benim kolordu kumandanlığım zamanında bir fırka erkân-ı harbi olduğundan, bana karşı hürmet beslerdi. Şimdi Kürtlük meselesinde, birinci derece selahiyetli ve mesûliyetli bir makama gelmişti. Kendisine, "Kürtlerin ıslahı hakkında verilmiş lâyihaları tedkik ettiniz mi? Benim de en son vaziyete göre tekliflerim vardı, okudunuz mu? Kürtlük hakkında muhtelif dillerde yazılmış kıymetli eserler, vekâletinizde var mı?" diye sordum. Aldığım cevap bana hüzün verdi: "Dâhiliye Vekâleti'nde ne lâyiha gördüm, ne de Kürtlüğe dâir bir eser buldum. Hiç bir şey yoktur. Günlük bilgilerle çalışıyoruz." Ben, "Eski ve malûmâtlı memurlarımızın bu hususta bir hayli bilgileri vardır, bunlardan olsun istifade etseniz" dedim. Recep Bey, "Memurlar siyasete karışmış, bazıları "İngiliz Muhipleri Cemiyeti'ne de girmiş. Yenilerin de bir şey bildiği yok. Gündelik ne iş gelirse, onunla meşgulüz," dedi.

Ben,

"Çok fena, milli hükûmetimizin beş yıllık hayatında Kürtlüğe dair hayli işler geçti, hayli lâyihâlar verildi. Dâhiliye Vekâleti'nin ayrı bir şubesi, hiç değilse ayrı bir masası, sırf Kürtlük işleriyle uğraşmalı idi. Oraları tanıyan birkaç kişi, güzel dosyalar hazırlayabilirler ve oraya ait nerede ne varsa toplayabilirlerdi."

Recep Bey, "Böyle ayrı bir masa dahi açılmış değildir. Bu hususta fikrinizden istifade etmek isterim."

DOĞU İHMAL EDİLİYOR

Recep Bey, Dâhiliye Vekâleti'mizin de diğer vekâletler gibi istiklâl Harbi'mizde bütün işlerini nihayet Batı Cephesine inhisar ettirdiklerini ve müterekki devletlerdeki nezâretlerin mesâisine benzer usûle uygun tarzda çalışmadığını anlatmış oluyordu. Yani, gelen evrakı vekil gördükten ve lâzımsa cevaplandırdıktan sonra, her iş bitiyor, evrak da bir yerde gömülüp kalıyordu. Muhtelif yerler ve muhtelif ırklar için için mütehassıs şubeler veya masalar kurulmamıştı. Rastgele bir tahsile ve bilgiye sahip olan bir insan da, tabiî Kürtlük veya şâir meselelerimizin mazisini bilmediğinden, haliyle uğraşamıyor ve istikbâli için de -düşünmek şöyle dursun- derleyip toparlayamıyordu. Ben küçüklüğümü de geçirdiğim bu mıntıkalarda, en yüksek vazifeler de almış bulunduğumdan, hangi dilden elime kitap geçti ise topladım. Mühim yerlerinden istifâdeler ettim. Gayet güzel resimli ve haritalı Rusça ve İngilizce eserlerim vardı. Bunları Recep Bey'e birkaç gün için verdim ve şu tavsiyede bulundum:

-Hemen Kürtlük hakkında her dilden eserleri toplatıp tercüme ettirin. Bilhassa Ruslar ve İngilizler onlara büyük ehemmiyet veriyorlar ve birçok emeller besliyorlar. Bunların eserlerle kendi milletlerine ve cihana neler yaptıklarını bilmekte daha ziyâde gecikmemeliyiz. Bir taraftan İstanbul Dâhiliye ve Maarif vekâletlerinde, vesâir yerlerde, ne kadar malûmat varsa ve verilmiş lâyihalar varsa, bunları getirtin. İstiklâl Harbi sırasında verilmiş lâyihaları da toplayın. Kürtlüğe ve Ermeniliğe ait hâdiseleri olduğu gibi tesbit edin. Bu işlerin başına, oralarda vazifeler görmüş valiler, yüksek memurlar ve erkân-ı harp zâbitlerinden kafası işler insanlar getirin! Ve vakit geçirmeden esaslı bir programla islâhata başlayın. Ben bu husûsta istediğiniz mâlûmatı ve mütâlâayı vermek için her zaman hazırım. (Kürtlük hakkında neler düşündüğümü, hükûmetin ise neler hazırladığını, muhalefet hakkındaki eserimde tafsilâtıyle görerek hayretlere düşeceğiz.)

İZMİR SEYAHATİM - LA DİNİ
VE LA AHLAKİ KULÜPLER

Haziran sonlarına kadar Ankara'da vazifemle meşgul oldum. Herşey normal gidiyordu. Ben İzmir'de 27 Şubat'ta nişanlandığım halde üç aydır vaziyetin ehemmiyeti dolayısıyle evlenmeye izin alamamıştım Artık izin alabildim. Gazi de, İsmet de, Fevzi de bana artık Musul hareketinden bahsetmiyorlar ve Benim İzmir'e gitmekliğimde beis görmüyorlardı. Ben de memnunlukla kendilerine veda ile 30 Haziranda Ankara'dan trenle İzmir'e hareket ettim. 3 Temmuz akşamı İzmir'e geldim. 7 Temmuz'da nikâhımız oldu. 10 Temmuz'da da düğünümüzü yaptık.

İzmir'de halktan ve münevver kimselerden kıymetli bildiklerim vardı. Bunlardan birkaç gün içinde mühim, şikâyetler dinledim. Herkesi müteessir eden şey, dinsizlik ve ahlâksızlığın, Halk Fırkası'nın umdesi imiş gibi yukarıdan tazyikle yapılmasına çalışılması idi. Aklı erenler bu yolun bizim şiraze ve seciyemizi gevşeterek her türlü kötülüklere ve sonunda uçurumlara sürükleyeceği idi. Bu husûsta şu mühim vesikayı da verdiler. Aynen yazıyorum:

Halk Fırkası   *İzmir*
İzmir İdare Kurulu   *4 Haziran 1340 (1924)*
sayı: 1

Halk Partisi İzmir şehrinde köklü örgütlenmeye başlamış ve şehri: Yalılar, İki çeşmelik, Tilkilik, Karşıyaka ilçelerine ayrılmış, kamuoyuna dayanak mahallelerde Ocak kurulları teşkil etmiştir. Genel Kongrenin yapılmasına kadar Zatı âlilerinizin Balıkesir İlçesi Kurulu üyeliğini lütfen kabul buyurmanızı arz ve istirham ederim. Partimizin gelecek için emel ve arzuları sizce tutulur ve bilinir olduğundan, açıklamalar yapmayı gerekli görmüyorum. Çalışma ve başarılarınızı sağlamak maksadı ile Partimizi, maddi ve manevi yardımda bulunacağını söylemeye gerek yoktur.

Zatıâlinizin bölgesi, 2 numaralı yazımla arz olunacaktır. Kurulun diğer üyelerinin belirlenmesi, sizlere bırakılmıştır. İlçeye ait "Lâ-dini" ve Lâ-ahlâki" mahfel yapılana kadar, uygun görülecek bir yerde toplanılması, Başkan, kâtip üye ve üye seçilip isimlerinin bildirilmesi ricasıyla yüksek teveccühlerinizin sürmesini dilerim, efendim.

Halk Partisi
Vilayet İdare Kurulu
İzmir: 1923
Sadrettin

Yeni Anayasaya göre, Devletin dini 'İslam' olarak tescil edildiği halde, Halk Partisinin Anayasaya aykırı olarak kulüpler açması, kanuna ve mantığa uyar bir iş olmadığı gibi, 'Lâ dini' ve 'Lâ-ahlaki' denilmesi, kamuoyunu ve halkı hiçe saymaktı. Bana şikayete gelenlere: "Askerim, halkın işlerine karışmıyorum" deyip geçiyordum. Ama bu tutumum herkesin tuhafına gidiyordu.

Çünkü İstiklâl ve inkılâp dâvâsının başında bulunanlardan olduğumu herkes biliyordu. Bundan başka Halk Fırkası'nın kuruluşunda ve umdelerinin tesbitinde Mustafa Kemal Paşa'nın imzasının yanı başında, benim de imzam vardı. Bundan başka Teşkilât-ı Esasiye'mizin tesbitinde ben de bulunmuş ve aykırı düşünenlerle mücadele de etmiştim. Bunları da bilenler vardı. En mühim bir mesele de Mustafa Kemal Paşa'nın, bütün İstiklâl Harbi müddetince dindar görünüşü ve hele zaferden sonra muhtelif yerlerde İslâmlığı ve Kur'ân'ı meth ve sena edişini herkes biliyordu. Şimdi benden merakla, onu bu yeni yola kimlerin sürüklediğini soruyorlar ve benden, onu bu yolda serbest bırakmamamı, istiyorlardı.

Mustafa Kemal Paşa ile bu husûstaki çekişmelerimi ve kendisine daha İstiklâl Harbi içinde iken teceddüt hareketine ihtiyacımızı, fakat bunu mütehassıslarımızla ve esâslı programla yürümekliğimiz lüzûmunu yazdığımı, fakat Onun, artık benim gibi vefakâr arkadaşlarını dinlemediğini ve bizlere yaptığı ve yapacağı işlerden haber bile vermediğini icap edenlere anlatmak zarûretinde kalıyordum. Bununla beraber, mümkün olan gayrette kusur etmeyeceğimi de söylüyordum.

İZMİR'DE TEMASLAR, TEFTİŞLER

İzmir'de bulunduğum müddetçe, mekteplerin davetini memnuniyetle kabul ediyordum. Karataş'ta darul-muallimeyn fahrî reisliklerini kabul etmekliğimi ve terbiye hakkında bir konferans vermekliğimi rica ettiler. Memnuniyetle kabul ettim.

8 Temmuz'da terbiyede klâsik tahsil ile beraber fikir ve beden terbiyesinin lüzûmunu belirterek ancak sağlam vücut, sağlam seciyeli fertlerle kuvvetli bir millet yetişebileceğini izâh ettim. İzcilerin yemin merasimini de yaptım. Bu akşam askerî kulüpte Erkân-ı Harbiyye kursuna iştirak edip İzmir'e seyahata gelen son sınıfa da kumandanlığın ruhiyat bakımından nüfuz ve kudreti hakkında, bir konferans verdim.

Muhtelif günlerde de iş yurdu, sanayi mektebi, Karşıyaka'daki dilsiz mektebini ziyaret ettim.

23 Temmuz'da Ailemin yurdu olan Aydın'a gittik. Burada kaldığım iki hafta kadar müddet ova köylerini otomobil ve atla dolaştım. Mektep ve müesseseleri de ziyaret ettim.

2 Ağustos'ta Aydın Türk Ocağı ve bir mektebin temel atma merasiminde bulundum ve ilk taşları umûmi arzu üzerine, ben koydum.

14 Ağustos'ta, İzmir'de iken ay tutuldu. Büyük bir muharebe oluyormuş gibi her taraftan silâhlar atıldı. Halkın kendilerinin anlayacağı bir dilden (Benim doğuda köylere kadar yaydığım öğütlerim gibi) bir kitaba ve bu esâsta vâiz ve musahabelere ne kadar muhtaç olduğunu ve Lâ-dini ve Lâ-ahlâki mahfiller tesisiyle münevverlerin, halk içinden sıyrılıp çekilmesi ve onların duygu ve imanlarıyla taban tabana zıt bir âlem yaratmanın, ne vâhim bir hata olduğunu düşünerek müteessir oldum.

Batılaşmak batılılaşmak adımlarımızı hemen yüz yıldır, halktan kaçmak ve onları kendi âlemlerinde bırakmak suretiyle heder ettiğimizi, bu gün de halâ anlayamıyoruz! Daha doğrusu anlatamıyoruz!...

DUMLUPINAR MERASİMİ

29 Ağustos'ta, İzmir'den bir heyet ile birlikte trenle Dumlupınar'a hareket ettik. 30 Ağustos öğleyin oraya vardık. Muhtelif yerlerden trenler gelmiş. Mustafa Kemal Paşa da gelmişti. Onun vagonunu ararken, penceresinden yaveri Salih (Bozok):

"Paşam buraya buyurun. Gazi Paşa hazretleri buradadır" diye seslendi. Vagona çıktım ve hürmetle Gazi'nin bulunduğu salona girdim. Fakat ömrümde bir türlü kokusunu nefretsiz duyamadığım rakı, burnumu ve dimağımı tiksindirdi. Gazi ayağa kalktı ve:

"Paşam hoş geldiniz!" diye iltifat etti ve elimi sıktı ve Salih'e dönerek: "Karabekir rakı sevmez bir şişe bira getirin!" emrini verdi.

Dumlupınar'da dikilecek âbidenin temel atma merasimi, öğleden sonra 2'de yapıldı. Hazırlanmış bulunan nutuk kürsüsünde, her meslek nâmına nutuklar söylendi. Hepsi Gazi'nin yüzüne karşı aşırı riyakârlıkla dolu. Hele muallimler nâmına ve Avukatlar nâmına diye söylenenler, hiç de yakışmıyordu.

Nitekim yanımdaki zâtlardan Erkân-ı Harbiyei Umûmiyye Reisi Fevzi Çakmak da hazırladığı nutkunu okudu. İstiklâl Harbi, İnönü(den başlamış ve Dumlupınar Zaferi'yle sona ermiş. Doğu Cephesi veya başka Millî Cephelerden bahis yok. Netice o da Gaziye övgülerle bitti. Darülfünun (Üniversite) emîni İsmail Hakkı Bey (Baltacıoğlu) bütün milletin gayret ve fedakârlıklarını belirtti. Ve isim zikretmeyerek, bütün orduya ve hasseten İstiklâl Harbini sevk ve idâre eden kumandanlara teşekkürlerini sundu.

Bu zâtın hakikatlere uygun sözlerinin, Gazi'nin hoşuna gitmediğini apaçık gördüm. Nitekim az sonra bu hakikat meftunu adam yerinden azlolundu! Fevzi Paşa'nın İstiklâl Harbi'ni -güdük olarak- yalnız Batı Cephesi'ne inhisar ettirmesi pek hoşa gitmiş olacak ki, sonraları uzun yıllar bu esâs, bazı dalkavuk edip ve tarihçilerimizin kalemlerine dolandı durdu. En sonra Gazi de bütün övgüleri hak ettiğini anlatır tarzda bir nutuk söyledi. Nutuklar söylenirken, birkaç uçak alçaktan üzerlerimizde uçuyordu. Sonra da askerî geçit yapıldı. Burada Gazi yeni Vekiller Heyetiyle daha husûsî ve samimî bulunduğu halde kumandanlara karşı resmî ve soğuk durdu. Bu, muhtelif yerlerden toplanmış bulunan heyetlere karşı nutukların belirttiği bir çarpık görüşe kıymet verdirmek için olsa gerek.

"Her şeyi ben yaptım ve ben yapacağım. İstiklâl Harbi'nde yaptıklarım ne ise şimdi etrafıma toplananlarla da aynı kıymette işler yapabilirim!" gibi bir zihniyetin madde haline getirilmiş hazin bir tablosu idi!

Merasim bittikten sonra, kendilerine veda için vagonlarına gittiğim Gazi, söz arasında şöyle söyledi:

"Millet nasıl isterse öyle olur!"

Akşam trenimiz İzmir'e hareket etti. Gazi diğer kumandanlarla Afyonkarahisar'a giderken onlara da aynen şöyle söylemişlerdir:

"Bütün dayanağını sizlersiniz. Her şeyi, Size dayanarak yaptım veya yapacağım!"

ALİ FUAD PAŞA (CEBESOY)

9 Eylül İzmir'in Kurtuluş merasimi için Ankara'dan kimse gelmedi. Kendi Müfettişlik mıntıkası olduğundan Ali Fuat Paşa gelmişti. Beni de ziyaret etti. Benim de izinim bittiğinden, ailemle birlikte İstanbul üzerinden Ankara'ya dönmek üzere idim.

Uzun boylu hasbihaller yaptık. İstiklâl Harbi'nin başından beri birlikte samimî olarak, memleket hesabına, tuttuğumuz Gazi'nin, Millet istiklâline kavuştuğu halde ona hürriyetini tattırmayacağını ve emrine râm olan Büyük Millet Meclisi'ne de kıymet ve ehemmiyet vermeyerek kumandanları kullanmak istediğini ve İstiklâl Harbi'nde isimleri milletçe tanınan arkadaşlarını -ki ikimiz birinci safda geliyorduk- küçük düşürmek ve hattâ şeref ve hayatlarını yok etmeye kadar yürüdüğünü birbirimize aynı görüşle anlattık.

Mustafa Kemal Paşa'nın astlarımızı aleyhimize tahrik etmesi ve bizi dâima küçük düşürmeye çalışması ve İstiklâl Harbi'ndeki hizmetlerimizi bir düzüye küçültmesi, en tehlikeli ve en acı taraf idi. Etrafına topladığı evetçileri de bu yolda ona hız vererek, kolayca servet ve mevki kazanıyorlardı.

Bu şartlar içinde, bizim Ordu Müfettişliği yapmamıza imkân kalmayacaktı. Mustafa Kemal Paşa istediğini yaptırmak için kolordu ve daha küçük kumandanlarla iş görüyordu. Esasen Erkân-ı Harbiye-i Umûmiyye ve onun emrinde bulunan müdafaa-i milliye makamları da onun her arzusunu i'tirazsız kabul edecek ellerde idi. Mustafa Kemal Paşa istediğini yazdırmak için bol vasıtalara malikti. Zaten, Millet Meclisi'ni istediği gibi, istediği kimselerden topladığı gibi, isterse onu değiştirmekte güçlük de çekmiyecekti.

"Padişahlık ve halifelik" ortadan kaldırıldıktan sonra, bunlara geri dönüş, gülünç olurdu. İşte Musul'un siyâset yoluyla olmayınca, askerî kuvvetle zaptını düşünmek ve İngilizlerle bir harbi bile göze almak, ancak böyle parlak bir mevkii tasarlamakla izâh olunabilirdi. Lâ-dinî ve Lâ-Ahlâkî insanlardan teşkilât yapmakla, yeni yolun yolculuğu için, kudret aradığı görülüyordu.

Başka milletlerin bize ne diyeceklerini veyahut bizzat kendi milletimiz hürriyetini kaybedince işlerin sonunun nereye varacağını, aslâ düşünmeyen Mustafa Kemal Paşa, kendini seven ve tutan İstiklâl Harbi arkadaşlarının fikirlerini artık fazla gördüğünden onların varlıklarını küçültmek için lâzımını yapıyordu.

Şu halde bizlere tutulacak biricik doğru yol, Meclis'tekimillî vazifelerimizi ele almak ve bu suretle, gerek cihana ve gerekse kendi milletimize karşı, Büyük Millet Meclisi'nin sesini duyurmak ve kudretini göstermek kalıyordu. Böylece, Cumhuriyetin sağlam surette kurulmuş olmasını ve Lâiklik esâsından aykırı tasavvurların önlenmesini temin edebilirdik.

Orduda kalarak O kuvvetle bu işleri görmek, orduyu siyâsetle uğraştırmak onun birlik ruhunu bozmak gibi -tehlikesine yakın tarihimizde kendimizin de şahit olduğumuz- faciaları tekrar ettirmek olurdu.

İstanbul'da kıymetli bazı arkadaşlarımızla da görüşmek ve ondan sonra kat'i karârımızı vermek esâsında Ali Fuat Paşa ile fikirlerimiz mutabık kaldı.

SAHİLLERİMİZİ TEFTİŞ

11 Eylül'de İstanbul'a tamire giden Hızır reis Ganbotiyle -Erkân-i Harbiyye Riyâseti'nden aldığım müsaade ile- hareketle mıntıkamın sahillerini ve Ayvalık'da iki gün kalarak buradaki kıtalarımı da teftiş etmek fırsatını buldum. İsviçre'nin Göller kenarındaki kasabaları gibi şirin olan bu kasabanın, bana pek büyük hürmet ve heyecan gösteren halkının arzulariyle mektep ve fabrikalarını ziyaret ettim. Yirmi bir bin Türk nüfusa mâlik olan Ayvalık'da Çamlık'taki hemen göl kıyısında bir köşkte ailemle misafir edildim; motorla Dolap Boğazı'nı ve etrafı da dolaştım.

Ayvalık'a girerken dar boğazda akıntı bizi geri geri atmaya başlamıştı. Ganbotumuzun sür'ati en çok yedi mil imiş.

Fakat dört mile düştü. Tehlikede olduğumuzu süvari söyledi. Sükûneti bozmamasını kendisine bildirdim.

Güç hal ile kurtulmuştuk. Halbuki her tarafa motorla girip çıkılıyordu. Bu hal bana şunu düşündürdü: Bütün Ege-Sahillerimizi pek yakın olan adalara kaçakçılık motorlarla pek kolay olmaktadır. Bu sür'ati az ve birçok mürettebatiyle kocaman ganbotlarla kaçakçılığın önünü almak imkânı yoktur. Dumanları bile pek uzaktan görülerek kaçakçılara savuşmaları veya gizlenmeleri için yardım etmektedir. Bunun için kaçakçılığın men'i için, yeni büyücek motorlar kullanmak ve bu ganbotları donanma hizmetinde başka işlere hasr etmek, muvafık olur.

Bu teklifimi ilgili makamlara yazıyle bildirdim.

14 Eylül'de sabahleyin 10'da Ayvalık'tan hareket ettik. Akşam 7.30'da Beşiğe limanına varabildik. Deniz az dalgalı idi. Fakat bizim zaten az olan süratimiz yarıya yakın düşüyordu.

15 Eylül'de Çanakkale Boğazı'na yaklaşırken, Kumkale hizasından ve Seddülbahir karşısından üç kilometre kadar mesafeden Alçı Tepenin batısında yüksek bir abide karşımıza dikildi.

Burası, Benim Çanakkale Müdâfaasındaki cephemdi. Fransızlarla döğüşmüştük. Abidenin, onlara ait olduğunu kestirdim. Not defterime menazirin krokisini çizdim.

ÇANAKKALE ABİDESİ TEŞEBBÜSÜ

Boğaz'a girdikçe, İngiliz ve Fransız âbidelerinin ihtişâmı karşısında bizim hiçbir taşımızın görünmemesi, insanı müteessir ediyordu.

Fırkamın müdafaâ ettiği Kerevizdere önüne gelince, orada bıraktığım Şehit Mehmetçiklerimi yakından ziyaret etmek ve Fransızların siperlerini görmek için Gambotu durdurdum. Gambot süvarisi Fatih, askerî rüşdiyesinde benim aziz bir arkadaşımdı: Şefik efendi, ÇIRÇIR. Bu güzel bir tesadüftü. Emirlerimi yalnız bir madun sıfatiyle değil bir de çocukluk arkadaşı olmak şevkiyle de canla başla yapıyordu. Tam üç saat yaya olarak cephemi dolaştım.

Üçbuçuk ay bir gün dahi istirahata çekilmeden, fırkamla müdâfaa ettiğim Kerevizdere, o zaman bir ateş tufanı içinde idi. Şimdi her şey uykuda. Derin bir sükût. Her iki taraf ebedî bir dostluk içinde, ebedî uykuya dalmışlar. Fakat ne acıklı manzaradır bu! Benim şehitlerimin kemikleri, kafatasları demir parçalarıyla karmakarışık meydanda duruyor. Her karışında birkaç parça kemik ve demir! Ara sıra, karakedi ismini verdiğimiz torpil parçaları var, bundan bir tane ve diğer cins mermilerden bir haylisini müzem için aldım. Yanımdakilere taşımaları için taksim ettim.

Uzaklardan gördüğüm abideye kadar geldim. Burası benim sağ cenahımın karşısı idi. Fransızlar buraya kadar gelmişlerdi. Beyaz tuğladan yapılan bu âbideyi, otuz metre kadar yüksek tahmin ettim. Alt kaidede, levhalarda yazılar görülüyordu. Buraya kadar geldik.

Not defterime bu abideyi de çizdim:

Fransızlar kendi ölülerine lâzım olan hürmeti yapmışlardı. Fakat bizimkileri meydanda bırakmakla medeniyetin emir ettiği bir vazifeyi yapmamışlardı!

Bütün İstiklâl Harbi'mizi, bu şehitlerin açıkta çürüyen muhterem vücutları oldukları yerlerde toprak olarak ve kemikleri açıkta kalarak seyretmişler demekti. İlgili makamlara her iki tarafın bu halini olduğu gibi tasvir ederek, Alçı Tepe'ye ve ileri hatlarımıza âbideler dikilmesini, şehitlerimizin buralara toplanmasını ve abidelerin üzerine "Buradan Öteye Geçilemez" diye yazılmasını yaziyle teklif ettim.

Akşama doğru Çanakkale Şehrine çıktık. Çok hararetli karşılayan halkın arasına karıştım. Burada iki gün kalarak tabyaları dolaştım. Mektepleri ve hastahaneleri ziyaret ettim. Çanakkale'ye denizden yapılan İngiliz ve Fransız hücumlarını, onlara pahalıya mal eden Şehit ve Gazilerimizi, hürmetle andım. Muharebede susturamadıkları Büyük Toplarımızı, Mütâreke perdesi arkasına sığınarak tahrip etmiş olduklarını, dudak bükerek seyrettim. Bu küçüklüğü yapmamaları, büyük devletlere daha çok yaraşacaktı! Bizim için mukaddes ve hazin bir levha olan bu manzaraların fotoğraflarını aldırdım.

ÇANAKKALE'DE HALKLA SOHBET

Belediyede verilen ziyafette Çanakkale müdafâası üzerinde sohbetler yaptık. Kereviz Dere'de üç buçuk ay cephemi idâre ederken, Çanakkale halkının geçirdiği ızdırapları da tattığımı belirttim. Ve Türk Ordusunun karada ve denizde, Çanakkale Boğazı'nı müdâfaa için, onun hayatî kıymetini bilerek, nasıl döğüştüklerini ve her yerde nasıl ve ne pahasına muvaffak olduklarını bir bir ve yer yer misâlleriyle anlattım. Ve Çanakkale'nin çelik kaleleri batırdığını ve çelik teçhizâtlı ordularını mağlup ettiklerini ve her zaman da bunun böyle olacağına şüphemiz olmadığını söyledim.

Çanakkaleliler, çok candan sevgilerini gösterdiler. Ve Benim Çanakkale Fahri hemşehriliğimi istediler. Teşekkürle kabul ettim. Bu sûretle doğuda Erzincan'ın, batıda Çanakkale'nin fahri hemşehrisi olmuş bulundum, İstanbul'lu idim. Her Cephede hemşehri olacak kadar vazife görmek ve hizmet etmek, bana nasip olduğundan, her tarafı hemşehri sayabilirdim. Fakat maddî vesikalariyle doğuda ve batıda, hemşehrilik hayatımın en değerli kazançları idi.

17 Eylül sabahleyin saat 10 da İstanbul'a yola çıktık ve ertesi gün öğleyin İstanbul'umuza gelebildik. Gambotumuzun bu battal süratiyle sahillerimizi teftiş ederken tam emniyette bulunduğumuzdan, yalnız Ayvalık'da akıntıya kapıldığımız zaman biraz şüphelenmiştik! Meğerse tehlike başka taraftan ve pek dehşetli imiş: İngilizler, İstanbul'a ve İzmir'e karşı harekete hazırlandıklarını söyleyerek, Türkler Musul'dan kendilerine zorluklar çıkarabilirler fakat Türkiye'nin de bütün hayatı tehlikeye girer diye matbûatla neşriyata girişmişler! Bizim Matbûat yazıyor!

Ankara'dan bana hiçbir iş'âr yok.

MEKTUPLARIMIN ÇALINMASI

Bu hal yetişmiyormuş gibi, İzmir'den, İstanbul'daki Ağabeyime ve geçenlerde vefat eden Şevket Turgut Paşa'nın eşine -Merkez kumandanlığı vasıtasiyle- yazdığım mektuplar yerlerine gelmemiş. Bunlar aile işlerine dâir olduğundan, maddî zararları da olmuştu. Çok esef ettim ve aynen şu şikâyeti yazıyla yaptım:

Müdafaai Milliye Vekâletine,   *İstanbul, 23 Eylül 1924*
İzmir'den İstanbul'a gönderdiğim mektuplarım mahallerine vasıl olmamışlardır, zarfların bizzât yollandığına ve gözönünde damgalandırdığına rağmen, efradı aileme gönderdiğim mektup gelmediği gibi, bedbaht bir aileye merkez kumandanlığı vasıtasiyle gönderdiğim mektup da merkez kumandanlığına bile gelmemiş ve zararı mucip olmuştur. Fevkalâde hâizi ehemmiyet olan bu meselenin tahkik buyurulmasını, hasseten rica eylerim efendim.

Birinci Ordu Müfettişi
Kazım Karabekir

Bu şikâyetime yirmibir gün sonra, yani benim vazifemden istifâmla Meslis'deki vazifeme döndükten sonra, ekli cevabı da aynen buraya kaydediyorum. Bazı arkadaşlarımın mektuplarının çalındığını ve böyle sudan cevap aldıklarını da gördüm.

Büyük Millet Meclisi azâ-yı kiramından Kazım Karabekir Paşa Hazretlerine,
Müdâfaai Milliye Vekâleti Celîlesinden tevdi kılman merbut 23 Eylül 1924 tarihli tahriratı âlîlerinde mevzûu bahis buyurulan mekâtip hakkında yapılan tahkikat mürselü'l aleyh adreslerinin gayri malûm bulunmasına mebnî müsbet bir netice vermemiş olduğundan tahkikâtın tamikıne medar olmak üzere keyfiyyetin ve bu mekâtibin kimler nâmına ve hangi

postahaneye teslim olunduğunun iş'âr buyurulması maruziyle takdimi ihtiramât eylerim efendim.

12 Kasım 1924
Dahiliye Vekili
Recep

BAŞVURULARDAN SONUÇ YOK!

Sarih adresleri Dâhiliye Vekiline bildirdim. Fakat tabiî bir netice ve cevap çıkmadı. Bir şey de çıkamazdı. Çünkü mektupların açılma meselesi, daha 12 Şubat 1924'de Büyük Millet Meclisi kürsüsüne kadar çıkmıştı: İsmail Canbulat Bey, bu husûsta verdiği takrir üzerine kürsüden çok ağır olarak şöyle söylemişti:

"Bunu yapanlar, rezil, sefil insanlardır!"

Dâhiliye vekilinin bunun varit olmadığı hakkındaki cevabına karşı Rauf Bey de vaki' olduğunu teyit ediyor:

"Mebuslar hakkında göz takibi yapıldığını işaret sayılabilecek vesika gösterebilirim."

Mesele bu suretle ört-bas edilince, işi mektup açmaktan, mektup aşırmaya vardırdıklarını ve çirkin hareketin bana kadar da genişletildiğini anladık. Bu Hükûmet kanalıyla mı, yoksa mesul makamların dahi haberleri olmadan, gizli ellerle mi yapılıyordu, bilemem. Yalnız bu kötü işler, İsmet Paşa'nın başvekilliği zamanında oluyordu. Hâlbuki o mektuplarımızın İstanbul hükûmeti tarafından açılıp okunduğunu zannederek bunu yapan bir idâre hakkında bana aynen şöyle yazıyordu:

1919 Haziranında İstanbul'dan Erzurum'da bana yazdığı mektuptan aynen:

".......... Nazır Paşa, Enver Paşa rolünü oynuyor galiba.Hiç bir kaideye, hiçbir mantığa ehemmiyet vermeyerek, aklının erdiğini cürette yapmak rolü.. Mektuplar sansür oluyor mu? Oluyor ise, az bir zaman içinde mundar bir idârenin hiçbir eksiği kalmadı galiba..."

Zaman ne yaman şeyler gösteriyor. Hayret ve İbret!

İSTANBUL'DA TEFTİŞLERİM

Eylül 23'den itibaren, Birinci Fırka kıtalarını teftişe başladım. Çamlıca sırtlarında, Selimiye'de, Yıldız'da, Taşkışla'da kıtaları gördükten sonra, kışlalarını da dolaştım. Seferberlik hazırlıklarının derecesini de depolarında gördüm. Her şey iyidir.

Askerlerin, ayrı kaplardan ve çatal bıçak kullanarak yemeğe başladıklarını da memnuniyetle gördüm.

Rami Kışlası ve Metris çiftlikde kolordu topçusu ve topçu atış mektebini de ertesi günü teftiş ettim. Hayli kusurlarının giderilmesi için, icabını yaptırdım.

Eylül 25'de Erkân-i Harbiye Mekteb'ini (Harp Akademisi) ziyaret ettim. Akşamüstü Tophane'deki Leh Sergisini gezdim. İleri bir sanayi memleketi olduğunun şahidi bir sergi.

İstanbul mekteplerinden henüz ziyaret etmediklerimden davetler aldığımdan, Eylül 27'de Kız Muallim Mektebini ziyaret ettim. Malzeme faslı çok fakir, bir kırık dikiş makinası var. Her şey nazari ve ezbercilikle gidiyor. Muallimler ve muallimelerle hâsbihal ettik.

Onların şikâyetlerini dinledim. Kendi görgü ve bilgilerimi de söyledim. İki gün sonra da kız sanayî lisesi müsameresine gittim. Burasını, geçen yıl da görmüştüm. Hiçbir fark yok. Maarif Vekâletine eksiklerini söylediğim halde, tek bir makina dahi alınmamış.

Eylül 30'da Maltepe Piyade atış mektebini teftiş ettim. Burasını topçularınkinden daha bakımlı buldum.

Ekim 3'de malül gaziler menfaatına himâyemde Moda'daki kayık yarışlarında bulundum. Gece, Yıldız'da bir teftişte bulundum. Kırklareli'nden iki günde gelen süvari zabitlerimizi ve atlarını gördük. Çok iyi bir halde bulduklarından takdir ettim.

Ekim 6'da İstanbul'un kurtuluş gününü kutladık. İlk önce, Sultan Ahmet Meydanı'nda Harbiye Mektebi, Birinci Fırka'dan bir alay, bir Bahriye taburu, Jandarma taburu, İstanbul izcileri, Ayasofya Meydanı'nda Adliye Binası'nın önünde de topçu alayı ve süvari bölüğünün önlerinden atla geçerek selâmlaştım. Ve hatırlarını sordum.

Burada mehterhâne takımı da, Yeniçeri kıyafetleriyle yer almışlardı.

Heybetli yayalar, atlılar ve zırhlı sipahiler şanlı tarihimizden canlı bir örnek gösteriyorlardı. Bunlarla da selâmlaştım. İzcilerin yanında attan inerek bazı sualler sordum. Hepimizin gürbüz ve kuvvetli olması lâzım geldiğini; bunun için de milletimizin her husûsta yükselerek kuvvetli ve zengin olması lüzûmunu belirttim. Halk ile de kısa hasbihâllerde bulundum.

İSTANBUL'UN KURTULUŞ GÜNÜ

Buradan otomobillerle Taksim Meydanındaki resmî geçit yerine geldik. Askerin ve halkın muntazam ve coşkun geçiş ve neşelerini seyrettik. Sonra Şehiremini çok cemilekâr bir Nutuk okudu. Ben de karşılık şu sözleri söyledim: "Muhterem İstanbul Halkının Türk Ordusu hakkında göstermiş olduğu bu samimî tezahürata ve muhterem milletin hissiyatına tercüman olan buradaki takdirkâr beyânata Ordumuz nâmına arzı şükran eylerim.

Ordumuz Vatanı pek büyük felâketlerden kurtardı ise bunu yapan Türk Ordusu değil, Türk Milletidir. Ordu ancak bir milletin timsal-i müşahhasıdır. Bir millet kavi olursa, ordusu da o kadar kuvvetli olur. Bu büyük zaferi Türk Ordusu kadar Türk Milleti de yapmıştır. Bu günü burada tesis etmekle yeni nesillere gayet mühim bir ihtarda bulunuyoruz. İhtar bütün milletin kalbinden coşup gelen bir feryattır. Bir zamanlar Türk Milleti ihânete kurban edilmekle millî varlığından ayrıldı ve düşman ayakları altında ezildi. Fakat azim ve iman sayesinde bugün millî varlığımız teessüs etti. Bundan sonra Ahd-ü peyman vermeliyiz. Bir daha o kara günleri görmeyeceğiz. Eskiden içimizde ihânetler oldu, bunlar olmayacaktır, demeliyiz. Vatanın her köşesinde olduğu gibi İstanbul halkının ve yeni neslin bağıracağı tek bir söz vardır:

"TÜRK HÜR YAŞAR VE ÖLÜRKEN DE HÜR ÖLÜR."

Sözlerimin halkın ruhuna tesir ettiği sık sık alkışlarından ziyâde takdirli haykırtmalarından ve gösterdikleri sonsuz heyecandan anlaşılıyordu.

Ekim 7'de Harbiye Mektebi ve Ortaköy Yetimler Yurdunu ziyaret ettim ve saatlerce talebe ile görüştüm. Mektep ve müessesenin her tarafını teftiş ettim. Ertesi gün de Valdebağ Yetimler Yurduna ziyaret ettim. Burada mektepten diploma alan çocuklardan gelmiş mektuplar üzerinde de Müdür ve muallimleriyle hasbihallerde bulundum.

Anadolu'nun muhtelif yerlerine muallimliğe veya serbest hayata ayrılanların hemen hepsi, mektep hayatlarını arıyorlar ve sonunda: "Ah O Güzel İstanbul" diye buranın hasretini ve dolayısıyle gittikleri yerleri beğenmediklerini göstermekte idi... Bu ruhî halet, bu kabil müesseselerimizin ve umûmi surette Anadolu çocuklarının ve hattâ devlet bütçesinden beslenen her mektebin, behemehâl Anadolu'da yapılması lüzûmunu apaçık göstermekte idi.

İNGİLİZLERLE HARP TEHLİKESİ

Millî Müdafaa Vekili Kazım Paşa (General Özalp) İstanbul'un Kurtuluş günü öğleden sonra İstanbul'a gelmişti. Kendisiyle misafir olduğu Pera Palas Oteli'nde görüştüm. Musul Statüko hududunun bizim tarafta İngiliz tayyarelerinin geçtiğini ve kıtalarımıza taarruz ettiklerini öğrendim.

Durup dururken bunun vâkî olamıyacağını, İngilizlerin her halde bir şeyden kuşkulanmış olabileceğini, bir harbe sebebiyet vermenin felâket olacağını söyledim.

Kazım Paşa fazlâ bir şey bilmiyor göründü ve Fethi Bey'in Cemiyeti Akvam nezdinde teşebbüste bulunduğunu söyledi.

SAVAŞ TEHLİKESİ ÇIKIYOR

Ekim 8'de Erkân-ı Harbiye-i Umûmiyye Reisi Fevzi Paşa'dan bir şifre aldım:

İngilizlerle bir harp ihtimali mevcut olduğundan hemen Ankara'ya hareketim emrolunuyordu.

Ekim 9'da öğle vakti trenle hareket ettim. 11'de Ankara'ya vardım. Fevzi Paşa'yı ziyaretimde vaziyetin vehâmetini öğrendim. Şöyle ki:

Nasturi çeteleri asayîşi bozuyormuş; bunun için bir piyade ve bir süvari fırkasiyle tediplerine başlandığını ve bir piyade fırkası da ihtiyat olarak o mıntıkada hazırlandığını, İngilizlerin statü hattını geçerek tayyarelerle kıtalarımıza hücum ettikleri, Süvarî fırkasından bazı zayiatımız da olduğunu ve İngilizler, harekâtı durdurmazsak ilân-ı harp edecekleri hakkında ültimatom verdiklerini vaziyetin bir harbe gitmek ihtimâlini Fevzi Paşa anlattı. Kendilerine şunu sordum:

"Ordulara herakâtı daha önceden neden bildirmediniz? İngilizler de ültimatom vermeden karşılık sahillerimize saldırışlarda bulunsalardı, Ege sahillerini teftiş halinde iken çürük Gambotlarla ben de fecî bir vaziyete düşebilecekmişim!"

Fevzi Paşa, "Dâhilî bir meselemiz olduğu için, daha önce haber vermeye lüzûm görmedik!"

Ben, "Ne diyorsunuz Paşam? Meselenin bir Musul hareketi olduğunu hâlâ bir ordu müfettişinizden de mi gizlemek istiyorsunuz? Bu işe beni ta'yin etmek arzusuna karşı verdiğim mantıkî cevapları biliyorsunuz. Demek ben bu hareketin aleyhindeyim diye, işi benden de sakladınız! Mesele, bir iç bastırma hareketi dahi olsa, bu kadar büyük bir kuvvete lûzüm görülünce, kumandanlarınıza işin başında haber vermek ve hattâ onların mütâlâalarını dahi sormak, yerinde olurdu fikrindeyim. İngilizlerin ültimatom verince, telâşa düşerek acele çağırmanız hoş bir vaziyet doğurmuş değildir! Bana karşı itimâdsızlığın -bu hal de- apaçık delilidir."

Fevzi Paşa buna verecek bir cevap bulamadı, "İtimâdımız

olmasa sizi terfi ettirmezdik" gibi bir garibe savurdu.

Ben, "Paşam hangi terfiden bahsediyorsunuz? İstiklâlHarbi içersinde batı cephesinde ikişer üçer derece terfilerinize karşılık ben yalnız Kars'ın zabtı üzerine, Ferikliğe terfi olundum.

Fakat ben, Cihan Harbi içinde livalığa harp meydanında terfi etmiştim ve bu müddeti de doldurduğum için yaptığınız terfii benim için bir mükâfat saymak haksızlıktır.

Bugün asgari müddeti çoktan doldurduğum ve yıllardan beri ordu kumandanı olduğum halde, terfi ettirmemekliğiniz de bana karşı haksız olarak itimâd göstermediğinize bir delildir. Bilmekde hakkım olan işlerse, tekerrür edip durmaktadır.

FEVZİ PAŞA SAVAŞ KARARINDA

Fakat bugün için yapılacak şey, İngilizlerle harbin önünü almaktır. Her tarafta, her yeri gezdim. Ve halkla her yerde temas da ettim. Halk bitkin bir haldedir. Elinde avucunda birşey de kalmamıştır. Sekiz yıldır sürüp gitmekte olan harp, Milleti uzun bir sulh zamanına müştak kılmıştır. Musul'u Harple almaya kalkmak, yeniden vatanımızı ve milletimizi perişan edecek ve belki de felâket uçurumuna sürükleyecektir.

İngilizler bu sefer, geçen yıl İzmir'de yaptırdığınız harp oyunundaki endişeleri tahakkuk ettirecek, yani İtalyanları üzerimize saldırtacak ve kendisi de fiilen harbe girişecektir! Fransızlar da, İstiklâl Harbi'mizde uğradıkları muvaffakiyetsizliğin intikamını almak için, o zaman elde edemedikleri hedeflerine yürüyeceklerdir."

Fevzi Paşa;

"İcâp ederse yeni bir harbi de göze aldık Musul bizimdir! Mademki sulhen vermiyorlar, harben almak için Gazi ısrar ediyor. Hükûmet de bu fikirde, Biz de muvaffak olacağımıza şüphemiz yok .*İcâp ederse Musul değil, daha uzaklara da gideriz!*

Ben, "Demek İzmir harp oyununda İtalyanların Ege sahillerine çıkması esâsında, yani harp oyunları kaidelerine uygun olmayarak mavi-kırmızı yerine, apaçık İtalyanları düşman göstermeniz, icâbında bunu göze almış olduğunuzu ilân için bir gösteriş mi idi? Paşam, siyâsî hatâlar üstüste yapılmıştır; birincisi Musul işi Lozan Konferansında hâl olunmayarak sonradan sulhan halli kabul edilmiş ve nihayet işe Cemiyet-i Akvam'ın hakemliğiyle karar verileceği tesbit olunmuştur.

İkincisi, Hilâfet'in lağvında acele edilerek bu müessese havadan gitmiştir. Şimdi Milletin kanıyla ve hattâ varlığı ile bu hatâlar tashih mi olunabilecek sanıyorsunuz? Mustafa Kemal Paşa bunun için mi dağı seyahatına çıkmıştır? Onu bu tehlikeli işe sevk eden düşünce nedir? Musul'u zabteder ve İngilizleri faraza mağlûp ederse, yeni bir rütbe mi alacak? Paşam, istibdâdı devirerek, Milletin Hürriyetini ilân eden TÜRK Ordusu, aradan bu kadar yıl geçtikten ve Milletin İstiklâlini kurtardıktan sonra, bir maceraya mı sürüklenecektir? 1919'da Sivas'ta bana söylediklerini ve benim cevabımı lütfen hatırlayınız!

Fevzi Paşa; "Beş-altı gün sonra Gazi Paşa seyahatından Ankara'ya dönecektir, Millet Meclisi de toplanacak. Kat'î karâr o zaman verilecektir. Millet Meclisi'nin kararı elbette hükûmetin icraatına rehber olacaktır. Bizim vazifemiz de hükûmetin emrine itaâttir."

KARABEKİR ASKERLİĞİ BIRAKIYOR

Fevzi Paşa ile (1910) Arnavutluk isyânının tenkilinde tanışmış ve pek samimî arkadaş olmuştuk. Sonraları da Çanakkale'de, Diyarbakır Cephesinde benim bir üst kumandanımdı. Samimiyetimiz çok artmıştı. (1919) Sivas Kongresinden sonra, bir heyetle Sivas'a geldiği zaman, Mustafa Kemal Paşa ile aralarında samimî bağlanışı ben temin etmiştim. Her şeyi apaçık kendisine söyler ve icâp ederse biraz da çıkışırdım. Onun uysal huyu ve bana karşı samimîyyeti icâbı, kızmazdı.

Her şeye cevap da vermez, işin akıntısına giderdi. Bugünkü mülâkatımız da böyle oldu. Benim Fevzi Paşa'dan anladığım şu idi:

Ülke politikası tamâmiyle Mustafa Kemal Paşa'nın elindedir. Mademki O Musul'u harple almaya karar vermiştir. Herkes onun bu arzusunu kolaylaştıracaktır. Yani, Millet Meclisi onun arzusuna uygun kararını verecektir. Artık hükûmet de Ordu da zahiren Teşkilâtı Esasiyye'ye uygun bir halde işi yürütmeye çalışacaklardır. Ne çıkarsa milletin bahtına!

Bunun karşısında ben de şu karara varmıştım: Ordu müfettişliğinde bir kuvvet olamadığımıza göre, Millet Meclisi'ndeki vazifeme koşarak, Millet Kürsüsünden bu felâketleri önlemek!

"Felâketleri" diyorum; bunun birincisi bir harp felâketini önlemek, İkincisi de bir Cumhuriyet fırkası kurarak herhangi bir vesile ile Cumhuriyetimizin kaldırılması ihtimalini ortadan kaldırmak!

Önce Erkân-ı Harbiye dairesinde tanıdığım kimselerden fazlâ mâlûmat almayı muvafık gördüm. Muhtelif temaslarım neticesinde Fevzi Paşa'nın Diyarbakır'daki Kolordu Kumandanı Cafer Tayyar Paşa'ya (General Eğilmez) verdiği şu son emri öğrendim: "İcâp ederse eşkiyayı Londra'ya kadar takip edeceğiz!"(Evet! Londra'ya kadar! Bu emri sonradan Cafer Tayyar Paşa'dan öğrendim). Ben Ayvalık'ta iken gelmiş olan bir tamimi getirdiler.

T.C.　　　　　　　　　　　　　　*Ankara*
Müdâfaai Milliye Vekâleti　　　　*14/9/1340*
Muamelatı Zâtiye Dairesi
Erkân ve Erkâni Harbiye Şubesi　　　1643
Birinci Ordu Müfettişliğine,

Düstürün birinci cildinin 345'inci sahifesine muharrer Mezuniyet Nizamnamesinde muharrer bulunduğu üzere Ordu Müfettişleriyle kolordu kumandanlarının kendi kıtaları dâhilinde mezuniyet istihsaline hacet görmeksizin kablelâzime beyânı malûmat edilmek suretiyle üç gün kadar mevkii memuriyetlerinden infıkâk edebilecekleri ve bundan fazlası için gerek kendi mıntıkaları dahilinde ve gerekse haricinde olmak üzere bir mahale infikâk ve seyahatlarında azimetten evvel Erkâni Harbiyyei Umûmiyye ve Müdafaa-yı Milliye Vekâleti'ne bil-mürâcaa cevap istihsal eylemeleri Erkâni Harbiyyei Umûmiyye riyâsetinin iş'ârı üzerine münâsip olacağı arz olunur efendim.

Ordu Müfettişlikleriyle Kolordu Kumandanlıklarına ve Berai mâlûmat Erkâni Harbiyei Umûmiyye Riyâseti'ne arz edilmiştir.

H.H.
Müdafai Milliye Vekili
Kazım

Ekim 18'de Mustafa Kemal Paşa doğu seyahatından dönünceye kadar, Büyük Millet Meclisi'ndeki arkadaşlarımla hasbihalden de öğrendiklerim bunlardı. Ayrıca şu husûsta da görüş birliğimiz vardı: Harp felâketinin önüne ancak Büyük Millet Meclisi'nde bir blok halinde görünebilirsek durabiliriz. Esasen Cumhuriyet'in kökleşmesi için, icâbında bir parti halinde çıkmaya da karar vermiş bulunuyorduk. Şu halde işi Mustafa Paşa'nın gelmesine bıraktık. Onunla görüştükten sonra kararımı vermeyi muvafık buldum.

Bu bekleme günlerinde Ankara'daki kıtalarımı ve kışlalarını teftişle geçirdim. Hayretle gördüm ki, askere et verilmiyor. Bir müddet de verilemiyeceğini ve bunun pek mahrem tutulması da Müdafaai Milliyye vekili Kazım imzasıyla kolordulara tamim edilmişti. Musul hareketi için yapılan bu tasarruf, pek acıklı idi. Garibi de, bunun mahrem tutulması idi. Bana bile tebliğ olunmamıştı!

İSTİFAM VE MİLLET MECLİSİ'NE GELİŞİM

Ekim 18'de Mustafa Kemal Paşa Ankara'ya geldi. Dükkânlar kapattırılarak, bütün Ankara karşıya çıkarıldı! (Bugünkü Yenişehir'in Kızılay mıntıkasında) Hükûmet ve Meclis erkânı otomobillerle çok uzaklara kadar karşılamaya gitmişler. Ben de Erkân-i Harbiyye Reisim Alâeddin Bey'le karşı gittim. Ayrancı sırtlarında karşılaştık. Beni görünce Mustafa Kemal Paşa otomobilini durdurdu. Yanında başvekil İsmet Paşa vardı. Yalnız kendi indi, ben de inerek tekrar selâmladım. Bir zaferden dönüyormuş gibi mağrur bir eda ile elimi sıktı. Kısaca şunu söyleyebildim:

"Paşa hazretleri! Bir harp tehlikesi karşısında olduğumuzu ve zât-ı samîlerine dahi arz ettiğim mütâlaalarıma rağmen, Musul hareketine başlamanın buna sebep olduğunu öğrendim. Paşam, netice fecî olur."

Mustafa Kemal Paşa, sözümü keserek "Büyük Millet Meclisini acele topladık. Söz milletindir" dedi.

Ve gülümseyerek aynı eda ile otomobiline gitti, İsmet Paşa'nın yanına oturdu. Ben de uzun katara karıştım. Artık kararımı vermiştim. Söz Milletindir. Kabul!...

Mustafa Kemal Paşa'nın doğu seyahâtında Sarıkamış'ta bazı bayanların ricaları üzerine husûsî bir ziyafette bazı terfiler emir ettiğini, Millî Müdafaa Vekâletinin itirazına rağmen ve hiç bir taraftan inhâ edilmeden general dahi yapılmış olduğunu ve bunların İstiklâl Harbi'ne iştirak dahi etmemiş olduklarını ve husûsî âlemdeki çok münâsebetsiz bazı halleri işiterek çok müteessir oldum. Benim inhalarıma ehemmiyet verilmediği halde, büyük rütbeli subay ailelerini Gazi'nin bazı eski yaver veya karargâh zabiti ve yeni mebûslara kocalarını terfi ettirmek için mektup yazdıklarını da görerek teessürüm arttı.

DOKUNAKLI BİR İSTİFA

Benim, Ordumuzun yükselmesi ve kuvvetlenmesi için verdiğim lâyihalarım da hep gürültüye gitmişti. Daha normal sayılacak olan böyle bir zamanda bu yolsuzluklar ve aksaklıklar olursa, bir harbe giriş halinde ne dehşetli şeylere şahit olacağımızı uzun düşünmeye lüzûm yoktu.

Birkaç günlük, gerek Millet Meclisi'ndeki ve gerekse ordudaki arkadaşlarımdan dinlediklerim harp tehlikesinin pek yakın olduğunu gösteriyordu.

Ne Mustafa Kemal, ne İsmet ve Fevzi Paşalar, benimle görüşmekten, temas etmekten mürettep bir şekilde kaçıyorlardı. İngiliz gazeteleri ise şöyle yazıyordu:

"Türkler Musul'da belki bize zorluklar çıkarabilirler. Fakat böyle bir harp Türkiye Devleti'nin hayatına mal olur!"

Ve ben de artık kararımı verdim:

Ekim 26'da öğleden sonra, askerlik vazifemden istifâ ile Meclis'teki vazifeme başlayacağımı yazarak bir nüshasını bizzat Erkân-ı Harbiyye-i Umûmiyye Reisi Fevzi Paşa'ya verdim ([45]) Bir nüshasını da Müdafaa-i Milliyye Vekâlati'ne gönderdim. Aynen şöyledir:

Erkân-ı Harbiyyei Umûmiyye Riyasetine,

Müdafaa-i Milliyye Vekâletine,

Bir Senelik Ordu Müfettişliğim zamanında gerek teftişlerim neticesi verdiğim raporlarımın ve gerekse ordumuzun tâali ve takviyesi için taktim ettiğim lâyihalarımın nazar-ı dikkate alınmadığını görmekle teessür ve yeisim fevkalâdedir.

Uhdeme düşen vazifemi, mebusluk sıfatiyle daha vicdan rahatlığı ile yapacağıma tam kanâat hasıl ettiğimden, Ordu Müfettişliğinden istifâ ettiğimi arz eylerim efendim.

26 Ekim 1924
Kazım Karabekir

---

45   Müfettişlik karargâhım Cebeci Sırtlarında bir köşkte, Erkân-ı Harbiyye-i Umûmiyye de Etlik'te Ziraat Mektebi binasında idi.

Fevzi Paşa istifâmı okuyunca heyecanlandı ve başını sallayarak şöyle söyledi:

"Sen Vatan endişesiyle şimdiye kadar olduğu gibi yine fedakârlığa katlanıyorsun. Hâlbuki O'nun, şahsından ve mevkiinden başka birşey düşünmediğini görüyorsun! Sana müthiş iftira atarak mahveder. (⁴⁶). Bu suretle ayrı, ayrı ezileceğiz! Şu Musul işi bitsin, ben de istifâ edeceğim."

KARABEKİR T.B.M.M.'DE

Ben, "Paşam, Ordu Müfettişi sıfatiyle durduramadığım harp felâketini bir Millet Vekili sıfatiyle Meclis kürsüsünden durdurabileceğim gibi, Ordu hakkındaki tekliflerimi de belki yine oradan haykırmakla yürütebilirim. Ve bu suretle şerefimi de muhafaza etmiş olurum. Millet Meclisi bir karargâh haline gelmiş ve emre râm insanlarla dolmuştur. Orası, sonsuz ihtirasları kanunlaştıracak bir hale gelmiştir. Bir hale konmuştur. Cumhuriyet idâremize kuvvet vererek onu payidar kılmak için bundan böyle bana düşen vazifeyi orada görüyorum.

Hiç değilse öteden beri nefret ettiğim keyfî idârenin bir kumandanı sıfatiyle, Milletin lânetini almam. Yazık ki Siz mevkiinizin kudretini oraya alet ediyor ve bizi de kötületiyorsunuz. Bana iftira atacağına gelince, siz bunu beş yıl kadar önce Sivas'da da söylediniz. Benim zayıf hiçbir yerim yoktur. Herhangi bir iftiraya Ordu Müfettişi kalsam da mâruz kalabilirim. Dostluğu ile şerefimi, hayatımı onun elinde öldürmedense, düşmanlığını kazanmayı tercih ederim. Çünkü şerefimi ve hayatımı daha kolay koruyabilirim.

---

46   Müthiş iftiralara uğramadım değil: Kürt isyanını tahrik etmişiz. Şehzade Selim Efendi ile muhabere etmişim!... Bunların yalan olduğu tesbit edilince İzmir Sû-i kasti vesilesiyle İstiklâl Mahkemesine verildim. Buradan da temize çıkmakla küçülmedim. Millet ve tarih huzurunda manen daha büyüdüm. Gerçi maddî olarak uzun yıllar çok tazyik olundum.

Paşam bugün değilse tarih karşısındaki mesûliyetimiz çok ağır olacaktır. Milletimizin arzusuna ve bünyesine uygun olarak kurduğumuz Halk Fırkası bugün lâ-dinî ve Lâ-ahlâkî kulüpler haline getiriliyor. Türkün selâbetli mazisi kötülenirken İstikbâli de tereddiye götürülüyor. Yalan, riya, züppeliklerle gençlik bitiriliyor. İstiklâl Harbi'ni biz Türk Milletinin maddî ve manevî kudretine dayanarak başardık. Bu kudrete yarın yine muhtacız. Millet şıklaşıyor, asrileşmiyor, çöküyor! Milletin mukadderatına bir takım dalkavuk türediler hâkim oluyor ve en mühim kararlar işret sofrasında veriliyor.

İçtimaî nizâmımız alt-üst oldu. Ve edildi. Bu millete, düne kadar bütün mevcudiyetiyle hizmet edenlerin, fedakârlıkları inkâr olunuyor ve rütbe verir gibi İstiklâl Harbi'nin fedakârlıkları işe gelenlere veriliyor. İstiklâl Harbi'nin tarihi bu suretle hürâfe haline getirildi. Ve siz ordunun başı sıfatiyle susuyorsunuz. Ve daha fenâsı bizi hiçe sayıyor ve var kuvvetiyle alet oluyorsunuz. Ve Orduyu eski halinde tutmakla geri götürüyorsunuz. Müdafaa-i Milliyye Vekâleti sizin bir kalemi mahsusunuz halini almıştır. Bizim Ordu Müfettişliklerimiz ise emir zabitliği vaziyetinde!

Göreceksiniz hiçbir ordu müfettişi vazifesine devam etmeyecektir. Hem mebûsuz, hem ordu müfettişiyiz! Vazifemizle ilgili işleri gazetelerden veya ağızdan öğreniyoruz. Emrimizdeki kumandanlar, aleyhimize tahrik olunuyor! En son da bir harbe gidiyorsunuz ve bizim mütâlaa ve reyimize ve hattâ mâlûmatımız almaya bile lüzûm yok! Paşam sözlerim acı fakat temamiyle doğrudur!

SAVAŞTAN SONRA ÇEKİLECEKTİR

Mustafa Kemal Paşa'yı başımıza aldığımız zaman İstiklâl Harbi'mizi kazandıktan sonra kat'iyen hiçbir işe karışmıyacağını bize olduğu kadar Millet Meclisi kürsüsünden millete karşı da söz vermesine rağmen, bugün de bir hükümdarın yapmadığını yapıyor ve kendisini o mevkie çıkaran arkadaşlarına ehemmiyet vermek şöyle dursun, bir düzine propagandalarla kötülüyor.

Bu Milletin hürriyeti için yıllarca genç yaşımda uğraşmış, yüzlerce yemîn ettirmişim. İstiklâlimiz mahvolurken, pekâlâ bildiğiniz vechiyle bütün varlığımla bu hedefi tutmuş ve başta Mustafa Kemal Paşa olmak üzere, arkadaşlarımı sağa sola saptırmayarak yürütmüşümdür!

Fakat: Bugün halife olmak istiyorum, Yarın Cumhuriyeti ilân Padişah edeceğiz! Öbür gün Hilâfet'i lağv edeceğiz (⁴⁷) gibi kumandalarla gittiğimiz yol, milletin yalnız hürriyetini çiğnemek değil, onları cihana karşı kabiliyetsiz bir aşiret gibi göstermektir. (⁴⁸)

İşte paşam, şerefimi bugünkü mevkide temamiyle söndürmekten ve daha ekmel iftiralara maruz kalmaktansa millet saflarına karışarak onlarla hem hal olmayı ve mebûs kalabildikçe, onlar için Millet Meclisi kürsüsünden gür sesle haykırmayı, daha şerefli buldum. Kararımı kat'î olarak verdim"

Fevzi Paşa, "Ben kısa söylüyorum. Görürsün, nasıl iftiraya kurban gideceksin! Hem beni yalnız bırakman doğru değildir! Ben, size güvenerek mümkün olduğu kadar mukavemet ediyorum."

Ben, "Kararımı kat'î olarak verdim, Paşam. Herhangi bir iftiraya millet safı içinden daha muvaffakiyetle karşı koyabilirim."

Muhaverelerimiz iki saat kadar sürdü. Vakit de akşam olmuştu. Hazin bir veda ile Fevzi Paşa'dan ayrıldım. Emrimdeki ikinci, üçüncü ve dördüncü kolordu kumandanlarına ve karargâhıma şu vedanâmeyi yazdım:

Uhdeme düşen vazifeyi Meclis-i Millî'de daha iyi îfâ edeceğime kanî olarak Ordu Müfettişliği'nden 26 Ekim 1924 pa-

---

47 Nutuk, Sahife 480, 488, 511,513.

48 Atatürk'ün Vefatı üzerine Amerika'nın en büyük mecmuası olan Life bizi Küba halkına, Küba hükûmetine ve kendilerini de Küba Cumhurreisi Başçavuş Fatize benzetti. İngilizce Bozkurt eseri daha fecî tasvirlerle doludur. Ve bu eser, birçok dillere tercüme ve neşrolunmuştur.

zar günü akşamı istifamı verdim. Kahraman Zâbitân ve efradımızın gözlerinden öper ve samimî hürmetlerimi takdim ederim. Ordumuza ebedî muvaffakiyetler dilerim efendim.

28 Ekim 1924
Kazım Karabekir

İkinci ve Üçüncü Ordu Müfettişliklerine de şu şifreyi yazdım:

Uhdeme düşen Vazifeyi Meclisi Millî'de daha iyi îfâ edeceğime kanî olarak Ordu Müfettişliğinden 26 Ekim 1924 Pazar akşamı istifamı verdim.

Arz-ı hürmet.

Kazım Karabekir.

Harp tehlikesinden haberdar olan İkinci Ordu Müfettişi (Konya) Ali Fuat Paşa Ankara'ya gelerek istifa, etti. Üçüncü Ordu Müfettişi (Diyarbekir) Cevat ve Kolordu kumandanı Cafer ve Tayyar Paşalar da yerlerinden istifa ile Meclis'e geleceklerini, Mustafa Kemal Paşa'nın sualine cevap olarak bildirdiler. Bu vaziyet Mustafa Kemal Paşa'nın gururunu kırdı ve millet harp tehlikesinden kurtuldu. ([49])

PAŞALAR PARTİLERİ İLE KARŞI KARŞIYA

Az sonra biz Terakkiperver Cumhuriyet Fırkası adiyle Meclis'te faaliyet için resmen Dâhiliye Vekâletine mürâcaat edince Mustafa Kemal Paşa da Halk Fırkasının başına Cumhuriyet kelimesini koydurarak, Cumhuriyet Halk Fırkası adını verdi! 21 Kasım'da da İsmet Paşa da başvekillikten, hastalığı behanesiyle istifasını verdi. Yerine Fethi Bey başvekâlete getirildi.

Ben, Fırkamızın liderliğine, Rauf ve Adnan beyler ikinci liderliğe, Ali Fuat Paşa da kâtib-i umumîliğe intihâb oluna-

---

49   Nutuk, Sahife 517: "Meclisi fevkalade olarak içtimaa davet ettim. İngiltere'nin ültimatomuna, malûm olduğu veçhile cevap verdik. Harp ihtimâlini göze aldık..."

rak Meclis'te önünde hürmet edilmesi lâzım gelen bir fırka işe başladık.

Artık Musul uğruna harp ihtimâli kalmadığı gibi, Cumhuriyet idâremiz de her hangi bir kaprisle yıkılmaktan kurtuldu. Fakat çok çetin mücadelelere ve iftirâlara uğradık. Yarımız mahvoldu. Fakat yılmadım. Hakikat ve Hürriyet uğruna ölümü hiçe sayarak sonuna kadar didiştim.

Gerçi ben ve arkadaşlarımdan sağ kalanlar da çok çektik. 44 yaşında genç bir kumandan ve hemen bütün rütbelerini ateş altında, vatan ve milleti için fedâ etmiş olan ben ve emsâlim eski tekaüt kanunu mücibince tekaüde sevkolunduk. Tevkif olunarak İstiklâl Mahkemesi'ne verildik. Onbeş yıl bir düzüye takip ve taciz olunduk.. Bütün bunlar çok acıdır.

Fakat "Halk efendimiz"in çektikleri, bizimkinden daha acı olduğundan, vaktiyle Millet kürsüsünden söylediği halde giremediği sine-i millete biz girmekle, şaşâlı ve sorgusuz bir ömür süren Mustafa Kemal Paşa arkadaşımızdan, çok daha mesût ve bahtiyar olduk! Bütün bu hakikatler ayrı bir eser teşkil eder.

VATANDAŞ! Milletin hürriyetini tehlikede görürsen, karşındaki kim olursa olsun, tek dağ başı mezar oluncaya kadar mücadele etmek vazifendir! Çünkü İNSANLARDA HAYAT DENEN ŞEYİN KIYMETİ ANCAK HÜRRİYET İLEDİR. HÜR ÖL! ESİR YAŞAMA!

Kazım Karabekir

KAZIM KARABEKİR İÇİN NELER DEDİLER NELER YAZDILAR

ALİ FUAT CEBESOY:

"Karabekir Müstesna bir şahsiyetti"

Kazım Karabekir'in yakın arkadaşı Ali Fuat Cebesoy, onun vefatı üzerine şu satırları kaleme almıştı:

"Rahmetli Karabekir ile arkadaşlığımız çocukluk hayatımızdan başlar; babası Van Jandarma Kumandanı olarak Erzurum'a geldiği zaman misafirimiz olmuştu. Benim babam da orada Erkânı harbiye Reisi bulunuyordu. Bu arkadaşlık Mekteb-i Harbiye'de de devam etti ve çok samimileşti. O, benden bir sınıf sonra idi.

Arkadaşım Karabekir'in milli hayatla alâkası da daha pek genç yaşta iken başlamıştır. Rahmetli, Meşrutiyet hareketlerine Manastır'da ve İstanbul'da geniş ölçüde iştirak etmişti. Bu onun daha pek genç bir erkânı harp zabiti iken yalnız mesleğinin mahdut sahası içinde kalmayarak milletimizin, maruz bulunduğu büyük tehlikeden kurtarabilecek bir siyasî ve İdarî inkişafa mazhar olması için siyasî hayatta da faaliyet göstermekten çekinmediğini anlatır.

Karabekir, daha genç bir erkânı harp zabiti iken bile kıta hizmetlerinde, Mektebi Harbiye muallimliğinde istikbalin en iyi bir kumandanı olacağını kabiliyetleriyle, meziyetleriyle gösteriyor, mesleğine bağlılığını belirtiyordu.

Meşrutiyet ilân olunduktan sonra erkânı harbiyelerde ve kıtalarda çalışmaya devam etmiş olan genç Karabekir, daha küçük rütbelerde bile zekâsıyle ve dirayetiyle amirlerinin dikkatini çekmişti. 31 Mart isyanını tenkil için İstanbul üzerine yürüyen Hareket Ordusunda Edirne'den gelen Meşrutiyetçi askeri kuvvetlerin Erkânıharp Reisliğinde bulunması ve bunu müteakip Arnavutluk harekâtında da aynı vazifelerideruhte etmesi, liyakat ve kabiliyetinin açık delilleridir.

Balkan muharebesinde, Edirne kalesinde bir fırka erkânıharp reisi olarak fevkalâde hizmetler görmüştü.

Şark cephesinde

Birinci Cihan Harbi'ne tekaddüm eden zamanlarda ordumuz yeniden teşkil olunurken erkân-ıharbiye-i umumiyede bir şubenin başında bulunması, ordunun yeniden kurulurcasına tanzimini müteakip çıkan Birinci Cihan Harbi'nde kendisine Şark'a gönderilen bir kuvvei seferiyenin kumandanlığı verilmişti. Bu, onun kumandan sıfatiyle gösterdiği parlak muvaffakiyetler için bir başlangıç olmuştur. Bunu müteakip onu, Sedd-ül Bahir'de 14'üncü Fırka kumandanı olarak görüyoruz. Çanakkale harplerinde "Kerevet Deresi"nde gösterdiği dirayet ve kahramanlık da bu genç arkadaşımızın yüksek kumanda makamına liyakatini bir daha isbat etmiş oluyordu.

Bundan sonra rahmetli arkadaşım, evvela Irak cephesinde Ordu erkânıharbiye reisidir; sonra yine o cephede kolordu kumandanıdır. Onun bu çetin işlerde de gösterdiği liyakat ve yaptığı hizmetler hatırımızdan asla çıkmaz.

Birinci Cihan Harbi'nin sonunda Erzurum ve Erzincan'ın istirdadında değerli muvaffakiyetleri ayrıca kayde şayandır.

Büyük hizmetler

Buraya kadar anlattıklarım; rahmetli Karabekir'in normal şartlar içinde gösterdiği liyakat ve kabiliyetlerin bir hülâsasıdır. Onun bundan sonra millet ve vatanın kurtuluşu yolunda açılan istiklâl davasında ve savaşlarında gösterdiği yüksek kabiliyetler, yararlıklar ve hizmetler; şüphesiz vatandaşlarımın hatırasında lâyık olduğu en büyük yeri tutacaktır. Bilhassa memleketin Şark mıntıkasında ifa ettiği siyasî ve askerî hizmetleri bu kadar kısa beyanat içine sığdırmak imkânsızdır. Bunları, tarihimizin hakkiyle ve çok iyi tebarüz ettireceğinden şüphem yoktur. Ben, yalnız Şark cephesinde kazanmış olduğu zaferlerin, iç ve dış cephede istiklâlimizin sağlanması yolunda çok kuvvetli, çok değerli mesnetler olduğunu kaydetmekle yetiniyorum.

Rahmetli arkadaşım Karabekir'in memleket ve millete hizmetlerinin genişliği ve değeri bütün milletçe malûmdur. O pek müstesna bir şahsiyetti. Üfulü, memleketimiz, milletimiz için büyük bir kayıptır. Milletimizin duyduğu elem ve kederin çok derin ve çok büyük olduğuna kaniim, ben de bu millî ölçüdeki acıyı bütün derinliğiyle duyuyorum. Fakat onun eski bir arkadaşı, meslek kardeşi olarak duyduğum acı; sonsuzdur. Kısa ifadelerle ve acımın enginliği içinde pek çok eksiklerle anlatmaya çalıştığım bu kıymetli arkadaşımla ilgili hatıralarımda bir eksiklik bulunursa mazur sayılmalıyım."

Konya Milletvekili
Ali Fuat CEBESOY

Kazım Karabekir Paşa'nın ardından
Ey yetimler babası, ey Doğu'nun fatihi!
Hürmetle kucaklıyor seni cihan tarih!..
Senden birer parçadır şu subaylar, şu erler,
Sayılmakla tükenmez kazandığın zaferler!..

Dolaşıyor dillerde adın bir destan gibi.
Seviyoruz seni biz mukaddes vatan gibi!..
Görünmüyor dağların başı sisten, dumandan.
Ne yazsam azdır sana ey muzaffer kumandan!..

En temiz duyguların şahlandığı bir günde,
Çıktın bir yolculuğa genç ellerin üstünde!..
Yaralı bir kuş gibi çırpınırken şu kadın,
Nereye bu yolculuk, söyle, nedir maksadın?..

Niçin başlar eğilmiş, niçin sessiz şu alay?
Duyduğumuz acıyı anlatmak değil kolay!..
Çöktü gök başımıza, sözlerim değil köksüz,
İçimizi yakarak bizi bıraktın öksüz!..

Şanlı "Kars Kalesi"ne dikilen şanlı bayrak,
Tabutunun üstünde ağlıyor hıçkırarak!..
Bütün Türklük âlemi katılıyor bu yas'a,
Ayrılmayız izinden, yer yerinden oynasa!..

Ezeli nasibindi kahramanlık, yiğitlik,
Ebedi yurdun oldu Ankara'da Şehitlik!..
Toplanarak başına ünlü şehitler sâf sâf
Edecekler her zaman seni hürmetle tavaf!..

Yaşatacak ülkünü kızların: Emel, Hayat.
Müsterih ol, ey Paşam, haşre kadar nurda yat!.
Sustu bülbül derdinden, yetişir artık kelâm,
Ey melekler götürün ona bizlerden selâm!..

CEMAL OĞUZ ÖCAL

HİKMET MÜNİR

Sadece bir asker ve siyaset adamı değil
büyük bir eğitimci idi

"General Kazım Karabekir'in bir asker, bir siyaset adamı olduğu kadar, çocuk eğitimi işlerine yakın ilgi gösteren koyu vatansever bir sosyal hizmet gönüllüsü olduğu ve ruhunun büyük bir cazibesini bu mevzuda bulduğu bir gerçektir.

Ömrünün son günlerinde büyük meclisimizin çalışkan, intizamlı bir yüksek başkanı olduğu halde, onu yine birkaç çocuğun üzerine eğilmek ve kulaklarına öğütler fısıldamak fırsatını bulan bir aile babası ödevinde görmekten kendimi alamıyorum.

Onun Şark cephesinde şehit yavruları için hazırladığı temsiller, bütün sadeliğine rağmen samimi ve çok aranmış birer eğitim vasıtalarıdır.

"Cihan yıkılsa Türk yılmaz" marşı, göğsü imanlı, temiz, vicdanlı Türk gencini yetiştirmenin sağlam bir teşvikçisi olmuştur.

Küçükleri de seven baba adam... İyi, şefkatli ve idealist asker...

Onun bugün, canla başla bağlı olduğu bayrağa sarılı olarak, top arabası üzerinde, resmi bir törenle heybetli askerler arasında taşındığını görürken, temiz ruhunu uçuran akıbete, "küçücük süvari"lerin de hayret ve hüzünle bakmış olduklarına inanmak istiyorum."

CEVAT DURSUNOĞLU

(1946 Erzurum Milletvekili)

Karabekir'in adı bir efsane kahramanı gibi yurda yayıldı

Benim mensup olduğum nesil Kazım Karabekir adını ilk önce, Çanakkale muharebelerinin genç ve değerli kumandanları arasında duymuştur. Çanakkale seferini Kütülamare zaferi, onu da Erzurum'un Ruslar'ın elinden kurtarılması haberi takip etmişti.

Fakat Karabekir adı daha ziyade mütarekenin kara günlerinde bir ümit ışığı gibi parlayan adlar arasında yayıldı. O günlerde millet kendi evlatları arasından, imdadına koşacak başlar arıyordu. Memleketin bu en bahtsız günlerinde Kazım Karabekir Paşa, Erzurum'a geldi.

Bir yıl önce düşmandan kendi eliyle kurtardığı bu eski Türk kalesinin o zamanki muhafızı ve doğu sınırlarımızın bekçisi olan Onbeşinci Kolordu'muzun kumandasını eline aldı.

Daha İstanbul'da bu vazifeyi kabul ederken Mustafa Kemal Paşa ve arkadaşlarıyla görüşmüş, milli hareketin gelişme yollarını aramıştı. Erzurum'a geldiği günlerin hatırasını (Millî Mücadele'de Erzurum)'un birkaç satırı şöyle tesbit ediyordu:

"Tam bugünlerde Onbeşinci Kolordu Kumandanlığında Kazım Karabekir Paşa'nın tayin olunduğu haberi geldi. 1918'de Kafkas cephesindeki ileri harekette kolordu kumandanlığı yapmış ve kıtalarını zafere ulaştırmıştı.

Kumandası altında savaşmış olan subaylar askeri meziyetlerinden ve vatanseverliğinden bahsediyor ve kendisini çok sayıyorlardı. Halk da Karabekir Paşa'yı tanıyor ve seviyordu. Erzurum ve civarında, hatta bütün doğuda Ermeni zulümlerini yakından görmüştü. Gençti, Tekirdağ'ından geliyordu. İstanbul'un işgal altındaki kötü durumunu görmüştü. Bizim dertlerimizi anlayacağından emindik.

1919 Mayıs'ının üçüncü günü Karabekir Paşa, Erzurum'a vardı. İki üç gün sonra Paşa'nın milli harekete sempati beslediği haberi bize ulaştı. Birkaç gün sonra da Müdafaai Hukuk'tan birkaç arkadaşı şimdi Cumhuriyet Oteli olan karargâhında kabul etti. Paşa'ya teşkilatımızın ana çizgileri ve yakında Erzurum'da ilk önce bir vilayet kongresi açacağımızı ve bu kongreden karar alarak bütün Şark vilayetlerinden gelecek murahhaslarla büyük bir kongre toplayacağımızı bildirdik. Karabekir Paşa yolumuzun hak olduğunu ve müdafaadan başka çare bulunmadığını söyledi ve bize yardım edeceğine söz verdi. Paşa'nın yanından umut ve yeni kuvvetle ayrıldık."

İşte yine bugünlerde Samsun'a çıkan Mustafa Kemal Paşa'yı en iyi anlayan ve onun emrinde milli hizmete koşan kumandanlardan birisi oldu.

Millet ordusunun doğudaki kısmının başında Ermenistanzaferini kazanarak kırk yıl en korkunç düşman elinde ıstırap çeken Kars, Ardahan ve Artvin'i kurtardı ve doğuda Anadolu'nun bütünlüğünü sağladı. Bu zaferden sonra Karabekir'in adı bir efsane kahramanı gibi yurda dağıldı.

Bu asil ve kibar kumandanın adındaki heybet işitenlere, dostsa güven, düşmansa haşyet veriyordu. Heybetli adı ile ince ve zarif benliği arasındaki bu fark hususi hayatı ile vazife telakkisi arasında da her zaman görülmüştü.

Hususi hayatında yumuşak ve merhametli bir insan, ordusunun başında çelik iradeli bir kumandandı. Türk milletine inancı sonsuzdu, milliyetçilikte en küçük bir taviz kabul etmezdi. Onun ölümüyle Türk milleti büyük bir evladını, Halk Partisi değerli bir rüknünü kaybetti. Ne kadar acısak yeridir.

ULUS GAZETESİ

'Memleketi için, hayatını hiçe saymaktan çekinmedi'

Büyük Millet Meclisi Başkanı General Kazım Karabekir'in vakitsiz edebiyete göçmesi ile, Türk milleti temiz ve vefakâr bir evlâdını, Türk ordusu şanlı ve başarılı bir komutanını kaybetmiş bulunuyor.

Dün öğle üzeri kara haber ağızdan ağıza yayılırken, bu beklenmeyen ölümün uyandırdığı hayret ve elemi bütün yüzlerde okumak mümkündü. Son günlerde General Kazım Karabekir'in her zamandan daha taşkın bir enerji ve zindelikle çeşitli sahalara yayılan bereketli faaliyetini yakından takip edenler, ecelin ona böyle ansız bir suikastı hazırlamış olduğuna bir türlü inanmak istemiyorlardı.

Merhum Büyük Millet Meclisi başkanı memlekete hizmet aşkından ilham alan bir vazifeperverlik humması içinde gözlerini bu fani dünyaya kapadı.

Vazifeye bağlılık, vatanperverlik ve samimilik hasletleri- Karabekir'in şahsiyetini seçkinleştiren vasıflarındandı. Kendince bir vazife sayılan bütün işlere ciddi bir alâka ile sarılır, büyük küçük farkı yapmaksızın uğraşmaktan, didinmekten ve çalışmaktan yılmazdı. Memleketin selâmeti için hayatını istihkardan çekinmeyen bir vatanperverlikle milli mücadelenin mümtaz kahramanları arasında en ön safta kendine lâyık yeri aldı. Bütün ömrü boyunca asker ve sembol olarak yaşadı. Bu hal onun siyasi hayatını daima ikinci plânda ve gölgede bırakmıştı. Siyasi hayatla fiilen alâkasını kestiği müddetçe de, şark cephesinin muzaffer komutanı olarak halkın gönlünde değişmez yerini muhafaza etti. 1939'dan sonraki meclis hayatında günlük politika labirentlerinden kendini uzak tutabildiği nisbette etrafındaki ihtiram kalesi genişler ve kesifleşirdi. Onun müstesna günlerde üstün görevler yüklenmeye namzet şahsiyetinin geçici siyasi mücadele uğrunda ziyan edilmesine kimsenin gönlü razı değildi.

İkinci Dünya Harbi'nin sona ermesiyle başlayan çetin intikal devrinde General Kazım Karabekir yeniden millî bir sembol haline yükseldi. Gerçi profesörleri vasıtasıyla solcu totalitarizmin yurdumuzun bütünlüğü ve bağımsızlığı aleyhine yönelen kasdı açığa vurulunca Meclis'te Dışişleri bütçesinin müzakeresi vesilesiyle Karabekir'in söz aldığı görüldü. Milli Mücadele'de Doğu bölgemizi düşmanların tasallutundan kurtarmış olan şanlı kumandan, o günlerin yenilmez sınır bekçisi hüviyetiyle Meclis kürsüsünde dikildi. Vatandaşlarımızın sayısız fedakârlıklarıyla korunmuş ve elde edilmiş olan haklarımızın çiğnetilmeyeceğini belirterek Meclis'in ve milletin sarsılmaz azim ve kararına tercüman oldu.

Memleket çok partili demokrasi hayatına girerken de General Kazım Karabekir millî birliği her türlü sarsıntı ihmallerinden ve vatanı muhtemel tehlikelerden koruma kararını açıkça belirtmiş olan Halk Partisi'ne bağlılığını ifadede asla tereddüde düşmedi. Onun için tehlike içte değil, dışta idi. Bütün ömrünce önlemeye çalıştığı bir istilâ tehdidi solcu totalitarizm hüviyetine bürünerek Doğu sınırlarında yeniden belirmişti. Böyle bir zamanda en acil tedbir, iç nizamın ve millî birliğin korunması idi. General Kazım Karabekir, bu parola ile kendini seven, tanıyan, hizmetlerini bilen kadirbilir Türk halkının güvenini kazandı.

Gözlerini bu fani dünyaya kaparken de, bu güvenle çevrili olarak ebedi istirahatgâhına gidiyor. Onun vatan sevgisi bütün temizliği ve derinliği ile yeni nesillere emanettir. Fani varlığını teşyi ederken, ebediyete kadar memleketin selâmeti üzerinde titreyeceğine emin olduğumuz aziz ruhunu saygı ile selâmlar, Büyük Millet Meclisine, Türk ordusuna, bütün ülkü ve meslekdaşlarına derin taziyetlerimizi sunarız.

SİLAH ARKADAŞLARININ AĞZINDAN KARABEKİR

Fahrettin ALTAY:

"Merhum büyük bir asker ve vatanperverdi. Asil karakteri ile kâmil bir insan tipini temsil ediyordu..."

Eyüp DURUKAN:

"Hayatımın birçok safhalarında bu tarihî Türk'ün çehresi parıldar. Ne yazık ki gözlerimden muzdarip olmam kendisi hakkında çok istediğim bir yazıyı kaleme almama mani oluyor"

"Bu eski silâh arkadaşımın ölüm haberini büyük teessürle öğrendim. Kendisiyle çok eskiden başlayan bir arkadaşlığımız olmasına rağmen vatan vazifesi bizleri hep ayrı cephelerde bulunmaya mecbur etmişti. Mektepten başlayan arkadaşlığımız bu yüzden uzun müddet sadece diyardan diyara bir selâmdan ibaret kalıyordu. Milli Mücadele yıllarında idi. Onun Şark Cephesi'nde kazandığı bize Kars'ı, Ardahan'ı kazandıran parlak zaferlerini duyuyor ve kendisini tebcil ediyorduk. Neden sonra İzmir'in istirdadını müteakip İzmir'de buluştuk. Evlenmesinden az önce idi.

Merhum büyük bir asker ve vatanperverdi. Asil karakteri ile kâmil bir insan tipini temsil ediyordu. Hiç şüphe yok ki bütün hizmetleriyle memleketine çok yararlı olmuştur."

Emekli Orgeneral
FAHRETTİN ALTAY
Burdur Milletvekili

Dünya hakiki bir insanı kaybetti

"Karabekir Paşa hakikaten büyük kıymetli ve bilhassa memleketin dar zamanlarında kaybı derin tesirler bırakacak bir adamdı. Karabekir'le arkadaşlığım çok, çok eskidir. Daha ziyade İstiklâl Savaşı yıllarında kendisiyle yakın temaslığım oldu ve bunun neticesinde Kazım Paşa'nın şahsî dostluğunu kazandım. Harp yıllarının kâh saadet, kâh meyusiyetle dolu günlerinde başımızdan birlikte geçmiş olan sayısız vakalarla bu dostluk gitgide kuvvetlendi ve birbirine perçinlendi. Onun dünyadan göçüp gitmesiyle kalbimde hâsıl oluveren engin boşluğa bakınca başım dönüyor ve hayaller, hatıralar beynimin içinde birbirine karışıyor. Onun ölümü ile ben büyük bir arkadaşımı, memleket, kendisini çok seven bir oğlunu, dünya da hakiki bir insanı kaybetti."

Emekli General
REFET BELE
İstanbul Milletvekili

Memlekete tarihî başarılar kazandırdı.

"Kazım Karabekir Paşa ile derin tanışıklığım yoktur.Kendisi hakkında tâ Harbiye'de bulunduğumuz zamandan beri çalışkanlığı, cesareti ve askerliği hususunda daima iyi sözler duymuşumdur.

Karabekir Paşa ile asıl şahsî temasım, İstiklâl Savaşı sıralarında Ankara'da ve cephede olmuştur. Bana karşı teveccühü vardı. Bazen buluşur, çeşitli meseleler hakkında görüşürdük. Askerlik sahasındaki derin bilgisi ve tecrübesi hakikaten memlekete büyük tarihî başarılar kazandırmıştır. Kazım Paşa'nın ölümü yalnız kendisini tanıyanlar için değil, bütün memleket için büyük bir kayıp olmuştur."

Milletvekili
Emekli General
NACİ ELDENİZ

Asker, onun azmini hayranlıkla izlerdi

"Kazım Karabekir Paşa ile arkadaşlığımız çok eskidir. Kendisiyle yıllar evvel, iki genç mektepli iken Fatih Askeri Rüştiyesi'nde tanışmıştık.

Karabekir'e ait sayısız hatıralarım arasında Balkan Harbi'ne ait olanlar bilhassa önemli bir mevkie sahiptir. Kazım Paşa, Edirne'de o zamanlar 10'ncu nizamiye fırkası Erkânıharp reisi idi. Ben de kale topçu kumandanı refiki idim. Bütün askerler bu kıymetli kumandanın çalışma cesaretine ve öngörürlüğüne hayranlıkla bakarlardı. Karabekir Paşa ile Edirne'de altı ay beraber çalıştık. Kalenin malûm akıbete uğraması üzerine ikimiz beraber esir olduk ve Sofya'da yine birlikte, birkaç acı tarafı olan altı ay geçirdik. Karabekir esarette iken dahi, maiyeti kendisine, aynen bir harp sahasında kumanda ediyormuş gibi itaat ederlerdi. Hayatımın birçok safhalarında bu tarihi Türk'ün çehresi parıldar. Ne yazık ki gözlerimden muzdarip olmam kendisi hakkında çok istediğim bir yazıyı kaleme almama mani oluyor. Kazım Karabekir Paşa'nın ölümü ile şahsen uğradığım elemi nasıl anlatabilirim? Öz ağabeyimi kaybetseydim bundan daha fazla teessür duyamazdım."

Emekli Tümgeneral
EYÜP DURUKAN
Hatay Milletvekili

Hepimize örnek olmuş bir insandı

"Kuleli İdadisinden itibaren arkadaşım olan merhum Karabekir, daha mektep sıralarında kıymet ve faziletiyle hepimize nümune olmuştu. İdadî, Harbiye ve akademide daima birinciliği muhafaza etmiş, ilmiyle, ahlâkiyle, cidden mümtaz bir insandı. Ordu hayatında da hiç bozulmaksızın, aynı kıymetle memlekete büyük hizmetler yapmış, memleketi için daima yüreği çarpan temiz bir vatan evlâdı idi. Siyasi hayatında da daima düşüncelerini açık ifade etmiş, kanaatlerinde temiz ve memleket için hayırlı olacağı imanını taşımıştır. Hülâsa saf ve ahlâk mücessemi bir arkadaşımızdı. Kaybettiğimiz bu sevimli ve duygulu arkadaş daima kalbimizde yaşayacaktır."

Emekli Orgeneral
CEMİL CAHİD TOYDEMİR
İstanbul Milletvekili

Kazım Karabekir'in
Yayınevimizden Basılan Kitapları

PAŞALARIN HESAPLAŞMASI / 304 SAYFA

Kazım Karabekir Paşa diyor ki, "İstiklal Savaşı'nı yapmak fikrini ilk önce ortaya koyan bendim.

Bunun siyasi ve askeri planlarını yapan da bendim. İlk önce, 29.11.1918 tarihinde İstanbul Zeyrek'te, Süleymaniye Camisi'ne bakan ağabeyimin evinin bahçesinde, bu meseleyi İsmet Bey'e (İnönü) açtım ve uzun uzun tartıştık.

Birlikte Osmanlı Kabinesi'ne girmek düşüncesinde olan Mustafa Kemal Paşa'ya da (Atatürk) 11.01.1919 tarihinde, doğuya hareketim sırasında, Şişli'deki evinde İstiklal Savaşı yapmak gereğini ve planımı bildirerek Anadolu'ya gelmesini teklif ettim.

Onunla da uzun tartışmalar yaptık."

Bu önemli konular henüz yayınlanmadı...

Belgeleri ile birlikte ilk defa bütün bu gerçekler bu kitaplagün yüzüne çıkıyor.

KAZIM
KARABEKİR

Paşaların
Hesaplaşması

"İstiklal Harbine Neden Girdik, Nasıl Girdik,
Nasıl İdare Ettik?"

İSTİKLAL HARBİMİZİN ESASLARI / 416 SAYFA

Kazım Karabekir Paşa'nın 'İstiklal Harbimizin Esasları' isimli eseri ile ilgili Paşa'nın damadı Prof. Faruk Özerengin şunları anlatıyor...

"1933 yılında, bir gazetede İstiklal Harbi öncülerini hedef alan ve milli mücadele tarihini okuyucuya yanlış anlatan yayınlar üzerine Paşa hakikatları ortaya koymak için gazeteye bazı belgeler göndermişti.

Bunlardan bir kısmı yayınlandı. Daha sonra bazı nedenlerle bu yayın durdurularak yalan yanlış, yayınlar neşredilmeye devam edildi.

Bunun üzerine Paşa, İstiklal Harbi'nin Esaslarını konu alan bu özet kitabı hazırlayarak matbaaya verdi. Akabinde matbaa polis tarafından basılarak, basılmış olan 3000 adet kitap formaları toplatıldı ve kireç ocaklarında yakıldı."

İşte şuan elinizde tuttuğunuz bu eser, Paşa'nın yakılan kitabıdır.

KAZIM
KARABEKİR

1992'den
günümüze
orijinal
metin

İstiklal
Harbimizin
Esasları

"Paşa'nın Yakılan Kitabı"

Kazım Karabekir'in
Basılacak Diğer Kitapları